Les noms d'humains – théorie, méthodologie, classification

Études de linguistique française

—
Édité par Franck Neveu

Volume 4

Les noms d'humains – théorie, méthodologie, classification

—

Nouvelles approches en sémantique lexicale

Édité par
Catherine Schnedecker et Wiltrud Mihatsch

DE GRUYTER

ISBN 978-3-11-070963-6
e-ISBN (PDF) 978-3-11-058616-9
e-ISBN (EPUB) 978-3-11-058384-7
ISSN 2365-2071

Library of Congress Control Number: 2018949264

Bibliographic information published by the Deutsche Nationalbibliothek
The Deutsche Nationalbibliothek lists this publication in the Deutsche Nationalbibliografie;
detailed bibliographic data are available in the Internet at http://dnb.dnb.de.

© 2020 Walter de Gruyter GmbH, Berlin/Boston
This volume is text- and page-identical with the hardback published in 2018.
Typesetting: Integra Software Services Pvt. Ltd
Printing and binding: CPI books GmbH, Leck

www.degruyter.com

Préface

La sémantique nominale et la classification des noms connaît actuellement un regain d'intérêt, à en juger les parutions récentes de *Langue Française* 185 (*Les types nominaux*) (2015) ou *Travaux de Linguistique* 69 (*Types de noms et critères définitoires*) (2014). Dans la diversité des approches théoriques et des thèmes abordés, la question des noms renvoyant à des humains (étudiant, sportif, femme, marcheur, bénéficiaire, imbécile) reste ignorée, malgré les travaux précurseurs de Gross (2008 et 2009) qui ouvrent un vaste champ d'étude.

Le présent ouvrage[1] émane d'un collectif de chercheurs, titulaires et étudiants, français et étrangers, qui œuvre depuis 2012 à l'étude des noms d'humains, dans le cadre de projets financés par le Conseil Scientifique de l'Université de Strasbourg et un partenariat Hubert Curien (Procope) avec l'université de Bochum. Le projet vise la description linguistique de cette sous-catégorie nominale et ses applications, notamment lexicographiques. Le collectif comprend des morphologues de l'ATILF (Université de Lorraine), des sémanticiens (Arras, Rouen, Strasbourg, Toulouse, Valenciennes), des syntacticiens (Poitiers et Valenciennes) ainsi que des linguistes informaticiennes de Nagoya, Nicosie et Strasbourg) et a depuis son lancement doublé son effectif, preuve de l'intérêt de ce thème de recherche.

Pour paraître étroite la question des noms d'humains s'inscrit à la croisée d'une bonne partie des sous-disciplines des sciences du langage : la morphologie quand il s'agit de décrire les processus de formation de noms tels que *universitaire*, *hollandiste* ou *philanthrope*, la syntaxe qui permet de mettre au jour les structures argumentales pesant sur les noms déverbaux (, les contraintes pesant sur certains noms relationnels (*frère*, *président*) et qui rend compte, de façon plus générale, de la distribution de ces noms. De sorte que, en interaction avec l'analyse sémantique, nos visées sont de l'ordre de la sémantique distributionnelle et ont pour ambition de décrire l'usage de ces noms, d'où l'apport inestimable de la linguistique sur ou de corpus.

Compte tenu de la diversité des langues maîtrisées par notre collectif (allemand, bulgare, grec, japonais, roumain, serbe), nous essayons d'apporter, ponctuellement, un point de vue contrastif sur ces noms, qui reflètent, sans doute plus que d'autres catégories nominales, leur culture d'origine. Par ailleurs,

---

[1] Un grand merci à Brit Arnold et à Christina Wolf pour leur formidable travail de formatage, à Maximilian Randak pour son aide lors de l'élaboration de l'index, à Franck Neveu et l'équipe de rédaction de la maison de Gruyter pour leur aimable soutien de notre projet.

nous tentons également de comprendre, le cas échéant, l'évolution de certaines sous-catégories de noms d'humains vers d'autres catégories comme les pronoms (*homo > on*) ou les marqueurs discursifs (comme l'anglais *man*).

Bref, l'élucidation de la valeur et du classement des noms d'humains réunit tout un ensemble d'approches, et donc de méthodes, différentes, qui font, nous semble-t-il, l'originalité du travail de notre collectif.

Cet ouvrage est principalement consacré à l'étude des noms d'humains « spécifiques », par contraste avec les noms d'humains que nous appelons par commodité « généraux » qui feront l'objet d'un volume à paraître (en 2018 vraisemblablement) de la revue *LINX*, intitulé sans surprise, « Les noms généraux dénotant l'humain »[2]. Outre la description de certaines sous-catégories nominales, abordées tantôt d'un point de vue sémasiologique (les noms d'humains en *-eux*, *-aire*, *-phobe* ou encore à base patronymique), tantôt d'un point de vue onomasiologique (les noms de fonction *vs* de statut, de partisan *vs* spécialiste, de pratiquant de jeu ou encore dénotant un comportement déviant), cet ouvrage aborde des questions cruciales de méthodologie fondamentales dès lors qu'il s'agit de classer des lexèmes, mais ouvre aussi de manière originale sur les modalités associées aux noms d'humains.

Cet ouvrage s'adresse ainsi au public large des chercheurs, patentés ou « en devenir », intéressés par la question des noms et de la classification nominale, appréhendées de manière multi-disciplinaire et pluri-linguistique et surtout, fondée sur l'usage. Mais il est susceptible également d'intéresser les didacticiens, psycholinguistes, traductologues, etc. qui trouveront dans l'ensemble des contributions réunies ici, matière à réflexions. Du moins, nous l'espérons.

---

[2] Une liste des publications réalisées dans le cadre de ce projet figure en annexe du premier chapitre.

Table des matières

Préface —— V

Liste des contributeurs —— IX

Partie I : Les NH : nouveau champ et nouvelles méthodes d'études

Catherine Schnedecker
1   **Les noms d'humains : intérêts théoriques, méthodologiques et perspective dans le cadre d'une linguistique située** —— 3

Laurent Gosselin
2   **Quand nommer, c'est juger. Les jugements de valeur internes aux noms d'humains** —— 44

Wiltrud Mihatsch
3   **Les jugements d'acceptabilité au service de la sémantique lexicale : tester les noms d'humains généraux** —— 102

Partie II : Les NH : formation et classification

Angelina Aleksandrova, Catherine Schnedecker
4   **Les noms d'humains en *-aire* à base verbale sont-ils (tous) agentifs ?** —— 125

Mathilde Huguin
5   **Les NH comme bases de construction morphologique. Lexèmes construits sur noms propres de personnalités politiques françaises** —— 163

Bruno Oberlé
6   **Les noms d'humains en *-phobe*** —— 185

Partie III : **Classes de noms d'humains**

Fabienne Baider, Amalia Todirascu
7 **Deux sous-catégories de noms d'humains à définir : les noms de *statut* et de *fonction*** —— 229

Véronique Lagae
8 **Les noms dénotant des humains pratiquant un jeu** —— 251

Stéphanie Lignon, Fiammetta Namer
9 **Catégories d'humains entre dictionnaire et usage : le *wagnérien* est-il un partisan ou un spécialiste ?** —— 278

Vassil Mostrov, Nelly Flaux
10 **Pour une distinction entre deux classes de noms d'humains (dis)qualifiants** —— 301

Index rerum —— 326

Index nominum —— 328

Liste des contributeurs

Aleksandrova, Angelina
Université Paris Descartes, EA 4071, EDA

Baider, Fabienne
Université de Chypre

Flaux, Nelly
Arras

Gosselin, Laurent
Université de Rouen, EA 4701
Laboratoire DySoLa

Huguin, Mathilde
ATILF – CNRS & Université de Lorraine
UMR 7118

Lagae, Véronique
Université de Valenciennes, EA 4343
CALHISTE

Lignon, Stéphanie
Université de Lorraine, ATILF

Mihatsch, Wiltrud
Université de Tübingen, Département des Langues Romanes

Mostrov, Vassil
Université de Valenciennes, EA 4343
CALHISTE

Namer, Fiammetta
Université de Lorraine, ATILF

Oberlé, Bruno
Université de Strasbourg, EA 1339, LiLPa – Fonctionnements Discursifs et Traduction

Schnedecker, Catherine
Université de Strasbourg, EA 1339, LiLPa – Fonctionnements Discursifs et Traduction

Todirascu, Amalia
Université de Strasbourg, EA 1339, LiLPa – Fonctionnements Discursifs et Traduction

Partie I : **Les NH : nouveau champ et nouvelles méthodes d'études**

Catherine Schnedecker
1 Les noms d'humains : intérêts théoriques, méthodologiques et perspective dans le cadre d'une linguistique située

1 Introduction

La sémantique lexicale nominale du français a connu ces dernières années un regain d'intérêt à la suite du travail pionnier sur la classification des noms proposé par Flaux & Van de Velde (2000). Ce travail a suscité de nombreuses études et permis de notables avancées, entre autres, dans l'exploration du lexique des émotions (*cf.* le projet ANR/DFG EMOLEX de Grenoble) et des noms d'événements, (l'ANR NOMAGE de Lille 3, *cf.* aussi Van de Velde, 2006). Il a aidé à préciser le fonctionnement de nombreuses sous-catégories en offrant un éclairage nouveau sur l'interface lexique-syntaxe (*cf.* les travaux de Beauseroy, 2009 ; Knittel, 2011 etc. sur les N abstraits).[1]

Pourtant, certains pans du lexique sont restés dans l'ombre : c'est le cas notamment des noms désignant des humains (*enfant, homme, piéton, aviateur, violoniste, maire, tennisman,* etc.) (désormais NH) auxquels est consacré le présent ouvrage. Le manque d'intérêt lié aux NH tient à ce que, à première vue, ils ne présentent pas d'originalité marquante. En effet, selon les critères traditionnels des grammairiens, ils désigneraient unanimement des entités concrètes (on peut voir, entendre un violoniste) comptables (on peut les dénombrer : *un/ trois/plusieurs violonistes*), passibles d'emplois singulier (*un piéton, un marmot, un aristocrate*) et/ou collectifs (*la piétaille, la marmaille, l'aristocratie, l'armée,* etc.). Bref, rien de très original comparé par exemple aux noms abstraits qui ont fait, comme on dit, couler beaucoup d'encre : un nom comme *colère* est ainsi un N de sentiment (*un sentiment de colère*), d'état (*il est entré dans une colère effroyable*), dont le sens change avec le nombre grammatical (*le bébé a encore fait ses colères*), etc.

De fait, l'état de l'art concernant les NH se limite à deux types d'approches : celles qui les abordent frontalement et celles qui les abordent incidemment ou indirectement du fait qu'ils symptômatisent tel ou tel type de problème linguistique. S'y superpose une seconde bipartition selon que les NH font l'objet de

---

[1] Nous remercions chaleureusement L. Gosselin pour sa relecture attentive de cet article.

préoccupations qui sont, de prime abord, externes à la langue ou selon qu'ils sont étudiés en tant que phénomène propre de la langue ou du discours.

Parmi les études « frontales », qu'on peut dire externes à la langue, figurent celles pour lesquelles les NH traduisent des problèmes à caractère sociologique, sociolinguistique et psychologique (p. ex., et entre autres, la question de la féminisation des noms de métiers[2] ou encore les *gender studies* (Baider, 2004 ; Baider & Elmiger, 2012 ; Baider & Jacquey, 2007, 2008 ; Fujimura, 2005 ; Irmen & Kurovskaja, 2010 ; Larivière, 2000 ; Nissen, 2002, 2013 ; Perissinotto, 1983 ; Quilis Merín, 2011 ; Visser, 2003). Quant aux études directes « internes » à la langue, elles consistent, à notre connaissance, en trois classifications de NH (Langer, 1997 ; Gross, 2009, 2011 et El Cherif, 2011), variables selon leurs observances théoriques (Théorie des Classes d'Objets » pour Langer et Gross ; théorie « Sens-Texte » pour El Cherif), leur démarche (principalement onomasiologique pour Langer et Gross, lexicographique pour El Chérif) et leur finalités, nettement appliquées pour celle de Gross liée à des questions de traduction (notamment des noms de profession dans le cadre de la mondialisation du travail (*cf.* Blanco, 2004 ; Blanco & Mejri (dir.), 2006 ; Blanco & Lajmi, 2004).

Pour ce qui concerne les travaux qui abordent indirectement les NH, ils relèvent des principaux domaines de la linguistique indiqués ci après. C'est ainsi que la morphologie a abondamment traité des N en -*eur* et, partant, les NH dits d'agent du type *conducteur, constructeur*, etc. (*cf.* Anscombre, 2001, 2003 ; Benveniste, 1975 ; Bisetto, 1996 ; Booij, 1986 ; Dressler, 1986 ; Levin & Rappaport, 1988 ; Luquet, 1994 ; Levin & Rappaport, 1992 ; Ryder, 1999 ; ...). La syntaxe s'est également intéressée aux NH à travers deux phénomènes totalement dissociés : i) les effets provoqués par l'alternance des déterminants zéro vs indéfini dans les constructions attributives du type (*Jean est plombier* vs *Jean est un plombier*) qui concernent principalement les NH (*cf.* Giry-Schneider, 1991 ; Kupferman, 1991 ; De Swart, Winter & Zwarts, 2007 ; Roy, 2004 ; Fernández Leborans, 1999 ; Wierzbicka, 1985) ; ii) les fameux noms dits « de qualité » (Milner, 1978) ou « d'insulte » (Ruwet, 1982). Pour sa part, la sémantique a montré que la « durée de vie » de certaines dénominations, en particulier celles des NH est variable et qu'il en découle des sous-catégories de N et de NH identifiées en termes de « stage » *vs* « individual level nominals » (*piéton* vs *aristocrate*) en référence à la célèbre dichotomie établie par Carlson (*cf.* Busa, 1997 ; Martin, 2008 pour les adjectifs) ; voir également les distinctions entre N « sortaux » et « non sortaux », « de phase » et « de substance » (Reboul, 1993 pour une synthèse). Enfin, récemment, plusieurs études à caractère morphosyntaxique (entre autres, Sleeman & Verheugd, 2003 ;

---

[2] *Cf.* les études commandées à la DGLFLF *Femme, j'écris ton nom* (1999).

Roy & Soare, 2012 et 2014) ont mis au jour une série de contraintes permettant d'apprécier le degré d'agentivité des NH déverbaux (*cf.* aussi sur ces questions les travaux de Dowty, 1991 ; Tribout *et al,*. 2012 ; *cf. infra*, 3.3.), à travers leur structure argumentale corrélée à la détermination (spécifique *vs* générique) des arguments instanciés.

2 De l'intérêt des noms d'humains

Si les études évoquées ci-dessus suffisent à motiver l'intérêt qu'on peut prêter à cette sous-catégorie nominale, s'y ajoutent d'autres éléments que nous répertorions en partant de ceux qui sont externes à la langue pour aller vers ceux qui relèvent à proprement parler de préoccupations linguistiques.

2.1 Dénomination des humains : reflets et enjeux culturels et sociétaux

La dénomination des humains s'inscrit dans notre culture et la reflète comme le soulignent Hellinger & Bussmann :

> (…) Personal nouns constitute a basic and culturally significant lexical field. They are needed to communicate about self and others, they are used to identify people as individuals or members or different groups, and they transmit positive or negative attitudes. In addition they contain schemata of, e.g. occupational activities and (proto-or stereotypical) performers of such activities (Hellinger & Bussmann, 2003 : 17).

Comme le reste du lexique, mais peut être de manière plus aiguë, les NH jalonnent l'histoire des peuples et des cultures. Ils en soulignent l'évolution à travers des usages lexicaux qui résonnent comme vieillis ou datés, ou, au contraire, comme nouveaux et qui touchent à tous les domaines de la vie en société : les professions (*cf.* Desrosières & Thévenot, 2002 ; Hanne & Judde de Larivière, 2010), le monde politique, la mode, la culture, etc. Par exemple, le nom de *gastellière* ('marchande de gâteaux') attesté dans le *Dictionnaire du Moyen Français* ne figure plus dans les dernières versions des dictionnaires de langue :

> GASTELIERE, subst. fém. [T-L : gastelier (gasteliere) ; GD : gastelier (gasteliere) ; DEAF, G366 : gastel (gasteliere) ; AND : Ø ; FEW XVII, 547b : *wastil] 'Pâtissière, marchande de gâteaux'

SDF est attesté dans le dictionnaire (*Petit Robert*, 2016) depuis 1983, *bobo* depuis 2000, etc. Pour le monde de la mode, on pense aux NH qui évoquent des courants vestimentaires et idéologiques : *incroyables* et *merveilleuses* qui apparaissent en réaction à la Terreur, *zazous* des années 1940, *punks* des années 1980 et, plus récemment, *hipsters*, nom, entré en usage en 1940 d'après le *Petit Robert* pour renvoyer au milieu du jazz, qui a connu un second souffle au début du 21ᵉ siècle pour désigner un :

> Jeune urbain qui affiche un style vestimentaire et des goûts à la fois pointus, empreints de second degré et à contre-courant de la culture de masse. La casquette, les grosses lunettes et la barbe fournie des hipsters new-yorkais (*Petit Robert*, 2016).

Pour le monde politique, voir les créations lexicales fondées sur le nom propre d'hommes politiques : *juppéiste, chiraquien*, etc., avec un potentiel de créativité morphologique illustré par l'extrait de presse ci-dessous (voir la contribution de M. Huguin, ce volume) :

1) Le 7 mai 2012, les Français se réveillent avec un roi qui porte le nom d'une province des Pays-Bas. Savent-ils qu'ils sont devenus **hollandais**, ou **hollandistes**, ou **hollandiens** ? (*Libération*, http://www.liberation.fr/france/2012/05/07/hollandais-hollandistes-ou-hollandiens-bienvenue-en-hollandie_817092)

Les NH traduisent également les différences inter-culturelles : « un *ingénieur* en France et un *ingeniere* en Italie n'ont ni les mêmes formation et compétences, ni les mêmes fonctions, statut et reconnaissance sociale » (Hanne & Judde de Larivière, 2010). Ils révèlent ainsi que les clivages intra-culturels, et avec eux, les partis-pris idéologiques et communautaristes que dénoncent par exemple les questions récentes relatives aux migrants (*cf.* texte ci-dessous), aux jeunes de banlieues ou- encore et toujours- aux femmes.[3]

2) Nom d'un migrant

> **Apatride** : sans nationalité légale. **Boat people :** réfugiés ayant fui leur pays sur des bateaux, principalement originaires du Vietnam. **Exilé :** banni, expulsé, proscrit ; qui est en exil ; exemple : exilés fiscaux. **Emigrant :** personne qui émigre ; exemple : Charlot Emigrant. **Emigré :** qui s'est réfugié hors de France sous la Révolution pour garder toute sa tête ; qui s'est expatrié. **Exode** (avec une majuscule) : émigration des Hébreux hors d'Egypte (avec Yul Brynner dans le rôle de Pharaon) ; *exode* (avec une minuscule) : fuite des populations civiles devant l'avance allemande en mai-juin 1940. **Expatrié :** qui a quitté sa patrie ; diminutif : expat. **Grandes Invasions** : « migrations de peuples », souvent violentes et dévastatrices, en Occident, aux IVe et Ve siècles, entre autres de Wisigoths et d'Alamans. **Immigrant :** qui immigre ou a immigré récemment. **Immigré :** qui est venu de l'étranger pour s'installer, afin de construire nos routes.

---

3 *Cf.* http://www.elianeviennot.fr/Langue/Guide-HCEfh-2015.pdf : Guide pratique pour une communication publique sans stéréotype de sexe.

> *Indésirables étrangers* : républicains espagnols réfugiés en France après la victoire de Franco. Pas rancuniers, rentreront dans Paris par la porte d'Orléans, le 25 août 1944. *Migrant :* travailleur qui s'expatrie pour des raisons économiques ; personne qui participe à une migration. Concerne aussi les canards. Personnes déplacées (1945, de l'angl. *displaced persons, DP)* : qui ont dû quitter leur pays lors d'une guerre, d'un changement de régime politique. *Rapatrié :* qui rentre dans son pays, quelquefois après avoir cru que le pays d'autrui était à lui. *Réfugié :* personne qui fuit son pays d'origine afin d'échapper à un danger.
>
> Migrants, donc, aux frontières de l'Europe ? Réfugiés, plutôt, au sortir de Syrie ? Assurément. Mais qui suis-je pour en parler ? Mes parents, personnes déplacées dans des conditions dramatiques, se sont établis en France après la guerre. La faute à Voltaire ? Quant à mon fils, professeur d'économie dans une (forcément) prestigieuse université américaine, il s'est... expatrié. *Nobody's perfect.* (Lucien Jedwab : « Nom d'un migrant », dans *M le magazine du Monde*, en ligne, URL : http://www.lemonde.fr/m-actu-chroniques/article/2015/09/04/nom-d-un-migrant_4744385_4573473.html (07.09.2015))

Enfin, on soulignera le caractère culturellement circonscrit de ces dénominations : Lakoff (1987) et Hellinger M. & Bussmann (2001) rappellent que « the words for female humans, water, fire and fighting are all in one nominal category in Dyirbal, an Australian language (*cf.* Dixon 1972) ».

Bref, la dénomination de l'humain est par excellence une question interdisciplinaire :

> Person reference is a subject that stands at a central intersection between the various behavioural sciences. How persons are classified and individuated lies at the heart of social theory ; how different cultures do so has preoccupied anthropology ; how we recognize them from face and voice is much investigated in psychology and the cognitive neurosciences ; how we refer to persons has been a central topic in philosophy ; and the grammatical machinery involved in tracking protagonists in discourse is an important topic in linguistics (Stivers, Enfield & Levinson, 2007 :1).

2.2 Dénomination des humains : une masse lexicale dense et omniprésente

Le lexique de l'humain paraît non seulement important et abondant :

> Plus de 8000 noms simples se rapportent aux humains. Il existe plus de 40 sous-catégories d'humains (Guenthner, 1998 : 50).

Il est également omniprésent, que ce soit dans notre environnement quotidien (en tant qu'universitaire, on est amené à parler, chaque jour ou presque, de ses collègues, étudiants, doctorants, hiérarchies, collaborateurs, doyens, présidents, délégués, etc. et à les interpeler sous une forme lexicale ou sous une autre), dans la littérature ou les discours sociaux (médias, presse, …). En voici un exemple où les NH sont signalés en gras (à l'exclusion des noms propres et des emplois figurés comme *le jeune troupeau*) :

3) Macron danse avec **les « stars »** en banlieue

   Édito

   « Ma question préférée : qu'est-ce j'vais faire de tout cet oseille ? » nargue souvent le **rappeur** Booba. Emmanuel Macron, lui, promet la fortune aux **aspirants *slumdog millionnaires***. Lundi matin, **l'ancien ministre** de l'Économie était en Seine-Saint-Denis pour parler emploi, formation et entreprises. Il est le bienvenu dans un département en proie au chômage, qui n'attend plus rien du « changement » marketé en 2012 par le **candidat** Hollande. Loin de la surenchère médiatique sur le burkini, son discours libéral sur la société et l'économie séduit une partie de la **jeunesse**. Celle qui rêve de passer de la cage d'escalier à la Lamborghini.

   La stratégie de l'**homme** « en marche » est simple. Il sait qu'il agace à gauche. Mais il sait aussi qu'elle a perdu les quartiers populaires. Macron ne parle pas de République, de valeurs, de Marianne, d'intégration. Il ne fait pas du Valls. Au diable les fourre-tout abstraits, l'ancien **banquier** de chez Rothschild vise juste. La guerre est économique et les poches de pauvreté abritent une réserve citoyenne prête à aller au charbon. Des **soldats** anarcho-libéraux. Ça tombe bien ! L'**homme** la joue anti-système et propose aux **débrouillards** un plan carré pour faire des ronds. Le **chantre** de la réussite pour tous marque des points en banlieue car il prend la **jeunesse** telle qu'elle est : brouillonne parfois mais énergique surtout. Le **joueur** est habile. Dans un entretien accordé au Bondy Blog, il mise sur *« **une génération** de **stars** dans l'entrepreneuriat, dans l'économie »*. Emmanuel Macron poursuit : *« Il faut qu'il y ait **des jeunes** qui veulent réussir et devenir milliardaires. »* Il se veut aux antipodes de l'image d'une gauche paternaliste qui distribuerait allocations et contrats aidés. *« **Les jeunes** dans les quartiers ne veulent pas de subventions, ils ne font pas l'aumône. »* Si la fable est belle, la réalité l'est beaucoup moins.

   Prenons le cas d'Uber. Son système pyramidal offre des revenus à toute **personne** disposant d'une voiture. Une aubaine pour de nombreux **jeunes** peu qualifiés ou discriminés. À l'arrivée pour beaucoup de **chauffeurs**, l'expérience se solde par une orientation subie. Loin de l'intégration économique et sociale espérée, ils ne peuvent pas constituer un dossier de location assez solide pour un logement, ni obtenir un crédit à la banque. De la chair à canon précaire. Ne soyons pas dupes. Macron piochera, parmi eux, une ou deux **« stars »** pour faire rêver le jeune troupeau. Cynique, **l'ex-conseiller** du **Président** glorifie l'individualisme et tait le purgatoire. Sa façon de tuer toute conscience collective, sociale ou politique ? Faute d'un projet de société qu'il lui reste à bâtir, la **masse laborieuse** sera maintenue à distance. Loin des fastes de la *fast life* tant promise, les Enfers en seront la destination finale. Combien de **« stars »** n'atteindront jamais l'Elysée monsieur Macron ? (Balla Fofana : «Macron danse avec les 'stars' en banlieue», dans *Libération*, en ligne, URL : http://www.liberation.fr/france/2016/09/07/macron-danse-avec-les-stars-en-banlieue_1488943 (07.09.2016))

Cet exemple est particulièrement intéressant dans la mesure où il montre les spécificités du lexique humain sur quatre plans :
- un même individu est susceptible de recevoir en un instant *t* une multitude d'étiquettes : ainsi Macron est-il désigné sous les termes d'*homme*, *chantre*, *joueur* ;
- certaines de ces étiquettes sont valables une bonne partie de l'existence de l'individu, comme on l'a vu *supra* : *homme* par exemple[4] ; d'autres ont une validité limitée dans le temps, ce qui est signalé dans le texte, par le biais d'adjectifs (ou assimilés) dits modaux (*ancien*, *ex-*) : *ancien ministre de l'économie*, *ancien banquier*, *ex-conseiller* ;
- certaines de ces étiquettes sont en quelque sorte « prédestinées », programmées, pour un individu donné : celle de *jeune* pour des individus humains mâles et femelles ; celle d'*homme* pour un individu mâle (et sauf accident) ; d'autres sont aléatoires (tout le monde n'est pas inéluctablement banquier, ministre) (voir Gosselin, 2015, et ce volume) ;
- d'autres étiquettes qui, contrairement à celles qui figurent ci-dessus, n'émanent pas d'une programmation « naturelle », mais valent pour un ensemble conséquent d'humains, quel que soit l'âge, la culture, etc. : on est tous à plusieurs moments de notre vie quotidienne piétons, interlocuteurs, bénéficiaires, etc.

Or, la pluralité simultanée des modalités dénominatives semble spécifique des humains ; elle concerne partiellement les animaux et les végétaux (également évolutifs comme les humains : *cf. faon*, *bourgeon*) mais pas les artefacts : le paradigme d'unités lexicales désignant une *chaise longue* peut se révéler diversifié par l'hyperonymie (*meuble*, *siège*), l'hyponymie (*chaise de relaxation*, etc.) ou le registre de langue (*relax*, *transat*), mais, une chaise longue étant théoriquement monofonctionnelle (« siège pliable, à inclinaison réglable servant à s'allonger » d'après le *Petit Robert* (2016)), ce paradigme ne contient habituellement ni termes renvoyant à différents états, statuts ou fonctions ni termes la désignant par ses propriétés (*cf.* pour les humains : *une blonde*, *un bossu*, *un malade*, *un riche*, *un vert*, *un noir*). C'est ce qui fait dire à Dahlgren (1985) que :

> Persons are conceived in a richer and more complex way than the physical objects (Dahlgren, 1985 : 381).

---

[4] Une fois la maturité acquise. Sur les noms d'âge, voir Aleksandrova (2016).

Autrement dit, les termes désignant l'humain occupent manifestement une place à part dans le lexique.

L'objectif du présent ouvrage est d'en révéler les particularités. Dans la suite du propos, nous nous limiterons à deux d'entre elles, en revenant préalablement sur trois « idées reçues » à propos des NH et en dissociant deux sous-catégories établies dans le cadre du projet NHUMA dont ce volume est une émanation.[5]

3 Idées reçues sur les NH

Il est admis dans les grammaires, et cela a été rappelé plus haut, que le lexique des humains renvoie à des entités concrètes, comptables et agentives, l'agentivité étant présentée en quelque sorte comme l'apanage de l'homme et ce qui le distingue des entités non humaines. Or, tout bien considéré, ces traits ne vont pas de soi.

3.1 Le trait de concrétude

Concernant le trait de concrétude, l'observation de Martin (1996) montre qu'il n'a rien d'évident :

> *Médecin* est-il un nom concret ou abstrait ? Concret, assurément, diront certains : un médecin ça se voit. Ça peut vous piquer maladroitement, vous triturer où il ne faut pas, vous déboîter des vertèbres. Mais il nous arrive aussi de croiser dans la rue des gens qui sont des médecins et dont nous ne savons pas du tout qu'ils le sont. La qualité de médecin ne se perçoit pas à la vue, en sorte qu'il y a dans *médecin* un côté incontestablement abstrait (Martin 1996 : 43).

Suivant Martin, on peut dire qu'un universitaire, un PDG ou un fraiseur-tourneur sont aussi « abstraits » que ne l'est un médecin. Il en va de même pour certains NH collectifs[6] qui se montrent réfractaires aux propriétés interactionnelles censées caractériser les entités concrètes :

    4)   *J'ai [vu/parlé avec/salué] l'humanité/l'aristocratie vs J'ai vu [la foule+la marmaille] débouler dans la rue

---

[5] Une autre est le volume édité par Mihatsch & Schnedecker (2015). Bien d'autres publications s'inscrivent dans ce cadre (*cf.* la bibliographie).
[6] Gross (2011 : 67) évoque également la possibilité de NHcoll abstraits mais à propos de N tels que multitude ou masse dont il reconnaît qu'ils sont le plus souvent employés comme prédéterminants.

Certains phénomènes distributionnels corroborent ce fait. C'est ainsi que l'environnement « droit » d'*aristocratie* indiqué par *Wortschatz* manifeste des adjectifs relationnels, ethniques le plus souvent ou renvoyant à des activités (*guerrière* vs *rurale, foncière*) mais jamais des adjectifs qualificatifs dénotant des propriétés « physiques » ou même morales :

Tableau 1 : Voisin droits d'*aristocratie* selon *Wortschatz*

guerrière (213.939), terrienne (123.646), foncière (120.445), dominante (92.3925), hongroise (82.6747), financière (80.9772), ouvrière (73.0823), héréditaire (68.4439), militaire (67.5425), romaine (63.8039), , (60.8435), féodale (59.2809), byzantine (57.2652), anglaise (56.5206), oisive (55.964), rurale (54.173), française (53.3129), franque (47.9595), locale (46.809), lorraine (43.9469), républicaine (43.4414), urbaine (36.1676), portugaise (32.616), qui (29.3875), belge (29.2508), intellectuelle (26.6127), européenne (26.2287), russe (25.4177), parisienne (24.5946), britannique (24.4204), espagnole (24.2931), américaine (14.0852)

Par contraste, celui de *foule* est tout différent, les adjonctions au N montrent que celui-ci dénote une entité dont l'importance quantitative se laisse diversement apprécier (*nombreuse, immense, considérable*), qui est, par ailleurs, visible (*bigarrée*), audible (*bruyante, acclamer, silencieuse*), etc. :

Tableau 2 : Voisin droits de *foule* selon *Wortschatz*

nombreuse (9430.61), compacte (6469.22), **immense** (5865.94), massée (4593.88), rassemblée (3655.2), enthousiaste (2900.41), *bigarrée* (2669.74) venue (1833.64), réunie (1825.1), déchaînée (1513.71), hostile (1217.35), partisane (1211.32), **considérable** (1171.03), *bruyante* (974.905), dense (974.555), **innombrable** (946.693), record (919.269), *scandait* (847.882), **énorme** (810.955), présente (803.89), surexcitée (786.3), impressionnante (755.657), **importante** (698.759), survoltée (689.647), amassée (685.285), estimée (659.585), joyeuse (622.305), *hystérique* (424.146), composée (408.681), montréalaise (406.445) anonyme (392.73), *criait* (391.221), *acclame* (382.452), d'hommes (372.193), grouillante (358.613), *applaudit* (352.193), conquise (336.676), silencieuse (331.814), envahit (324.08), d'invités (321.514), impatiente (320.563), *scande* (313.463) [...]

Autant de faits qui montrent que certains NH n'ont ni le même degré de concrétude que d'autres ni le même degré d'animacité. Ces faits nous invitent à considérer qu'il y a, en tout cas dans le cadre des NH, une sorte de continuum entre des NH appréhendant les humains par des propriétés perceptibles par les sens, qu'il s'agisse de traits en rapport avec le physique ou le style vestimentaire (certaines professions ou styles de vie étant distingués par un uniforme dans un cadre particulier ou des modes vestimentaires particuliers (*hôtesse de l'air, pompier, contrôleur*) et les dénominations qui désignent l'humain par des qualités morales ou des appétences imperceptibles mais dont la concrétisation passe par des réalisations (*cf.* Flaux, Lagae & Stosic, 2015). Entre ces extrémités figurent des NH qui imposent un certain nombre de contraintes sémantico-référentielles : un automobiliste est « une personne qui conduit une automobile » (*Petit Robert*, 2016), un violoniste un musicien qui joue du violon, autrement dit certains NH appréhendent l'humain par le biais d'un instrument/outil qui, à la différence des NH passant par les propriétés physiques, est totalement extérieur à l'humain.

+ concret			+ abstrait
Les brunes	une hôtesse de l'air	un automobiliste	un diplomate
Les grands	un contrôleur	un piéton	un pervers narcissique
Les noirs	un pompier	un interlocuteur	l'aristocratie
Un bébé		un violoniste	un égyptologue
Une foule			un romancier
Un hippie			

Figure 1 : Continuum entre les NH concrets et les NH abstraits

3.2 Le trait de comptabilité

Il en va similairement du trait /+comptable/. Certes, les humains, comme d'autres entités artefactuelles ou naturelles, peuvent être appréhendés dans leur singularité (*un hipster, un informaticien*, etc.) et dans une pluralité (*les hipsters, les informaticiens*, etc.). Mais certains NH sont des *pluralia tantum* (*gens, jumeaux, les RG*) (5a) qui bloquent l'accès à l'individu ; par ailleurs, certains NH collectifs n'ont pas de terme spécifique pour désigner les membres du collectif (7 a-c) ; enfin certains collectifs désignant des humains sont pluralisables (8a) ; d'autres non – sinon moins – (8b-d) :

    5)   a)   *un gens/deux gens

    6)   a)   aristocratie → aristocrate

             b)   flicaille → flic

             c)   patientèle → patient

    7)   a)   gang → ?

             b)   personnel → ?

             c)   peuple → ?

8) a) une armée/deux armée/plusieurs armées
   b) l'humanité (12033 occ., *Frantext*)/une humanité (439 occ., *Frantext*), trois/plusieurs humanités (0 occ.)
   c) l'aristocratie (1591 occ.), une aristocratie (320 occ.), trois aristocraties (2 occ. dans Frantext), plusieurs aristocraties (1 occ. dans *Frantext*), 181 occ. plurielles
   d) deux/plusieurs marmailles (0 occ.)
9) Autour de ce couple de seigneurs tournaient deux aristocraties violemment rivales, l'une de robe, le corps des administrateurs, l'autre d'épée, les officiers des troupes d'occupation. (Tournier, Vent Paraclet, 1977, *Frantext*)

3.3 Le trait d'agentivité et sa multi-factorialité

Le trait d'agentivité est généralement défini extra-linguistiquement et l'agent est considéré comme « une entité animée, effectuant une action donnée de manière intentionnelle » (*cf.* Huyghe & Tribout, 2015 : 102). Dans cette perspective, effectivement, tout NH désignant un humain comprend le trait d'agentivité puisque tous les humains sont en principe dotés de volition, intentions, etc.

Or, de nombreux travaux amènent à nuancer ce point de vue, sur la base des critères linguistiques précisés ci après, et ainsi à considérer l'agentivité comme un phénomène *multifactoriel* :
- la base verbale (ou non) des NH construits,
- le type de suffixe (le suffixe *-eur* étant le « prototype » si l'on peut dire du suffixe dédié à l'expression de l'agentivité),
- les possibilités argumentales de la base verbale et le type d'arguments (plus ou moins générique, quantifié ou non, etc. (*cf.* Devos & Taeldeman, 2003 ; Sleeman & Verheugd, 2003 ; Roy & Soare, 2012, 2014 notamment)).

Ainsi un NH déverbal comme *défenseur* ou *accusateur* sera-t-il agentif dans son interprétation dite « épisodique » c'est-à-dire s'il est assorti d'arguments spécifiques et se laisse modifier par des adjectifs tels que *délibéré, volontaire, intentionnel, obstiné*, « qui ne peuvent être interprétés que comme modifiant un événement sous-jacent » (Roy & Soare, 2012 : 213) ou *grand, vieux, gros, petit*, qui, dans leur emploi non intersectif,[7] modifient un événement sous-jacent (Benve-

---

[7] Les emplois dits non intersectifs sont ceux qui modifient la référence et non le référent et ont une interprétation adverbiale (Benveniste *op. cit.* ; *gros mangeur, grand voyageur* paraphrasables respectivement par *qui mange/voyage beaucoup*).

niste, 1974 ; Anscombre, 2001, 2003 ; Luquet, 1994 ; Ulland, 1993 ; Roy & Soare art. cit. : 215).

10) Ce défenseur délibéré/volontaire des opprimés n'abandonne pas sa cause.
11) L'accusateur obstiné de cette jeune femme a tout fait pour l'envoyer en prison (exs de Roy & Soare, 2012 : 211).

Par contraste, *i.e.* avec des arguments génériques ou sans argument explicite et une quantification générique sur l'événement dénoté, le NH aurait une interprétation dispositionnelle et serait /-agentif/ :

12) les gros consommateurs
13) un grand défenseur (sens sportif) (ex. de Roy & Soare, 2012)

Dans cette hypothèse, Schnedecker & Aleksandrova (2016 et ce volume) ont montré que les NH en *-aire* (*bénéficiaire, disquaire, signataire*, etc.), considérés par le *TLFi* comme des N d'agents, présentent un comportement beaucoup plus nuancé qui dépend des paramètres linguistiques évoqués ci-dessus.

Ces résultats sont extrêmement intéressants. En effet, ils permettent de cartographier les NH en fonction d'un critère, présent certes dans les classifications étudiées, mais pas pleinement exploité : le critère de l'agentivité, étroitement associé à la morphologie, puisqu'en fonction des suffixes, il est possible de prédire le comportement des NH au regard de l'agentivité :

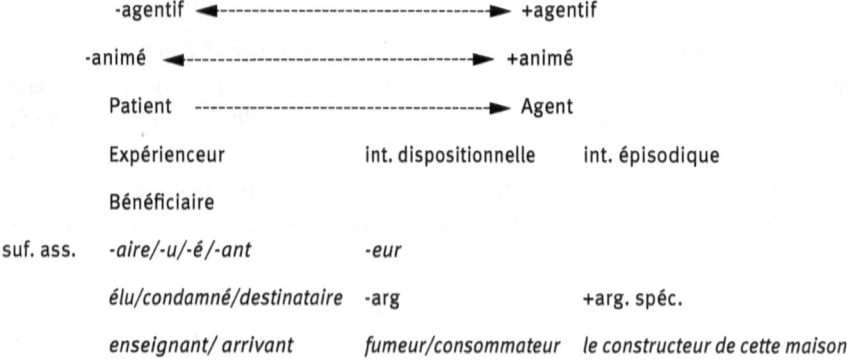

Figure 2 : Paramètres de l'agentivité (d'après Roy & Soare, 2012 ; Devos & Taeldeman, 2003)

4 Sous-catégories de NH : les NH généraux *vs* spécifiques ... et les autres

Dans le cadre du projet NHUMA, nous avons été amenés, au départ pour des raisons de commodité, à dissocier trois sous-catégories de NH : les NH que nous avons appelés « généraux » (*homme, femme, gens, personne*, ...), les NH spécifiques (*i.e.* qui comprennent des traits sémantiques supplémentaires que n'ont pas les généraux) (*hôtesse de l'air, pompier*, ...) et ... les autres.

4.1 Les NH dits « généraux »

Les NH dits « généraux » (désormais NHG), peuvent être considérés comme tels en vertu d'un sens qu'on peut dire « général » au vu de deux caractéristiques sémantiques principales :
- ils sont considérés (dans les dictionnaires ou la littérature sur la question, *cf. infra*) comme des synonymes du nom *homme*, doté, dans les analyses componentielles « classiques », de traits sémantiques en nombre restreint [+humain], [+mâle], [+adulte], d'où le sens « général »,
- ils sont/peuvent, à ce titre, être utilisés comme N dits hyperonymes/classifieurs/descripteurs, notamment dans les définitions dites par le genre prochain d'autres noms d'humains (*cf.* 14) :

   14) a) soldat : **homme** qui sert dans une armée à quelque titre que ce soit (*TLFi*)
   b) roi : **homme** qui règne (politiquement). (*TLFi*)
   c) mécanicien : **homme** chargé de la conduite et de l'entretien des machines et des moteurs à bord (*TLFi*)

Gross (1995, 2008) et Le Pesant (2002) considèrent comme « classifieurs » des NH tels que :

   15) type, mec, être, gens, gars, gus, homme
   – au vu d'une triple propriété :
   – l'incapacité à servir d'attribut (16)
   – la capacité à servir d'anaphore à des NH (17)
   – la possibilité de se voir remplacer par certains pronoms indéfinis (18) :

   16) *Paul est un type/ Les pauvres sont des gens (ex. de Gross, 2008).

17) Le facteur venait de passer. Ce (type, gars, mec, gus) fait sa tournée avec une régularité remarquable (ex. de Gross, 2008).[8]

18) a) Alors surgit (un homme/quelqu'un) qui m'a salué (ex. de Gross, 2008).

b) (Des gens sont venus/on est venu) me chercher.

En soi, l'étude de cette sous-classe de NH constitue un champ d'investigation[9] au vu d'un certain nombre de problèmes qu'ils posent et que nous ne ferons ici qu'évoquer.

4.1.1 L'inventaire des NHG

L'inventaire des NHG varie éminemment selon les sources. À la liste de Gross et Le Pesant ci-dessus, on opposera celle des dictionnaires qui montrent que certains NH n'ont ni la neutralité sémantique nécessité par la fonction (*bonhomme*) ni la « généralité » (*mari, amant*)[10] :

19) anthropoïde, hominoïdes, individu, personne, quidam, humanité, gens, vulgaire, monsieur, bonhomme, gars, keum, mec, type, créature, mortel, âme, esprit, bonhomme, jules, mec (*Petit Robert*, 2016)

20) individu humain, mari, concubin, amant, fils, ... (*TLFi*)

Dans une étude en cours, Cappeau & Schnedecker parviennent à un résultat où le nombre de synonymes d'*homme*, et donc potentiellement de NHG, atteint plus de 80 unités.

4.1.2 Les NHG dans la structuration du lexique

Les NHG ont apparemment une réelle aptitude à servir d'hyperonymes comme le suggèrent les dictionnaires (14) (*cf.* Schnedecker, 2015 ; Mihatsh, 2015a et b). On conçoit bien en effet qu'un plombier est un homme, que *plombier* et *homme*

---

8 Sur ce point, Schnedecker (2015).
9 Nous leur consacrons d'ailleurs un numéro thématique de la revue *LINX* (soumis), où les NH seront également abordés sous un angle comparatif (comparaison des NHG du français avec l'allemand, le portugais brésilien, le bulgare et l'anglais).
10 Voir les travaux de Amaral (2013), Amaral &Mihatsch (2016), Cappeau & Schnedecker (2014a et b, 2015), Mihatsch (2015a, b).

peuvent être reliés par un lien logique d'implication. Mais certains des tests généralement utilisés pour appréhender les rapports de hiérarchie lexicale achoppent sur les NHG. En effet, sauf situation de contraste particulière, il est plus difficile d'énoncer *un plombier est un homme* que *une golden est un fruit* (*cf.* Cruse, 2002), observation qui est peu compatible avec le fait que, selon les travaux sur les taxinomies et les niveaux de généralisations, les NHG devraient être situés nettement au-dessous du niveau de base dans la taxonomie des animaux, les sous-classes situées sous le niveau basique étant définies à partir de leurs hyperonymes. D'où tout un ensemble de questions : i) quels sont les principes de structurations auxquels obéissent les NH ? Existe-t-il des N hyperonymes pour les humains comme c'est le cas pour d'autres espèces naturelles ou artefactuelles ? Et si oui quels sont-ils ? ; ii) dans la négative, les NHG répondent-ils à un mode de structuration différent des noms désignant les autres espèces ? Et lequel ?

4.1.3 Les NHG entre N et pronoms

Certaines études (*cf.* Heine & Kyung-An, 2011 ; Heine & Kuteva, 2002) ont montré la capacité de NHG à évoluer au fil du temps et à changer de catégorie, notamment en se pronominalisant au sens littéral du terme : p. ex. (lat.) *homo > on* (Gast & Van der Auwera, 2013 ; Giacalone Ramat & Sansò, 2007), *personne* N > *personne* PR (*cf.* Harweg, 1971 ; Siewierska, 2011 ; Vachon, 2012 ; Winter-Froemel, 2012). En portugais, l'équivalent de *gens* fait depuis longtemps office de pronom « impersonnel » voire de pronom personnel (Lopes, 2007) ou, dans le cas de l'all., *Mensch* et *Mann* ou l'espagnol *hombre*, de marqueur discursif. Actuellement, il semble que, dans plusieurs langues romanes modernes, certains NHG subissent cette évolution : c'est le cas notamment de *gens* en fr. (*cf.* Cappeau & Schnedecker, 2014) et *pessoa* du port. européen et brésilien (Amaral & Mihatsch, 2016). Ce domaine continue à faire l'objet de nombreux travaux, outre ceux qui sont évoqués ci-dessus : par exemple sur *personne* (Vachon, 2012[11]), *on* (*cf.* Cabredo-Hofherr et le projet DFG-ANR « Vers une typologie des pronoms impersonnels humains »[12]), et les nombreuses études sur le pronom portugais *a gente* (p. ex. Lopes, 2007, Merlan, 2006).

Cependant, les NHG lexicaux,[13] ou bien faiblement pronominalisés, n'ont pas fait l'objet d'études systématiques comparant notamment leur sémantique, leur

---

11 Curieusement le pronom négatif *personne* n'a pas été très étudié.
12 *Cf.* aussi Giacalone Ramat & Sansò (2007), Gast & van der Auwera (2013) et Siewierska (2011) pour une perspective comparative et typologique.
13 Pour l'anglais, voir Mahlberg (2005).

morphosyntaxe et leur pragmatique avec celles des pronoms qu'ils sont susceptibles de remplacer, ce qui pourrait aussi élucider les sources fréquentes de la pronominalisation.[14]

Dans le cadre du projet NHUMA, certains de ces aspects ont été traités. Deux études pilotes montrent, d'une part, que les NHG les plus fréquents ne sont ni hyponymes ni hyperonymes dans le langage courant (Mihatsch, 2015a et b); d'autre part, que l'interchangeabilité entre pronoms et NHG est limitée (Mihatsch, 2015 b ; Harweg, 1971 pour l'allemand). D'autres travaux ont montré les similarités et différences entre NHG et pronoms, sachant que les noms généraux du français manifestant des emplois évoluant vers la catégorie des pronoms sont *personne* et *gens* (Cappeau & Schnedecker, 2015 ; Mihatsch, 2015b). Il reste à répertorier les N du français qui ont subi ce processus ou sont potentiellement concernés par ce type d'évolution, de modéliser les processus de grammaticalisation opérés (modalités du changement catégoriel – ou « transcatégorisation » –, datation ; systématicité réelle) de manière à prédire ceux qui sont susceptibles de suivre les NHG concernés actuellement, ce qui compléterait les hypothèses générales d'évolution avancées par Heine & Kyung-An (2011) ; Haspelmath (1997, 2013) et fournirait des bases étayées par des observations au cas par cas des différents NHG.

4.1.4 Étiqueter les NHG ?

Partant de là, l'étiquette linguistique à attribuer aux NH à portée générale n'a rien d'évident. En effet, comme le montre Schnedecker (à par.), ces N ne coïncident que très partiellement avec les noms le plus souvent qualifiés de généraux (*cf.* Schmid, 2000 ; Mahlberg, 2005). Ils n'ont pas non plus le même comportement que les hyperonymes des classes lexicales dénotant des entités non humaines et donc ne sont pas au sens propre des hyperonymes. Enfin, l'étiquette de *light nouns* proposée par Simone & Masini (2014) concerne des sous-catégories de N particulières (les N dénotant des taxinomies, la quantification, l'approximation ou encore les N-supports (à l'image des verbes supports) (*coup* dans *coup de tonnerre*).

---

14 *Cf.* Haspelmath (2013) sur l'équivalence des NHG avec des pronoms indéfinis, Harweg (1971) sur *jemand, eine Person, ein Mensch*, les remarques de Ladd (2008) sur l'accentuation des noms généraux par rapport aux pronoms et les commentaires très pertinents à ce sujet de Lang (2000), qui critique la monographie de Braun (1997) sur les NH de l'allemand, excluant un NHG comme *Leute* et sans considération sur la relation entre NH et pronoms.

4.2 Les « noms propres communs »

Une autre catégorie de NH, jusqu'à présent très peu étudiée, se trouve fonctionnellement apparentée aux NHG ou aux pronoms réputés indéfinis « humains » (des pro-noms propres). Il s'agit d'une sous-catégorie dénommée par les anglo-saxons *place holders names*. Elle résulte de procédés de formation divers :
- patronymisation de N généraux comme *truc, machin, chose* > *Trucmuche, Machin-chose*
- conversion de pronoms indéfinis (*Un tel, Monsieur Tout le monde*) (*cf.* Mihatsch 2006)
- locutions pronominales indéfinies *((Monsieur) Je ne sais qui)* (*cf.* l'étiquette de *Mister Nobody* utilisée pour désigner F. Fillon)
- termes d'adresse suivis de lettres d'anonymisation (Monsieur X, NN).

Une première typologie en a été proposée par Schnedecker (2011).

4.3 Les NH spécifiques (NHS) : classification alternative

La troisième sous-catégorie de NH comprend, enfin, l'ensemble, le plus important, des N spécifiques (*plombier, sprinter, sage-femme*, etc.). Les classifications existantes de ces N posent de nombreux problèmes (*cf.* Schnedecker 2015), du fait notamment qu'elles résultent d'une démarche hybride fondée sur des bases parfois plus sociologiques (p.ex. noms de métiers, noms de parenté, etc.) que linguistiques. Mais il est vrai que le classement de ces N pose de très nombreuses difficultés que nous avons éprouvées dans le cadre du projet NHUMA.

En effet, les NHS présentent des propriétés linguistiques extrêmement disparates.

Au plan morphologique, on doit distinguer les N simples (*frère, voisin*) des N construits sachant que ces derniers présentent des modalités de formation très nombreuses et diversifiées : affixation, conversion, (néo-)composition, etc. – et des bases qui ne le sont pas moins – verbales (*fumeur, élu, arrivant*), adjectivale (*malheureux, gros*), nominale (*disquaire, peureux*).[15]

Au plan morpho-syntaxique (*cf.* 2.3.), les NHS sont également très diversifiés, conséquence de leur processus de construction. C'est ainsi que la complémenta-

---

15 Voir les études, extérieures au projet NHUMA, de Roché (2004), sur *-ier*, Cartoni & Namer (2012) sur *-iste*, Fradin & Kerleroux (2003) et Fradin (2005) sur *-eur*, Lignon (2008) et Lignon & Plénat (2009) sur *-iste* et *-ien* ; Villoing (2012) sur la composition VN, Namer & Villoing (2013) sur la composition savante NV, Villoing & Namer (2014) sur la formation des noms de spécialités en *-logue* et *-logiste*, Lasserre (2016) sur la néo-composition.

Tableau 3 : Les « place holders names » d'humains in Schnedecker, 2011

Catégorie grammaticale des constituants	Français	Anglais	Allemand	Espagnol
Npr « commun » complet	Jean Dupont Paul Martin	Joe Bloggs, John Smith Joe Blow, John Doe Joe Sixpack, John Q. Public Joe Shmoe Lord/Lady Muck	Hans/Max/Otto and Erika Mustermann, Lieschen Müller, Meier/Müller/Schulze, Fritze (Fritzchen) Müller	Pepe Perez Perico de los Palotes Menganito de Cual, Menganito de Tal, Menganita de Tal.
Forme d'adresse nominale + patronyme « commun »	Monsieur Durand		Herr Müller, Herr Schulze, Frau Schmitt, Frau Meier	Don Nadie
Forme d'adresse nominale + patronyme « transparent »	Bidule, Chose, Machin, Machin-chose, Tartampion, Truc, Truc-machin-chouette, Trucmuche Duchnoque (Ducon, Dugland, Duchmolle, Dugommeau, Dugenoux, Duschnock) Toulemonde	Mr. Johnes Average/Ordinary Joe, Ordinary/Average Jane	Otto Normalverbraucher, Erwin Mustermann	Juan Nadie Mengano, Menganito, Menganin Sutano, Sutanito, Perengano (esp. mex.) Mengana, Menganita
Prénoms/Surnoms	Pierre-Paul-Jacques	Tom, Dick and Harry Alice and Bob Bubba Hillbilly	Hinz & Kunz Das Fritzchen, Das Hänschen	Fulano, Sutano y Mengano Rita (la cantoara)
Forme d'adresse nominale + pronom nominalisé	Untel Unetelle	Mr. So-and-So	Herr und Frau Soundso	Fulano de Tal Fulanin Fulano, Fulanito Fulanita, Fulanita de Tal
Locutions pronominales	Je-ne-sais-qui	What's-his-name Tweedledum and Tweedledee		
Forme d'adresse nominale + lettres	(Monsieur/Madame) X, Y, Z	Mister X	X, NN	

tion de ces noms varie et elle soulève des questions qui n'ont été abordées que de façon marginale jusqu'à présent. Il en est ainsi des phénomènes de dépendance syntaxique manifestés par certains noms relationnels (*j'ai rencontré un mathématicien* vs **j'ai rencontré un bénéficiaire/un frère*) qui ne résultent pas des mêmes causes (*cf.* Herslund, 1966 ; Bartning, 1996 ; Roy & Soare, 2012 ; Adelstein, 2013) ou des (in)compatibilités que l'on peut observer avec certains types de compléments adnominaux (*l'auteur d'un best-seller* vs **le romancier d'un best-seller*) (*cf.* Flaux, Lagae & Stosic, 2015) (voir Schnedecker, 2015b pour une présentation synthétique).

Au plan sémantique, nous avons démenti plus haut certaines idées reçues sur les NH qui ne dénotent pas *ipso facto* des entités agentives, concrètes et comptables. Par ailleurs, des recherches récentes (Amourette, 2004 ; Batistelli, 2009 ; Gosselin, 2010, 2015 ; Aleksandrova, 2013 et 2016), dont certaines menées dans le cadre du projet NHUMA (Gosselin, 2015, ce volume ; Aleksandrova, 2013, 2016), ont mis au jour des propriétés sémantiques jusqu'alors abordées de manière éparse dans la littérature (*cf. supra*). D'une part, la distinction entre « individual level » et « stage level », plus connue et exploitée pour les verbes et les adjectifs (bien que la stabilité temporelle soit typique de la sémantique des noms, *cf.* Givón, 1979 ; Mihatsch, 2009), se révèle extrêmement opérationnelle sur les NH. D'autre part, leur dimension « modale » est réelle. Par exemple, la dimension aspectuelle affecte tout particulièrement les noms de phase (*bébé, enfant, adolescent, adulte* ...) tandis que la dimension modale appréciative et axiologique est manifeste dans les noms de qualité (*salaud, assassin, génie* ..., *cf.* Galatanu, 2006 ; Gosselin, 2015 et ce volume).

Enfin, certains NHS ont des connotations fortement subjectives : c'est le cas p.ex. des NHS de « défauts » (*salaud*) mais aussi de NHS comme *patron, syndicaliste* ou *fonctionnaire* dont les connotations péjoratives sont liées à des contextes discursifs particuliers. D'autres NHS servent à établir ou maintenir des relations inter-personnelles (*cf.* Enfield & Stivers, 2007), notamment les termes d'adresse mais aussi les titres. Certains peuvent d'ailleurs évoluer pour devenir des marqueurs discursifs : c'est le cas de l'allemand *man, Mensch* et de l'espagnol *hombre, tío* etc. On peut se demander quelles sont les sous-classes de NHS employées dans ces fonctions et pourquoi.

Compte tenu de la multiplicité de ces propriétés, les « prises » sur les NH sont nombreuses. Et elles sont loin d'être simples. Par exemple, il est utopique de prétendre associer à une famille morphologique une classe sémantiquement homogène de NH et, réciproquement, une classe sémantique de NH recouvre des N aux propriétés disparates. Par exemple, la classe morphologique des N en -*aire* ne comporte pas exclusivement des NH (*bestiaire, bréviaire*) et la sous-catégorie de NH en -*aire* comprend, comme le montre, dans ce volume l'article de Aleksandrova & Schnedecker, des NH plutôt dépourvus d'agentivité (*signataire*, *bénéficiaire*) et, parmi eux, des NH au statut sémantique diversifié (allant des NH de bénéficiaire (*destinataire*) aux NH d'état (*grabataire*)). Par ailleurs, la classe des NH dits « disqualifiants » par Flaux & Mostrov (2016 et ce volume) peut se subdiviser selon le caractère plus ou moins agentif des NH (*se comporter comme un salaud* suppose une intentionnalité qui n'est pas impliquée par *se comporter comme un imbécile*).

C'est ce qui explique que les articles rassemblés dans ce volume abordent les NH d'un double point de vue et par une double entrée :
– sémasiologique, lorsqu'il s'agit d'étudier des classes de N formellement apparentées comme les NH ayant pour base le nom propre d'un homme politique : *les chiraquiens, les hollandais* (*cf.* exemple (1) *supra* (voir la contribution de M. Huguin, ce volume), les NH en -*eux* néologiques (*gratteux, piscineux, matheux*), les N néocomposés en -*phobe* (*homophobe, agoraphobe*) (la contribution de B. Oberlé) ou, enfin, les NH en -*aire* déjà cités ;
– onomasiologique quand l'étude part de classes aux fondements extralinguistiques, qui partent d'idées relatives à des comportements (par exemple les N désignant des comportements déviants dans l'article de N. Flaux & V. Mostrov ou les N dénotant des pratiquants de jeu étudiés par V. Lagae), à des répartitions sociales (les N de spécialistes *vs* de partisans étudiés par S. Lignon et F. Namer ou les N de fonction *vs* de statut dans la contribution de F. Baider et A. Todirascu).

5 Des méthodes d'investigation particulières

Si les NH constituent donc un champ d'étude particulièrement fécond et encore très prometteur vu les questions en suspens évoquées ci-dessus, ce champ est intéressant également en ce qu'il oblige, sinon à innover dans les méthodes d'investigation, du moins à les cumuler (voir les articles de L. Gosselin et W. Mihatsch, ce volume). Cinq méthodes, détaillées ci après, ont été exploitées dans le cadre de notre projet.

5.1 Investigations lexicographiques

La consultation des dictionnaires constitue la base de nos démarches, dans la mesure où ceux-ci fournissent des listes de NH, relativement fournies de surcroît (voir par exemple celle des NH-*mane*, ci-dessous), assorties, le cas échéant, d'indications morphologiques précieuses (*cf.* ci-dessous sur les procédés de construction) :

- -MANE², élém. formant

Élém. tiré du gr. -μανης, tiré lui-même de μανία « folie », toujours vivant, entrant dans la constr. de subst. pouvant avoir des emplois adj. et **désignant des pers. atteintes d'une habitude morbide, d'une passion indiquée par le 1ᵉʳ élém.** ; la plupart de ces mots appartiennent au vocab. de la *psychol.*, de la *psychopathol.*

A. –[Le 1ᵉʳ élém. est tiré du gr.] V. *agromane, cleptomane, graphomane* (*s.v. grapho-*), *hippomane, mégalomane, mélomane, mythomane, pyromane, toxicomane.*

B. –[Le 1ᵉʳ élém. est (ou est tiré d') un subst. fr.]

1. [Le subst. désigne une drogue] V. *cocaïnomane, éthéromane* (comp. *s.v. éther*), *morphinomane, opiomane* et aussi : *héroïnomane*, subst. et adj., 'Intoxiqué par l'héroïne' (*Pt* ROB.).

2. [Le subst. désigne une ethnie] V. *anglomane* (*s.v. anglo-*), *gallomane* (*s.v. gallo-*).

3. [Le subst. désigne un domaine d'activité ou d'intérêt] V. *autographomane, balletomane, boulomane* (rem. *s.v. bouliste*), *démonomane, équitomane* (rem. *s.v. équitation*), *gouvernementomane* (rem. *s.v. gouvernement*), *héraldicomane* (rem. *s.v. héraldique*), *maestromane* (rem. *s.v. maestro*) et aussi : **tableaumane**, subst. masc. Celui qui a la passion des tableaux. *Magus (...) déployait autant de soins et de précautions pour ses tableaux que pour sa fille, son autre idole! ah!* **le vieux tableaumane** *connaissait bien les lois de la peinture!* (BALZAC, *Cous. Pons*, 1847, p. 135).

taximane, subst. masc. Celui qui a la passion des taxis. V. *locataire* ex. rem. *s.v. locatif*⁴.

Rem. 1. À noter aussi a) l'empr. au gr. : *érotomane* ; b) les dér. régr. des subst. formés avec *-manie* : *admiromane, bibliomane, celtomane, copromane, dipsomane, métromane, monomane, nymphomane*. 2. a) Pour la plupart de ces mots le mot en *-manie* correspondant est usité : *agromane, anglomane, cleptomane, démonomane, équitomane, éthéromane, gallomane, graphomane, héroïnomane, mégalomane, mélomane, morphinomane, mythomane, pyromane, toxicomane*. b) Pour un certain nombre de mots moins usités, en partic. pour les mots dont le 1er terme est un subst. fr., la docum. n'atteste pas de mot en *-manie* correspondant : *autographomane, balletomane, boulomane, gouvernementomane, héraldicomane, hippomane, maestromane, tableaumane, taximane*. [...]

Pour précieux qu'ils soient, ces renseignements montrent au moins trois limites : l'exhaustivité des listes fournies n'est pas garantie (elle n'est pas non plus recherchée, à vrai dire) pas plus que leur « actualité ». Par exemple, *tableaumane* indiqué ci-dessus ne figure pas dans le *Petit Robert*. Le N n'est attesté que deux fois dans *Frantext*, de surcroît uniquement dans *Le cousin Pons* de Balzac dont une occurrence est donnée en exemple dans l'article du *TLFi* et la seconde en (21) ci-dessous :

> 21) Ici commence le drame, ou, si vous voulez, la comédie terrible de la mort d'un célibataire livré par la force des choses à la rapacité des natures cupides qui se groupent à son lit, et qui, dans ce cas, eurent pour auxiliaires la passion la plus vive, celle d'un **tableaumane**, l'avidité du sieur Fraisier, qui, vu dans sa caverne, va vous faire frémir, et la soif d'un Auvergnat capable de tout, même d'un crime, pour se faire un capital (Balzac, *Le cousin Pons*, *Frantext*).

Dans un même ordre idée, pour l'étude des néologismes, le recours aux dictionnaires se révèle peu pertinent (*cf.* la contribution de M. Huguin, ce volume).

Une troisième limite des dictionnaires, on le sait, est liée à la manière dont ils représentent l'usage : les listes de NH fournies le sont sans indication de préférence dans l'usage ou de fréquence d'emploi, ce qui pour reprendre l'exemple de *tableaumane* donnerait à penser que ce NH est aussi usité que *toxicomane*. Or, mis à part *Sketch Engine* qui donne les mêmes résultats que *Frantext*, *tableaumane* n'est attesté ni dans *Wortschatz* ni dans *Les voisins de Le Monde*. La première page de Google ne mentionne que des définitions du terme ou renvoie à des extraits de Balzac. En revanche, *toxicomane* est bien attesté, avec de fortes variations numériques selon les ressources consultées (*cf.* tableau 4).

Tableau 4 : Représentativité des dictionnaires et usage du lexique : l'exemple de *toxicomane*

Toxicomane	sg	pl	
TLFi		+	
Petit Robert		+	
Frantext	15	21	36
Wortschatz	1305	2993	4298
Sketch Engine		29852	29852

5.2 « Dissection » linguistique

Un second volet méthodologique consiste à « disséquer » les NH de manière à déterminer s'ils sont « simples » ou construits et, le cas échéant, à explorer le potentiel syntaxique de leur base. S'il s'agit d'une base verbale, en effet, on l'a vu plus haut (*cf.* 2.3.), ce potentiel syntaxique se déduit de la base verbale et de sa structure argumentale (avec les possibilités de variations flexionnelle et sémantique qui conditionnent l'interprétation spécifique *vs* générique des arguments). En cas de base nominale (*cf.* 3.2.), la vérification porte sur la dimension relationnelle du NH (*voisin, condisciple, ami*, etc.). Autant d'éléments qui permettent d'émettre des hypothèses sur la distribution du NH : dans les deux cas susmentionnés, il est probable que la complétude syntaxique appelée par la base verbale ou par la dimension relationnelle du NH se concrétise, par exemple, *via* un complément adnominal.

Cette tâche de dissection linguistique permet également de mettre au jour de « schémas », plus ou moins abstraits, qui peuvent être communs à des sous-catégories de NH, renvoyant aux modes de construction nominale (*cf.* Huguin, Lignon & Namer ; ce volume), et révélant une certaine l'homogénéité. Ainsi le schéma commun à *dédicataire* et *narrataire* peut-il se concevoir comme suit :

22) a) X Vb base (dédicacer) Y à Z (= NH-aire)
    b) X Vb base (narrer) Y à Z (= NH-aire)

5.3 Tests linguistiques

La conception et l'utilisation de tests linguistiques fait partie des méthodes traditionnelles largement exploitées dans le cadre de notre projet et les articles du présent volume fournissent également, à ce point de vue, un abondant matériau. Ces tests consistent à insérer un NH-test (qui fait office de variable) soit dans des énoncés fabriqués *ad hoc* soit dans des énoncés, à la base authentiques mais débarrassés des éléments susceptibles de parasiter l'analyse de manière à catalyser les traits sémantiques et propriétés distributionnelles d'une unité donnée.

Par exemple, l'extrait suivant consacré au NH de *foule* :

> Le substantif *foule* désigne **un grand nombre de gens** réunis de **façon occasionnelle** et qui forment un ensemble qui, du point de vue aspectuel, peut être considéré comme **passager pour ne pas dire ponctuel**. Tout ce que désigne ce terme c'est qu'un grand nombre important de personnes sont réunies au même moment dans un même lieu. (…) Pour définir le mot, on peut avoir recours à deux opérateurs qui lui sont appropriés : *se rassembler* et *se disperser*. Il en existe d'autres comme les verbes *grouiller, se mêler à, traverser, disparaître dans, se fondre dans* qui mettent l'accent sur la notion de densité. Les adjectifs appropriés expriment :
>
> a) Le nombre : *immense, innombrable, compact, énorme, nombreux*
> b) La diversité : *bigarré, bariolé, hétéroclite, cosmopolite*
> c) Le comportement : *en délire, déchaîné, bruyant, hostile, silencieux, hurlant.*
>
> (…) Son **caractère aléatoire** oppose le mot *foule* à d'autres comme *assistance* ou *public* qui impliquent une finalité ou un objectif (Gross, 2011, 66).

Cet extrait fait ressortir un certain nombre de « composants sémantiques » intuitivement[16] associés au NH de *foule* (en gras dans le texte) : le nombre et une pluralité d'indications relative au caractère occasionnel, passager, ponctuel, aléatoire de la foule. Toute la question est de rendre compte de ces intuitions.

5.3.1 La recherche de descripteurs/classifieurs dans les paraphrases lexicographiques

Les paraphrases des dictionnaires (*cf.* Gosselin, ce volume) permettent par le biais des classifieurs d'identifier les catégories générales, voire sous-catégories, d'appartenance, comme *personne* ou *métier* dans les définitions ci-dessous :

> Foule : Multitude de **personnes** rassemblées en un lieu (*Petit Robert* 2016).
>
> Boulanger : **Personne** dont le *métier* est de faire du pain. Four de boulanger. Patron boulanger. Garçon boulanger. → mitron (*Petit Robert* 2016)

5.3.2 Des tests isolant les « opérateurs appropriés »[17]

Dans le cadre de la théorie des classes d'objets (*cf.* Gross, 2012), un opérateur approprié permet de délimiter une classe de N : c'est le cas de *ressemeler* qui isole la classe des <chaussures> (Gross, 2012 : 75). C'est également le cas de *nommer* pour les NH de fonction (Gross, *op. cit.* : 77)[18] étudiés par F. Baider & A. Todirascu :

> **Nommer** : Désigner quelqu'un à une charge, à **une fonction**, à un emploi ; élever quelqu'un à une dignité (*TLFi*).

---

[16] Voir aussi la définition du *TLFi* : « A. – Presse qui résulte de la présence d'une multitude de personnes en un même lieu ; la multitude elle-même. Bain de foule ; foule de spectateurs ; se fondre, se perdre, disparaître dans la foule. (Quasi-)synon. affluence, attroupement, cohue. Je vois tout à coup une ruée, une nuée de peuple (...). Tout cela en un clin d'œil, cette foule amassée, accourue comme un grouillement sorti de terre (Goncourt, Journal, 1864, p. 41). Le mouvement de la rue, où l'heure du déjeuner mettait un écrasement de foule extraordinaire (Zola, Assommoir, 1877, p. 406). Cette foule qui se pressait, se bousculait pour voir un petit machin imperceptible dans le ciel (Rivière, Corresp. [avec Alain-Fournier], 1910, p. 238) ».
[17] *Cf.* Gross, 2012.
[18] *Cf.* Baider & Todirascu ; Lagae, ce volume.

23) On a nommé Paul (président, secrétaire de séance, *camarade, *voisin) (ex. de Gross, *ibid.*).

Député : Personne qui est **nommée**, généralement par élection, pour faire partie d'une assemblée délibérante. → représentant. Les députés du clergé, de la noblesse et du tiers état aux états généraux. Les députés au Bundestag (*Petit Robert* 2016).

5.3.3 Des tests servant de catalyseurs

Pour rendre ces « composants sémantiques » explicites et opératoires linguistiquement c'est-à-dire les rendre aptes à ranger un N dans la classe des NH, voire dans des sous-classes de NH (p. ex. les NH collectifs) et les dissocier d'autres NH de sens proche, on peut utiliser tout un ensemble de tests visant à confirmer des propriétés provenant de l'intuition (voir Gosselin, ce volume). Pour *foule* dans la citation *supra*, montrer que le NH renvoie à une entité collective nombreuse oblige à concevoir des tests susceptibles de « traduire » et catalyser cette propriété. Plusieurs sous-catégories de tests peuvent être ainsi exploitées.[19]

Des tests de compatibilité : il s'agit, en vérifiant dans des structures syntaxiques la compatibilité *vs* incompatibilité des certains NH avec des autres catégories lexicales (adjectifs, verbes et adverbes), de valider certaines propriétés du N. On sait que l'identification des N collectifs (*cf.* Borillo, 1997 et Flaux, 1999) opère par leur compatibilité avec des unités lexicales à trait de pluralité interne : les verbes (*se réunir, rassembler, affluer*...), des adverbiaux (*unanimement, en masse, comme un seul homme*) et des adjectifs (*unanime, discordant, dense*). Pour faire ressortir la dimension/quantité des référents collectifs, on peut également exploiter leur :

compatibilité avec des adjectifs dimensionnels/quantitatifs dénotant le grand nombre :

24) ↳ une foule [nombreuse+ importante+immense]

incompatibilité avec des unités lexicales dénotant la faible quantité numérique :

25) ↳ une foule [minuscule+infime+minime][20]

---

[19] La liste proposée ici n'est pas exhaustive, cela va de soi. Voir Gosselin, ce volume.
[20] 20 entrées de *foule minuscule* sont attestées dans Google : « Une foule minuscule et curieuse qui se presse autour du bassin et au pied de la falaise, la ville qui s'empile comme un jeu de construction dans un mélange de gris ardoise et de briques orangées c'est L'avant-port de Dieppe de Camille Pissarro. » (http://www.seinemaritime.fr/decouverte/parcours-impressionnistes/dieppe-pourville-itineraire-autour-de-la-villegiature.html) et « 10 de foule minime :

Des tests d'insertion dans des constructions ad hoc créant des conditions syntaxiques et sémantiques propices à l'explicitation d'indications, en l'occurrence quantitatives par l'insertion du NH dans une construction quantitative (*cf.* Milner, 1978) ou restrictive :

26) Une foule de 5 personnes *vs* une foule de 20 000 personnes
27) Il n'y avait qu'une foule sur la place.

5.4 Linguistique de/sur corpus

Les objectifs du projet NHUMA visent à construire des sous-catégories de NH autant qu'à en décrire l'usage. Aussi le recours aux bases de données est-il indispensable et constitue-t-il un quatrième volet de la méthodologie que nous adoptons. Les données fournies par les bases de données viennent, en effet, opportunément nuancer ou compléter l'intuition du linguiste.

Les bases de données utilisées sont nombreuses, allant de *Frantext* à *Sketch Engine*,[21] en passant par *Wortschatz* et des bases spécialisées car spécifiques aux domaines juridico-administratif (*JRC-Acquis*) et politique (*Europarl*).[22] Elles incluent également des données de l'oral comme le corpus CERF de J. Veronis, le *Corpus de Référence du Français Parlé* ou encore les ressources du projet Orfeo,[23] notamment.

Nous ne reviendrons pas sur l'opportunité des études sur corpus (*cf.* les travaux de B. Habert à ce sujet). Nous insisterons ici sur deux aspects éclairés par le recours aux données authentiques à grande échelle.

5.4.1 Pour une sémantique distributionnelle

Le premier avantage procuré par les bases de données tient à ce qu'elle complète ou module l'intuition linguistique, fournit les fondements d'une sémantique distributionnelle, très en vogue actuellement (*cf.*, entre autres, Lasserre, 2016), qui peut opérer à des degrés de granularité plus ou moins fins. Nous en donnerons trois exemples.

Devant une foule minime, Eagle Tears nous offre son vieux rock sale des années 70. Le chanteur possède un très bon vocal rauque » (https://www.google.fr/search?q=une+foule+minuscule&ie=utf-8&oe=utf-8&client=firefox-b&gfe_rd=cr&ei=cr0QWM7-DIGT8QeH05uQCg#q=%22une+foule+minime%22)

21 https://www.sketchengine.co.uk/
22 Voir dans ce volume l'exploitation qu'en font F. Baider & A. Todirascu.
23 http://www.projet-orfeo.fr

5.4.1.1 Fréquence et voisinage

Sans entrer dans une étude de corpus fouillée, la base *Wortschatz*[24] donne notamment accès aux fréquences des occurrences ainsi qu'à leur voisinage gauche et droit. On distingue ainsi de nettes différences d'usage entre le singulier et le pluriel de *toxicomane*, non seulement en termes de fréquence mais en termes de distribution. En effet, comme l'illustrent les deux tableaux ci-dessous, les cooccurrences du NH ne se recouvrent pas au singulier et au pluriel, le singulier manifestant des emplois avec des verbes dénotant l'agression (*s'attaquer, agresser*) ou des adjectifs modaux (*ancien*) totalement absents des emplois au pluriel ; d'un autre côté, les emplois au pluriel entretiennent des rapports distributionnels plus étroits avec des unités lexicales en rapport avec le traitement/la prévention de la toxicomanie :

Tableau 5 : Cooccurrences de *toxicomanes* dans *Wortschatz*

drogue (1,538), alcooliques (1,359), soins (970), des (911), seringues (763), charge (756), drogues (749), les (692), méthadone (659), prise (593), aux (546), traitement (524), d'injection (514), centre (509), centres (508), toxicomanie (480), l'héroïne (451), prévention (426), VIH (419), prostituées (418), substitution (412), sevrage (386), personnes (385), désintoxication (378), réinsertion (376), sida (346), dealers (335), spécialisés (311), jeunes (306), réhabilitation (303), homosexuels (298), dépendance (289), d'héroïne (287), délinquants (281), d'aide (253), marginaux (221), chez (216), malades (214), consommation (212), supervisée (208), intraveineuse (205), aide (204), s'injecter (199), Marmottan (193), cure (193), salles (192), traitements (187), patients (183), Insite (183), dépendants (176), pour (161), aider (161), d'accueil (160), stupéfiants (160), risques (160), structures (159), médecins (158), cocaïne (147), trafiquants (144), prescription (143)

Tableau 6 : Cooccurrences de *toxicomane* dans *Wortschatz*

drogue (515), braque (483), alcoolique (445), un (444), stupéfiants (393), ans (389), **jeune (352)**, **s'attaquait (316)**, **mère (306)**, toxicomanie (271**), ancien (257),** commerces (234), consommation (232), **agressait (222),** kiosques (215), sa (203), financer (191), délinquant (186), prostituée (184), drogues (176), rubrique (175), sevrage (174), méthadone (163), père (139), dépendance (138), désintoxication (130), Un (126), son (123), femme (121), 23 (121), dealer (120), Doherty (119), lire (116), overdose (114), malade (112), toxicomanes (107), Pete Doherty (107), drogué (103), substitution (103), Suisse (100), une (94), prison (92), **âgé (87),** cinq (86), l'héroïne (84), était (82), notoire (81), d'héroïne (79), traitement (78), d'un (78), cure (75), patient (74), , (74), Pete (73), cocaïne (73), Subutex (72), mort (71), enfant (71), avoir (69), avait (67)

---

[24] http://corpora.uni-leipzig.de/fr

5.4.1.2 De la syntaxe de *Sketch Engine* à une grammaire des sous-catégories de NH

De manière plus détaillée, la base *Sketch Engine*[25] donne accès à la distribution syntaxique des unités, qu'illustre la figure 3 ci-dessous. La colonne intitulée « modifier » donne accès, par ordre de fréquence décroissante, aux adjectifs modifiant *foule*, la colonne « objet de » les verbes dont elle est complément d'objet, ou sujet pour la colonne « sujet de », « pp de x », les compléments adnominaux de foule (foule de *curieux/badauds/pèlerins*, …), etc.

Comme on le voit, ces ressources donnent une idée assez précise[26] de l'usage des NH, *qui* peut bien entendu être affiné par des études plus fines dégageant la distribution au niveau du syntagme (type de détermination, de modification) et de la phrase (fonctions grammaticales de prédilection, etc.) (*cf*. Cappeau & Schnedecker, 2014, 2015 ; Schnedecker & Aleksandrova, 2016 et ce volume, par exemple), prémices d'une véritable grammaire des NH.

5.4.1.3 Les contraintes et variation conditionnées par les « genres » et domaines discursifs

Enfin, les bases de données donnent des indications sur l'interaction étroite entre usages nominaux et genres discursifs ou variation diamésique (p. ex. supports écrits/ oraux ou électroniques), dans la mouvance des études actuelles associant genres et faits de langue ou variation langagière (*cf*. Despierres & Krazem, 2012, entre autres) au point que cette interaction fait l'objet d'un critère d'identification des modalités de niveau lexical par Gosselin (*cf*. point 6 de son article dans ce volume) :

> Ainsi les tests de compatibilité syntaxique, **de même que la compatibilité avec les genres discursifs** et les tests de paraphrasticité, auxquels on peut ajouter les enchaînements concernant le jugement axiologique et/ou appréciatif global porté sur l'individu désigné par le NH (ex. « Peut-on lui faire confiance ? C'est un NH ») ou encore les cooccurrences avec des expressions non prédicatives porteuses d'appréciations, positives ou négatives (comme « *ramassis de* NH »), permettent-ils d'identifier des modalités de niveau lexical (Gosselin, ce volume, les gras sont de nous).

Ces ressources permettent ainsi non seulement d'associer des emplois de NH à des genres ou supports discursifs spécifiques mais elles permettent aussi de distinguer des NH considérés en première instance comme synonymes. A titre d'exemple, le tableau (7) ci-dessous illustre ces contraintes pour les NH de *personnes* et *individus*.

---

[25] Ou sa version « contestataire » *FrWaC* : http://nl.ijs.si/noske/wacs.cgi/first_form?corpname=frwac;lemma=grave;lpos

[26] Mais pas toujours exacte : en particulier la syntaxe de *Sketch Engine* est plate au sens où la fonction sujet est déterminée exclusivement par la position précédant le verbe, à l'exclusion de toute autre considération : ainsi, dans « le chat de Marie dort », *Marie* est considéré comme sujet.

foule *(noun)*
frTenTen [2012, v. 1] fréquence = 406.450 (32.85 par million)

modifier	57.966 0.14	objet de	113.740 0.28	pp de-x	61.015 0.15	sujet de	57.865 0.14	et ou	44.087 0.11
immense +	3.884 8.69	haranguer +	1.531 8.71	curieux +	454 7.52	scander +	421 7.39	bruit +	681 5.15
compact +	2.058 8.68	fendre +	1.508 8.08	badaud +	283 6.98	masser +	682 7.34	bousculade	57 5.13
bigarré +	673 8.45	attirer +	7.091 7.78	pèlerin +	348 6.40	bigarrer +	305 7.27	disciple +	199 5.01
innombrable +	1.035 8.18	déchaîner +	1.011 7.62	manifestant +	474 6.14	déchaîner +	514 7.23	cohue	46 4.90
enthousiaste +	910 8.07	disperser +	1.242 7.37	renseignement +	1.507 5.96	accourir +	350 7.09	brouhaha	50 4.79
dense +	777 7.44	drainer +	777 7.35	touriste +	545 5.72	applaudir +	502 6.96	embouteillage	51 4.53
bruyant +	566 7.34	masser +	720 6.93	spectateur +	582 5.52	amasser +	407 6.92	agitation	77 4.28
grouillant +	312 7.31	galvaniser +	450 6.75	détail +	1.273 5.50	acclamer +	283 6.81	acclamation	28 4.07
hurlant +	274 7.05	rassembler +	1.867 6.74	admirateur +	126 5.46	hurler +	486 6.22	applaudissement	41 4.04
hystérique +	298 6.89	saluer +	1.318 6.70	fidèle +	319 5.44	agglutiner +	153 6.21	tumulte	29 3.95
nombreux +	2.997 6.78	amasser +	484 6.58	partisan +	155 4.99	surexciter +	171 6.21	cortège	48 3.83
anonyme +	582 6.77	déchaîner +	375 6.53	anonyme	78 4.99	rassembler +	979 5.96	jour-là	28 3.78
considérable +	997 6.75	passionner +	1.076 6.40	gens +	3.521 4.99	affluer +	141 5.92	populance	22 3.77
hétéroclite +	244 6.72	bigarrer +	289 6.30	courtisan	69 4.93	compacter +	129 5.87	multitude	66 3.75
hostile +	392 6.51	électriser +	288 6.29	supporter +	208 4.83	crier +	650 5.84	promiscuité	22 3.74
impatient +	229 6.39	soulever +	1.094 6.18	sympathisant	83 4.77	déchainer +	129 5.78	badaud	23 3.73
impressionnant +	562 6.25	mobiliser +	786 6.10	prétendant	69 4.48	exulter +	107 5.77	cri +	165 3.67
affamé +	178 6.24	enthousiasmer +	314 6.10	anecdote +	114 4.43	ébahir +	146 5.76	klaxon	23 3.65
avide +	260 6.23	ameuter +	246 6.08	fan +	327 4.29	méduser +	121 5.74	clameur	21 3.60
ignorant +	178 6.09	scruter +	362 6.07	souvenir +	420 4.19	assembler +	298 5.65	file	59 3.38
joyeux +	385 6.09	enflammer +	456 5.97	civil +	106 4.16	désarmer +	163 5.64	banderole	23 3.21
sentimental +	277 6.08	rameuter +	226 5.96	pèlerins	36 4.16	huer +	102 5.59	solitude	54 3.18
cosmopolite +	161 6.08	calmer +	507 5.72	visiteur +	392 4.15	grossir +	222 5.45	masse +	213 3.15
excité +	134 6.03	manipuler +	496 5.69	villageois	64 4.13	assoiffer +	104 5.15	attroupement	13 3.03
monstre +	168 5.97	séduire +	529 5.66	inconnu	72 4.09	entonner	84 5.13	rue +	229 3.03

Figure 3 : Environnement syntaxique de foule d'après *Sketch Engine*

C'est ainsi que, dans une même tranche de 100 000 mots écrits, le nombre d'occurrences de ces deux NH fluctue fortement au point que, sans réellement pouvoir parler de genre au sens qu'il prend dans la linguistique de corpus, on dégage une influence thématique forte sur les occurrences de ces deux termes :

Tableau 7 : Sensibilité aux thématiques de *personnes* et *individus*

sous-corpus	personnes	individus
cuisine	204	0
institutions (Onu)	171	7
Automobile	100	0
Sciences (Hermès)	19	43
Philosophie	21	40
CNRSInfos	14	30

5.5 Crowdsourcing

La dernière méthode exploitée dans notre groupe de recherche peut être qualifiée de « crowdsourcing » ; il s'agit de faire appel aux jugements linguistiques de locuteurs à grande échelle (pour une exploitation de cette méthode appliquée à l'étude des variations régionales, *cf.* Avanzi *et al.*, 2016). Dans ce but, un questionnaire a été conçu visant à tester l'intuition des usagers à propos de NH généraux utilisés dans des contextes de grandeur variable et mettant en œuvre des différences sémantiques de nature variable (voir dans ce volume la contribution de W. Mihatsch) et appelant les enquêtés à apprécier la qualité des énoncés en donnant une note de 1 pour les emplois jugés parfaits et 5 pour les emplois impossibles.

28) a) Le quartier est très agréable. Les gens sont très décontractés.
   b) Le quartier est très agréable. Les êtres humains sont très décontractés.
   c) Le quartier est très agréable. Les humains sont très décontractés.
   d) Le quartier est très agréable. Les personnes sont très décontractées.e) Le quartier est très agréable. Les individus sont très décontractés.

Différentes versions de ce questionnaire ont été élaborées en français, allemand et bulgare, pour le moment. Les premiers résultats ont été ou vont être publiés dans Mihatsch (2015) et Aleksandrova & Mostrov (2017, à par.).

6 Retombées concrètes et pratiques d'une étude consacrée aux NH

Le présent volume constitue une émanation de descriptions linguistiques déjà nombreuses (*cf.* la bibliographie des publications émanant du projet ci-dessous) visant à alimenter une base de données « open source », NHUMA-BASE, destinée, à terme, à la communauté scientifique. Actuellement, cette ressource lexicale comporte environ 13 000 entrées. Elle constituera la première base thématique regroupant le lexique classé des NH du français, assortie de renseignements morpho-syntaxiques et sémantiques ainsi que d'une banque des tests ayant servi à leur classification. Au-delà de l'importance que cet outil aura pour la description linguistique des NH, il pourra être utilisé dans d'autres domaines (*cf.* ci-dessous) et fournira des outils fiables aux disciplines intéressées par l'humain comme l'anthropologie, la philosophie, la sociologie, les « gender studies », le droit et, plus généralement, les sciences cognitives. Une extension de NHUMA s'opère actuellement dans le domaine du droit du travail, en collaboration avec des juristes, dans le but d'élucider les dénominations des « travailleurs » dans l'usage juridique comparé à celui du français standard.[27]

Au plan de la recherche appliquée, la progression des connaissances sur le fonctionnement des NH devrait aboutir à un « jeu » d'étiquettes morphosémantiques susceptibles d'améliorer et d'affiner l'étiquetage des bases de données catégorisées (qui est souvent à « gros grain ») et, ainsi, de faciliter leur exploitation ainsi que celle de la constitution de corpus, d'aider, par exemple, à la fouille de textes et à leur indexation documentaire, ou à la caractérisation des chaînes de référence dans les types de textes centrés sur les humains (textes narratifs, informatifs, etc. (p. ex., les textes du domaine politique usent des SN coréférentiels du type : *B. Obama... le président des USA... l'homme politique... le dirigeant américain...*) (*cf.* Schnedecker, 2005, 2015) ou encore à l'analyse des discours politiques, littéraires, publicitaires et, enfin, à la détection d'opinions à travers l'utilisation du lexique axiologique (*cf.* Gosselin, Flaux & Mostrov, ce volume).

Par ailleurs, le projet pourrait être exploité par les disciplines suivantes :
- la didactique du français : en didactique, l'enseignement du lexique est l'objet de nombreuses interrogations (Berthelier & Elalouf, 2013) et constitue un point que les enseignants considèrent comme difficile et pour lequel ils

---

[27] Projet « Dénominations et catégorisations de la personne dans le monde du travail : du lexique juridique au lexique standard (et réciproquement) via la base de données NHUMA-JURI-BASE » financé par la Maison Interuniversitaire des Sciences de l'Homme – Alsace (2017–2018) et par la DGLFLF.

sont démunis (*cf.* rapport du comité de convergence sur l'enseignement de la langue). La base de données fournira un inventaire de nombreux items thématiquement regroupés pour lesquels des descriptions (morphologiques, syntaxiques et sémantiques) et des emplois en contexte seront disponibles. Les enseignants disposeront ainsi des formes et des outils descriptifs susceptibles de les aider à élaborer des séquences didactiques ;
- le TALN : les ressources fournies pourront améliorer les performances des applications de TALN, grâce à la possibilité d'annoter automatiquement les contenus textuels au moyen des traits morphologiques, sémantiques, diastratiques des NH encodés dans la base et, partant, se révéler utiles dans des applications de fouille de texte, d'extraction d'informations ou de recherche d'informations ou de traduction automatique ou assistée par ordinateur ou encore de classification documentaire ;
- la lexicographie : les dictionnaires mono-, bi- ou plurilingues disposeront de descriptions opératoires des NH, fondées sur l'usage ;
- la psycholinguistique et la psychologie cognitive : les descriptions proposées pour les NH pourraient permettre de préciser certaines hypothèses relatives à leur fonctionnement cognitif (dans l'hypothèse d'une structuration particulière du lexique des NH, défendue par Dahlgren, 1985 ou Medin *et al.*, 2000, quelles en sont les conséquences sur l'accès lexical, l'acquisition du lexique, etc.).

On le voit, la question des noms d'humains, sans doute parce qu'elle nous interpelle, comme on dit, directement, ouvre des champs d'investigation et des questionnements aussi nombreux et variés que peut se révéler l'humain. Ce n'est pas peu dire.

Bibliographie

Adelstein A., 2013, « Semántica nominal del español : los nombres relacionales de rol », *in* Ciapuscio G. (dir.), *Variedades del español de la Argentina : estudios textuales y de semántica léxica*, Buenos Aires, Eudeba (Colección : Teoría e Investigación) : 109–129.

Aleksandrova A., 2013, *Les noms humains de phase : problèmes de classifications ontologiques et linguistiques*, Thèse de Doctorat, Université de Strasbourg, Strasbourg.

Alekdsandrova A., 2016, *Des noms d'âge aux noms de phase*, Lille, Presses Universitaires du Septentrion.

Aleksandrova A., Mostrov V., 2017 (à par.), « Les noms d'humains généraux : étude comparative français-bulgare », *Linx*, numéro thématique « Les noms généraux dénotant l'humain ».

Amaral E. & Mihatsch W., 2016, « Le nom français *personne* en comparaison avec le portugais brésilien *pessoa* et l'allemand *Person* – des noms en voie de pronominalisation ? », Actes du *5ᵉ Congrès Mondial de Linguistique Française*, Université François-Rabelais, Tours, France, 4–8 juillet 2016, *SHS Web of Conferences* 27, 2016, en ligne. DOI : https://doi.org/10.1051/shsconf/20162712015.

Amourette C., 2004, *L'expression du temps et de l'aspect dans les formes non conjuguées du français*, Thèse de l'Université de Rouen.

Anscombre J.-C., 2001, « À propos des mécanismes sémantiques de formation de certains noms d'agent en français et en espagnol », *Langages*, 143 : 28–48.

Anscombre J.-C., 2003, « L'agent ne fait pas le bonheur : agentivité et aspectualité dans certains noms d'agent en espagnol et en français », *Thélème. Revista Complutense de Estudios Franceses*, 11 : 11–27.

Avanzi M., Barbet C., Glikman J., Peuvergne J., 2016, « Présentation d'une enquête pour l'étude des régionalismes du français », Actes du 5ᵉ *Congrès Mondial de Linguistique Française*, Université François-Rabelais, Tours, France, 4–8 juillet 2016, *SHS Web of Conferences* 27, 2016, en ligne. DOI : https://doi.org/10.1051/shsconf/20162703001.

Baider F., Elmiger D., 2012, *Intersexion. Langues romanes, Language and gender*, Germany, Lincom Europa.

Baider F., Jacquey E., 2007, « La place du genre dans les bases de données multilingues : le cas d'EuroWordNet, descriptions de *homme* et de *femme* », *Nouvelles Questions Féministes*, (26) 3 : 57–69.

Baider F., Jacquey E., 2008, « Semantic model, differential meaning and lexical gender. The Generative Lexicon. Sémantique lexicale », *Congrès International de Linguistique française*, Institut de Linguistique française, Paris.

Baider F., 2004, *Hommes galants, femmes faciles. Essai de sémantique lexicale diachronique*, L'Harmattan, Paris.

Bartning I., 1996, « Éléments pour une typologie des SN complexes en *de* en français », *Langue française*, 109 : 29–43.

Batistelli, D., 2009, *La temporalité linguistique : circonscrire un objet d'analyse ainsi que des finalités à cette analyse*, Mémoire d'HDR, Université Paris X.

Beauseroy D., 2009, *Syntaxe et sémantique des noms abstraits statifs. Des propriétés verbales et adjectivales aux propriétés nominales*, Thèse de Doctorat, Nancy, Université de Nancy.

Benveniste E., 1975, *Noms d'agent et noms d'action en indo-européen*, Paris, Librairie d'Amérique et d'Orient.

Berthelier M., Elalouf M. (dir.), 2013, *Enseigner le vocabulaire au collège. Recherche – Pratiques de classe – Outils*, Paris, Delagrave.

Bisetto A., 1996, « Il suffisso *-tore* », *Quaderni patavini di linguistica*, 14 : 39–71.

Blanco X., Lajmi D., 2004, « Dictionnaire électronique français-espagnol-catalan-arabe des noms des professions et des métiers », in Daff M. *et al.* (dir.), *Penser la francophonie. Concepts, actions et outils linguistiques*, Paris, Éditions des Archives contemporaines : 167–181.

Blanco X., Mejri S. (dir.), 2006, *Les noms de professions : approches linguistiques, contrastives et appliquées*, Barcelona, Universitat Autònoma de Barcelona.

Blanco X., 2004, « Repères pour l'enseignement des langues sur objectifs spécifiques à partir de la lexicographie informatique », *ELA*, (3) 135 : 311–326.

Borillo A., 1997, « Statut et mode d'interprétation des noms collectifs », in Guimier C. (dir.), *Co-texte et calcul du sens*, Caen, Presses Universitaires de Caen, 105–121.

Braun P., 1997, *Personenbezeichnungen. Der Mensch in der deutschen Sprache*, Tübingen, Niemeyer.

Busa F., 1997, « The Semantics of Agentive Nominals in the Generative Lexicon », *in* Saint-Dizier P. (dir.), *Predicative Forms in Natural Language*, Amsterdam, Kluwer : 349–374.

Cappeau P., Schnedecker C., 2014a, « Des gens bien différents à l'oral et à l'écrit », *Verbum* XXXVI, 1 : 55–74.

Cappeau P., Schnedecker C, 2014b, « *Gens, personne(s), individu(s)*. Trois saisies de l'humain », Actes du *4ᵉ Congrès Mondial de Linguistique Française*, Freie Universität Berlin, Allemagne, 19–23 juillet 2014, *SHS Web Conferences* 8 : 3027–3040, en ligne. DOI : https ://doi.org/10.1051/shsconf/20140801274.

Cappeau P., Schnedecker C., 2015, « (Les/des) gens vs (les/des) personnes : évolution diachronique et comparaison diamésique. Des SN en voie de pronominalisation », *in* Jeppesen Kragh K., Lindschouw J. (dir.), *Les variations diasystématiques et leurs interdépendances dans les langues romanes*, Strasbourg, Travaux de linguistique romane : 449–463.

Cruse D.-A., 2002, « Hyponymy and its Varieties », *in* Green R., Been C. A., Myaeng S. H. (dir), *The Semantics of Relationships*, Dordrecht, Kluwer : 3–21.

Dahlgren K., 1985, « The Cognitive Structure of Social Categories », *Cognitive Science*, 9 : 379–398.

Despierres, Krazem M., 2012, *Quand les genres de discours provoquent la grammaire... et réciproquement*, Limoges, Lambert-Lucas.

De Swart H., Winter Y., Zwarts J., 2007, « Bare nominals and reference to capacities », *Natural language & Linguistics Theory*, 25 : 195–222.

Desrosières A., 2008, « Les catégories socio-professionnelles », *Courrier des statistiques*, 125 : 13–15.

Desrosières A., Thévenot L., 2002, *Les Catégories socio-professionnelles*, Paris, La Découverte.

Devos F. & Taeldeman J., 2003, «Deverbal nouns and the Agentive Dimension across Languages », *in* Willems D. *et al.* (dir.), *Contrastive Analysis in Language. Identifying Linguistic Units of Comparison*, London, Palgrave Macmillan : 155–171.

Dressler W.U., 1986, « Explanation in natural morphology, illustrated with comparative and agent-noun formation », *Linguistics*, 24 : 519–548.

El Cherif W., 2011, *Vers une classification sémantique fine des noms d'agent en français*, Mémoire de Master, Halifax, Dalhousie University.

Emonds J., 1985, *Towards a unified theory of syntactic categories*, Dordrecht, Foris.

Enfield N. J., 2007, « Meanings of the unmarked : How "default" person reference does more than just refer », Enfield N.J., Stivers, T., *Person reference in interaction : Linguistic, cultural and social perspectives*, Cambridge, Cambridge University Press : 1–20.

Fernández Leborans M. J., 1999, « La predicación : las oraciones copulativas », *in* Bosque I., Demonte V. (dir.), *Gramática descriptiva de la lengua española*, t. 2, Madrid, Espasa : 2354–2460.

Flaux N., 1999, « A propos des noms collectifs », *Revue de linguistique romane*, 63, 471–502.

Flaux N. & Mostrov V., 2016, « À propos de noms d'humains (dis)qualifiants : *un imbécile* vs *un salaud* et leurs paradigmes », Actes du *5ᵉ Congrès Mondial de Linguistique Française*, Université François-Rabelais, Tours, France, 4–8 juillet 2016, *SHS Web of Conferences* 27, 2016, en ligne. DOI : https ://doi.org/10.1051/shsconf/20162712016.

Flaux N., Lagae V., Stosic D., 2015, « Des noms d'idéalités aux noms d'humains », *in* Mihatsch W., Schnedecker C. (dir.), *Les noms d'humains : une catégorie à part?*, Stuttgart, Steiner (Zeitschrift für französische Sprache und Literatur, Neue Folge (ZFSL-B), Beiheft 40) : 179–203.

Flaux N., Van de Velde D., 2000, *Les noms en français : esquisse de classement*, Paris, Ophrys.

Fujimura I., 2005, « La féminisation des noms de métiers et de titres dans la presse écrite française de 1988 à 2001 », *Mots*, 78 : 22–44.

Galatanu O., 2006, « La dimension axiologique de la dénomination », *in* Riegel M., Schnedecker C., Swiggers P., Tamba I. (dir.), *Aux carrefours du sens. Hommages à G. Kleiber*, Leuwen, Peeters : 499–510.

Gast V., Van der Auwera J., 2013, « Towards a distributional typology of human impersonal pronouns, based on data from European languages », *in* Bakker D., Haspelmath M. (dir.), *Language across boundaries – Studies in Memory of Anna Siewierska*, Berlin/Boston, De Gruyter : 119–158.

Giacalone Ramat A., Sansò A., 2007, « The spread and decline of indefinite man-constructions in European languages », *in* Ramat P., Roma E. (dir.), *Europe and the Mediterranean as Linguistic Areas – Convergencies from a historical and typological perspective*, Amsterdam/Philadelphia, Benjamins : 95–131.

Giry-Schneider J., 1991, « L'article zéro dans le lexique-grammaire des noms prédicatifs », *Langages*, 102 : 23–35.

Givón T., 1979, *On Understanding Grammar*, New York, Academic Press.

Gosselin L., 2010, *Les modalités en français, La validation des représentations*, Amsterdam/New York, Rodopi.

Gosselin L., 2015, « De l'opposition *modus/dictum* à la distinction entre modalités extrinsèques et modalités intrinsèques », *Bulletin de la Société de Linguistique de Paris*, CX/1 : 1–50.

Gross G., 2009, « Sur le statut des substantifs humains », *in* Leeman D. (dir.), *Des topoï à la théorie des stéréotypes en passant par la polyphonie et l'argumentation. Hommages à Jean-Claude Anscombre*, Chambery, Presses de l'Université de Savoie : 27–41.

Gross G., 2011, « Classification sémantique des collectifs humains », *Cahiers de lexicologie*, 98 : 65–81.

Gross G., 2012, *Manuel d'analyse linguistique*, Lille, Presses Universitaires du Septentrion.

Guenthner F., 1998, « Constructions, classes et domaines : concepts de base pour un dictionnaire électronique », *Langages*, 131 : 45–55.

Hanne G., Judde de Larivière C. (dir), 2010, *Noms de métiers et catégories professionnelles. Acteurs, pratiques, discours (XVe siècle à nos jours)*, Toulouse, Framespa, Méridiennes.

Harweg R., 1971, « Ein Mensch, eine Person und jemand », *Zeitschrift für deutsche Sprache*, 27 : 101–112.

Haspelmath M., 1997, *Indefinite Pronouns*, Oxford, Clarendon Press.

Haspelmath M., 2013, « Indefinite Pronouns », *in* Dryer M.S., Haspelmath M. (dir.), *The World Atlas of Language Structures Online*, Leipzig, Max Planck Institute for Evolutionary Anthropology, en ligne.

Heine B., Kuteva T., 2002, *World lexicon of grammaticalization*, Cambridge, Cambridge University Press.

Heine B., Kyung-An S., 2011, « On the grammaticalization of personal pronouns », *Journal of Linguistics*, 47, 587–630.

Herslund M., 1996, « Partitivité et possession inaliénable », *Faits de Langue*, 7 : 32–43.

Hellinger M., Bussmann H., 2001, « Gender across languages : The linguistic representation of women and men », *in* Hellinger M., Bussmann H. (dir.), *Gender across Languages*, New York, Benjamins, 1–25.

Huygue R. & Tribout D., 2015, « Noms d'agents et noms d'instruments : Le cas des déverbaux en *-eur* », *Langue française*, 185 : 5–27.

Irmen L., Kurovskaja J., 2010, « On the semantic content of grammatical gender and its impact on the representation of human referents », *Experimental Psychology*, 57 : 367–375.

Knittel M. L., 2011, « French Event Nominals and Number Inflection », *Recherches Linguistiques de Vincennes*, 40 : 127–148.

Kupferman L., 1991, « Structure événementielle de l'alternance un/Ø devant les noms humains attributs », *Langages*, 102 : 52–75.

Ladd R., 2008, *Intonational Phonology*, Cambridge, Cambridge University Press.
Lakoff G., 1987, *Women, Fire and dangerous Things*, Chicago, Chicago University Press.
Lang E., 2000, « Menschen vs. Leute : Bericht über eine semantische Expedition in den lexikalischen Nahbereich », *in* Kramer U. (dir.), *Lexikologisch-lexikographische Aspekte der deutschen Gegenwartssprache*, Tübingen, Niemeyer : 1–40.
Langer S., 1997, *Selektionsklassen und Hyponymie im Lexikon, Semantische Klassifierung von Nomina für das Elektronische Wörterbuch CISLEX*, Thèse de doctorat, en ligne.
Larivière L.-L., 2000, *Pourquoi en finir avec la féminisation linguistique ou à la recherche des mots perdus*, Montréal, Boréal.
Lasserre M., 2016, *De l'intrusion d'un lexique allogène. L'exemple des éléments néoclassique*, Thèse NR, Toulouse.
Le Pesant D., 2002, « La détermination dans les anaphores fidèles et infidèles, *Langages*, 145 : 39–59.
Lerat P., 1984, « Grammaire des noms d'agents en -*ant* en français contemporain », *Cahiers de lexicologie*, 44 : 23–39.
Levin B., Rappaport H. M., 1988, « Nonevent -*er* Nominals : a probe into Argument structure », *Linguistics*, 26 : 1067–1083.
Le Petit Robert de la langue française, 2016, Paris, Editions Le Robert, version électronique.
Lopes C. R. dos Santos, 2007, « A gramaticalização de *a gente* em português em tempo real de longa e de curta duração : retenção e mudança na especificação dos traços intrínsecos », *Fórum Lingüístico (UFSC)*, 4(1) : 47–80.
Luquet G., 1994, « Remarques sur la structure des suffixes formateurs de noms d'agent et d'instruments en espagnol », *Recherches en linguistique hispanique*, 22 : 339–348.
Mahlberg M., 2005, *English general nouns : a corpus theoretical approach*, Amsterdam, Benjamins.
Martin F., 2008, *Les prédicats statifs. Étude sémantique et pragmatique*, Bruxelles, De Boeck.
Martin R., 1996, « Le fantôme du nom abstrait », *in* N. Flaux *et al.* (dir.), *Les noms abstraits, histoire et théories*, Villeneuve d'Ascq, P. U. Lille : 41–50.
Medin D. L., Lynch E. B., Solomon K. O., 2000, « Are there kinds of concepts ? », *Annual Rewiew of Psychology*, 51 : 121–147.
Merlan A., 2006, « Grammatikalisierungstendenzen im Portugiesischen und Rumänischen – Von Nominalsyntagmen zu Pronomina », *in* Schmidt-Radefeldt J. (dir.), *Portugiesisch kontrastiv gesehen und Anglizismen weltweit*, Frankfurt a.M., Lang : 221–240.
Mihatsch W., 2006, « *Machin, truc, chose* : La naissance de marqueurs pragmatiques », *in* Drescher M., Job B. (dir.), *Les marquers discursifs dans les langues romanes : approches théoriques et méthodologiques*, Frankfurt a.M., Lang : 152–172.
Mihatsch W., 2009, « Nouns are things : Evidence for a Grammatical Metaphor », *in* Barcelona A., Radden G., Panther K., Thornburg L. (dir.), *Metonymy and Metaphor in Grammar*. Amsterdam/Philadelphia, Benjamins : 75–97.
Mihatsch W., 2015a, « La sémantique des noms généraux *être humain* français et allemands », *in* W. Mihatsch, C. Schnedecker (dir.), *Les noms d'humains. Une catégorie à part ?*, Stuttgart, Steiner (Zeitschrift für französische Sprache und Literatur, Neue Folge (ZFSL-B), Beiheft 40) : 55–83.
Mihatsch W., 2015b, « La position taxinomique et les réseaux méronymiques des noms généraux *être humain* français et allemands », *in* W. Mihatsch, C. Schnedecker (dir.), *Les noms d'humains. Une catégorie à part ?*, Stuttgart, Steiner (Zeitschrift für französische Sprache und Literatur, Neue Folge (ZFSL-B), Beiheft 40) : 85–113.

Mihatsch W., Schnedecker C. (dir.), 2015, *Les noms d'humains : une catégorie à part ?*, Stuttgart, Steiner (Zeitschrift für französische Sprache und Literatur, Neue Folge (ZFSL-B), Beiheft 40).

Milner J.-C., 1978, *De la syntaxe à l'interprétation*, Paris, Seuil.

Nissen U. K., 2002, « Gender in Spanish : Tradition and innovation », *in* Hellinger M., Bußmann H. (dir.), *Gender across languages : The linguistic representation of women and men*, t. 2, Amsterdam/Philadelphia, Benjamins : 251–279, en ligne.

Nissen U. K., 2013, « Is Spanish Becoming more Gender Fair? A Historical Perspective on the Interpretation of Gender-specific and Gender-neutral Expressions », *Linguistik online*, 58, en ligne.

Perissinotto G., 1983, « Spanish hombre : Generic or Specific? », *Hispania : A Journal Devoted to the Teaching of Spanish and Portuguese*, 66 (4) : 581–586.

Quilis Merín, M., 2011, « Usos y normas de las formas del género referido a personas en español », *in* Aleza Izquierdo, M. (dir.), *Normas y usos correctos en el español actual*, València, Tirant Humanidades : 379–417.

Rappaport H., M., Levin B., 1992, « *-er* Nominals : Implications for a Theory of Argument Structure », *in* Stowell T., Wehrli E. (dir.), *Syntax and Semantics*, 26 : *Syntax and the Lexicon*, New York, Academic Press : 127–153.

Reboul A., 1993, « Le poids des pères, le choc des fils : prédicats de phase, modificateurs et identification », *Cahiers de linguistique française*, 17 : 229–248.

Roy I., Soare E., 2012, « L'enquêteur, le surveillant et le détenu : les noms déverbaux de participants aux événements, lectures événementielles et structure argumentale », *Lexique*, 20 : 207–231.

Roy I., Soare E., 2014, « Les noms d'humains dérivés de participes : nominalisations en *-ant* et *-é/i/u* », Actes du 4e Congrès Mondial de Linguistique Française, Freie Universität Berlin, Allemagne, 19–23 juillet 2014, *SHS Web Conferences* 8, 2014, en ligne. DOI : https://doi.org/10.1051/shsconf/20140801352.

Roy I., 2004, « Predicate Nominals in Eventive Predication », *Working papers in Linguistics*, 2 : 30–56.

Ruwet N., 1982, *Grammaire des insultes et autres études*, Paris, Seuil.

Ryder M. E., 1999, « Bankers and blue-chipers : an account of *-er* formations in Present-day English », *English Language and Linguistics*, 3/2 : 269–297.

Schnedecker C., 2005, « Les chaînes de référence dans les portraits journalistiques : éléments de description », *Travaux de linguistique*, 51 : 85–133.

Schnedecker C., 2011, « *Monsieur Tout-le-monde, Maud Machin-Chouette, Denise Trucmuche* et les autres... Inventaire et comportement des noms propres « indéfinis » du français », *in* Amiot D., De Mulder W., Moline E., Stosic D. (dir.), *Ars Grammatica. Hommages à Nelly Flaux*, Bern, Lang : 37–54.

Schnedecker C., 2015, « Les (noms d') humains sont-ils à part ? Des intérêts et perspectives linguistiques d'une sous-catégorie nominale encore marginale », *in* Mihatsch W., Schnedecker C. (dir.), *Les noms d'humains : une catégorie à part ?*, Stuttgart, Steiner (Zeitschrift für französische Sprache und Literatur, Neue Folge (ZFSL-B), Beiheft 40) : 4–43.

Schnedecker C., 2015b, « Un problème à la croisée des disciplines linguistiques : les noms d'humains comme interface entre morphologie, syntaxe et sémantique », *in* Rabatel A. et al. (dir.), *La sémantique et ses interfaces. Actes du colloque de l'Association des Sciences du Langages*, 30/11/2013, Limoges, Lambert-Lucas : 111–141.

Schnedecker C., Aleksandrova A., 2016, « Les noms d'humains en *-aire* : essai de classification », Actes du 5e Congrès Mondial de Linguistique Française, Université

François-Rabelais, Tours, France, 4–8 juillet 2016, *SHS Web of Conferences* 27, 2016, en ligne. DOI : https ://doi.org/10.1051/shsconf/20162712001.
Schmid H.J., 2000, *English Abstract Nouns as Conceptual Shells : From Corpus to Cognition*, Berlin/New York, De Gruyter.
Siewierska A., 2011, « Overlap and complementarity in reference impersonals – Man constructions vs. third person plural-impersonals in the languages of Europe », *in* Malchukov A., Siewierska A. (dir.), *Impersonal Constructions – A cross-linguistic perspective*, Amsterdam, Benjamins : 57–89.
Simone R., Masini F., 2014, « On light Nouns », *in* Simone R., Masini F. (dir.), *Word Classes : Nature, typology and representations,* New York/Amsterdam, Benjamins : 51–74.
Sleeman P., Verheugd E., 2003, « Action and agent nouns in French and polysemy », *in* Willems D., Defrancq B., Colleman T., Noël D. (dir.), *Contrastive analysis in Language. Identifying Linguistic Units of Comparison*, Houndmills, Palgrave Macmillan : 137–154.
Tribout D. *et al.*, 2012, « Constitution automatique d'une ressource morphologique : VerbAgent », Actes du *3ᵉ Congrès Mondial de Linguistique Française*, Université Lumière Lyon 2, France, 4–7 juillet 2012, *SHS Web of Conferences* 1, 2012, en ligne. DOI : https ://doi.org/10.1051/shsconf/20120100324.
Ulland H., 1993, *Les nominalisations agentive et instrumentale en français moderne*, Berne, Lang
Vachon C., 2012, « La grammaticalisation de *personne* – Réorganisation au 16e siècle des pronoms de la quantité nulle », *in* Schnedecker C., Armbrecht C. (dir.), *La quantification et ses domaines*, Paris, Honoré Champion : 438–447.
Van de Velde D., 2006, *Grammaire des événements*, Lille, Presses Universitaires du Septentrion.
Visser J., 2003, « Égalité de sexes, égalité de noms ? À propos des normes de féminisation en France et en Espagne », *in* Dietmar O., Polzin-Haumann, Cl., Schmitt Ch. (dir.), *La norme linguistique : Théorie – pratique – médias – enseignement. Actes du colloque tenu à Bonn le 6 et le 7 décembre 2002*, Bonn, Romanistischer Verlag : 115–138.
Wierzbicka A., 1985, *Lexicography and Conceptual Analysis*, Ann Arbor, Karoma.
Winter-Froemel E., 2012, « Les changements sémantiques et les ambiguïtés au niveau du discours : l'exemple du fr. *on* », Actes du *3ᵉ Congrès Mondial de Linguistique Française*, Université Lumière Lyon 2, France, 4–7 juillet 2012, *SHS Web of Conferences* 1, 2012, en ligne. DOI : https ://doi.org/10.1051/shsconf/20120100116.

Bibliographie du projet

Aleksandrova A., 2012, « Enfant, j'aimais les épinards : l'expression nominale du temps », *Langages*, 188 : 95–110.
Aleksandrova A., 2014, « Pourquoi les relations lexicales entre les noms d'humains sont-elles (parfois) compliquées ? », Actes du *4ᵉ Congrès Mondial de Linguistique Française*, Freie Universität Berlin, Allemagne, 19–23 juillet 2014, *SHS Web Conferences* 8 : 2963–2976, en ligne. DOI : https ://doi.org/10.1051/shsconf/20140801372.
Aleksandrova A., 2015, « Les portraits journalistiques entre éléments biographiques et éléments d'actualité », *Studii di Lingvistica*, 5 (*Articulations micro-macro-syntaxiques*) : 73–91.
Aleksandrova A., 2016, « Contraintes linguistiques pour l'interprétation des prédicats sortaux humains », Actes de Colloque international *Contraintes linguistiques, linguistique contrainte : à propos de la complémentation nominale,* Université Paris Descartes.

Aleksandrova A., 2016, *Des noms d'âge aux noms de phase : essai de sémantique nominale et aspectuelle*, Lille, Presses Universitaires du Septentrion.

Amaral E. & Mihatsch W., 2016, « Le nom français *personne* en comparaison avec le portugais brésilien *pessoa* et l'allemand *Person* – des noms en voie de pronominalisation ? », Actes du 5ᵉ *Congrès Mondial de Linguistique Française*, Université François-Rabelais, Tours, France, 4–8 juillet 2016, *SHS Web of Conferences* 27, 2016, en ligne. DOI : https://doi.org/10.1051/shsconf/20162712015.

Baider F. 2015, « Evaluation de 'Présidentiabilité' », *Mots. Les langages du politique*, 108 : 103–128.

Cappeau P., Schnedecker C., 2014a, « Des *gens* bien différents à l'oral et à l'écrit », *Verbum* XXXVI, 1 : 55–74.

Cappeau P., Schnedecker C., 2014b, *« Gens, personne(s), individu(s)*. Trois saisies de l'humain ». Actes du 4ᵉ *Congrès Mondial de Linguistique Française*, Freie Universität Berlin, Allemagne, 19–23 juillet 2014, *SHS Web of Conferences* 8, 2014, en ligne. DOI : https://doi.org/10.1051/shsconf/20140801274.

Cappeau P., Schnedecker C., 2015, « *(Les/des) gens vs (les/des) personnes* : évolution diachronique et comparaison diamésique. Des SN en voie de pronominalisation », *in* Jeppesen Kragh K., Lindschouw J. (dir.), *Les variations diasystématiques et leurs interdépendances dans les langues romanes*, Strasbourg, *Travaux de linguistique romane* : 449–463.

Cappeau P., Schnedecker C., 2017, « À quoi tiennent les changements des noms d'humains généraux ? », L'exemple de mec(s) et gars, Langages, 208 : 95–111.

Cappeau P., Schnedecker C., 2017a, « Les noms d'humains et la mise en relief : les questions que soulève l'exemple de *gens* », *in* Bilger M., Buscail L., Mignon F. (dir.), *Langue française mise en relief*, Perpignan, Presse Universitaire de Perpignan : 163–174.

Cappeau P., Schnedecker C. 2017b « L'oral des jeunes fait-il évoluer la langue ? », *in* Gadet F., (dir.), *Les parlers jeunes dans l'Ile de France multi-culturelle,* Paris, Ophrys : 127–142.

Cappeau P. & Schnedecker C., 2018, « Les noms d'humains (pluriels) gens, hommes, humains, individus, particuliers, personnes sont-ils des noms génériques ? », Différences distributionnelles, sémantiques et génériques, Langue française, 198 : 65–81.

Capin D., Schnedecker C. 2013, « *Tout le monde* : étude d'une pronominalisation très particulière », *in* Boutier M.G., Hadermann P., Van Acker M. (dir.), *La variation et le changement en langue (langues romanes)*, Helsinki, Mémoires de la Société Néophilologique de Helsinki, t. 87 : 509–527.

Capin D., Schnedecker, 2015, « De la présence/disparition du trait /+hum/ des expressions *le siecle* et *tout le siecle* », *in* Badiou-Monferran C., Verjans T. (dir.), *Disparitions, Contributions à l'étude du changement linguistique*, Paris, Champion : 223–240.

Cartoni B., Lignon S., Namer F., 2013, « Comment un gruista peut-il être un grutier : Vers une cartographie morphologique bilingue italien-français des noms d'agents », Communication présentée lors du 27ᵉ *Congrès International de Linguistique et de Philologie Romanes*, Nancy.

Cartoni B. et Namer F., 2012, « Linguistique contrastive et morphologie : les noms en *-iste* dans une approche onomasiologique », Actes du 3ᵉ *Congrès Mondial de Linguistique Française*, Université Lumière Lyon 2, France, 4–7 juillet 2012, *SHS Web of Conferences* 1 : 1245–1260, en ligne. DOI : https://doi.org/10.1051/shsconf/20120100283.

Flaux N., Lagae V., Stosic D., 2015, « Des noms d'idéalités aux noms d'humains », *in* Schnedecker C., W. Mihatsch W. (dir.), *Les noms d'humains : une catégorie à part*,

Stuttgart, Steiner (Zeitschrift für französische Sprache und Literatur, Neue Folge (ZFSL-B), Beiheft 40) : 179–202.

Flaux N., Lagae V., Stosic D., 2014, « *Romancier, symphoniste, sculpteur* : les noms d'humains créateurs d'objets idéaux », Actes du *4ᵉ Congrès Mondial de Linguistique Française*, Freie Universität Berlin, Allemagne, 19–23 juillet 2014, *SHS Web Conferences* 8 : 3075–3089, en ligne. DOI : https://doi.org/10.1051/shsconf/20140801263.

Flaux N., Mostrov V., 2016, « Les noms d'humains au comportement moralement déviant : ébauche de classification », Chronos 12, *12ᵉᵐᵉ colloque International sur l'actionnalité, le temps, l'aspect, la modalité et l'évidentialité*, organisé par le laboratoire CRISCO, Caen, 15–17 juin.

Flaux N., Mostrov V., 2016, « À propos de noms d'humains (dis)qualifiants : *un imbécile* vs *un salaud* et leurs paradigmes », Actes du *5ᵉ Congrès Mondial de Linguistique Française*, Université François-Rabelais, Tours, France, 4–8 juillet 2016, *SHS Web of Conferences* 27, 2016, en ligne. DOI : https://doi.org/10.1051/shsconf/20162712016.

Gosselin L., 2015, « De l'opposition *modus / dictum* à la distinction entre modalités extrinsèques et modalités intrinsèques », *Bulletin de la Société de Linguistique de Paris*, 110–1 : 1–50.

Hathout N. et Namer F., 2015, *La base lexicale morphologique du français Démonette1.1*. Nancy-Toulouse, en ligne.

Mihatsch W., 2015a, « La sémantique des noms généraux *être humain* français et allemands », *in* Mihatsch W., Schnedecker C. (dir.), *Les noms d'humains. Une catégorie à part?*, Stuttgart, Steiner (Zeitschrift für französische Sprache und Literatur, Neue Folge (ZFSL-B), Beiheft 40) : 55–83.

Mihatsch W., 2015b, « La position taxinomique et les réseaux méronymiques des noms généraux *être humain* français et allemands », *in* Mihatsch W., Schnedecker C. (dir.), *Les noms d'humains. Une catégorie à part?*, Stuttgart, Steiner (Zeitschrift für französische Sprache und Literatur, Neue Folge (ZFSL-B), Beiheft 40) : 85–113.

Mihatsch W., 2015c, « Referenzielle Besonderheiten von Nominalphrasen mit *hombre* und *persona* in altspanischen Rechtstexten », *in* Bernsen M. et al. (dir.), *Historische Sprachwissenschaft als philologische Kulturwissenschaft. Festschrift für Franz Lebsanft zum 60. Geburtstag*, Göttingen/ Bonn : V&R unipress ; Bonn Univ. Press, 579–599.

Mihatsch W., 2016, « *L'être humain, la personne, le type, la nana* : Substantive an den Rändern der Pronominalisierung », *in* Gerstenberg A. et al. (dir.) : *Romanice loqui. Festschrift für Gerald Bernhard zu seinem 60. Geburtstag*, Tübingen, Stauffenburg : 314–327.

Mihatsch W., 2017, « Les noms d'humains généraux entre taxinomie et grammaticalisation », *in* Gerhard-Krait F., Vassiliadou H. (dir.) : *Lectures taxinomique et floue : approche des lexèmes récalcitrants*. Special Issue Syntaxe et Sémantique : 67–99.

Mihatsch W., Schnedecker C. (dir.), 2015, *Les noms d'humains : une catégorie à part ?* Stuttgart, Stuttgart, Steiner (Zeitschrift für französische Sprache und Literatur, Neue Folge (ZFSL-B), Beiheft 40).

Mostrov V., 2015, « L'être humain et la relation partie-tout », *in* Mihatsch W., Schnedecker C. (dir.), *Les noms d'humains : une catégorie à part*, Stuttgart, Steiner (Zeitschrift für französische Sprache und Literatur, Neue Folge (ZFSL-B), Beiheft 40) : 115–145.

Namer F., Villoing F., 2015, « Sens morphologiquement construit et procédés concurrents : les noms de spécialistes en *-logue* et *-logiste* », *Revue de sémantique et de pragmatique*, 35–36 : 7–26.

Schnedecker C., 2011a, « *Monsieur Tout-le-monde, Maud Machin-Chouette, Denise Trucmuche* et les autres… Inventaire et comportement des noms propres «indéfinis» du français », *in* Amiot D., De Mulder W., Moline E., Stosic D. (dir.), *Ars Grammatica. Hommages à Nelly Flaux*, Bern, Lang : 37–54.

Schnedecker C., 2011b : « Pourquoi *tout le monde, il* …n'est pas « beau » ou étude sémantico-référentielle de la locution pronominale *tout le monde* », *in* Corminboeuf G., Béguelin M.-J. (dir.), *Du système linguistique aux actions langagières, Mélanges en l'honneur d'Alain Berrendonner*, De Boeck – Duculot : 507–521.

Schnedecker C., 2012a, « *Tout le monde, tous, (tous) les gens* : Relations sémantiques entre les expressions dénotant la totalité /+hum/ ? », *in* Le Querler N., Neveu F., Roussel E. (dir.), *Relations, connexions et dépendances*, Hommage au professeur Claude Guimier, Rouen, Presses Universitaires de Rouen et du Havre : 123–150.

Schnedecker C., 2015a, « Les (noms d') humains sont-ils à part ? Des intérêts et perspectives linguistiques d'une sous-catégorie nominale encore marginale », *in* Mihatsch W., Schnedecker C. (dir.), *Les noms d'humains : une catégorie à part ?*, Stuttgart, Steiner (Zeitschrift für französische Sprache und Literatur, Neue Folge (ZFSL-B), Beiheft 40) : 4–43.

Schnedecker C., 2015b, « Un problème à la croisée des disciplines linguistiques : les noms d'humains comme interface entre morphologie, syntaxe et sémantique », *in* Rabatel A. et al. (dir.), *La sémantique et ses interfaces. Actes du colloque de l'Association des Sciences du Langages*, 30.11.2013, Limoges, Lambert-Lucas : 111–141.

Schnedecker C., 2015c, « Contraintes pesant sur les anaphores à nom général dans les chaînes de référence renvoyant à des entités humaines », *Travaux de Linguistique*, 70, 2015/1 : 39–72.

Schnedecker C., 2015d, « L'enrichissement du paradigme de pronoms indéfinis humains du français ? Etude du processus d'évolution des SN en « gens » du 18ième au 19ième siècle », *in* Carlier A., Goyens M., Lamiroy B. (dir.), *Le français en diachronie. Nouveaux objets et méthodes*, Berne, Lang : 247–268.

Schnedecker C., 2016, « La locution adverbiale *en personne*. Un avatar des noms généraux d'humains », *in* Sarda L., Vigier D., Combettes B. (dir.), *Connexion et indexation Ces liens qui tissent le texte*, Lyon, ENS Editions : 155–175.

Schnedecker C., 2017, « L'expression « indéfinie » de la personne par le SN *dét+quidam* : un cas de transcatégorialisation original ? » *in* Fagard B., Prévost S. (dir.), *Le français en diachronie*, Berne, Lang : 269–290.

Schnedecker C., Aleksandrova A., 2016, « Les noms d'humains en *-aire* : essai de classification », Actes du 5e *Congrès Mondial de Linguistique Française*, Université François-Rabelais, Tours, France, 4–8 juillet 2016, *SHS Web of Conferences* 27, 2016, en ligne. DOI : https://doi.org/10.1051/shsconf/20162712001.

Schnedecker C., Capin D., 2012, « Quand tout le monde passe du spatial à l'humain : Evolution d'une locution pronominale (2) : période de français pré-classique », *in* Guillot C. *et al.* (dir.), *Le changement en français. Etudes de linguistique diachronique*, Bern, Lang : 37–56.

Laurent Gosselin
2 Quand nommer, c'est juger. Les jugements de valeur internes aux noms d'humains

« – Et votre mari ?
– Je préfèrerais que nous ne parlions que des humains, pour le moment. »
Ross Macdonald, *Noyade en eau douce*, trad. J. Mailhos, Gallmeister, 2012.

1 Introduction

Il est hors de doute que le choix de certaines dénominations pour référer à des entités, et tout particulièrement à des êtres humains, induit des jugements de valeurs, positifs ou négatifs, à leur égard. De telles dénominations servent à donner une « image » de ces individus, à influer ainsi sur les attitudes à adopter vis-à-vis d'eux, mais contribuent aussi à transmettre une représentation du locuteur, de ses goûts, de ses convictions, de ses positions idéologiques. Pour prendre un exemple d'actualité, les termes et expressions de *migrants, réfugiés, clandestins, demandeurs d'asile, sans papiers, immigrés / étrangers en situation irrégulière* … utilisés pour référer à des individus qui viennent chercher refuge en Europe, ont suscité, dans la presse, nombre de débats d'ordre à la fois sémantique et politique.[1] Les participants à ces débats s'accordent sur le fait que s'il s'agit bien de référer aux mêmes populations, les expressions employées ne sont ni « neutres », ni équivalentes. Et leur choix est en lien direct avec des pratiques sociales et politiques réelles.

S'il s'agit-là d'un objet d'étude reconnu pour les spécialistes du droit, les sociologues et anthropologues et les chercheurs en psychologie sociale, ou, dans le champ des sciences du langage, pour les sociolinguistes et spécialistes d'analyse du discours,[2] la question se pose de savoir ce que la sémantique lexicale, avec ses concepts et ses méthodes proprement linguistiques, peut apporter pour éclairer et analyser rigoureusement ces différences sémantiques, mais aussi, d'abord, quelles extensions conceptuelles et méthodologiques doivent être introduites en sémantique lexicale pour pouvoir prendre en compte ces phénomènes

---

[1] Pour un tour d'horizon de ces articles, *cf.* Le Draoulec & Péry-Woodley (2015).
[2] *Cf.* parmi beaucoup d'autres, Siblot (1999), Akin (1999, 2004), Ernotte & Rosier (1999 et 2004), Laforest & Vincent (2004), Longhi (2006), Angenot (2014).

https://doi.org/10.1515/9783110586169-002

de manière opératoire[3] ? C'est à cette question que nous tentons d'apporter une réponse ici.

Notre propos concerne donc les noms d'humains (désormais NH) lorsqu'ils servent à référer à des individus (ce qui exclut, par exemple, l'analyse de *gendarme* dans une expression comme « la Commission de Bruxelles est le gendarme de l'Europe »). Cet emploi référentiel, considéré comme *dénominatif* (*cf.* Kleiber, 1984 et 2012), au moins lorsque les NH sont *classifiants* (au sens de Milner, 1978),[4] implique une opération de catégorisation. Or cette catégorisation donne lieu, dans l'énoncé, à un *jugement*, qui correspond à la validation par le locuteur de l'attribution de la catégorie à un ou plusieurs individus. Ce jugement peut lui-même relever de différents types : jugement de réalité présenté comme objectif, jugement de valeur positif ou négatif, jugement à valeur injonctive, etc. Or le type de jugement en question est, au moins partiellement, déterminé par le choix du NH. Ainsi, dans notre exemple initial, le terme de *migrant* se veut objectif et neutre, tandis que *clandestin* indique une évaluation axiologique négative, et que *réfugié* paraît entraîner, à l'inverse, une injonction glosable par « doit être accueilli et protégé ».

L'hypothèse qui sous-tend l'*analyse modale* des noms, directement inspirée de Brunot (1922) et Bally (1932, 1965), et partagée aujourd'hui par la *Sémantique des Possibles Argumentatifs* (*cf.* Galatanu, 2002, 2006 ; Cozma, 2009, 2015 ; Ignatieva Chaillou, 2011), est que les lexèmes sont eux-mêmes porteurs de modalités (de modes de validation) qui leur sont intrinsèques et que l'analyse de ces modalités peut conduire à un classement rigoureux et précis des types de jugements, ainsi qu'à une classification des lexèmes en fonction des types de jugements qu'ils impliquent. Par exemple, *salaud* sera intrinsèquement porteur d'une modalité axiologique négative (« être un salaud » est blâmable), tandis que *champion* se voit associer une modalité appréciative positive (« être un champion » est désirable).

Nous avons exploré les conséquences de cette hypothèse dans le domaine des NH, dans le but d'en proposer une classification fondée sur les modalités, qui leur sont intrinsèquement associées. Cette classification se veut méthodologiquement comparable et complémentaire des classifications ontologiques telles que

---

[3] Sur les difficultés d'un tel rapprochement, *cf.* Rémi-Giraud (2010). Le Draoulec et Péry-Woodley (2015), après avoir présenté les articles de presse sur l'emploi de *migrant* et de *réfugié*, font, très honnêtement, le constat « (qu') à ces articles, les linguistes que nous sommes n'ont pas grand-chose à ajouter – sinon à souligner que les débats sémantiques ne sont pas coupés des réalités sociales et politiques. »

[4] Sur les relations complexes entre classifiance et emploi dénominatif, *cf.* Petit (2012). Nous reviendrons sur la définition de la classifiance à la section 5.

celle proposée par Gross (1995) et discutée par Schnedecker (2015), c'est-à-dire qu'elle sera fondée sur l'application systématique de tests linguistiques.

Le plan du chapitre est le suivant. Nous évoquons tout d'abord les fondements de la notion de modalité intrinsèque aux lexèmes (§ 2). Nous présentons une typologie des jugements fondée sur l'analyse des modalités (§ 3), ce qui nous permet de proposer une classification des modalités intrinsèques aux lexèmes et des différents niveaux auxquels elles interviennent au sein de la *structure modale* du NH (§ 4). Après avoir présenté et discuté des types de tests et critères disponibles pour identifier les jugements de valeur internes aux NH (§ 5), nous appliquons ces tests de façon détaillée en distinguant les modalités linguistiquement marquées (§ 6 et 7), de celles qui sont inférées sur la base de l'activation d'un stéréotype (§ 8). Dans les deux cas, nous définissons des procédures de classement semi-automatique des NH, fondées sur l'identification, guidée par des tests, des modalités intrinsèques.

2 Modalités internes au *dictum*

Bally décompose la phrase en un *modus* (qui contient les modalités) et un *dictum* (contenu représenté). Le *modus* sert à valider ou invalider le *dictum*, pour constituer un *jugement*. Or Bally, tout comme Brunot, admettaient que le *dictum* lui-même pouvait être porteur d'évaluations (modalités) subjectives. Nous avons systématisé cette analyse (Gosselin, 2010, 2015b, 2017) en distinguant d'une part les modalités *extrinsèques*, externes au *dictum* (et incluses dans le *modus*), et les modalités *intrinsèques* aux lexèmes, internes au *dictum*. On admet ainsi que tout lexème est porteur d'au moins une modalité intrinsèque. En l'absence de *modus* explicite, cette modalité intrinsèque détermine le type de jugement (objectif, évaluatif, injonctif ...). Ainsi dans l'exemple

1) Luc est un malhonnête.

le NH *malhonnête*[5] exprime à la fois une représentation et un jugement axiologique négatif qui lui est intrinsèque et qui correspond au mode de validation de cette représentation.

En présence d'un *modus* explicite (marqué par une modalité extrinsèque), on considère que la modalité extrinsèque porte sur la modalité intrinsèque au

---

5 Sur le fonctionnement authentiquement nominal de ce type d'adjectifs, dits « substantivés », *cf.* Flaux & Van de Velde (2000 : 4).

lexème en position de prédicat focalisé (le détail est exposé dans Gosselin, 2010 : 186–202). La phrase

2) Certainement que Luc est un malhonnête.

contient donc deux modalités distinctes : une modalité extrinsèque à valeur épistémique positive, marquée par l'adverbe modal *certainement* en position de *modus*, et la modalité axiologique négative intrinsèque à *malhonnête*, interne au *dictum*.

Il devient dès lors possible d'utiliser l'analyse modale pour proposer un classement de l'ensemble des types de jugements.

3 Modalités et types de jugements

Nous analysons les modalités dans le cadre de la *Théorie Modulaire des Modalités* (TMM), développée et argumentée dans Gosselin (2010). Cette théorie prend pour objet les modalités au sens large (incluant les modalités appréciatives, axiologiques et bouliques). Selon cette perspective large, la modalité recouvre tout mode de validation / invalidation d'une représentation *telle qu'elle est présentée par l'énoncé*. C'est en quoi la perspective est proprement linguistique (et non philosophique).

Afin de modéliser les modalités au sens large, nous avons opté pour une modélisation orientée-objet, et non pour un formalisme logique traitant la modalité en termes de quantification sur les mondes possibles (car ce type de formalisme ne permet pas de traiter les modalités appréciatives et axiologiques[6]). Dans la TMM, chaque modalité est conçue comme un objet porteur de neuf attributs (ou paramètres) susceptibles de prendre différentes valeurs. Un système de règles a pour rôle de créer, sur la base de l'analyse des marqueurs de l'énoncé, ainsi que de la prise en compte du contexte, des modalités (comme objets) et d'attribuer des valeurs à leurs attributs (paramètres). Il en résulte, pour chaque énoncé, une *structure modale*, qui comprend plusieurs modalités connectées par des relations logiques.

Parmi les neuf paramètres attribués à chacune des modalités constitutives de la structure modale, sont distingués, d'une part, les *paramètres conceptuels* qui définissent les *catégories modales* (ex. aléthique, déontique, épistémique, boulique …) et les *valeurs modales* (ex. nécessaire, possible, interdit, certain …), et, d'autre part, les *paramètres fonctionnels* qui rendent compte du fonctionnement de la modalité dans l'énoncé. Ainsi, une même valeur modale, comme, par

---
6 *Cf.* Gosselin (2015b : 46).

exemple, la probabilité épistémique, pourra être exprimée à des niveaux fonctionnels différents par des expressions comme *il est possible / probable que*, *probablement*, *sûrement*, *pouvoir* épistémique, etc. À ces deux classes de paramètres on ajoute un « métaparamètre » qui indique si la modalité et les valeurs obtenues pour ses autres paramètres l'ont été par marquage linguistique ou par inférence. Dans ce dernier cas seulement, elles seront annulables en contexte.

Soit, détaillé dans le tableau 1, l'ensemble des neuf paramètres attribués à chaque modalité.

Tableau 1 : Les paramètres

classes	sous-classes	appellations	rôles
Paramètres conceptuels			définissent des catégories et des valeurs modales
		I : instance de validation	distingue les modalités objectives, subjectives ou institutionnelles
		D : direction d'ajustement	oppose les mod. à valeur descriptive aux mod. à valeur injonctive, ou mixte
		F : force de validation	précise la valeur à l'intérieur d'une catégorie, par ex. *probable* ou *certain* pour l'épistémique ; la force exprime à la fois une orientation, positive ou négative, et un degré
Paramètres fonctionnels			rendent compte du fonctionnement de la modalité dans l'énoncé
	Paramètres structuraux	N : niveau dans la hiérarchie syntaxique	indique la place de la modalité dans la structure syntaxique
		P : portée dans la structure logique	précise les éléments sur lesquels porte la modalité et ceux qui portent sur elle
	Paramètres énonciatifs	E : engagement du locuteur	marque le degré de prise en charge
		R : relativité	indique la relation éventuelle de la mod. à des éléments contextuels
		T : temporalité	recouvre les caractéristiques temporelles et aspectuelles de la mod.
Méta-paramètre		M : marquage	indique si la valeur des autres paramètres a été obtenue par marquage linguistique ou par inférence (annulabilité)

Les deux premiers paramètres conceptuels, l'instance de validation et la direction d'ajustement, servent à définir les *catégories modales* (aléthique, épistémique, axiologique, etc.). L'instance de validation (ou «sujet modal» chez Bally) peut prendre trois valeurs distinctes : le réel (quand la validation est présentée comme objective), la subjectivité (individuelle ou collective) et l'institution (en tant que système de conventions, *cf.* Gosselin, 2010 : 60-72). La direction d'ajustement est un concept emprunté à la pragmatique des actes illocutoires de Searle (éd. 1982), qui l'avait, lui-même, construite à partir de l'analyse par Anscombe (éd. 2002) du raisonnement pratique d'Aristote, et qui devait ensuite l'étendre à la structure intentionnelle des états mentaux (Searle, éd. 1985). On admet qu'elle est susceptible de prendre trois valeurs : descriptive (l'énoncé s'ajuste au monde), injonctive (le monde est censé s'ajuster à l'énoncé) ou mixte : à la fois descriptive et injonctive. Ce dernier cas concerne spécifiquement les jugements de valeurs, qui se présentent comme des descriptions du monde, mais qui prétendent simultanément orienter l'attitude et le comportement de l'allocutaire relativement aux réalités considérées.[7] Le tableau 2 illustre les catégories modales ainsi définies.

Tableau 2 : Catégories modales

	aléthique	épistémique	appréciative	axiologique	boulique	déontique
I	réel	subjectivité	subjectivité	institution	subjectivité	institution
D	descriptive	descriptive	mixte	mixte	injonctive	injonctive

Nous pouvons désormais expliquer en quoi ces catégories modales permettent d'analyser et de classer les types de jugements. Les modalités aléthiques correspondent aux «jugements de fait» ou «jugements de réalité» (*i.e.* concernant ce qui est le cas), présentés comme objectifs (ex. 3), les modalités épistémiques aux jugements de fait ou de réalité résultant d'une évaluation subjective (ex. 4). Ces jugements sont strictement descriptifs dans les deux cas, mais l'instance de validation diffère (elle est objective en 3, subjective en 4).

3) Ce triangle est nécessairement équilatéral.
4) Ce triangle est certainement / probablement équilatéral.

---

[7] *Cf.* Ogien (2003 : 116), Livet (2006), Gosselin (2010 : 72-80).

Les modalités appréciatives et axiologiques sont caractéristiques des « jugements de valeur » (*i.e.* consistant à dire du bien / mal de quelque chose). Ces jugements ne sont ni purement descriptifs, ni purement injonctifs, dans la mesure où ils formulent une description potentiellement destinée à influencer l'attitude de l'allocutaire vis-à-vis de la situation ou de l'objet en question (d'où la direction d'ajustement « mixte »). Les modalités appréciatives consistent en une évaluation subjective du caractère *désirable* ou *indésirable* d'une situation ou d'un objet (ex. 5) tandis que les modalités axiologiques portent sur le caractère *louable* ou *blâmable* d'une situation, d'une action ou d'un individu (ex. 6). Les modalités appréciatives relèvent du goût, personnel ou collectif, alors que les modalités axiologiques se fondent sur des normes sociales, issues d'institutions politiques, juridiques, morales, religieuses, etc.

5) Heureusement qu'il fait soleil.
6) Il est scandaleux que ce soit lui qui en ait profité.

Les jugements appréciatifs et axiologiques ne sont pas toujours distingués dans les théories des modalités qui les prennent en compte (*cf.* Le Querler, 1996, 1997 ; Galatanu, 2002). Cette distinction apparaît cependant sous des formes diverses chez Martin & White (2005 : 35-36), Jackendoff (2007 : 277-304), Asher *et al.* (2009), Flaux & Stosic (2014). Ils se différencient par une propriété formelle remarquable : tout jugement axiologique, positif ou négatif, fait lui-même, de la part du locuteur qui le prend en charge, l'objet d'un jugement axiologique positif. Or cette forme de réflexivité (ou plutôt d'autovalorisation) des jugements n'affecte pas les jugements appréciatifs. Par exemple, si un sujet considère qu'il est blâmable de voler, il tiendra du même coup pour louable de porter ce type de jugement (*i.e.* de considérer qu'il est blâmable de voler). En revanche s'il tient pour indésirable d'avoir les pieds mouillés, il ne considérera pas pour autant pour désirable de ne pas aimer avoir les pieds mouillés. Cette différence peut être mise en relation avec le type d'instance de validation. Les modalités appréciatives relèvent de la subjectivité, individuelle ou collective ; tandis que les modalités axiologiques renvoient aux institutions (morales, idéologies, religions, etc.). Alors que les évaluations subjectives portent sur des individus et des situations, les évaluations institutionnelles portent non seulement sur les individus et les situations, mais aussi sur les jugements, car le propre d'une institution est de nous dire comment nous devons penser, comment nous devons évaluer le monde. Dès lors, il n'est pas étonnant que tout jugement axiologique sur le monde suppose une évaluation axiologique positive sur lui-même, une auto-valorisation.

Enfin les modalités bouliques et déontiques correspondent respectivement à l'expression d'une volonté, nécessairement subjective (ex. 7), et d'une obligation /

interdiction / autorisation d'ordre institutionnel (ex. 8). À la différence des modalités appréciatives et axiologiques (illustrées par 5 et 6), leur direction d'ajustement est purement injonctive (le monde doit s'ajuster à l'énoncé), de sorte qu'elles ne peuvent porter sur des procès temporellement antérieurs, car l'énoncé doit être antérieur à l'état du monde visé[8] :

   7) Je veux qu'il vienne demain / *soit venu hier.
   8) Il est obligatoire / interdit qu'il vienne demain / ??soit venu hier.

Le tableau 3 synthétise les correspondances entre types de jugements et modalités.

Tableau 3 : Correspondances entre types de jugements et catégories modales

type de jugement		catégorie modale	instance de validation	direction d'ajustement	ex.
jugement de fait / réalité	objectif	aléthique	réel	descriptive	(3)
	subjectif	épistémique	subjectivité	descriptive	(4)
jugement de valeur	fondé sur le goût	appréciative	subjectivité	mixte	(5)
	fondé sur une norme	axiologique	institution	mixte	(6)
jugement injonctif	de volonté	boulique	subjectivité	injonctive	(7)
	d'obligation	déontique	institution	injonctive	(8)

On pourrait objecter que des auteurs comme Perelman (1970 : 53) et Putnam (2002) ont rejeté la dichotomie entre jugements de fait (ou de réalité) et jugements de valeur. Cependant leur critique porte sur la *dichotomie* et non sur la *distinction de principe* entre deux types de jugement. L'analyse modale permet justement de rendre compte des phénomènes décrits par Putnam. Ainsi un énoncé comme

   9) Luc est un voleur.

constitue-t-il à la fois un jugement de réalité (c'est pourquoi le terme de *voleur* peut être utilisé dans le discours scientifique, par exemple dans un manuel d'histoire, ou administratif) et un jugement de valeur (comme le montre la possibilité d'utiliser ce terme comme insulte). On admettra, dans ce cas,

---

[8] On discute d'apparents contre-exemples (comme « les candidats doivent être nés avant 1990 ») dans Gosselin (2015b : 8).

que le NH *voleur* est porteur de deux modalités distinctes : une modalité aléthique (qui correspond au jugement de fait) et une modalité axiologique négative (correspondant au jugement de valeur). Il n'y a donc pas dichotomie (alternative exclusive) entre jugement de fait et jugement de valeur, mais il reste indispensable de distinguer les deux types de jugement pour montrer comment ils s'articulent.

Quant au paramètre F (la force de la validation / invalidation), il est porteur à la fois d'une orientation, positive ou négative, et d'un degré (*cf.* Gosselin, 2010 : 82–92, 167–173, 206–222). Appliqué, par exemple, aux modalités axiologiques intrinsèques aux NH, ce paramètre permet d'opposer d'une part, *héros* à *salaud* en vertu de leurs orientations, respectivement positive et négative, et d'autre part, *chenapan* et *fripon* à *salaud* et *ordure*, en fonction du degré d'évaluation négative qu'ils indiquent.

Les relations entre types de jugements étant ainsi précisées, nous pouvons aborder la question des modalités internes aux NH.

4 Modalités intrinsèques aux lexèmes

La distinction entre modalités extrinsèques et intrinsèques relève du paramètre N. De même qu'on distingue quatre niveaux de modalités extrinsèques (Gosselin, 2015b : 13–17), il paraît pertinent de dissocier différents types de modalités intrinsèques. Sont ainsi opposées les modalités dénotées *versus* associées, les modalités de niveau lexical *versus* sublexical, les modalités linguistiquement marquées *versus* inférées sur la base d'un stéréotype.

4.1 Modalités dénotées *versus* associées

Certains lexèmes dénotent directement des valeurs modales. Pour nous en tenir aux substantifs, on peut citer pour exemples *nécessité, possibilité* (catégorie modale : aléthique), *probabilité, certitude, doute* (épistémique), *interdiction, obligation, autorisation* (déontique), *volonté* (boulique) ... Mais c'est à un autre type de modalités intrinsèques que nous nous intéresserons, car les NH ne peuvent évidemment pas dénoter des valeurs modales (puisqu'ils réfèrent à des humains). Il va s'agir des modalités *associées* aux lexèmes. Ces modalités indiquent à quel type de validation (objective, subjective ou institutionnelle) les lexèmes sont susceptibles de prétendre. Ainsi *charpentier* sera porteur d'une modalité aléthique associée (un jugement de fait objectif), alors que *laideron* exprime une modalité appréciative négative (un jugement de valeur subjectif[9]).

4.2 Modalités de niveau lexical *versus* sublexical

Un N peut généralement être défini au moyen de sous-prédicats, par exemple, un « *château* est une belle et vaste demeure ». Or ces sous-prédicats, que l'on rencontre dans les définitions de dictionnaires sont eux-mêmes porteurs de modalités, qui ont pour particularité d'être parfois différentes de la modalité attribuée au niveau lexical. Ainsi *château* se voit associer, au niveau lexical, une modalité aléthique correspondant à un jugement objectif (c'est pourquoi le terme peut être utilisé dans des textes scientifiques ou administratifs), mais ses sous-prédicats *vaste* et *belle* impliquent des évaluations subjectives, comme le montre l'application du test de compatibilité avec « je trouve que » (Gosselin, 2015a) :

10a) ?* Je trouve que cette demeure est un château.

10b) Je trouve que cette demeure est vaste.

10c) Je trouve que cette demeure est belle.

Il arrive aussi que l'analyse du niveau sublexical fasse apparaître des modalités extrinsèques. Ainsi un « *Gendarme* est un fonctionnaire qui *peut* et *doit* faire respecter l'ordre, et à qui on *doit* obéir ». *Gendarme* est un terme classifiant (au sens de Milner, 1978), il est donc porteur d'une modalité aléthique au niveau lexical (tout comme *château*), mais simultanément, au niveau sublexical, il implique des modalités déontiques à fondement institutionnel.[10] L'analyse modale des NH devra donc distinguer systématiquement ces deux niveaux. De façon générale, le niveau lexical n'est concerné que par des modalités au moins partiellement descriptives (aléthiques, épistémiques, appréciatives et axiologiques), puisque le NH « représente » les individus auxquels il réfère ; alors que le niveau sublexical accueille aussi les modalités injonctives (déontiques et bouliques), comme dans le cas de *gendarme*.

---

9 *Cf.* aussi Martin & White (2005 : 73–74).
10 Cette analyse rejoint la question du statut apparemment paradoxal de la « réalité sociale » ; *cf.* Searle (1998) et ci-dessous, § 7.1.

4.3 Modalités marquées *versus* inférées sur la base d'un stéréotype

Un N comme *moustique* renvoie à une catégorie d'insectes. De ce fait, il est classifiant et porteur d'une modalité aléthique (validation objective), comme le montre le test :

11) ?* Je trouve que cet insecte est un moustique.

mais ce terme renvoie aussi à un stéréotype porteur d'une modalité appréciative négative, qui peut être mise en évidence au moyen d'un test de paraphrasticité. Le test est le suivant : en présence d'une modalité appréciative négative, le tour « il peut y avoir des N » est paraphrasable par « il risque d'y avoir des N ». Il permet d'opposer, d'une part, *moustique*, *araignée*, mais aussi *gendarme*, à *papillon*, *fleur* et *savant*, qui, hors contexte particulier, n'induisent pas une évaluation négative :

12a) Il peut y avoir des moustiques / araignées / gendarmes ≈ il risque d'y avoir des moustiques / araignées / gendarmes.

12b) Il peut y avoir des papillons / fleurs / savants ≠ il risque d'y avoir des papillons / fleurs / savants.

Toutefois, ces modalités appréciatives négatives ne sont pas linguistiquement marquées, et sont donc annulables en contexte. C'est pourquoi ces termes sont utilisables dans des textes scientifiques ou administratifs, qui bloquent l'activation des stéréotypes. On opposera ainsi *flic* à *gendarme*. *Flic* est porteur d'une appréciation négative marquée qui n'est pas annulable (même si, comme on le verra plus loin, elle n'est pas nécessairement prise en charge par le locuteur), d'où l'exclusion de ce terme des textes scientifiques ou administratifs. *Gendarme* n'est porteur d'une telle modalité qu'au niveau stéréotypique. La modalité appréciative négative n'est qu'inférée sur la base de l'activation du stéréotype social, qui dépend, entre autres, du genre textuel et du contexte idéologique dans lequel le terme apparaît.

De plus, le stéréotype associé à un N ne contient pas seulement des évaluations de ce type, mais aussi des propriétés exprimables au moyen de sous-prédicats (qui sont pareillement annulables en contexte). Ainsi le *gendarme* typique est-il *autoritaire* et *courageux* (nous proposerons ci-dessous des tests permettant de justifier cette analyse). Or ces sous-prédicats sont eux-mêmes porteurs de modalités (intrinsèques ou extrinsèques). En l'occurrence *autoritaire* est affecté d'une modalité intrinsèque appréciative négative, *courageux* d'une modalité axiologique positive. On opposera donc les modalités inférées sur la base de l'activation d'un stéréotype de niveau lexical (*i.e.* directement associées au N) aux modalités associées aux sous-prédicats stéréotypiques du N considéré (niveau sublexical).

4.4 Fiche type des modalités associées aux N

Si l'on croise les distinctions qui viennent d'être opérées à propos des modalités associées aux N, on obtient quatre catégories (même si l'on peut raffiner davantage) : 1) les modalités linguistiquement marquées, de niveau lexical (notée LexLing), 2) les modalités marquées de niveau sublexical (SubLing), 3) les modalités inférées par activation d'un stéréotype, de niveau lexical (LexSter), 4) les modalités inférées par activation d'un stéréotype, de niveau sublexical (SubSter). Cette *structure modale* peut être représentée sous la forme d'une fiche attribuée aux N :

Tableau 4 : Fiche type d'analyse modale d'un N

	lexical	sublexical
linguistique	**LexLing**	**SubLing**
stéréotypique	**LexSter**	**SubSter**

Soit pour exemples, les fiches correspondant à *gendarme* et *adulte* (les tests permettant de justifier ces analyses seront exposés dans les sections suivantes) :

Tableau 5 : Modalités associées à *gendarme*

	lexical	sublexical
linguistique	**LexLing** aléthique (terme classifiant)	**SubLing** aléthique intrinsèque à *fonctionnaire* déontiques de permission et d'obligation extrinsèques « (***peut*** et ***doit***) *assurer l'ordre* » « *à qui on **doit** obéir* »
stéréotypique	**LexSter** appréciative négative « *il peut y avoir des gendarmes* » ≈ « *il risque d'y avoir des gendarmes* »	**SubSter** appréciatives négatives intrinsèques à *autoritaire, sévère, borné*... axiologiques positives, *courageux*

Tableau 6 : Modalités associées à a*dulte*

	lexical	sublexical
linguistique	**LexLing** aléthique (terme classifiant)	**SubLing** aléthique possible (***capable de*** *se reproduire*)
stéréotypique	**LexSter**	**SubSter** axiologique positive (*responsable*) déontique obligatoire (***doit*** *se montrer responsable*) appréciative positive (*libre, autonome*)

Les éléments de niveau sublexical, qu'ils soient linguistiquement marqués ou associés au stéréotype, sont mobilisables dans le discours pour assurer la pertinence de l'énoncé ou éviter une incohérence. Par exemple, dans les énoncés :

13a) Sois adulte !

13b) Tu dois être adulte !

la présence d'une modalité injonctive extrinsèque, marquée par l'impératif ou *devoir* déontique, n'est pas directement compatible avec la valeur modale aléthique associée à *adulte* au niveau lexical (le détail de l'analyse est exposé dans Gosselin, 2015b). D'où le recours aux modalités stéréotypiques de niveau sublexical : *adulte* y est interprété comme signifiant *responsable* (*cf.* Aleksandrova 2013).

5 Tests et critères pour l'identification des modalités intrinsèques

Un rapide examen des tests et critères, utilisés dans la littérature, pour identifier les jugements de valeurs associés aux NH fait apparaître une étonnante hétérogénéité : on trouve en effet des tests de toute nature. Soit la liste des principaux types de tests susceptibles d'être mis en œuvre :

a) tests de compatibilité syntaxique et sémantique (*cf.* Milner, 1975, 1978 ; Ruwet, 1982 ; Flaux & Mostrov, 2016 et leur contribution dans ce volume ; voir ci-dessous, § 6.1) ;

b) tests de compatibilité avec les genres textuels (les textes scientifiques ou administratifs tendent à exclure les jugements de valeur) ;

c) relations de paraphrasticité (par ex. entre « il peut y avoir des NH » et « il risque d'y avoir des NH ») ;

d) examen des gloses dictionnairiques (*cf.* la *Sémantique des Possibles Argumentatifs* d'O. Galatanu, appliquée par Cozma, 2009 ; Ignatieva Chaillou, 2011 ; entre autres) ;
e) tests d'enchaînement et d'inférences (Lakoff, 1987 ; Anscombre, 2001 ; la *Théorie des Blocs Sémantiques* de Carel & Ducrot, *cf.* Carel, 2001) ;
f) examen des cooccurrences dans des corpus (divers travaux d'analyse de discours et de linguistique de corpus) ;
g) tâches de complétion et de décision lexicale (recherches en psycholinguistique et en psychologie sociale[11]).

Or ces différents types de tests ne convergent pas toujours. Nous faisons l'hypothèse que ces divergences sont explicables au moyen des distinctions qui viennent d'être opérées entre le niveau lexical et le niveau sublexical, ainsi qu'entre le plan linguistique et le plan stéréotypique.

Ainsi les tests de compatibilité syntaxique, de même que la compatibilité avec les genres discursifs et les tests de paraphrasticité, auxquels on peut ajouter les enchaînements concernant le jugement axiologique et/ou appréciatif global porté sur l'individu désigné par le NH (ex. « Peut-on lui faire confiance ? C'est un NH ») ou encore les cooccurrences avec des expressions non prédicatives porteuses d'appréciations, positives ou négatives (comme « *ramassis de* NH »), permettent-ils d'identifier des modalités de niveau lexical. A l'inverse, les gloses dictionnairiques, les enchaînements et inférences portant sur l'attribution de prédicats (ex. « Est-il généreux ? C'est un écossais »), ainsi que les tâches de complétion et de décision lexicale, ou encore les cooccurrences avec des expressions prédicatives, servent principalement à identifier des sous-prédicats, porteurs de modalités appréciatives ou axiologiques, qui sont donc de niveau sublexical par rapport au NH soumis aux tests.

La distinction entre les plans linguistique et stéréotypique éclaire une divergence entre les résultats des tests qui se laisse formuler comme suit. Les tests qui peuvent révéler la présence d'un jugement de valeur au plan stéréotypique s'appliquent également lorsque le jugement de valeur est présent au plan linguistique, mais la réciproque est fausse. Par exemple, à la question « Peut-on lui faire confiance ? », la réponse « C'est un promoteur immobilier » sera interprétée comme négative (*cf.* ci-dessous, § 8.3), tout comme si l'on avait répondu « C'est un tricheur ». Cependant les tests syntaxiques, comme la possibilité d'employer les NH dans la structure « ce NH de N », donnent des résultats divergents, car seul *tricheur*

---

[11] On trouvera une très utile présentation critique suivie d'une application de ces trois derniers types de tests dans Larrivée & Longhi (2012).

est acceptable (« Ce tricheur / ?? promoteur immobilier de Paul »). On considèrera donc que l'on a affaire à un stéréotype porteur d'un jugement de valeur si et seulement si les tests d'enchaînement /inférence s'appliquent positivement sans que pour autant les tests syntaxiques donnent des résultats positifs (ex. *promoteur immobilier*). Quand, à l'inverse, les deux types de tests donnent le même résultat, c'est que la modalité mise en évidence est linguistiquement marquée.

Soit pour résumer une classification des types de tests en fonction des distinctions mises en œuvre à propos des modalités intrinsèques aux NH.

Tableau 7 : Valeurs des tests et critères

Tests valant uniquement pour LexLing	compatibilité syntaxique et sémantique
	compatibilité avec les genres textuels
Tests valant à la fois pour LexLing et LexSter	enchaînements / inférences sur le jugement global
	tests de paraphrasticité (ex. « il peut / risque d'y avoir des NH »)
	cooccurrence avec les expressions non prédicatives (ex. « ramassis de NH »)
Tests / critères valant uniquement pour SubLing	examen des gloses dictionnairiques
Tests valant à la fois pour SubLing et SubSter	cooccurrence avec des expressions prédicatives
	enchaînements / inférences sur l'attribution de prédicats
	tâches de complétion et de décision lexicale

La mise en œuvre de ces tests doit nous permettre non seulement d'identifier la présence d'un jugement de valeur associé à un NH, mais surtout de préciser son statut dans la structure modale intrinsèque du NH en question. Dans les pages qui suivent, nous allons développer principalement le classement des NH au niveau LexLing. Nous nous contenterons de donner quelques indications et pistes de réflexion à propos des autres niveaux.

6 Modalités associées aux NH au niveau LexLing

6.1 Le niveau LexLing et la question des tests syntaxiques

Nous avons vu, à la section précédente, que les modalités de niveau LexLing étaient principalement identifiées au moyen de tests syntaxiques (ainsi que par la compatibilité avec les genres textuels). La question de savoir si les NH expriment des jugements de réalité et/ou des jugements de valeur a été abordée au moyen de tests syntaxiques par Milner (1975, 1978), qui met en évidence deux classes de N : les *classifiants* et les *non-classifiants* (ou Noms de Qualité). Ruwet (1982) présente cependant un ensemble d'arguments pour critiquer cette dichotomie, et propose de lui substituer un continuum, qui résulte, selon lui, du fait que la plupart des NH expriment à la foi des jugements de réalité et des jugements de valeur :

> Tout simplement, le sens d'un nom fait intervenir, de manière souvent inextricable, et à des doses très variées, des critères objectifs et des critères subjectifs, plus précisément des jugements de réalité et des jugements de valeur. (Ruwet, 1982 : 250).

Nous voudrions montrer que cette combinaison de jugements exprimés par un NH n'est pas « inextricable », mais relève d'une *structure modale,* du type de celle qui a été présentée à la section 4.

Rappelons que cette structure modale suppose 1) que l'on analyse les types de jugement en termes modaux, ce qui conduit à des distinctions plus fines que la simple opposition entre jugements de réalité et jugements de valeur, 2) que l'on dissocie les modalités linguistiquement marquées des modalités inférées sur la base de l'activation d'un stéréotype, 3) que l'on distingue le niveau lexical du niveau sublexical, et 4) que l'on associe des critères et des tests spécifiques pour chacune de ces strates d'analyse. Notre objectif étant d'analyser, dans un premier temps, le niveau LexLing, nous allons donc reprendre, en les adaptant, divers tests syntaxiques, proposés par Milner, en prenant soin toutefois de préciser comment nous les utilisons, car ils ont fait l'objet de nombreuses critiques, en particulier de la part de Ruwet, fondées sur le fait que leur application ne donne pas toujours lieu à des jugements d'acceptabilité nets et tranchés (d'où l'idée de continuum). Notre hypothèse est que seul le niveau lexical est « visible » pour la syntaxe, et que le niveau sublexical (linguistique ou stéréotypique) n'est convoqué, lors de l'application des tests, qu'en cas de *conflit* entre une structure syntaxique et la valeur modale intrinsèque d'un NH au niveau lexical. Prenons un exemple. *Fonctionnaire* est typiquement un NH classifiant (comme *gendarme* ou *professeur*). De ce fait, il entre dans la structure [*Cet/cette idiot(e) de* NH], alors que *salaud* serait exclu :

14a) Cet idiot de fonctionnaire.
14b) ?* Cet idiot de salaud.

De surcroît, il est très peu naturel dans la structure [*Ce* NH *de Paul*], cette fois encore, par opposition à *salaud* :

15a) ?? Ce fonctionnaire de Paul.

15b) Ce salaud de Paul.

On pourra objecter que (15a) est tout de même possible dans certains contextes (Milner, 1978 : 177, parle à cet égard de « calembour syntaxique »[12]), mais à la condition d'activer des sous-prédicats (de niveau sublexical) exprimant des jugements de valeur associés au stéréotype (comme *paresseux* ...). Cette activation du niveau sublexical est déclenchée par l'inadéquation (le conflit) entre la valeur modale du NH au niveau lexical et la structure syntaxique dans laquelle il est inséré. Il s'agit d'un mode de résolution de conflit. On peut mettre en évidence l'activation des sous-prédicats stéréotypiques (comme mode de résolution de conflit) au moyen des réponses par contestation du stéréotype négatif :

16a) – Ce fonctionnaire de Paul ... / Espèce de fonctionnaire !

– Mais ce n'est pas une honte d'être un fonctionnaire !

16b) – Ce salaud de Paul ... / Espèce de salaud !

– ?? Mais ce n'est pas une honte d'être un salaud !

Nous en concluons que nous ne retenons, pour classer les NH au niveau lexical, que les acceptabilités / inacceptabilités relativement nettes et tranchées. Autrement dit, pour nous, au niveau lexical, il n'y a pas de véritable continuum (bien qu'il existe, comme on le verra, des NH mixtes). Ainsi, le NH *fonctionnaire* sera considéré comme classifiant au niveau lexical, même si l'on admet qu'il peut contenir des jugements de valeur à d'autres niveaux (en l'occurrence au niveau sublexical stéréotypique, SubSter). À l'inverse, une étude qui ne prendrait appui que sur les cooccurrences relevées dans des exemples attestés ne permettrait pas de mettre au jour une telle structuration. Par exemple, l'examen des cooccurrences de NH avec « *ramassis de* » dans *Frantext* fait apparaître aussi bien des NH dont le caractère péjoratif est linguistiquement marqué, comme *fripouilles*, *voleurs*, *métèques*, *imbéciles*, *traîne-savates*, *brutes*, *canailles*, etc. que des NH qui ne sont considérés comme péjoratifs que relativement à des représentations stéréotypiques, voire individuelles, comme *fonctionnaires internationaux* (F. Nourissier, *Lettre à mon chien*, 1975 : 150), *athées* (E. Sue, *Le juif errant*, 1845 : 668), *paysans*, *manœuvres* (E. About, *Le nez d'un notaire*, 1862 : 8), *juifs*, *laquais* (A. Glatigny, *Le fer rouge*, 1870 : 29), *chanteurs*, *échotiers de journaux* (Huysmans, *Marthe : histoire d'une fille*, 1876 : 92), etc.

---

12 *Cf.* aussi Gaatone (1988), Larrivée (1994), Polguère (2014).

Moyennant cette restriction sur l'interprétation des tests (qui ne retient que les acceptabilités nettes), nous pouvons isoler des tests révélant le caractère classifiant des NH et des tests identifiant leur caractère non-classifiant. Des tests supplémentaires pourront alors être proposés pour distinguer diverses modalités exprimées par les NH classifiants et non-classifiants, ce qui va conduire à la constitution de sous-classes.

6.2 Les tests

Soit une première batterie de tests permettant de dissocier les NH classifiants des NH non-classifiants. Les NH classifiants expriment des jugements de réalité, c'est-à-dire qu'ils expriment des modalités dont la direction d'ajustement est descriptive (modalités aléthiques et épistémiques, *cf.* ci-dessus, tableau 3).

Le premier test n'est pas un test syntaxique, mais un test de compatibilité avec les genres discursifs. Il est inspiré de la philosophie du langage (en particulier de Putnam, 2002) :

T1 : le NH est autorisé dans le discours scientifique ou administratif (au moins dans les manuels scolaires d'histoire ou de géographie).

Seuls les NH classifiants (*gendarme, professeur, archéologue, féministe, cycliste*, etc.) passent ce test avec succès. Des NH comme *idiot, crétin, canaille, goujat, hypocrite, ingrat, incapable, chenapan*, etc. sont normalement exclus de ces genres discursifs et textuels. En cas de doute sur l'applicabilité du test, une spécification peut être apportée :

T1' : les individus dénotés par le NH peuvent faire l'objet de statistiques (dans le cadre de discours scientifiques ou administratifs).

On opposera ainsi *perdant* à *loser*, ou *gagnant* à *battant* : on peut faire des statistiques sur le nombre de *perdants* ou de *gagnants* à un concours, par exemple, alors que c'est exclu avec les *losers* ou les *battants*. Les tests suivants confirment la répartition de ces deux paires de NH parmi les classifiants et les non-classifiants.

Les tests syntaxiques T2 et T3 sont empruntés à Milner et Ruwet :

T2 : compatibilité avec la structure [*Ces idiot(es) de* NH]

T3 : compatibilité avec la structure [*Ce/cette* NH *de* X].

Les classifiants donnent des résultats positifs avec T2 et négatifs avec T3. Les non-classifiants donnent les résultats inverses :

17a) Ces idiots de gendarmes / cyclistes / journalistes ...
17b) ?* Ces idiots de salauds / ingrats / incapables.
17c) ?* Ce gendarme / skieur / français de Paul.
17d) Ce crétin / scélérat / goujat / génie de Paul.

Le test T4 est repris de Ducrot (1980), et discuté dans un cadre modal par Gosselin (2015a) :

T4 : compatibilité avec la structure [*Je trouve que* X *est un(e)* NH].

Seuls les non-classifiants peuvent intégrer cette structure :

18a) ?* Je trouve que Paul est un cycliste / déménageur / protestant ...
18b) Je trouve que Paul est un abruti / incapable / ignorant / génie / héros.

Les tests T5 et T6 servent à isoler les non-classifiants mais uniquement s'ils sont péjoratifs :

T5 : NH peut fonctionner comme vocatif d'insulte dans la structure [NH !]

T6 : compatibilité avec la structure [*traiter* X *de* NH].

Exemples de non-classifiants péjoratifs :

19a) Crétin / canaille / malappris / hypocrite !
19b) Il l'a traité de crétin / canaille / malappris / hypocrite.

Exemples avec des classifiants et des non classifiants mélioratifs :

20a) ?* Professeur / sociologue / taxidermiste ! (vocatif d'insulte)
20b) ?* Génie / héros / champion ! (vocatif d'insulte)
20c) ?* Il l'a traité de professeur / sociologue / taxidermiste.
20d) ?* Il l'a traité de génie / héros / champion.

Le test T7, emprunté lui-aussi à Milner (1978 : 177), est de nature syntactico-sémantique, puisqu'il s'agit de prévoir le type d'interprétation d'une structure syntaxique en fonction du NH qu'elle contient :

T7 : la structure [*Quel/quelle* NH !] reçoit une interprétation univoque.

Avec un NH classifiant cette structure peut donner lieu à une pluralité d'interprétations, induisant des jugements de valeur positifs ou négatifs :

21) Quel cycliste / skieur / linguiste ! (→ remarquable / ridicule / lamentable / étrange ...).

Rien de tel avec les non-classifiants, qui imposent leur orientation positive ou négative intrinsèque :

22) Quel génie / héros / champion / crétin / ignorant / salaud / ingrat !

Milner (1978 : 203) et Ruwet ont discuté, dans le cadre générativiste de l'époque, de la « dislocation qualitative », qui fait apparaître en position détachée un NH dont le contenu est sémantiquement lié à celui de la prédication principale. Retenons simplement l'opposition entre (23a) et (23b) :

23a) Il s'est trompé, le professeur !

23b) Il s'est trompé, l'idiot !

Seul l'exemple (23b) manifeste un lien sémantique fort entre le prédicat (*se tromper*) et le NH (*idiot*). D'où la formulation du test T8, qui permet de dissocier les classifiants des non-classifiants (en particulier négatifs) :

T8 : le NH peut être détaché à droite, avec une interprétation qui établit un lien direct entre la prédication et le choix du NH.

Du fait de cette relation sémantique entre la prédication et le NH non classifiant, le choix de ce dernier induit des contraintes sur celui du prédicat. On opposera ainsi (24) aux exemples (25a,b,c) :

24) ? Il s'est trompé, l'ingrat / l'hypocrite / le scélérat !

25a) Il ne m'a pas remercié, l'ingrat !

25b) Il m'a même remercié, l'hypocrite !

25c) Il les a abandonnés, le scélérat !

Soit maintenant les tests supplémentaires qui conduisent à des distinctions modales plus fines et à des sous-classes à l'intérieur des classifiants et des non-classifiants. Le premier d'entre eux sert à isoler ce que nous appellerons les « épistémiques existentiels » :

T9 : [*croire aux* NH ≈ *croire à l'existence des* NH].

Il s'agit d'un test de paraphrasticité, proposé dans Gosselin (2010 : 108) pour isoler les N (et pas seulement les NH) qui impliquent une croyance en l'existence de l'entité dénotée. On distingue ainsi les N qui apparaissent dans les exemples (26a) et (26b) :

26a) Croire en Dieu / aux dieux /fantômes / miracles / farfadets / à la résurrection des morts / à la métempsychose / au Big Bang …

26b) ?? Croire aux fourchettes / vaches / chaises / jardins …

On peut certes « croire aux satellites », mais cela ne signifie pas que l'on croit à l'existence des satellites, mais à leur utilité, à leur avenir, etc. Appliqué aux NH, sous la forme du test T9, ce critère permet de circonscrire une sous-classe de NH impliquant un jugement épistémique existentiel. On opposera ainsi :

27a) ?? Croire aux professeurs / aviateurs / cyclistes / crétins / canailles / hypocrites …

27b) Croire aux sorcières / devins / magiciens[13]/ revenants …

Si les NH non-classifiants expriment des jugements de valeur et si les jugements de valeur se laissent répartir en jugements appréciatifs (qui portent sur le désirable et l'indésirable) et jugements axiologiques (opposant le louable au blâmable), il nous faut un test pour distinguer ces deux cas de figure. Ce sera le test T10 :

T10 : compatibilité avec l'enchaînement : [X *est un(e)* NH, *mais il/elle n'y est pour rien*].

Ce test, qui ne doit être appliqué qu'aux NH non-classifiants, donne des résultats positifs avec les NH appréciatifs et négatifs avec les NH axiologiques :

28a) Paul est un crétin / niais / incapable / maladroit …, mais il n'y est pour rien.

28b) ?* Paul est un gredin / pourri / ingrat / hypocrite …, mais il n'y est pour rien.

On emprunte encore à Milner (1978 : 226), le test suivant :

---

[13] Il s'agit des « véritables » magiciens et non des prestidigitateurs, car on ne peut « croire aux prestidigitateurs », au sens de « croire à leur existence ».

T11 : compatibilité avec la structure [X *est un pauvre* NH !], dans laquelle *pauvre* ne prend pas une valeur d'adjectif qualificatif (antonyme de *riche*).

Complémentaire du précédent, ce test permet d'opposer les appréciatifs négatifs aux axiologiques négatifs :

    29a) Paul est un pauvre idiot / crétin / ignorant.

    29b) ?* Paul est un pauvre salaud / scélérat / ingrat / hypocrite.

Il existe des NH mixtes, qui sont à la fois classifiants et non-classifiants, dans la mesure où ils subsument deux composantes modales correspondant respectivement à un jugement de réalité et à un jugement de valeur. Par exemple, le NH *assassin* possède à la fois une composante aléthique qui consiste en la validation objective du fait d'avoir tué un ou des humains, et une composante axiologique à valeur négative (une condamnation morale). Dire de quelqu'un qu'il est un assassin, c'est dire qu'il a tué, et porter un jugement axiologique négatif sur son acte. La même analyse vaut *mutatis mutandis* pour des NH comme *voleur*, *tricheur*, *faussaire*, etc. Nous reviendrons plus longuement sur cette classe de NH ci-dessous. Une particularité de ces NH, liée à un principe général de fonctionnement de la négation avec les modalités,[14] est que lorsque leur prédication sur un sujet est niée, la négation peut porter sur la composante aléthique (classifiante) et/ou sur la composante axiologique (non-classifiante). Ainsi l'énoncé

    30) Paul n'est pas un assassin.

peut-il signifier que Paul n'a pas tué (négation de la modalité aléthique) et/ou que son acte n'est pas condamnable (négation de la modalité axiologique), par exemple, parce qu'il était en état de légitime défense, ou parce qu'il ne l'a pas fait exprès.[15] De même, on peut énoncer

    31) Paul n'est pas un menteur.

---

14 Gosselin (2010 : 390-398).

15 L'actualité nous fournit un exemple, par le biais d'une dépêche de l'AFP (du 23/10/2015) relatant un épisode du procès du docteur Bonnemaison, poursuivi pour avoir « empoisonné » ou « aidé à mourir » des patients en fin de vie : « Nicolas Bonnemaison n'est « pas un assassin, pas un empoisonneur au sens commun de ces termes », a estimé, au nom de l'accusation, l'avocat général, Olivier Tcherkessoff, reprenant les mots de son homologue de Pau. Mais il a bien « provoqué la mort délibérément » de six des sept malades, en leur injectant des produits létaux pour « hâter la fin » » (en ligne, URL : http://www.lavoixdunord.fr/ france-monde/bonnemaison-cinq-ans-de-prison-avec-sursis-requis-contre-ia0b0n3120904).

pour dire que Paul n'a pas travesti la vérité ou qu'il l'a fait sans intention de nuire (par exemple, pour épargner à autrui les souffrances que sa connaissance pourrait causer). D'où le test T12 :

T12 : dans la structure [X *n'est pas un* NH], la négation se distribue disjonctivement sur deux modalités.

On oppose ainsi (32a) à (32b) et (32c), qui n'autorisent pas ce type d'interprétation résultant de la distribution disjonctive de la négation sur deux modalités distinctes :

   32a) Paul n'est pas un faussaire (Paul n'a pas fait de faux et/ou il ne ≈ l'a pas fait avec une mauvaise intention).
   32b) Paul n'est pas un professeur / cycliste / communiste.
   32c) Paul n'est pas un idiot / ignorant / salaud /ingrat.

À l'intérieur du domaine des NH classifiants, il nous faut distinguer ceux qui sont aléthiques (fondés sur des critères objectifs) de ceux qui sont épistémiques, au sens où leur attribution dépend d'une norme subjective implicite. On distingue, de ce point de vue, *gendarme*, égyptologue, d'une part, et *jeune*, *vieux*, *riche*, *petit*, etc., d'autre part. Dire de quelqu'un qu'il est *grand*, *petit*, *pauvre*, *vieux*, etc. implique une norme d'évaluation subjective (Rivara, 1993), et ce type de fonctionnement vaut aussi bien pour l'emploi adjectival que pour l'emploi substantival de ces items. Pour les isoler, on utilisera le test suivant, dans lequel il est fait usage de l'emploi adjectival, même si l'item est désigné comme NH pour respecter le format général des tests :

T13 : compatibilité avec la structure [X *est plus / moins* NH *que* Y].

Certes, il est possible d'énoncer

   33) Paul est plus français / anglais / linguiste / universitaire que Jean.

mais il est alors fait recours aux stéréotypes associés (que nous laissons de côté pour le moment). Il suffira d'indiquer ici que « être plus *vieux* que Y » ne donne lieu qu'à une interprétation possible, alors que « être plus *linguiste* que Y » peut faire référence à des propriétés stéréotypiques très diverses, qui varient selon les discours et les locuteurs. Nous ne retenons donc le test T13 qu'en précisant que le stéréotype associé au NH ne doit pas être mobilisé pour rendre la structure acceptable.

Un dernier test sert à isoler une sous-classe bien particulière (sur laquelle nous reviendrons). Il s'agit de NH familiers et péjoratifs qui constituent des équivalents au plan dénotatif de NH classifiants aléthiques (on parlera « d'équivalents familiers péjoratifs », par abréviation : EFP). Face à *gendarme, politicien, journaliste, femme, homosexuel, arabe, curé*, etc., on trouve ainsi, respectivement, *flic, politicard, journaleux, gonzesse, pédé, bougnoule, cureton*, etc. Ces NH sont substituables *salva veritate* par paires, car ils sont référentiellement équivalents, mais seuls les premiers sont autorisés dans le discours scientifique ou administratif. D'où le critère suivant :

T14 : NH est familier et péjoratif, et a un équivalent référentiel classifiant (purement aléthique).

Soit, pour résumer, le tableau des quatorze tests mis en œuvre au niveau LexLing :

Tableau 8 : Tests pour identifier les classes de niveau LexLing

Tests permettant de distinguer les NH classifiants des NH non-classifiants	
positifs avec les classifiants ; négatifs avec les non-classifiants	T1 : autorisé dans le discours scientifique ou administratif T2 : compatibilité avec la structure [*Ces idiot(es) de* NH]
négatifs avec les classifiants ; positifs avec les non-classifiants (uniquement péjoratifs pour T5, T6)	T3 : compatibilité avec la structure [*Ce/cette* NH *de* X] T4 : compatibilité avec la structure [*Je trouve que* X *est un(e)* NH] T5 : vocatif d'insulte dans la structure [NH !] T6 : compatibilité avec la structure [*traiter* X *de* NH] T7 : [*Quel/quelle* NH !] reçoit une interprétation univoque T8 : le NH peut être détaché à droite, avec une interprétation qui établit un lien direct entre la prédication et le choix du NH
Tests supplémentaires révélant des distinctions modales plus fines	
positif avec les NH épistémiques existentiels	T9 : [*croire aux* NH ≈ *croire à l'existence des* NH]
positif avec les non-classifiants appréciatifs ; négatif avec les axiologiques	T10 : compatibilité avec l'enchaînement : [X *est un(e)* NH*, mais il/elle n'y est pour rien*]
positif avec les appréciatifs négatifs	T11 : compatibilité avec la structure [X *est un pauvre* NH !]
positif uniquement avec les NH mixtes	T12 : dans la structure [X *n'est pas un* NH], la négation se distribue disjonctivement sur deux modalités
négatif avec les NH aléthiques	T13 : compatibilité avec la structure [X *est plus / moins* NH *que* Y]
positif uniquement avec les EFP	T14 : NH est familier et péjoratif, et a un équivalent référentiel classifiant (purement aléthique)

Munis de ces tests, nous pouvons maintenant aborder les différentes classes de NH au niveau lexical.

6.3 Classifiants, non-classifiants et mixtes

Les tests T1 à T8 permettent de dissocier les NH classifiants des NH non-classifiants. Les classifiants expriment des jugements de réalité, c'est-à-dire qu'ils sont intrinsèquement porteurs, au niveau LexLing, d'une modalité dont la direction d'ajustement est strictement descriptive (modalités aléthique et épistémique). Les non-classifiants sont associés à un jugement de valeur correspondant à une modalité dont la direction d'ajustement est mixte (à la fois descriptive et injonctive : modalités appréciative et axiologique).

Contrairement à ce qu'affirme Milner, les non-classifiants ne sont tous des quasi-synonymes, parce qu'il convient de distinguer les appréciatifs (*idiot, crétin, abruti, imbécile*) des axiologiques (*salaud, ordure, canaille, scélérat*), parce que la force (paramètre F) du jugement axiologique n'a pas toujours le même degré (comparer *saloperie, ordure* à *chenapan, chipie, garnement*), et enfin parce que certains appréciatifs (ex. *incapable, ignorant, laideron*) et certains axiologiques (ex. *ingrat, hypocrite, paresseux*) ont un contenu relativement précis qui les distingue des autres membres de la classe.[16]

Par ailleurs, nous avons vu que certains NH sont mixtes au sens où ils expriment à la fois des jugements de réalité et des jugements de valeur. C'est le cas de *voleur, tricheur, faussaire, faux-monnayeur, assassin, menteur*, etc. Ces NH donnent des résultats positifs aussi bien avec les tests qui sont positifs avec les classifiants (T1, T1', T2) qu'avec ceux qui sont positifs avec les non-classifiants (T3, T4, T5, T6, T7, T8) :

34a) Selon la charia, les voleurs doivent avoir les doigts tranchés. (T1)

34b) 70% des voleurs sont issus de milieux défavorisés. (T1')

34c) Ces idiots de voleurs. (T2)

34d) Ce voleur de Paul. (T3)

34e) Je trouve que Paul est un voleur. (T4)

34f) Voleur ! (T5)

34g) Il l'a traité de voleur. (T6)

34h) Quel voleur ! (T7)

34i) Il a fait semblant d'oublier de me rendre la monnaie, le voleur !

---

16 Williams (1990 : 141–142) distingue ainsi les prédicats axiologiques « fins » (sans contenu descriptif) et « épais » (pourvus d'un contenu).

De surcroît, nous avons vu à la section précédente qu'ils sont les seuls à être positifs avec T12. L'énoncé (35) peut signifier que Paul n'a jamais pris le bien d'autrui, ou qu'il ne l'a pas fait avec une mauvaise intention :

35) Paul n'est pas un voleur.

Nous verrons plus loin, qu'il convient de considérer aussi comme mixtes les EFP (*flic*, *gonzesse*, etc.), mais qu'ils se distinguent des précédents par le statut accordé à chacune des deux modalités qu'ils expriment, ce que révèle un fonctionnement différent des tests. Ces NH présentent pour particularité de donner des résultats négatifs avec T1 (ils ne sont autorisés ni dans le discours scientifique ni dans le discours administratif), mais positifs avec T2 :

36) Ces idiots de flics / curetons / journaleux / amerloques

ce qui les apparente à la fois aux non-classifiants et aux classifiants.[17]

Soit donc, un premier niveau de répartition des NH :

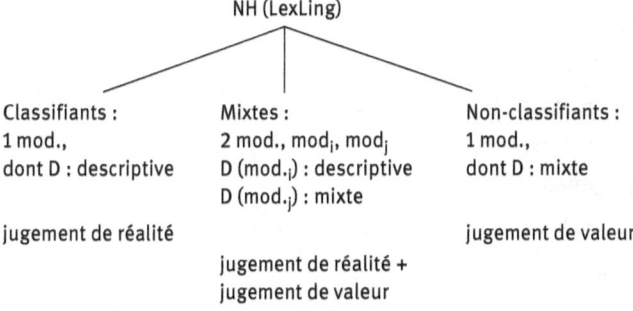

Figure 1: classifiants, non-classifiants et mixtes

6.4 Décomposition des classifiants

Parmi les NH classifiants, on dissocie ceux qui expriment une modalité aléthique de ceux qui indiquent une modalité épistémique. Ces deux types de modalité ont en commun une direction d'ajustement descriptive (c'est en quoi elles correspondent

---

17 En revanche les tests normalement positifs avec les non-classifiants (T3–T8) donnent des résultats hétérogènes avec les EFP (comparer « cet amerloque de Joe », proposé par Ruwet (1982 : 273) avec « ?? ce flic de Paul »).

à un jugement de réalité), mais diffèrent quant à l'instance de validation (*cf.* ci-dessus, tableau 2) : les modalités aléthiques présentent l'attribution de la catégorie exprimée par le NH à un ou des individus comme validée par le réel, comme objective, tandis que les modalités épistémiques la présentent comme subjective, comme validée par une subjectivité, individuelle ou collective. Les NH classifiants aléthiques sont des NH dont l'attribution se fait sur la base de critères objectifs (ex. *cycliste, gendarme, pêcheur, français*). Parmi les NH classifiants épistémiques, on distinguera à nouveau entre 1) les épistémiques existentiels (ex. *devin*), qui impliquent la croyance en l'existence de la classe dénotée, et 2) les épistémiques évaluatifs (ex. *jeune*) qui mettent en œuvre une norme d'évaluation subjective implicite (en l'occurrence un seuil en-deçà duquel un individu peut être considéré comme *jeune*).

Notre délimitation des classifiants diffère donc de celle de Milner (1978) qui n'envisage que ceux qui sont, selon notre modèle, porteur d'une modalité aléthique (*i.e.* qui sont identifiables sur la base de critères objectifs). Les classifiants aléthiques donnent des résultats positifs avec T1 (ils sont autorisés dans le discours scientifique ou administratif), T1' (compatibilité avec les statistiques) et T2, et plus ou moins nettement négatifs avec T3–T8 :

37a) Ces idiots de cyclistes. (T2)

37b) ?? Ce cycliste de Paul. (T3)

37c) ?? Je trouve que Paul est un cycliste. (T4)

37d) ?* Cycliste ! (vocatif d'insulte ; T5)

37e) ?? Il l'a traité de cycliste. (T6)

37f) Quel cycliste ! (n'implique pas une interprétation univoque ; T7)

37g) ?? Il grimpé la côte, le cycliste ! (T8).

Si nous admettons également comme classifiants les NH épistémiques existentiels et évaluatifs, c'est sur la base de l'application des tests. Car ils donnent des résultats comparables, quoiqu'un peu moins nets, à ceux des NH aléthiques. Ils produisent des résultats positifs avec T2 et plus ou moins négatifs avec T3–T8 :

38a) Ces idiots de devins. (T2)

38b) Ces idiots de jeunes.

38c) ?* Ce devin de Paul. (T3)

38d) * Ce jeune de Paul.

38e) ?? Je trouve que Paul est un devin. (T4)

38f) ?? Je trouve que Paul est un jeune.[18]

---

[18] Cette séquence s'oppose à la suite bien formée « Je trouve que Paul est jeune ».

38g) ?* Devin! (vocatif d'insulte ; T5)

38h) ?* Jeune!

38i) ?? Il l'a traité de devin (T6)

38j) ?? Il l'a traité de jeune

38k) Quel devin! (n'implique pas une interprétation univoque ; T7)

38l) Quel jeune! (même commentaire)

38m) ?? Il a tout prédit, le devin! (T8)

38n) ?? Il n'a pas encore de moustache, le jeune!

Quant au test T1 (compatibilité avec le discours scientifique ou administratif), il appelle quelques commentaires, car il peut paraître paradoxal de considérer comme normale l'utilisation de telles expressions subjectives dans ce type de discours. En fait, les NH épistémiques existentiels sont utilisables dans le discours scientifique à la condition de ne pas être pris en charge par le locuteur (paramètre E de la modalité). C'est pourquoi ils sont systématiquement remplaçables par l'expression « *prétendu* NH » qui explicite la non prise en charge de la modalité par le locuteur :

39a) En Grèce, on croyait que les devins (≈ prétendus devins) pouvaient connaître l'issue des batailles à venir.

39b) En Ecosse, on croit que les revenants (≈ prétendus revenants) viennent hanter les vieux châteaux.

39c) En Grèce, on respectait les devins (≈ prétendus devins).

39d) En Ecosse, on craint encore les revenants (≈ prétendus revenants).

Ce fonctionnement est spécifique aux NH épistémiques existentiels, qui par ailleurs sont identifiables au moyen du test T9 :

40) croire aux devins / revenants (≈ croire à l'existence des devins / revenants).

Les NH épistémiques évaluatifs, pour leur part, ne sont utilisables dans le discours scientifique (au moins dans les manuels d'histoire ou de géographie), qu'en référence à une norme subjective mais collectivement partagée, ou clairement explicitée (de sorte que le jugement cesse d'être subjectif) :

41a) Dans cette société primitive, les jeunes doivent s'occuper des vieux.

41b) Dans cette société, les jeunes (de moins de quinze ans) doivent s'occuper des vieux (de plus de soixante-dix ans).

À cette condition (l'explicitation de la norme d'évaluation), des statistiques deviennent même possibles (test T1') :

42) 70% des jeunes (de moins de vingt ans) habitent chez leurs parents.

Rappelons que pour distinguer les NH épistémiques évaluatifs des NH aléthiques, on utilise le test T13 :

43) Paul est plus / moins jeune que Jean.

Soit le schéma de décomposition des NH classifiants :

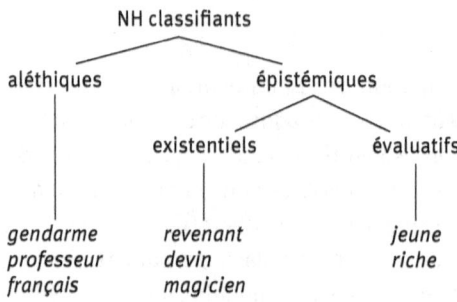

Figure 2 : décomposition modale des classifiants

6.5 Décomposition des non-classifiants

Le domaine des NH non-classifiants se décompose en NH porteurs de modalités appréciatives et NH porteurs de modalités axiologiques. Ces deux types de modalités correspondent à des jugements de valeur : elles ont une même direction d'ajustement mixte (à la fois descriptive et injonctive), mais elles se distinguent par leur instance de validation : une subjectivité pour les modalités appréciatives (dont les valeurs concernent le désirable / indésirable), une institution pour les modalités axiologiques (dont le champ de valeurs se réfère au louable / blâmable). C'est parce qu'elles sont relatives à des subjectivités et/ou des institutions différentes qu'un même individu peut être tenu, tour à tour, pour un *héros* ou un *assassin*, pour un *génie* ou pour un *fou*, etc. On a vu que le test T10 permet de dissocier ces deux classes de NH :

44) Paul est un crétin / *salaud, mais il n'y est pour rien.

On peut encore distinguer trois sous-classes de modalités appréciatives, selon que le caractère désirable / indésirable concerne le fait « d'être un NH » ou celui « d'être/entrer en relation avec / de fréquenter un NH ». On parlera d'*appréciatif interne* dans le premier cas et d'*appréciatif externe* dans le second. Ainsi le NH *malheureux* (ex. « il faut aider les malheureux ») sera considéré comme appréciatif interne car c'est le fait « d'être un malheureux » qui est indésirable, alors que *ami* sera appréciatif externe dans la mesure où c'est le fait « d'entrer en relation / de fréquenter un ami » qui est désirable. Quant à *idiot, crétin, incapable, ignorant, génie*, etc., qui nous ont servi d'exemples jusqu'à maintenant, ils relèvent d'une troisième catégorie : les *appréciatifs mixtes*, qui sont à la fois internes et externes. N'est-il pas, en effet, indésirable « d'être un idiot / ignorant » aussi bien que « d'entrer en relation avec un idiot / ignorant », de même qu'il doit être désirable « d'être un génie » et de « fréquenter un génie » ?

Cependant, l'application des tests montre qu'au niveau lexical, les appréciatif externes fonctionnent comme des classifiants, c'est-à-dire *qu'ils ne sont appréciatifs qu'au niveau sublexical* (*cf.* ci-dessous, § 7.2), tandis que les appréciatifs internes sont plutôt à considérer comme des non-classifiants, les mixtes étant très clairement non classifiants. Avant de détailler les résultats des tests, il faut toutefois souligner que si la classe des appréciatifs mixtes est étendue, les deux autres paraissent singulièrement limitées (à quelques unités chacune).

Commençons par examiner les appréciatifs externes (*ami / ennemi / allié / pote / copain / camarade*). Ce sont tous des relationnels : on est l'ami de quelqu'un. Nous les considérons comme classifiants car ils donnent des résultats positifs avec T1–T2, et globalement négatifs avec T3–T8. Dès lors que le terme de la relation est précisé, on peut utiliser ces NH, à l'exception de ceux qui sont familiers (*pote, copain*), dans les textes scientifiques ou, au moins, dans les manuels scolaires (ex. « les ennemis de Charlemagne » ; T1). T2 est franchement positif, à la différence de T3–T8 :

45a) Ces idiots d'ennemis. (T2)

45b) * Cet ennemi de Paul. (T3)

45c) ?* Je trouve que Paul est un ennemi. (T4)

45d) ?* Ennemi ! (vocatif d'insulte ; T5)

45e) ? Il l'a traité d'ennemi. (T6)

45f) Quel ennemi ! (n'implique pas une interprétation univoque ; T7)

45g) ?? Il a attaqué sur le flanc gauche, l'ennemi ! (T8)

Quant aux mixtes, ils donnent des résultats qui conduisent à les ranger sans hésitation aucune parmi les non-classifiants. Ils sont exclus du discours scientifique ou administratif (T1, T1'), négatifs avec T2, et positifs avec T3–T8 :

46a) * Ces idiots d'incapables. (T2)

46b) Cet incapable de Paul. (T3)

46c) Je trouve que Paul est un incapable. (T4)

46d) Incapable ! (vocatif d'insulte ; T5)

46e) Il l'a traité d'incapable. (T6)

46f) Quel incapable ! (implique une interprétation univoque ; T7)

46g) Il a tout raté, l'incapable ! (T8).

Le statut de la sous-classe, très réduite, des appréciatifs internes (*chanceux, malchanceux, malheureux*) est plus difficile à établir. Ils ne semblent pas autorisés dans le discours scientifique ou administratif (T1), encore que leur emploi dans des manuels d'histoire ne soit pas exclu (ex. « Saint Vincent de Paul s'occupait des malheureux »). Mais l'usage de statistiques relativement aux individus qu'ils dénotent paraît très improbable (« ?* 15% des malheureux ... »). Ils donnent des résultats négatifs avec T2, hétérogènes avec T3, plutôt positifs avec T4, négatifs avec T5–T6, mais positifs avec T7–T8 :

47a) * Ces idiots de malchanceux / malheureux. (T2)

47b) Ce malchanceux / *malheureux de Paul. (T3)

47c) ? Je trouve que Paul est un malchanceux / malheureux. (T4)

47d) * Malchanceux / malheureux ! (vocatif d'insulte ; T5)

47e) * Il l'a traité de malchanceux / malchanceux. (T6)

47f) Quel malheureux / malchanceux ! (implique une interprétation univoque ; T7)

47g) Il n'a rien obtenu, le malchanceux / malheureux ! (T8).

En dépit de ce fonctionnement relativement hétérogène, il nous paraît plus approprié de les inscrire dans le domaine des non-classifiants, car ils donnent des résultats globalement négatifs avec T1–T2 et globalement positifs avec T3–T8 (si l'on exclu les deux tests T5–T6 qui servent à identifier les NH susceptibles de fonctionner comme marqueurs d'insulte). Les NH appréciatifs internes négatifs (*malchanceux*) indiquent que l'individu dénoté est une victime, et leur emploi vise à susciter l'empathie plutôt que le mépris, ce qui les distingue radicalement des appréciatifs mixtes (*abruti*).[19]

D'où la décomposition modale des NH non-classifiants, au niveau lexical :

---

[19] Le résultat négatif de *malheureux* avec T3 est plus difficile à expliquer. Peut-être est-ce dû à des raisons morpho-syntaxiques (liées à la nature adjectivale de l'item) plutôt que sémantiques, *cf.* Ruwet (1982 : 271).

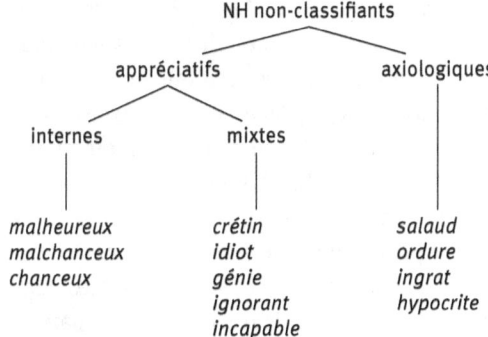

Figure 3 : décomposition modale des non-classifiants

6.6 Décomposition des mixtes

Les NH mixtes au niveau lexical sont à la fois classifiants et non-classifiants, dans la mesure où ils articulent un jugement de réalité et un jugement de valeur. On admet qu'ils sont donc porteurs, à ce niveau d'analyse, de deux modalités distinctes. On distingue alors deux cas de figure, selon que ces deux modalités sont ou non véridicibles,[20] c'est-à-dire selon qu'elles peuvent ou non être niées et interrogées. Plus précisément, alors que la modalité aléthique ou épistémique (jugement de réalité) est toujours véridicible, il n'en va pas de même pour la modalité appréciative ou axiologique (jugement de valeur) qui lui est jointe.

Les deux modalités sont véridicibles dans le cas de *menteur* (voir aussi *voleur*, *assassin*, *faussaire*, etc.). On considère que ce NH est porteur de deux modalités, respectivement aléthique et axiologique. La négation et l'interrogation peuvent affecter l'une et/ou l'autre de ces deux modalités. Ainsi dans les énoncés

48a) Paul n'est pas un menteur.

48b) Paul est-il un menteur ?

la négation et l'interrogation peuvent porter sur le fait de savoir si Paul a dissimulé la vérité (modalité aléthique) et/ou sur le caractère blâmable de cette attitude (par exemple lorsque, sachant qu'il a effectivement caché la vérité, on nie /

---

[20] Sur cette distinction essentielle entre modalités véridicibles / non véridicibles, *cf.* Kronning (1996, 2013), Vet (1997), Gosselin (2005, 2015b).

interroge sur le bien-fondé d'une condamnation morale). Le test T12 (distribution disjonctive de la négation sur les deux modalités) permet d'isoler les membres de cette sous-classe, dont on a vu qu'ils produisent des résultats positifs aussi bien avec T1–T2 (du fait de la modalité aléthique), qu'avec T3–T8 (à cause de la modalité axiologique). Il en va de même pour les NH qui mettent en œuvre une modalité épistémique existentielle jointe à une modalité axiologique. Ce dernier cas est illustré par *sorcière*, *saint*, etc. Tout comme les épistémiques existentiels purs (*devin*, *revenant*), ces NH répondent positivement au test T9 (« croire aux sorcières » équivaut à « croire à l'existence des sorcières »), et sont utilisables dans le discours scientifique (T1) où ils induisent une non prise en charge de la part du locuteur. Ainsi, dans les énoncés

49) Au Moyen-âge, on brulait les sorcières. (T1)
50) Au XVème siècle, 80% des sorcières qui étaient traduites en justice étaient exécutées. (T1')

sorcières peut-il être remplacé par « *prétendues* sorcières ». De même, ils passent avec succès le test T2, mais, du fait de la modalité axiologique associée, ils donnent aussi des résultats positifs avec les tests T3–T8 :

51a) Ces idiotes de sorcières. (T2)
51b) Cette sorcière de Marie. (T3)
51c) Je trouve que Marie est une sorcière. (T4)
51d) Sorcière ! (vocatif d'insulte ; T5)
51e) Il l'a traitée de sorcière. (T6)
51f) Quelle sorcière ! (implique une interprétation univoque ; T7)
51g) Elle l'a envouté, la sorcière ! (T8).

Comme les deux modalités sont également véridicibles, ces NH passent avec succès le test T12 (distribution disjonctive de la négation), car l'énoncé

52) Marie n'est pas une sorcière.

peut signifier que Marie n'a pas de pouvoirs surnaturels (négation de la modalité épistémique) ou qu'elle ne met pas ses pouvoirs au service du mal (négation de la modalité axiologique).

A ces NH, s'opposent les EFP (équivalents familiers péjoratifs : *flic*, *amerloque*, *gonzesse*, etc., identifiés par T14). Ils articulent eux-aussi, au niveau lexical une modalité aléthique (jugement de réalité) à une modalité axiologique ou appréciative négative (jugement de valeur péjoratif). Simplement, de ces deux modalités, seule la modalité aléthique est véridicible, au sens où elle seule peut être niée[21] ou interrogée. Dans les exemples :

53) Ce n'est pas un flic / une gonzesse / un journaleux.
54) Est-ce un flic / une gonzesse / un journaleux ?

la négation et l'interrogation ne peuvent porter que sur la modalité aléthique (et non sur la modalité appréciative ou axiologique négative). C'est pourquoi, dans un cadre vériconditionnel, ces NH péjoratifs se substituent *salva veritate* à leurs équivalents classifiants (purement aléthiques) : les énoncés contenant les NH *flic, gonzesse, journaleux* ont les mêmes conditions de vérité que ceux qui contiennent à leur place *gendarme, femme* ou *journaliste* (ce qui marque évidemment les limites d'une sémantique strictement dénotationnelle / vériconditionnelle). Du point de vue des tests, leur particularité est d'être indiscutablement négatifs avec T1 (ils sont exclus du discours scientifique ou administratif à cause de leur caractère familier et appréciatif ou axiologique péjoratif), positifs avec T2 (« ces idiots de flics »), du fait de la modalité aléthique qu'ils encodent, et négatifs avec T12 (distribution disjonctive de la négation) puisque la modalité appréciative ou axiologique est non véridicible.

Soit la décomposition modale des mixtes (à la fois classifiants et non-classifiants) au niveau lexical :

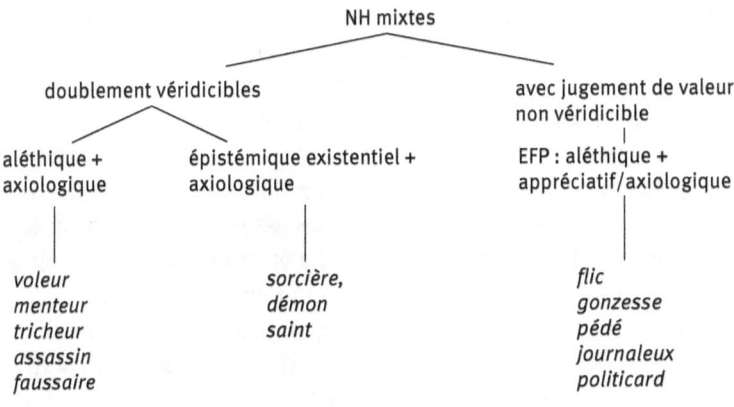

Figure 4 : décomposition modale des mixtes

---

21 Cette modalité appréciative ou axiologique peut, en revanche, faire l'objet d'une négation métalinguistique (ex. « Ce n'est pas une gonzesse, c'est une dame ! »).

6.7 Synthèse : classes et tests

L'analyse modale des NH au niveau lexical laisse prévoir un nombre *a priori* très élevé de combinaisons possibles, toutefois il semble qu'en français certaines d'entre elles soient privilégiées, de sorte que l'on obtient un ensemble somme toute relativement réduit de classes, à ce niveau ; ce qui n'exclut pas que l'on puisse trouver des éléments plus ou moins isolés qui réalisent des combinaisons de modalités particulières. Ainsi *avorton* paraît combiner une modalité épistémique évaluative (impliquant une norme d'évaluation subjective) et une modalité appréciative négative. Nous sommes amenés à conclure à une valeur mixte doublement véridicible du fait que le test T12 (distribution disjonctive de la négation) paraît s'appliquer positivement. De l'énoncé

55) Paul n'est pas un avorton.

on peut comprendre que Paul n'est pas petit et maigre (modalité épistémique évaluative) et/ou qu'il est bien conformé, qu'il n'est pas ridicule (modalité appréciative mixte). Il n'est toutefois pas sûr qu'il y ait lieu de constituer une classe correspondant à cette combinaison modale. Seule la poursuite des investigations pourrait amener à revoir et compléter la classification proposée ici, que nous résumons au moyen de la figure 5 (p. suivante).

Chacune de ces neuf classes est identifiée au moyen de l'application des tests présentés dans le tableau 8. Soit le tableau 9 des résultats de l'application des tests pour chacune des classes de NH (p. 80). « + » indique une réponse positive, « – » une réponse négative. Les cases vides correspondent à des jugements indéterminés, soit parce qu'on ne sait pas clairement si le test s'applique, soit parce qu'il donne des résultats qui varient selon les membres de la classe.

De ce fait, on ne peut pas s'appuyer directement sur ce tableau pour classer les NH. Il faut impérativement éviter de faire passer tous les tests aux différents NH : certains tests ne sont pas pertinents pour tous les NH, et/ou sont indécidables avec certains NH. Par exemple, il est inutile et très difficile de savoir si l'on peut dire « X est (un) *alsacien*, mais il n'y est pour rien ». C'est pourquoi nous allons proposer un classificateur de NH, qui applique, pour chaque NH testé, un nombre minimal de tests, organisés selon une succession préétablie, qui garantit leur pertinence au moment où ils sont mis en œuvre.

6.8 Un classificateur des NH, au niveau LexLing

La figure 6 (p. 80) représente le schéma d'une procédure de classement semi-automatique, conçue sous la forme d'un arbre de décision, qui procède par

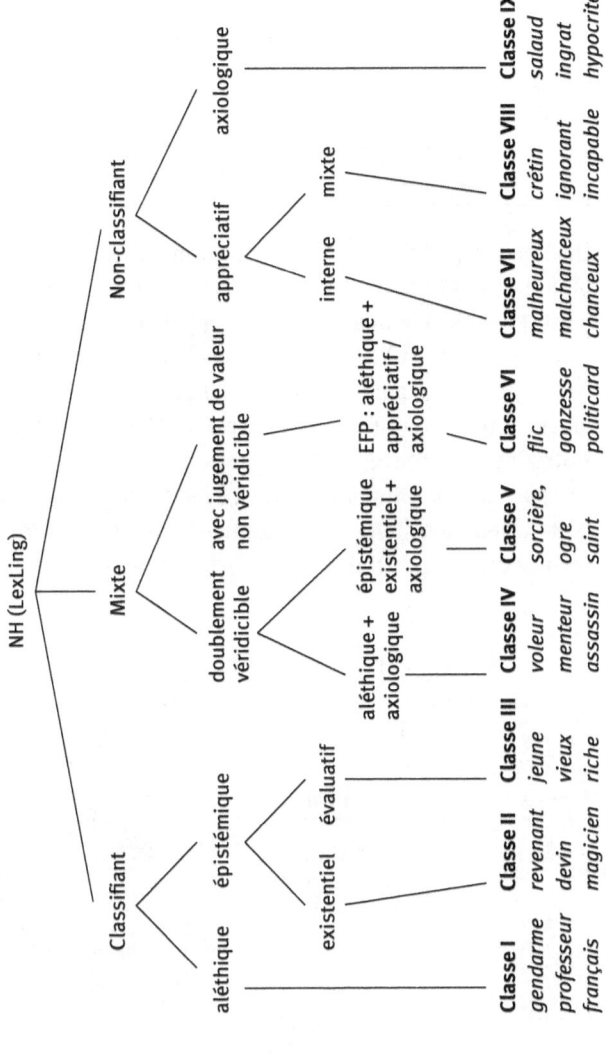

Figure 5 : classes de NH au niveau LexLing

Tableau 9 : Classes et tests de niveau LexLing

	T1	T2	T3	T4	T5	T6	T7	T8	T9	T10	T11	T12	T13	T14
I	+	+	−	−	−	−	−	−	−			−	−	−
II	+	+	−	−	−	−	−	−	+			−	−	−
III	+	+	−	−	−	−	−	−	−			−	+	−
IV	+	+	+	+	+	+	+	+	·	−	−	+		−
V	+	+	+	+	+	+	+	+	+	−	−	+		−
VI	−	+		−		+	−		−			−		+
VII	+?		+	+	−		+	+	−	+	+	−	+	−
VIII	−	−	+	+	+	+	+	+	−	+	+	−	+	
IX	−	−	+	+	+	+	+	+	−	−	−	−		

demandes à l'utilisateur, lequel doit répondre positivement ou négativement à la question de savoir si le test s'applique au NH de son choix. Nous n'avons retenu que les tests qui nous paraissaient indispensables, et auxquels, il ne semblait pas trop difficile de répondre (c'est à l'usage que le système pourra être amélioré). Ce système est conçu pour être implémenté, mais il est facile de l'utiliser « à la main ». Concrètement, l'utilisateur (linguiste) entre un NH de son choix. Ce NH est substitué à toutes les occurrences de NH figurant dans les tests. L'utilisateur répond successivement aux questions posées, et le système produit un classement (il indique l'appartenance du NH à une des neuf classes), en sortie.

Chaque étape de la procédure est représentée par un test ou un choix de tests.

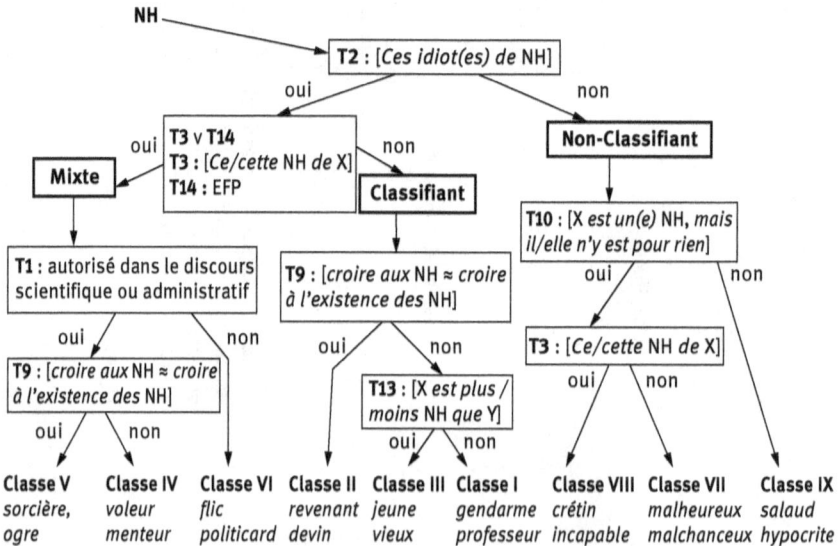

Figure 6 : classificateur des NH au niveau LexLing

Si l'on souhaite tester la validité du classement, il sera alors possible de se reporter à la ligne du tableau 9 correspondant à la classe attribuée au NH afin de lui appliquer l'ensemble des autres tests attribués à cette classe. Ces autres tests fonctionnent alors comme *tests de vérification* du classement produit.

Soit un exemple. L'utilisateur rentre le NH *vaurien*. Le système remplace toutes les occurrences de NH par *vaurien* (et opère les accords nécessaires). L'utilisateur doit répondre à la première question : « est-ce que [cet idiot de vaurien] est une séquence naturellement bien formée ? ». Il répond négativement, et le système lui demande alors s'il peut dire, hors contexte très particulier « Paul est un vaurien, mais il n'y est pour rien ». La réponse étant encore négative, le système classe le NH *vaurien* dans la classe IX, qui est la classe de NH purement axiologiques, qui contient aussi *salaud, canaille, ordure, ingrat, hypocrite,* etc.

S'il veut contrôler la validité de ce classement, l'utilisateur se reporte à la ligne correspondant à la classe IX dans le tableau 9, il remarque qu'au cours de la procédure, *vaurien* a été soumis successivement aux tests T2 et T10 et il vérifie qu'il donne les résultats attendus avec les autres tests caractéristiques de cette classe. Il observe qu'il donne des résultats positifs avec les tests T3–T8 et négatifs avec T1, T1', T9–T12. Le classement de *vaurien* dans la classe IX, comme NH purement axiologique, se trouve donc confirmé.

Si d'aventure les résultats s'avèrent incohérents (au sens où ils ne sont pas prévus par le système), c'est soit que l'on a affaire à une combinaison de modalités inédite, soit l'effet d'un dysfonctionnement du système, auquel il faudra remédier (c'est en quoi ce type de dispositif peut donner lieu à une démarche expérimentale).

Certains classements obtenus peuvent paraître contraires à l'intuition. Par exemple *millionnaire* et *violeur* se trouvent classés comme aléthiques, alors qu'ils semblent porteurs de modalités respectivement appréciative positive et axiologique négative. Ce n'est pas là l'effet d'un dysfonctionnement, mais cela montre la nécessité d'une structure modale. Car les évaluations appréciative et axiologique, indéniablement associées à ces NH, n'apparaissent pas au niveau lexical (elles ne sont pas syntaxiquement visibles), mais uniquement au niveau sublexical, comme on va le voir à la section suivante.

7 Modalités associées aux NH au niveau SubLing

7.1 Gloses et modalités de niveau sublexical

Jugements de réalité et jugements de valeurs peuvent se trouver mêlés au sein de la signification d'un NH, mais ils ne le sont pas nécessairement au même niveau d'analyse. Alors que *voleur menteur, assassin* combinent, au niveau lexical, un jugement de réalité et un jugement de valeur, ce qui est indiqué par les tests syntaxiques, les NH *complice, récidiviste,*[22] *contrefacteur, violeur, cambrioleur*, qui, à première vue, paraissent comparables aux précédents fonctionnent, au niveau lexical, comme de purs classifiants (aléthiques). Les tests syntaxiques montrent en effet qu'ils relèvent de la classe I (à la différence de *voleur, menteur*, etc. qui appartiennent à la classe IV). Ils acceptent T1, T2, mais non T3–T8 :

56a) ?* Ce complice de Paul ! (T3)

56b) ?? Je trouve que Paul est un complice. (T4)

56c) ?? Complice ! (vocatif d'insulte ; T5)

56d) ?? Il l'a traité de complice. (T6)

56e) Quel complice ! (n'implique pas une interprétation univoque ; T7)

56f) ?* Il nous a volés, le complice ! (T8).

Il n'est cependant pas douteux qu'ils expriment un jugement axiologique négatif, qui apparaît dans les définitions proposées par les dictionnaires. Ainsi, pour *complice*, la définition du *TLFi* mentionne le terme de *délit*, porteur d'une modalité intrinsèque, axiologique négative : « Personne qui a pris ou prend part au même délit qu'une autre personne, qui a aidé ou aide quelqu'un à commettre un délit », *TLFi*). On considèrera donc que *complice* est aléthique au niveau lexical (identifié par les tests syntaxiques), mais porteur d'une modalité axiologique négative au niveau sublexical, modalité attestée par les définitions et gloses. Le même raisonnement vaut pour *récidiviste* ou *contrefacteur*.

Il apparaît ainsi, que même si l'on laisse provisoirement de côté les stéréotypes associés, nombre de NH classifiants, aléthiques au niveau lexical, sont porteurs de modalités axiologiques et/ou appréciatives au niveau sublexical. C'est ce qui distingue, par exemple, *migrant, clandestin*, et *réfugié*. L'application des tests syntaxiques leur confère le statut de classifiants aléthiques (par opposition à *parasite* qui, dans cet emploi, est non-classifiant), mais les définitions ou gloses font apparaître une modalité axiologique négative associée à *clandestin* (« illégal »), et une modalité appréciative négative pour *réfugié* (« qui fuit une menace »), tandis que *migrant* reste neutre, au sens où les sous-prédicats qui servent à le définir sont eux-mêmes aléthiques (« personne effectuant une migration », *TLFi*).

En revanche, il est à remarquer que certains NH mixtes (à la fois classifiants et non-classifiants) au niveau lexical n'impliquent pas de jugement de valeur au niveau sublexical (si on ne prend pas en compte le stéréotype). Il s'agit des EFP

---

[22] Je dois cette observation à Vassil Mostrov.

(*flic*, *gonzesse*, etc., classe VI). C'est une des caractéristiques qui les distinguent des mixtes de la classe IV (*voleur, tricheur, assassin*). Alors qu'un voleur est « une personne qui commet des vols » (où *commettre* exprime une modalité axiologique négative), un flic est simplement un gendarme, une gonzesse une femme, etc. C'est aussi pourquoi l'usage des EFP ne peut donner lieu à une accusation de diffamation[23] (à la différence de *voleur, menteur*, etc.), et pourquoi leur usage peut paraître choquant pour qui ne partage pas les stéréotypes négatifs associés : la valeur axiologique négative au niveau lexical n'est pas justifiée au niveau sublexical. En d'autres termes, on condamne (verbalement) un *voleur* parce qu'il *commet* des vols, mais on condamne un *flic*, une *gonzesse*, un *bougnoule* sans raison explicite (c'est uniquement au plan du stéréotype que ces raisons sont évoquées, sous forme de sous-prédicats stéréotypiques, *cf.* ci-dessous, § 8.4).

Les modalités qui se manifestent dans les définitions et les gloses peuvent apparaître sous des formes très variées : modalités intrinsèques (dénotées ou associées) aux sous prédicats, modalités extrinsèques à ces sous-prédicats (par ex. *gendarme* : personne qui *peut* et *doit* assurer l'ordre). Le fait que ces modalités sublexicales puissent être intrinsèques dénotées ou extrinsèques rend possible l'apparition de modalités injonctives (déontiques et bouliques). Si ce sont des modalités déontiques qui apparaissent au niveau sublexical avec *gendarme*, c'est une modalité boulique qui est associée à *demandeur d'asile* (« personne qui *désire / recherche* une protection internationale » ou à *mendiant* (« personne qui *demande* l'aumône »).

De façon générale, ce type d'analyse permet de répondre au problème de la double nature, à la fois objective et subjective, de la « réalité sociale » soulevé par Searle (1998 : 87). Les NH de profession et de statut (*gendarme, professeur, colonel, prêtre*, etc.) sont pris par Milner & Ruwet pour les archétypes de noms classifiants, parce que l'appartenance d'un individu aux classes qu'ils désignent est fondée sur des critères objectifs, et pourtant qu'est-ce qu'un professeur, sinon un individu auquel une institution reconnaît certains droits et devoirs ? Et il en va ainsi de tous ces NH. La modalité aléthique au niveau lexical s'accompagne systématiquement de modalités déontiques (droits et devoirs) au niveau sublexical (*cf.* Baider & Todirascu, ce volume).

Comme il n'est évidemment pas envisageable d'analyser et de classer l'ensemble, infiniment divers, des modalités de niveau sublexical, intrinsèques aux NH, nous avons choisi de nous attarder quelque peu sur les modalités appréciatives et axiologiques associées, au niveau sublexical, aux classifiants aléthiques (classe I) pour montrer comment jugements de réalité et jugements de valeur peuvent être compris dans la signification des NH apparemment objectifs (aléthiques).

---

23 *Cf.* Lagorgette (2012).

7.2 Les modalités appréciatives et axiologiques intrinsèques aux NH classifiants

Au niveau sublexical, une distinction supplémentaire doit être introduite à propos des modalités appréciatives et axiologiques. Il s'agit de la distinction entre source et objet. En effet un individu dénoté par un NH peut être présenté, par ce NH, comme la source ou comme l'objet d'un jugement de valeur, appréciatif ou axiologique.[24] En d'autres termes, l'individu dénoté peut évaluer appréciativement ou axiologiquement une situation, ou bien faire lui-même l'objet d'une évaluation appréciative ou axiologique. Or c'est seulement dans le cas où l'individu constitue l'objet du jugement que l'on peut considérer le NH comme porteur d'un jugement de valeur au niveau sublexical. Ainsi *complice* exprime un jugement axiologique-objet (*i.e.* qui affecte l'individu dénoté) et donc un jugement de valeur, tandis que *protestant* – comme tous les NH d'adepte / partisan (*cf.* Lignon & Namer, ce volume) – indique que l'individu dénoté est source de jugements axiologiques, mais ne constitue pas par lui-même un jugement de valeur sur l'individu en question (sauf à faire intervenir des stéréotypes). De même, dans le champ appréciatif, *aquariophile* sert à dénoter les individus qui aiment les poissons et les plantes d'aquarium, *anglophobe* ceux qui n'aiment pas ce qui est anglais, *agoraphobe* ceux qui craignent de se trouver dans des lieux publics (*cf.* Oberlé, ce volume). Dans les trois cas il s'agit d'une modalité appréciative-source, puisque c'est l'individu dénoté qui est à l'origine du jugement. En revanche, parmi ces trois NH, seul *agoraphobe* (tout comme *claustrophobe*) est également appréciatif-objet, dans la mesure où l'individu présenté comme agoraphobe fait lui-même l'objet d'un jugement appréciatif (on considère que son état est indésirable). On admet ainsi que tous les NH renvoyant à des *pathologies* sont porteurs de modalités appréciatives-objet négatives de niveau sublexical (bien qu'ils soient classifiants aléthiques au niveau lexical). Encore faut-il préciser, dans le cas de l'appréciatif-objet uniquement, s'il s'agit d'appréciatif interne (« être un NH » est désirable ou indésirable, ex. *malade, aveugle* : « personne qui *souffre* de maladie / cécité ») ou externe (« être en relation avec un NH » est désirable / indésirable, ex. *ami, ennemi, allié*).

---

24 Cette distinction renvoie à la structure actancielle du *désirable* : une situation x est désirable pour un bénéficiaire y, de l'avis de z. Dans le cas des modalités appréciatives intrinsèques aux NH, le choix de la valeur de y est à l'origine de la distinction entre appréciatif interne et externe, tandis que l'opposition entre source et objet provient de la valeur de z.

Pour reprendre notre exemple initial, si *migrant* est « neutre », au sens où il ne comporte que des sous-prédicats aléthiques, *clandestin* est porteur, au niveau sublexical, d'une modalité axiologique-objet négative (être un clandestin est blâmable, parce qu'illégal), tandis qu'à *réfugié* sont associées à la fois une modalité appréciative-objet interne négative (être un réfugié est indésirable, un réfugié est une victime) et une modalité appréciative-source positive (un réfugié considère comme désirable d'être accueilli).

Soit la classification obtenue pour les NH classifiants aléthiques porteurs, au niveau sublexical, de modalités appréciatives ou axiologiques.

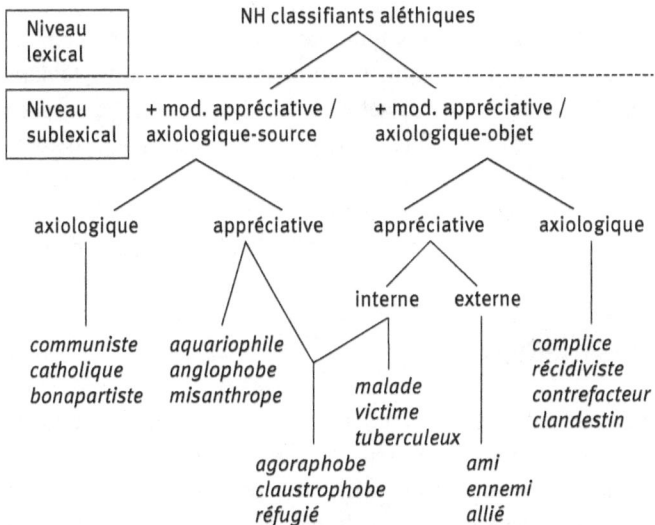

Figure 7 : classifiants porteurs de modalités appréciatives ou axiologiques au niveau SubLing

Remarquons enfin que d'autres combinaisons de modalités appréciatives et axiologiques sont possibles au niveau sublexical. Par exemple, le NH *terroriste* subsume des modalités sublexicales axiologique-source (un terroriste est un adepte / partisan d'un système de valeurs axiologiques) et appréciative-objet externe négative (un terroriste sème la terreur).

8 Modalités associées aux stéréotypes

Nous retenons de la tradition saussurienne et de la sémantique structurale qu'il est nécessaire de distinguer, dans la signification d'un nom, une composante stable (en synchronie) liée au système différentiel de la langue (la part linguistique de la signification) et une composante plus variable due aux connaissances et aux opinions relatives à l'entité dénotée (la part encyclopédique). Cette distinction théorique très générale vaut aussi pour le contenu modal des noms. Reste qu'elle est notoirement difficile à mettre en œuvre au plan empirique. Le meilleur test est encore celui de l'annulabilité : seules les caractéristiques sémantiques contextuellement annulables seraient liées aux connaissances du monde ; les traits sémantiques issus du système linguistique seraient nécessaires et donc non annulables. Cependant, dès qu'on essaie de l'appliquer, ce test se heurte à des difficultés telles qu'elles ont pu conduire à remettre en cause la distinction théorique. En effet, si, la signification d'un nom se définit sur la base d'un prototype, elle ne contient plus que des traits typiques, plus ou moins facilement annulables, et la distinction entre le linguistique et l'encyclopédique devient invérifiable. Notre objectif est de maintenir cette distinction, mais de préciser le fonctionnement du critère de l'annulabilité, sur la base d'une analyse plus complexe des degrés de variabilité qui affectent les éléments constitutifs de la signification attribuée à un nom. Nous serons alors en mesure de définir précisément le stéréotype et de proposer un test pour mettre au jour les éléments stéréotypiques.

8.1 Variabilité et stéréotypes

Dans le cas des modalités intrinsèques aux NH, un élément supplémentaire vient compliquer la mise en œuvre du critère de l'annulabilité. Il s'agit de la prise en charge (paramètre E). Avec certains NH, les modalités intrinsèques ne sont pas nécessairement prises en charge par le locuteur. On a déjà rencontré cette situation avec les épistémiques existentiels (*devin*, *sorcière*), c'est aussi ce qui se produit parfois avec *flic*, porteur d'une modalité axiologique négative qui n'est pas toujours prise en charge (en particulier depuis la fameuse formule de Clémenceau, alors ministre de l'intérieur, qui se désignait comme « le premier flic de France »), ou plus nettement encore avec *rebelle*, qui se trouve souvent valorisé, précisément parce qu'il est marqué comme axiologiquement négatif pour certaines institutions, auxquelles s'opposent les locuteurs qui le valorisent. Tout ceci n'est cependant guère gênant : il suffit de bien distinguer, comme le modèle l'impose, entre instance de validation (paramètre I) et prise en charge par un locuteur (paramètre E). En revanche, ce qui paraît plus problématique, c'est qu'un locuteur résolument raciste ou sexiste puisse utiliser *négro* ou *gonzesse*, en prenant en charge le jugement de valeur associé, et cependant considérer que cette dépréciation ne s'applique pas à tous les noirs ou à toutes les femmes, bref, qu'il admette des exceptions dans des énoncés du type :

57a) C'est un négro, mais il est vraiment formidable.

57b) C'est une gonzesse, mais elle est vraiment formidable.

Cette annulabilité de la valeur dépréciative devrait conduire à considérer que le caractère péjoratif de *négro* et de *gonzesse* ne relève pas du système de la langue (mais uniquement des représentations du monde), et pourtant ce trait péjoratif s'impose à tous les locuteurs (au moins en synchronie), quelles que soient leurs convictions, et paraît donc, de ce fait, relever de la langue plutôt que de l'idéologie et du rapport au monde.

Pour sortir de cette impasse, nous proposons de distinguer divers degrés de variation et donc d'annulabilité. Le principe consiste à définir les domaines sur lesquels s'exerce la relation d'opposition entre ce qui est stable et ce qui est variable. Selon que cette frontière concerne 1) l'ensemble des emplois du mot, 2) l'ensemble des individus dénotés par l'emploi dénominatif du NH, 3) l'ensemble des formations discursives dans lesquels le NH est employé, 4) l'ensemble des locuteurs qui utilisent le NH, on obtient un statut différent de la part stable de la signification. Mais ce qui est remarquable, c'est que ces différentes positions de la frontière entre le stable et le variable se laissent disposer selon un ordre relativement strict, représentable comme suit :

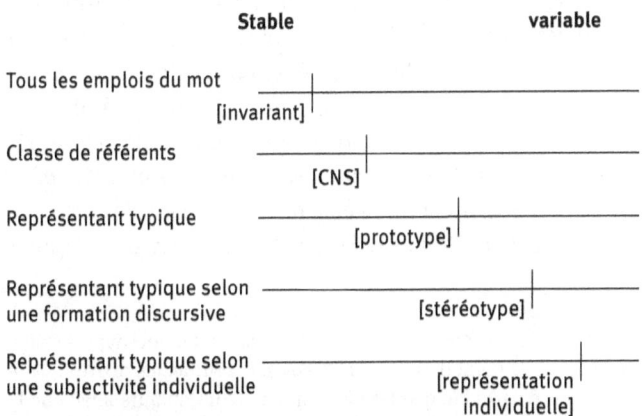

Figure 8 : répartition de la stabilité et de la variabilité dans les significations lexicales

Il faut comprendre que ce qui est stable à un niveau supérieur, dans la figure 8, l'est aussi à un niveau inférieur, mais que la réciproque est fausse.

Certaines théories font l'hypothèse que l'on doit retrouver une part sémantique stable dans tous les emplois d'un mot. C'est, par exemple, l'*invariant* dans la théorie des opérations énonciatives de Culioli ou le *signifié de puissance* en psychomécanique (*cf.* Picoche 1986). Nous ne nous attarderons pas sur cette question éminemment complexe ici, car nous n'envisageons les signes que nous étudions que dans leur emploi de noms d'humains. On peut toutefois indiquer que les modalités de niveau sublexical peuvent servir à remplir ce rôle, si l'on songe, par exemple, à l'analyse de l'invariant (décrit sous formes de « propriétés extrinsèques ») attaché à *client* selon Cadiot & Nemo (1997 : 27) : « dont *il faut* s'occuper ».

Si l'on envisage maintenant uniquement l'emploi des signes comme noms d'humains, on peut faire porter la variation sur les caractéristiques attribuées aux individus dénotés, dans leur ensemble, par le NH. Deux options sont alors possibles, qui déterminent deux positions nettement distinctes de la frontière entre le stable et le variable. Soit l'on ne retient que la stabilité absolue, la nécessité, et la zone de stabilité correspond aux *conditions nécessaires et suffisantes* (CNS), fixée, dans le cadre de la « division du travail linguistique » (Putnam, 1990 : 57) par les scientifiques, les experts en terminologie ou l'autorité administrative,[25] soit l'on se réfère à l'usage ordinaire du langage, et l'on étend la zone de stabilité jusqu'à la limite de la stabilité relative. On obtient alors le *prototype* : l'ensemble des caractéristiques qui valent pour tout représentant typique de la classe, même s'il existe des membres atypiques (des exceptions) qui ne partagent pas toutes ces caractéristiques (*cf.* Lakoff, 1987 ; Kleiber, 1990[26]). Il paraît légitime de considérer que là s'arrête le champ proprement linguistique. La zone restante relève de l'encyclopédie et de nos connaissances et opinions sur le monde. Il reste cependant envisageable de définir de la stabilité relative à l'intérieur de ce domaine. Car les formations discursives (les religions, les idéologies, etc.), et plus généralement l'opinion commune (la *doxa*) construisent des *stéréotypes sociaux*, *i.e.* des représentations des individus dénotés relativement stables (*cf.* Lakoff, 1987 : 115 *sq.*).[27] Simplement, cette stabilité dépend non du système de signes, mais des discours dans lequel le NH se trouve pris. Enfin l'usage individuel peut encore attribuer

---

[25] La stabilité dont il est question ici n'est que synchronique. On sait, au moins depuis Quine (éd. 2003 : 77), que l'analyticité et les définitions sont révisables. Il peut même arriver que le stéréotype soit diachroniquement plus stable que les CNS. Nicolae (2013) montre ainsi que la communauté des astrophysiciens a été amenée à changer la définition du nom *planète* (et donc les CNS) de façon à intégrer les exoplanètes. La raison de ce changement provient du stéréotype associé (« les planètes peuvent abriter la vie »), qui paraît avoir une influence non négligeable sur les financeurs.

[26] La particularité du prototype d'un N est d'avoir un contenu plus riche que les CNS attribuées à ce N, sans que cela induise systématiquement une restriction de son extension, puisque les éléments de la classe peuvent s'éloigner à des degrés divers du représentant typique.

[27] Sur cette notion, *cf.*, entre autres, Putnam (1975), Slakta (1994), Fradin (1984), Anscombre (2001), Amossy & Herschberg Pierrot (2014).

aux NH des représentations temporellement stables (quoique variables d'un individu à l'autre) qui viennent s'ajouter à certaines représentations stéréotypiques (tout en s'opposant éventuellement à d'autres).

Prenons un exemple. Le nom *gendarme* présente une grande diversité d'emplois, dont certains ne renvoient pas à des humains, par exemple lorsqu'on dit que « la commission de Bruxelles est le gendarme de l'Europe », ou lorsqu'on réfère à une variété de saucisson, à une tache dans un diamant ou à un bloc rocheux proéminent … La recherche d'un invariant sémantique conduirait à essayer de trouver des éléments communs, fussent-ils extrêmement abstraits, à tous ces emplois. Si l'on retient l'emploi actuel comme NH, on peut isoler des CNS, définies par l'autorité administrative : l'appartenance au corps de la gendarmerie. Mais il est possible aussi, et sans aucun doute souhaitable d'un point de vue linguistique, d'étendre la signification du NH jusqu'aux traits prototypiques, qui concernent le maintien de l'ordre (« qui peut et doit assurer l'ordre »), même si l'on sait que certains membres de la gendarmerie sont affectés à d'autres tâches (de même que tous les *pompiers* ne sont pas chargés de lutter contre les incendies). Que l'on prenne maintenant en compte les différents discours dans lesquels le NH peut se trouver employé, et l'on observe diverses représentations stéréotypiques, qui varient selon l'idéologie, autoritariste ou antiautoritaire, qui préside à ces discours. Ainsi le gendarme peut-il être perçu comme *autoritaire, borné, inquiétant, injuste*, ou, au contraire, comme *courageux, rassurant, protecteur*. Enfin un locuteur particulier peut avoir une représentation personnelle, mais relativement stable, des gendarmes, nourrie d'expériences individuelles, de fantasmes, etc. qui s'ajoutent à l'un ou l'autre des stéréotypes associés.

Dans ce cadre, prototype et stéréotype sont nettement distingués et articulés.[28] Le prototype s'impose à la communauté linguistique, le stéréotype ne vaut que pour une formation discursive. De sorte qu'on peut dire qu'un stéréotype est un prototype admis par une formation discursive, et rejeté par d'autres.

Les EFP (*flic, gonzesse,* etc.) ont pour particularité d'inscrire l'évaluation négative normalement associée aux traits stéréotypiques attachés à leurs équivalents aléthiques (*gendarme, femme,* etc.) dans le prototype, c'est-à-dire dans la composante linguistique de la signification. C'est pourquoi cette évaluation négative s'impose quel que soit le contexte idéologique, mais tolère des exceptions concernant les individus dénotés (ex. 57a,b).

Les différentes caractéristiques stéréotypiques se présentent aussi bien sous forme de sous-prédicats que de modalités attachées à ces sous-prédicats. Nous nous sommes donné pour tâche de prendre en compte la composante linguistique

---

[28] Pour une discussion sur les deux notions, *cf.* Geeraerts (2010 : 253–258).

(prototype inclus) de la signification des NH, et d'évoquer la part stéréotypique de cette signification. Si la composante linguistique a pu être abordée au moyen de tests (pour le niveau lexical) et de gloses (pour le niveau sublexical), il reste à définir un moyen d'investigation des stéréotypes sociaux.

8.2 Identification des caractéristiques stéréotypiques

On a vu au § 5 que la découverte et l'identification des stéréotypes pouvait s'appuyer sur l'examen des cooccurrences dans les textes, sur les enchaînements et inférences ainsi que sur les tâches de complétion ou de décision lexicale. Nous évoquerons ici plus particulièrement la question des tests d'enchaînement. Soit des exemples adaptés de Lakoff (1987) et d'Anscombre (2001) :

58a) Ce savant est normal. Il est distrait.

58b) Paul est un savant. Donc / par conséquent il est distrait.

58c) Paul est un savant, mais / pourtant il n'est pas distrait.

Ces enchaînements par *donc* et *pourtant*, ainsi que l'emploi de l'adjectif *normal* sont censés mettre au jour des contenus stéréotypiques associés au N. Le problème de ce type de jugement de « normalité » est qu'il provient du linguiste lui-même, ce qui ne va pas sans difficulté lorsqu'on a à traiter des stéréotypes liés à des idéologies spécifiques. Pour remédier à ce type de difficulté, nous proposons un autre type de test, fondé sur le concept d'*enthymème*, issu de la dialectique et de la rhétorique d'Aristote (*Topiques* I, 1, 100a 30–100b 26).

Un enthymème est un syllogisme (qui répond aux règles strictes de formation de ce type de raisonnement déductif) qui possède deux caractéristiques particulières : 1) il se donne sous forme incomplète[29] (il manque une prémisse et/ou la conclusion), 2) l'une des prémisses, au moins, est simplement probable (car issue de la *doxa*), de sorte que la conclusion n'est que probable. Soit un exemple. À la question de savoir si Paul est bien payé, on peut répondre :

59) C'est un dentiste.

Pour que cet énoncé puisse être considéré comme pertinent, comme constituant une réponse à la question posée, il est nécessaire de reconstituer l'enthymème, le syllogisme sous-jacent, dont l'énoncé (59) exprime la prémisse mineure :

---

29 *Cf.* Quintilien, *L'institution oratoire* V, 14, Arnauld & Nicole *La Logique ou l'art de penser* III, 14.

60) Les dentistes sont bien payés.

Or Paul est un dentiste.

Donc Paul est bien payé.

Ce qui apparaît ainsi, c'est que la prémisse majeure reconstituée (« les dentistes sont bien payés ») explicite un stéréotype disponible dans la *doxa*, qui seul garantit la pertinence de (59) comme réponse à la question posée.[30]

Nous nous proposons donc d'utiliser ce moyen pour faire apparaître les stéréotypes constitutifs de la *doxa* et associés aux NH. L'avantage par rapport aux autres moyens envisagés, c'est qu'il n'est lié à aucun discours particulier, et pas davantage à la conception du monde du linguiste, qui peut ainsi mettre au jour des stéréotypes qu'à titre personnel, il récuse radicalement. Soit un exemple :

61) – Est-ce un bon conducteur ?

– C'est une femme.

Cette réponse sera naturellement interprétée comme négative (par reconstruction de l'enthymème fondé sur la prémisse majeure : « les femmes conduisent mal »). Si l'on ne partage pas le stéréotype, cela n'a pas d'incidence sur l'interprétation de la réponse. On conteste la validité du stéréotype mais non son existence : « mais je ne suis pas d'accord avec vous », « il ne faut pas généraliser », etc.

Dès lors le test peut être ainsi formulé : on soumet au jugement du linguiste un enchaînement question-réponse du type de (61). Il doit alors se demander si la réponse est pertinente, et, le cas échéant, si elle est positive ou négative. Si la réponse n'est pas pertinente, cela signifie qu'il n'y a pas de stéréotype associé (au moins à la connaissance du linguiste qui l'évalue). Exemple :

62) – Est-ce un bon conducteur ?

– C'est un poissonnier.

Si la réponse est pertinente, mais virtuellement ambiguë, c'est qu'il existe, dans la *doxa*, des stéréotypes opposés associés au NH :

63) – Peut-on lui faire confiance ?

– C'est un fonctionnaire / gendarme / responsable de parti politique, etc.

---

[30] Ce type d'enchaînement est également évoqué, de façon informelle, par Wedgwood (2007), repris par Larrivée & Longhi (2012).

Si la réponse est pertinente et non ambiguë, on peut conclure à l'existence d'un stéréotype, même si on ne le partage pas (ex. 61).

Nous nous intéressons, dans les pages qui suivent uniquement aux jugements de valeur attachés aux stéréotypes associés aux NH.

8.3 Tests pour les jugements de valeur de niveau lexical

Comme pour la composante strictement linguistique de la signification, il paraît important de dissocier, pour le stéréotype, le niveau lexical du niveau sublexical. Car on peut avoir une représentation globale (de niveau lexical), positive ou négative, des individus appartement à une classe, et une variété de représentations d'orientations diverses attachées à ses sous-prédicats. Empruntons un exemple au monde animal. Le nom *crapaud* subsume des sous-prédicats stéréotypiques porteurs de modalités appréciatives positives et négatives : le crapaud est *inoffensif*, *utile*, *laid*, *répugnant*, etc. Cependant, au niveau lexical, l'image globale du crapaud est négative, comme le montre le test :

64) – Cet endroit est-il agréable ?

– Il y a beaucoup de crapauds (réponse négative, par défaut).

De plus, pour monter l'utilité d'isoler un niveau lexical (global), on peut faire valoir que si certaines variétés d'insectes font l'objet d'une appréciation positive, alors que d'autres suscitent une appréciation fortement négative, à l'ensemble de la catégorie *insecte* est associée une modalité appréciative négative. Comparons :

65) – Cet endroit est-il agréable ?

– Il y a beaucoup de papillons (réponse positive, par défaut).

– Il y a beaucoup d'araignées / de moustiques (réponse négative, par défaut).

– Il y a beaucoup d'insectes (réponse négative par défaut).

Il nous faut préciser que ce type de test, par réponse enthymématique, s'applique aussi, évidemment, à la composante linguistique de la signification (*cf.* § 5). Simplement son utilisation permet de faire surgir les représentations stéréotypiques qui, par nature, échappent aux tests linguistiques (présentés à la section précédente). Comparons *voleur* et *banquier*. Les tests linguistiques conduisent à classer *voleur* parmi les mixtes (classe IV) et *banquier* parmi les classifiants aléthiques (classe I). Cependant, le test destiné à faire apparaître les stéréotypes donne des résultats comparables :

66) – Peut-on lui faire confiance ?

– C'est un voleur / banquier (réponse négative, par défaut).

On admettra donc que ces deux NH sont également porteurs d'une modalité axiologique négative, mais qu'elle est marquée linguistiquement dans le cas de *voleur*, et seulement associée au stéréotype dans celui de *banquier* (c'est pour cette raison qu'elle est contextuellement annulable).

On peut identifier les jugements de valeur associés aux stéréotypes des NH, au niveau lexical, au moyen des questions suivantes, qui concernent respectivement a) les modalités appréciatives externes, et b) internes, ainsi que c) les modalités axiologiques :

67) – Cet endroit est-il agréable ?

– Il y a beaucoup de NH.

68) – Son sort est-il enviable ?

– C'est un NH.

69) – Peut-on lui faire confiance ?

– C'est un NH.

Soit un exemple d'application qui permet d'expliquer pourquoi certains *promoteurs immobiliers* se font appeler aujourd'hui « *créateurs d'espaces de vie* ». Alors que les NH *promoteur* et *créateur* appartiennent à la même classe au plan linguistique (la classe I des classifiants aléthiques, selon le classificateur présenté par la figure 6), tout les oppose au plan stéréotypique, puisque à *promoteur* sont associées une modalité axiologique et une modalité appréciative externe négatives, tandis que *créateur* est pourvu d'une modalité appréciative externe positive, comme montrent les tests :

70a) – Cet endroit est-il agréable ?

– Il y a beaucoup de promoteurs (réponse négative, par défaut → modalité appréciative externe négative).

– Il y a beaucoup de créateurs (réponse positive, par défaut → modalité appréciative externe positive).

70b) – Peut-on lui faire confiance ?

– C'est un promoteur (réponse négative, par défaut → modalité axiologique négative).

– C'est un créateur (réponse indéterminée, hors contexte particulier → pas de modalité axiologique).

Remarquons enfin que l'application des procédures permet aussi d'établir ou de confirmer des généralisations sur la *doxa*. On observe ainsi que les NH porteurs de modalités axiologiquement négatives, marquées linguistiquement (*salaud, canaille*) ou associées au stéréotype (*promoteur, politicien*) se trouvent systématiquement pourvus d'une modalité appréciative externe négative, ce qui correspond au principe général selon lequel un bon sujet pour une institution doit prendre en aversion ce qui est à blâmer (Gosselin, 2010 : 305). Plus surprenante, voire choquante à première vue, paraît être la régularité qui conduit à associer des modalités appréciatives externes négatives aux NH porteurs de modalités appréciatives internes négatives, linguistiquement marquées (*malheureux, tuberculeux, malade, miséreux*) ou inférées sur la base de l'activation d'un stéréotype (*mendiant*). Sans doute peut-on y voir la contrepartie de l'empathie (« on n'aime pas voir souffrir »), ou bien l'effet d'un égoïsme généralisé. Toujours est-il que les résultats du test sont sans appel :

71a) – Son sort est-il enviable ?
– C'est un tuberculeux / estropié / mendiant / miséreux (réponse négative, par défaut → modalité appréciative interne négative).

71b) – Cet endroit est-il agréable ?
– Il y a beaucoup de tuberculeux / d'estropiés / de mendiants / de miséreux (réponse négative, par défaut → modalité appréciative externe négative).

Il est à noter que ce type de jugement de valeur risque assez peu d'apparaître sous forme de cooccurrences dans les corpus (au moins s'ils ont constitués de textes récents), car il fait partie des choses qui ne se disent pas explicitement.

8.4 Les jugements de valeur de niveau sublexical

Les sous-prédicats associés au stéréotype d'un NH et porteurs de modalités intrinsèques jouent un rôle essentiel pour la cohérence des discours et des raisonnements. C'est ainsi que dans *Pot-Bouille* de Zola, une patronne s'aperçoit que sa bonne couche avec le charbonnier au simple fait que ses draps sont sales, la saleté de couleur noire étant une propriété stéréotypique négative associée à *charbonnier*. La recherche des modalités de niveau sublexical associées aux stéréotypes relève fondamentalement de l'analyse des discours (*cf.* Amossy & Herschberg Pierrot 2014).

Nous voudrions insister sur le fait que si ces sous-prédicats, porteurs de jugements de valeur, dépendent fondamentalement des représentations du monde, des idéologies et non directement du système linguistique (comme le montre leur annulabilité en contexte), l'activation de ces représentations stéréotypiques entretient cependant des liens étroits avec les signes linguistiques. Car le choix d'un NH plutôt qu'un autre pour référer à un même individu, par exemple, peut contribuer à déclencher l'activation de sous-prédicats stéréotypiques et donc des modalités appréciatives ou axiologiques qui leurs sont associées.

Le cas est particulièrement clair avec les EFP (*journaleux, gonzesse, politicard* ...). On a vu qu'au plan strictement linguistique, ils fournissent une évaluation péjorative de l'individu au niveau lexical (LexLing), que rien ne vient justifier au niveau sublexical (SubLing) : un *journaleux* est simplement un *journaliste*. Or ils ont pour particularité de déclencher l'activation de caractéristiques négatives, axiologiques et/ou appréciatives de niveau sublexical, stéréotypique (SubSter). Autrement dit, en employant ces EFP plutôt que les classifiants aléthiques correspondants (*gonzesse* plutôt que *femme*, *journaleux* plutôt que *journaliste*, etc.), le locuteur invite l'allocutaire à activer des sous-prédicats stéréotypiques porteurs de jugements de valeur négatifs.[31]

Or ce fonctionnement ne se limite pas aux EFP. Considérons notre exemple initial : le choix entre *migrant*, *réfugié* et *clandestin*. On a vu que ces NH étaient également porteurs de modalités aléthiques au niveau LexLing, mais que *réfugié* et *clandestin* ajoutaient, au niveau SubLing, des jugements de valeur respectivement appréciatif interne négatif et axiologique négatif. Au plan stéréotypique, les représentations associées peuvent différer totalement selon les orientations idéologiques des locuteurs, qui tiennent les individus dénotés tantôt pour des malheureux qu'il faut aider, tantôt pour des profiteurs qui doivent être reconduits à la frontière. Toutefois le fait qu'un locuteur choisisse d'utiliser le NH *réfugié* tend à indiquer qu'il active le stéréotype appréciatif interne négatif (*malheureux*), alors que s'il utilise *clandestin*, c'est un indice en faveur du stéréotype axiologique négatif (*profiteur*).

Rappelons enfin que ce niveau sublexical (linguistique et/ou stéréotypique) est convoqué pour assurer la cohérence et la pertinence de l'énoncé quand le niveau lexical reste insuffisant ou contradictoire dans le contexte. C'est le cas du texte mis en exergue (« Et votre mari ? Je préfèrerais que nous ne parlions que des humains ») où l'activation de la modalité aléthique de niveau lexical associée à *humain* entre en contradiction avec le contexte (d'où l'effet comique).[32] C'est aussi

---

31 *Cf.* Williamson (2009).
32 C'est un mécanisme comparable qui régit l'interprétation d'énoncés du type « Cet étudiant est un (vrai / véritable) touriste ». Voir aussi La Fontaine (« Rien ne pèse tant qu'un secret : / Le porter loin est difficile aux Dames : / Et je sais même sur ce fait / Bon nombre d'hommes qui sont femmes », *Fables*, VIII, 6) ou A. France (« Elle s'excusa sur sa mise négligée. Elle avait tant à faire le matin ! Trois filles, deux fils, un neveu orphelin et son mari, sept enfants à soigner ! », *L'orme du mail*, VI).

pourquoi Legallois & Lenepveu (2014 : 23) considèrent l'énoncé suivant, tiré d'un texte provenant du forum des états généraux de la bioéthique :

72) « L'embryon est un être humain. »

comme un « jugement de valeur plutôt qu'un jugement de fait », bien que, littéralement, cela n'en soit pas un. Simplement, si l'on s'en tient au niveau lexical (aléthique), il s'agit d'une tautologie, donc d'un énoncé non pertinent, car non informatif. Seul le recours aux sous-prédicats stéréotypiques porteurs de modalités axiologiques (« *digne* de respect », « dont la mise à mort est un *crime* », etc.) rend l'énoncé pertinent.

9 Conclusion

Pour résumer, nous avons entrepris de dégager les jugements de réalité et surtout les jugements de valeur exprimés par les NH, en leur appliquant l'*analyse modale*, ce qui suppose, au préalable, que les types de jugements reçoivent une définition rigoureuse en termes modaux. Cette définition a été proposée dans le cadre de la *Théorie Modulaire des Modalités* (Gosselin, 2010).

Pour analyser le contenu modal des NH, nous avons systématiquement distingué les modalités linguistiquement marquées de celles qui sont associées aux stéréotypes sociaux. Dans chacun de ces deux domaines, nous avons dissocié le niveau lexical du niveau sublexical (correspondant aux sous-prédicats). De là, quatre statuts possibles pour les modalités internes aux NH. Chacun de ces statuts a donné lieu à une présentation spécifique, et à la formulation de tests et de procédures d'attribution de contenus modaux, conduisant à des classements des NH en fonction de ces types de contenu, y compris sous la forme d'un classificateur semi-automatique. Ruwet (1982 : 250) avait affirmé que la plupart des NH expriment des jugements de réalité et des jugements de valeurs mêlés de façon « inextricable ». Nous avons voulu montrer que loin d'être inextricable, ce mélange était structuré en niveaux et que chacun de ces niveaux pouvait faire l'objet de tests et critères spécifiques.

Cette recherche s'est cependant limitée au français « standard » actuel. Les différents types de variation (diachronique, diastratique, diaphasique... y compris la polysémie contextuelle) n'ont pas été pris en compte, pas plus que les emplois clairement métaphoriques de noms qui ne sont pas littéralement destinés à dénoter des humains (*chacal*, *cochon*, *ange* ...). De plus, certains aspects des modalités mises en œuvre ont été laissés de côté, car nous nous sommes concentrés sur l'expression des jugements de valeur. Nous renvoyons à Gosselin

(2015b) pour une présentation complète des différentes sous-classes de modalités aléthiques (illustrées par l'analyse du NH *adulte* en contexte), ainsi que pour la notion de « scénario modal » (enchaînement stéréotypique de modalités) qui serait indispensable pour traiter des NH comme *vainqueur* ou *vengeur*. Enfin, certains paramètres modaux, comme la prise en charge énonciative ou l'aspect demanderaient une exploration approfondie.

Toutefois, les résultats d'ores et déjà obtenus nous paraissent susceptibles d'applications diverses :
- Dans le domaine de la lexicologie, l'analyse modale permet de donner un contenu précis à la dimension « connotative » des noms, et de distinguer différentes sous-classes de NH « péjoratifs » ou « mélioratifs », la notion même de « connotation péjorative » se trouvant remplacée par les modalités appréciatives et axiologiques intrinsèques aux lexèmes.
- Pour l'analyse des discours, la formulation de procédures semi-automatiques de classement des NH en fonction de leur contenu modal, linguistiquement marqué ou associé aux stéréotypes, peut constituer un outil pour confirmer des hypothèses ou des généralisations fondées sur des observations sur corpus.
- Dans le champ du TAL et de la fouille d'opinion, l'analyse du contenu modal des NH peut s'avérer utile parce qu'elle renseigne sur a) les jugements de valeur portés sur les individus dénotés, b) les goûts, opinions, idéologies ... des locuteurs qui emploient les NH, et c) les jugements et les attitudes adoptés par les individus dénotés par les NH. Cette dernière caractéristique est spécifique aux NH (parmi l'ensemble des substantifs). Les humains adoptent des attitudes et portent des jugements sur les êtres, les situations, les événements, etc. Et la façon dont on les dénomme influe sur l'évaluation portée sur leurs attitudes et jugements. Il s'agit là d'une manifestation de ce que Langlet, Enjalbert & Jackiewicz (2014) appellent la « propagation de la charge évaluative ». Il suffit de comparer les expressions « *les savants pensent que* p » et « *les idiots pensent que* p » pour comprendre que, lorsque le NH désigne la source d'un jugement présenté de façon non factive, les modalités intrinsèques aux NH peuvent avoir une portée qui excède la seule dénomination de l'individu et s'étend jusqu'au contenu du jugement (un idiot pense des idioties).

Soulignons enfin que cette tentative de sémantique lexicale – à la fois référentielle et argumentative, fondée pour une part importante sur des tests syntaxiques mais résolument ouverte sur l'analyse des discours – peut être vue comme un prolongement du questionnement issu de la tradition rhétorique sur le choix des noms dans le discours.

Bibliographie

Akin S., 1999, « *Sans-papiers* : une dénomination dans cinq quotidiens nationaux de mars à août 1996 », *Mots*, 60 : 69–75.
Akin S., 2004, « Le fonctionnement médiatif de la préposition sans », *in* Delamotte-Legrand R. (dir.), *Les médiations langagières* I, Mont-Saint-Aignan, Presses Universitaires de Rouen et du Havre : 207–216.
Alexandrova A., 2013, *Noms humains de phase : problèmes de classifications ontologiques et linguistiques*, Strasbourg, Thèse de l'Université de Strasbourg.
Amossy R., Herschberg Pierrot A., 2014, *Stéréotypes et clichés*, Paris, Armand Colin.
Angenot M., 2014, « La rhétorique de la qualification et les controverses d'étiquetage », *Argumentation et Analyse du Discours*, 13, en ligne.
Anscombe E., éd. 2002, *L'intention*, trad. Maurice M. et Michon C., Paris, Gallimard.
Anscombre J.-C., 2001, « Le rôle du lexique dans la théorie des stéréotypes », *Langages*, 142 : 57–76.
Aristote, éd. 1974, *Les Topiques*, trad. Tricot J., Paris, Vrin.
Arnauld A., Nicole P., éd. 1970, *La logique ou l'art de penser*, Paris, Flammarion.
Asher N., Benamara F., Yannik Mathieu Y., 2009, « Appraisal of opinion expressions in discourse », *Lingvisticae Investigationes*, 32/2 : 279–292.
Bally C., 1932, *Linguistique générale et linguistique française*, Paris, Leroux.
Bally C., 1965, *Linguistique générale et linguistique française*, 4ème édition revue et corrigée, Berne, Francke.
Brunot F., 1922, *La pensée et la langue*, Paris, Masson.
Cadiot P., Nemo F., 1997, « Pour une sémiogenèse du nom », *Langue Française*, 113 : 24–34.
Carel, M., 2001, « Argumentation internet et argumentation externe au lexique : des propriétés différentes », *Langages*, 142 : 10–21.
Cozma A.-M., 2009, *Approche argumentative de la modalité aléthique dans la perspective de la Sémantique des Possibles Argumentatifs. Application au discours institutionnel de la bioéthique*, Thèse de l'Université de Nantes.
Cozma A-M., 2015, « L'usage de la modalité en Sémantique des Possibles Argumentatifs : comment le modèle théorique fait évoluer la notion », *Signes, Discours et Sociétés*, *Sémantique des Possibles Argumentatifs et Analyse Linguistique du Discours. Hommage à Olga Galatanu*, en ligne.
Ducrot O., 1993, « A quoi sert le concept de modalité ? », *in* Dittmar N., Reich A., (dir.), *Modality in language acquisition*, Berlin, De Gruyter : 111–129.
Ducrot O. *et alii*, 1980, *Les mots du discours*, Paris, Les Éditions de Minuit.
Ernotte P., Rosier L., 2004, « L'ontotype : une sous-catégorie pertinente pour classer les insultes ? », *Langue Française*, 144 : 35–48.
Ernotte P., Rosier L, 1999, « La guerre civile des mots. Jalons pour une étude des processus de dénomination identitaire à Bruxelles », *in* Akin S. (éd), *Noms et renoms*, Rouen, Dyalang : 93–124.
Flaux N, Mostrov V., 2016, « À propos de noms d'humains (dis)qualifiants : *un imbécile* vs *un salaud* et leurs paradigmes », Actes du 5e Congrès Mondial de Linguistique Française, Université François-Rabelais, Tours, France, 4–8 juillet 2016, *SHS Web of Conferences* 27, 2016, en ligne. DOI : http://dx.doi.org/10.1051/shsconf/20162712016.
Flaux N., Stosic D., 2014, « Les noms d'idéalité et la modalité : marquage d'une opposition », *Langages*, 193 : 127–142.

Flaux N., Van de Velde D., 2000, *Les noms en français : esquisse de classement*, Gap, Ophrys.
Fradin B., 1984, « Anaphorisation et stéréotypes nominaux », *Lingua*, 64 : 325–369.
Gaatone D., 1988, « Cette coquine de construction. Remarques sur les trois structures affectives du français », *Travaux de linguistique*, 17 : 159–176.
Galatanu O., 2002, « La dimension axiologique de l'argumentation », *in* Carel M. (dir.), *Les facettes du dire. Hommage à O. Ducrot*, Paris, Kimé : 93–107.
Galatanu O., 2006, « La dimension axiologique de la dénomination », *in* Riegel M. *et al.* (dir.), *Aux carrefours du sens, Hommages offerts à Georges Kleiber*, Louvain, Peeters : 499–510.
Geeraerts D., 2010, *Theories of lexical semantics*, Oxford, Oxford University Press.
Gosselin L., 2005, *Temporalité et modalité*, Bruxelles, De Boeck – Duculot .
Gosselin L., 2010, *Les modalités en français*, Amsterdam-New York, Rodopi.
Gosselin L., 2015a, « L'expression de l'opinion personnelle : "Je crois / pense / trouve / considère / estime que p" », *L'Information grammaticale*, 144 : 34–40.
Gosselin L., 2015b, « De l'opposition *modus / dictum* à la distinction entre modalités extrinsèques et modalités intrinsèques », *Bulletin de la Société de Linguistique de Paris*, CX-1 : 1–50.
Gosselin L., 2017, « Les modalités appréciatives et axiologiques. Sémantique des jugements de valeur », *Cahiers de lexicologie*, 2/111 : 97–119.
Gross G., 1995, « A propos de la notion d'humain », *in* Labelle J. et Leclère C. (dir.) *Lexiques-grammaires comparés (Lingvisticae Investigationes, Supplementa 17)*, Amsterdam/Philadelphia, Benjamins : 71–80.
Ignatieva Chaillou M., 2011, *Le phénomène d'axiologisation discursive de la signification lexicale : le cas de harmonisation dans le cadre de l'Union Européenne*, Thèse de l'Université de Nantes.
Jackendoff R., 2007, *Language, consciousness, culture*, Cambridge, Mass., The MIT Press.
Kleiber G., 1984, « Dénomination et relations dénominatives », *Langages* 76 : 77–94.
Kleiber G., 1990, *La sémantique du prototype*, Paris, Presses Universitaires de France.
Kleiber G., 2012, « De la dénomination à la désignation : le paradoxe ontologico-dénominatif des odeurs », *Langue Française*, 174 : 45–58.
Kronning H., 1996, *Modalité, cognition et polysémie : sémantique du verbe modal « devoir »*, Uppsala, Acta Universitatis Upsaliensis.
Kronning H., 2013, « Monstration, vériction et polyphonie. Pour une théorie modale de la polyphonie », *in* Constantin de Chanay H. *et al.* (dir.), *Dire / montrer. Au cœur du sens*, Chambéry, Presses de l'Université de Savoie : 93–115.
Laforest M., Vincent D., 2004, « La qualification péjorative dans tous ses états », *Langue Française*, 144 : 59–81.
Lakoff G., 1987, *Women, fire, and dangerous things*, Chicago, Chicago University Press.
Lagorgette D., 2012, « Insulte, injure et diffamation : de la linguistique au code pénal ? », *Argumentation et Analyse du Discours*, 8, en ligne. DOI : http://doi.org/doi : 10.4000/aad.1312.
Langlet C., Enjalbert P., Jackiewicz A., 2014, « Propagation de la charge évaluative au sein de la phrase : principes et étude sur un corpus informatif journalistique », *in* Blumenthal P. *et al.* (dir.), *Les émotions dans le discours. Emotions in discourse*, Berne, Peter Lang : 297–309.
Larrivée P., 1994, « Quelques hypothèses sur les structures syntaxique et sémantique de *Ce fripon de valet* », *Revue québécoise de linguistique*, 23/2 : 101–113.
Larrivée P., Longhi J., 2012, « The foundations of discourse : The case of british stereotypes of the French », *Corela*, 10–1, en ligne.

Le Draoulec A., Péry-Woodley M.-P., 2015, « Migrants et réfugiés », *Bling* (Blog de linguistique illustré), sept. 2015, en ligne.
Le Querler N., 1996, *Typologie des modalités*. Caen, Presses Universitaires de Caen.
Le Querler N., 1997, « Les modalités appréciatives dans *La Chartreuse de Parme* de Stendhal », *L'Information Grammaticale*, 72 : 28-31.
Legallois D., Lenepveu V., 2014, « L'évaluation dans les textes : des relations interpropositionnelles aux séquences discursives », *Langue française*, 184 : 15-31.
Livet P., 2006, *Les normes : Wittgenstein, Leibniz, Kelsen, Aristote*, Paris, A. Colin.
Longhi J., 2006, « De *intermittent du spectacle* à *intermittent* : de la représentation à la nomination d'un objet du discours », *Corela*, 4-2, en ligne.
Martin J., White P., 2005, *The language of evaluation : Appraisal in English*, London / New York, Palgrave Macmillan.
Milner J.-C., 1975, *Quelques opérations de détermination en français. Syntaxe et interprétation*, thèse d'Etat, Univ. Paris 7.
Milner J.-C., 1978, *De la syntaxe à l'interprétation*, Paris, Seuil.
Nicolae C., 2013, *Qu'est-ce qu'une planète ? Sens et référence dans les discours scientifiques et de vulgarisation scientifique*, Thèse de l'Université de Rouen.
Ogien R., 2003, *Le rasoir de Kant et autres essais de philosophie pratique*, Paris / Tel Aviv, Éditions de l'éclat.
Perelman C., 1970, *Le champ de l'argumentation*, Bruxelles, P.U. de Bruxelles.
Petit G., 2012, « Pour un réexamen de la notion de dénomination », *Langue française*, 174 : 27-44.
Picoche J., 1986, *Structures sémantiques du lexique français*, Paris, Nathan.
Polguère A., 2014, « Rection nominale : retour sur les constructions évaluatives », *Travaux de Linguistique*, 68 : 83-102.
Putnam H., 1975, *Philosophical papers*, t. 2, Cambridge, Cambridge University Press.
Putnam H., 1990, *Représentation et réalité*, trad. Engel-Tiercelin C., Paris, Gallimard.
Putnam H., 2002, *The collapse of the fact/value dichotomy, and other essays*, Cambridge, Mass., Harvard University Press.
Quine W. V. O., éd. 2003, *Du point de vue logique*, trad. Laugier S., Paris, Vrin.
Quintilien, éd. 1976, *L'institution oratoire*, Livre V, trad. Cousin J., Paris, Les Belles Lettres.
Rémi-Giraud S., 2010, « Sémantique lexicale et langages du politique. Le paradoxe d'un mariage difficile ? », *Mots*, 94 : 165-173.
Rivara R., 1993, « Adjectifs et structures sémantiques scalaires », *L'Information Grammaticale*, 58-1 : 40-46.
Ruwet N., 1982, *Grammaire des insultes et autres études*, Paris, Seuil.
Schnedecker C., 2015, « Les (noms d') humains sont-ils à part ? Des intérêts et perspectives linguistiques d'une sous-catégorie nominale encore marginale », *in* Mihatsch W., Schnedecker C. (dir.), *Les noms d'humains : une catégorie à part ?*, Stuttgart, Steiner (Zeitschrift für französische Sprache und Literatur, Neue Folge (ZFSL-B), Beiheft 40) : 4-43.
Searle J. R. (dir.), 1982, *Sens et expression*, trad. Proust, J., Paris, Les Éditions de Minuit.
Searle J. R. (dir.), 1985, *L'intentionalité*, trad. Pichevin C., Paris, Les Éditions de Minuit.
Searle J. R (dir)., 1998, *La construction de la réalité sociale*, trad. Tiercelin C., Paris, Gallimard.
Siblot P., 1999, « Appeler les choses par leur nom. Problématiques du nom, de la nomination et des renominations », in Akin S. (dir.), *Noms et re-noms : la dénomination des personnes, des populations, des langues et des territoires*, Mont-Saint-Aignan, Presses Universitaires de Rouen et du Havre : 13-32.

Slakta D., 1994, « Stéréotype : sémiologie d'un concept », in Goulet A. (dir.), *Le stéréotype*, Caen, Presses Universitaires de Caen : 35–45.

Vet C., 1997, « Modalités grammaticalisées et non-grammaticalisées », in Kleiber G., et Riegel M. (dir.), *Les formes du sens*, Louvain-la-Neuve, Duculot : 405–412.

Wedgewood, D., 2007, « Shared assumptions : semantic minimalism and Relevance Theory », *Journal of Linguistics*, 43 : 647–681.

Williams, B., éd. 1990, *L'éthique et les limites de la philosophie*, trad. M.-A. Lescourret, Paris, Gallimard.

Williamson T., 2009, « Reference, inference, and the semantics of pejoratives », in Almog J., Leonardi P. (dir.), *The philosophy of David Kaplan*, Oxford, Oxford University Press.

Wiltrud Mihatsch

3 Les jugements d'acceptabilité au service de la sémantique lexicale : tester les noms d'humains généraux

1 Introduction

Il n'est pas surprenant que les noms d'humains occupent une place très particulière dans le lexique (*cf.* Schnedecker, 2015a, pour un tour d'horizon), ce dont témoignent le grand nombre d'unités lexicales et la grande richesse de procédés morphologiques, qui reflètent notre besoin de différencier sur tous les plans. En même temps, le statut référentiel très particulier des noms d'humains est frappant. Ce statut proéminent par rapport à d'autres domaines conceptuels entraîne un décalage du statut cognitif et communicatif des niveaux de généralisation des noms d'humains par rapport aux noms non-humains. Des noms comme *gens, personne, être humain, homme* (au sens général, donc sans différentiation des sexes) sont les équivalents des superordonnés non-humains comme *vêtement, meuble, animal, plante* (*cf.* Rosch *et al.*, 1976 ; Mihatsch, 2007, sur les caractéristiques linguistiques des superordonnés), alors que, du point de vue intensionnel, ils sont situés très nettement en dessous du niveau de base, défini comme le niveau le plus général d'une hiérarchie qui permet encore une représentation visuelle schématique (p. ex. *chaise* par rapport à *meuble*). Pour les noms d'humains, le niveau de base se trouve au niveau de *femme* et *homme*, donc des noms d'humains les plus généraux qui distinguent entre les sexes (Mihatsch, 2015b, 2016). Il est pratiquement impossible pour nous de faire abstraction du sexe d'une personne.

À quoi servent alors les noms d'humains généraux ? Les particularités de certains noms d'humains généraux ont été relevées dans le cadre de travaux générativistes sur les catégories semi-lexicales (Emonds, 1985, 2000 ; Corver & van Riemsdijk, 2001). Leurs fonctions discursives et textuelles ont aussi attiré l'attention de la linguistique textuelle et de la pragmatique, comme sous-classe des *general nouns* en ce qui concerne l'anglais (Halliday & Hasan, 1976 ; Fronek, 1982 ; Mahlberg, 2005) et récemment pour le portugais brésilien (Amaral & Ramos, 2014).

Dans le cadre de ce réseau, nous analysons, entre autres, les tendances à la pronominalisation (voir aussi Heine & Song, 2011) de certains noms d'humains

Note : Je remercie sincèrement Nicolas Heslaut pour son aide précieuse lors de la révision stylistique de cet article

généraux du français et d'autres langues romanes (pour une perspective générale pour le français *cf.* Mihatsch, 2016, 2017 ; sur *les gens cf.* Cappeau & Schnedecker, 2014 ; Schnedecker, 2015b ; sur le portugais *pessoa cf.* Amaral & Mihatsch, 2016 ; sur l'ancien espagnol *cf.* Mihatsch, 2015c), des tendances récentes qui rappellent l'évolution des pronoms plus anciens et plus grammaticalisés, aussi basés sur des noms d'humains comme le portugais brésilien *a gente* (Lopes, 2003, 2007), le pronom négatif *personne* (Vachon, 2012) ou le pronom impersonnel *on* (pour une étude diachronique et comparative *cf.* Giacalone Ramat & Sansò, 2007). Nous observons aussi une difficulté pour octroyer un statut aux noms d'humains généraux comptables comme *être humain*, qui n'ont pas adopté de fonctions grammaticales, qui sont des noms pour la plupart issus de domaines de spécialité et encore liés à ces derniers. Au lieu de parler d'une classe à part des noms d'humains généraux, il est peut-être plus exact de parler d'un groupe de noms hétérogènes, dont certains se trouvent dans une zone de transition avec un degré de grammaticalisation plus ou moins avancé (voir aussi Sugamoto, 1989 : 270–279).

Les questions que soulève ce groupe de noms d'humains, leur position dans le lexique, leurs fonctions partiellement grammaticalisées et les différences sémantiques subtiles entre les noms particuliers et les cognats d'une langue à l'autre nous ont menés à l'élaboration et l'implémentation d'un questionnaire qui a pour but d'obtenir des jugements d'acceptabilité sur ces questions. Nous avons élaboré des questionnaires équivalents pour l'allemand et pour le français (Wiltrud Mihatsch, avec la coopération du réseau entier, mais notamment celle de Jean-Paul Meyer pour la version en ligne, l'espagnol argentin et le portugais brésilien (Eduardo Amaral, en collaboration avec Wiltrud Mihatsch) et une version bulgare établie par Angelina Aleksandrova et Vassil Mostrov). Une série de travaux récents présente les premiers résultats (Aleksandrova & Mostrov, 2014, 2016 ; Amaral, 2017a et b ; Amaral & Mihatsch, 2016 ; Mihatsch, 2015a et b). Dans ce qui suit seront présentés le questionnaire ainsi qu'une sélection de phénomènes analysés, quelques résultats accompagnés par des réflexions méthodologiques concernant la complémentarité des données du corpus et celle des jugements d'acceptabilité.

2 Le questionnaire sur les noms d'humains généraux

Ces dernières années, la recherche en linguistique a vu une croissance et une amélioration considérables des corpus électroniques, tant du point de vue quantitatif que qualitatif, notamment en ce qui concerne l'annotation et les possibilités de recherches syntaxiques. Les données de corpus sont surtout (mais pas uniquement) exploitées dans le cadre d'approches linguistiques que l'on pourrait appeler « *usage based* ». En revanche, les travaux générativistes et formels se basent traditionnellement sur des données d'introspection, qui permettent de tester des structures marginales, décisives pour la modélisation, et des effets très spécifiques. Cependant, le manque de distance du chercheur vis-à-vis des données qu'il/elle crée et les biais théoriques difficilement contrôlables justifient les critiques de cette approche. Néanmoins, les données du corpus ne répondent pas à toutes les questions, puisqu'elles connaissent aussi des limitations importantes, notamment l'absence de données négatives, le problème des structures rares ou marginales, des domaines privilégiés des données d'introspection.

Un troisième type de données, qualitativement plus proche des jugements introspectifs que des données d'observation telles que les données de corpus, est constitué par le prélèvement de jugements d'acceptabilité auprès de tiers, impératif si la langue étudiée n'est pas la langue maternelle du chercheur, une approche expérimentale adoptée dans le cadre de travaux formels et générativistes, mais aussi, peut-être moins, dans le cadre de travaux fonctionnalistes. Plusieurs approches sont possibles : ou bien la consultation guidée d'un informant, avec ou sans formation en linguistique, ou bien celle d'un nombre représentatif (il y a bien sûr des limites pratiques) de locuteurs de préférence non-linguistes, ce qui permet d'obtenir des jugements plus généralisables et moins subjectifs (pour un aperçu et une évaluation des méthodes qui reflètent parfaitement nos soucis et notre approche, *cf.* Tonhauser & Matthewson, 2015 ; pour un traitement approfondi Schütze, 1996).

Dans le cadre du réseau NHUMA, nous avons décidé de combiner les méthodes, à savoir données de corpus, données lexicographiques (notamment dans le domaine des études morphologiques des noms d'humains) et jugements d'acceptabilité. Notre questionnaire est composé d'une partie sociolinguistique générale servant à prélever les facteurs sociolinguistiques, comme le sexe, l'âge, le lieu de résidence durant l'enfance, l'adolescence, actuellement, ainsi que le plus haut niveau de formation professionnelle ou d'éducation atteint et le poste actuel. La majorité des sujets ayant participé jusqu'ici au questionnaire sont des étudiants ; le groupe est donc relativement homogène et nous n'avons pas exploité ces variables dans les analyses publiées jusqu'ici.

Nous avons créé une liste d'énoncés en nous inspirant aussi bien de travaux sur des problèmes qui nous intéressent (comme Haspelmath, 1997) que d'occurrences observées dans des corpus ayant été modifiés et adaptés par la suite. Une sélection d'énoncés et de phénomènes testés seront présentés en 2.

Les jugements ont été établis à partir d'une échelle Likert à cinq valeurs. Nous avons écarté la méthode de la *magnitude estimation* (estimation de la grandeur), qui demande un effort cognitif considérable de la part des participants et qui donne, selon des études récentes, des résultats comparables (voir Sprouse, 2011, et Weskott & Fanselow, 2011, pour une évaluation de ces méthodes). Dans la méthode basée sur l'estimation de la grandeur, les sujets situent un énoncé par rapport à un énoncé-base qui sert de repère et qui revêt par conséquent une valeur de base. Les sujets évaluent le degré d'acceptabilité de l'énoncé testé par rapport à cette valeur de base (Bard *et al.*, 1996), une méthode qui offre donc un point de référence et une échelle bien plus fine que les échelles Likert.

Cependant, comme les résultats sont comparables, dans la perspective d'une comparaison des résultats pour plusieurs langues, les valeurs limitées et fixes d'une échelle Likert nous ont paru plus convenables pour notre objectif. Nous avons décidé d'employer une échelle de cinq valeurs numérotées :
1) emploi courant
2) emploi peu courant mais acceptable
3) emploi peu courant et peu acceptable
4) emploi rare ou difficilement acceptable
5) emploi impossible

Nous avons testé les noms d'humains généraux les plus fréquents et les moins marqués diasystématiquement dans les langues sélectionnées, comme *personne, être humain, humain, homme, individu* et *gens*, ainsi que *homme* 'être humain masculin' et *femme*. Nous avons exclu des noms collectifs comme *peuple*, qui possèdent une restriction spatiale et politique bien spécifique, ainsi que des noms comme *humanité*, qui sont restreints à la référence à la totalité, et les noms d'humains généraux diasystématiquement ou stylistiquement marqués. Pour certains énoncés, afin de mieux discerner le contraste entre les noms d'humains généraux et les noms plus spécifiques, nous avons testé des énoncés contenant des pronoms équivalents du point de vue de la référence. En effet, Lang (2000), qui fournit une excellente analyse sémantique des noms d'humains généraux de l'allemand, critique à juste titre l'exclusion des pronoms pour les humains lors de l'étude des noms d'humains.

Le questionnaire est composé de plus de 40 énoncés-type dans lesquels nous avons systématiquement substitué les expressions testées. Pour arriver à un nombre limité d'énoncés à juger par chaque sujet lors de la première enquête sur papier réalisée pour l'allemand au cours des années 2013 et 2014, nous avons créé six variantes des questionnaires avec un arrangement aléatoire et un mélange des différentes expressions testées. Les participants étaient des locuteurs de langue maternelle allemande (d'Allemagne), pour la plupart entre 20 et 30 ans, la majorité des étudiants de l'université de Bochum et de la région. J'ai obtenu au moins 20 réponses pour chaque énoncé. Les énoncés équivalents ont été testés par la suite, en 2014, pour le français, d'abord sur papier avant qu'ensuite, Jean-Paul Meyer n'ait élaboré la version française en ligne (http://nomsdhumains.weebly.com/enquecircte.html). Dans cette version, le programme agence de façon aléatoire les énoncés pour chaque participant. Les participants étaient libres d'arrêter l'enquête à tout moment et nous avons alors enregistré les réponses données. Nous avons obtenu au total un minimum de 80 réponses par variante d'énoncé.

Pour le portugais brésilien et l'espagnol argentin, Eduardo Amaral (*cf.* Amaral, 2017a et b) a effectué une enquête équivalente à celle pour le français réalisée en ligne, avec 180 participants et environ 30 réponses par énoncé, et avec, comme pour l'allemand, six variantes du questionnaire. Tous les participants brésiliens étaient des étudiants (niveau supérieur de lettres de l'Université Fédérale du Minas Gerais), pour la plupart originaires et vivant dans l'État du Minas Gerais. De façon analogue, Eduardo Amaral a préparé un questionnaire en espagnol argentin. L'enquête a été réalisée auprès des étudiants en 2015 à la Faculté de langues de l'Université Nationale de Córdoba (UNC) en Argentine. Les informants étaient tous des locuteurs natifs de l'espagnol, âgés entre 18 et 50 ans, et pour la plupart originaires et vivant dans la province de Córdoba, avec en moyenne 30 réponses par énoncé.

Angelina Aleksandrova et Vassil Mostrov ont réalisé une enquête analogue pour le bulgare en 2014, avec plus de 80 réponses par énoncé et une majorité de locuteurs de Sofia (Aleksandrova & Mostrov, 2014).

3 Les phénomènes testés

Les énoncés couvrent une gamme assez vaste d'aspects sémantiques et référentiels des noms d'humains. Ces aspects peuvent être classés comme suit :

au niveau de la sémantique lexicale :
- les relations lexicales : hyperonymie, méronymie
- le problème des facettes selon Cruse (2004)
- le sexe et le genre grammatical

au niveau des préférences référentielles :
- les emplois équivalents aux pronoms indéfinis pour humains *(quelqu'un, personne, n'importe qui)*
- les emplois équivalents aux pronoms personnels de la troisième personne
- la généricité.

Pour illustrer les énoncés choisis, je présenterai par la suite une sélection des résultats et des interprétations issus de l'enquête du français (en combinant les résultats de la version sur papier et de celle en ligne, identiques à part quelques divergences mineures) et de l'allemand, en partie publiés dans Mihatsch, 2015a, b.

3.1 La multidimensionnalité des noms d'humains : les facettes, jugements d'acceptabilité et données de corpus

À la différence des autres noms animés, les noms d'humains ne sont pas des noms concrets purs, car le corps et la somme de ses parties ne constituent pas le tout, qui comprend aussi la partie immatérielle. Les unités lexicales reflètent ainsi le problème philosophique et théologique classique de la dualité corps – esprit (Marzano, ³2013, 12).

Cette dualité sémantique rappelle les facettes selon Cruse (p. ex. 2004), ou la métonymie intégrée selon Kleiber (1996), qui postulent deux versants sémantiques d'un concept formant un tout. Cependant, selon le contexte, les deux facettes peuvent référer de façon indépendante. Les contextes qui montrent une dissociation nette sont plutôt rares et difficiles à trouver dans les corpus, Cruse lui-même emploie des contextes diagnostiques construits. Cela nous a menés à tester l'existence des facettes des noms d'humains généraux (Mihatsch, 2015a). Voici les énoncés soumis au jugement lors de l'enquête :

1) Ce n'est pas le physique qui m'intéresse (en elle/lui), mais ART DEF + NH même.
2) Nicht das Äußere interessiert mich an ihm/ihr, sondern ART DEF + NH selbst.
3) Ce n'est pas la personnalité qui m'intéresse (en elle/lui), mais ART DEF + NH même.
4) Nicht der Charakter interessiert mich an ihm/ihr, sondern ART DEF + NH selbst.

On pourrait s'attendre à une préférence très nette de (3) et (4) pour tous les NH[1] analysés. Cependant, le résultat n'est pas aussi clair que l'on pourrait penser. Voici les moyennes des jugements donnés :

---

[1] Pour les variables des noms testés dans les énoncés nous employons les abréviations NH (nom d'humain) et NHG (noms d'humain général). Nous avons aussi testé les pronoms (plus ou moins) équivalents au niveau de la référence comme, par exemple, *une personne/quelqu'un*.

Tableau 1 : Les facettes des noms d'humains généraux

	personne	individu	humain	être humain	homme	femme
1) « physique » isolé	1,5	2,1	3,5	2,7	2,0	1,9
3) « caractère » isolé	1,6	2,1	3,2	2,6	1,9	2,0
	Person	*Individuum*	*Mensch*	*Menschl. Lebewesen*	*Mann*	*Frau*
2) « physique » isolé	2,0	3,5	1,7	4.3	2,3	2,5
4) « caractère » isolé	1,5	2,6	1,7	2,4	2,1	1,7

L'indépendance des deux versants n'est pas jugée très courante pour les deux langues, mais, en général, plus acceptable pour *Mensch* et *Person*, *personne*, *homme* et *femme*, un peu moins pour *Mann* et *Frau* et *individu*, nettement moins pour *Individuum*, *menschliches Lebewesen*, *être humain* et *humain*. Surtout pour l'allemand le côté immatériel a plus de poids, le français ne montre pas différences. Mais comment expliquer ces différences entre les noms ? À notre avis, d'autres aspects peuvent renvoyer à l'arrière-plan la complexité psychique et physique de l'être humain. Dans le cas de *menschliches Lebewesen*, *être humain* et *humain* la fonction contrastive qui oppose les humains aux animaux estompe la complexité et l'accessibilité des facettes.

Quelles sont les possibilités d'étudier ce phénomène à l'aide de données de corpus ? Dans Mihatsch (2015a), nous avons classé et compté les adjectifs qui apparaissent parmi les voisins droits et gauches les plus fréquents (le chiffre ne compte donc pas toutes les occurrences contenant des adjectifs) dans *Wortschatz*, qui donne respectivement les 80 voisins gauches et droits les plus fréquents, (sauf pour *Individuum*, avec une fréquence totale beaucoup moins importante). Pour notre analyse nous avons distingué entre :
a) les adjectifs spécifiant des traits physiques
b) les adjectifs spécifiant l'habillement
c) les adjectifs spécifiant des traits immatériels
d) les adjectifs désignant des aspects sociaux (plutôt) permanents, comme *riche*, *marié*
e) les adjectifs spécifiant des aspects sociaux et situationnels clairement épisodiques, comme *chargé*, *intéressé*, *concerné*.
f) les adjectifs concernant des aspects globaux, comme la naissance, le vieillissement, la mort, l'orientation sexuelle : *jeune*, *mort*, *homosexuel*.
g) une catégorie résiduelle

Nous avons analysé aussi bien les voisins gauches que les voisins droits pour les noms d'humains généraux français (Mihatsch, 2015a). Une prépondérance des adjectifs de la catégorie c), qui indiquent la saillance et l'isolabilité possible de la facette immatérielle de l'humain, est attestée pour *Mensch, individu, homme* et *gens*. Outre cela, les adjectifs ne montrent pas une tendance claire pour les facettes, ce qui souligne l'utilité des jugements d'acceptabilité pour l'étude de ce phénomène. Cependant, les adjectifs font ressortir une autre catégorie, ou plutôt acception, assez importante pour *personne(s)* et *Person(en)*. Ces noms sont souvent employés dans des syntagmes nominaux à l'intérieur desquels ils servent de support pour des adjectifs sociaux/relationnels à lecture épisodique, la plupart des déverbaux, comme *intéressé, chargé* dans des emplois identifiants basés sur des rôles temporaires dans la plupart des cas, mais non classifiants.

3.2 Les emplois génériques

Il est probable que les emplois introduisant des rôles temporaires de *personne* expliquent pourquoi les emplois génériques sont partiellement bloqués, comme nous le montrerons par la suite. Les emplois génériques avec article défini qui réfèrent directement à des espèces sont un indice de catégories sémantiques bien établies (Krifka *et al.*, 1995), riches et stables, ce qui les distingue des pronoms (*cf.* Lang, 2000). Voici quelques énoncés testés :

a) singulier, domaine biologique
5) *Le/la NHG disparaîtra un jour. Der/die/das NHG wird eines Tages aussterben.*

b) pluriel, domaine biologique
6) *Les NHG disparaîtront un jour. Die NHG werden eines Tages aussterben.*

c) singulier, domaine psychologique
7) *Le/la NHG est conscient(e) de son existence. Der/die/das NHG ist sich seiner/ihrer Existenz bewusst.*

On note d'abord que l'emploi générique dans le contexte biologique (a et b) est acceptable avec *homme, Mensch, être humain* et *humain(s)*[2], pas ou très peu toutefois avec *Person* et *personne, Individuum* et *individu, Leute* et *gens*. Pour le moment l'inacceptabilité de *menschliches Lebewesen* reste inexplicable.

---

[2] Le nom *humain* est plus acceptable au pluriel, ce qui confirme la spécialisation de ce nom au pluriel (*cf. TLFi*), comme pluriel d'être humain.

Tableau 2 : Les emplois génériques

	a) Sing. dom. biol.	b) Plur. dom. biol.	c) Sing. dom. psych.
personne	3,7	3,5	3,2
Person	4,4	3,7	2,0
homme	1,3	1,2	1,3
Mensch	1,3	1,2	1,4
gens	/	3,0	/
Leute	/	3,4	/
individu	3,7	3,6	2,4
Individuum	3,0	3,5	2,0
être humain	1,2	1,2	1,2
humain	1,8	1,2	2,1
Menschliches Lebewesen	3,0	2,7	2,0

L'acceptabilité encore plus réduite de *Person* et *Leute* par rapport à *personne* et *gens* dans des contextes biologiques pourrait être liée à l'emploi sans restrictions du mot d'origine populaire *Mensch* par rapport aux restrictions du mot d'origine populaire polysémique *homme* dans son acception générale « être humain ». Dans le domaine psychologique et psychosocial, en revanche, les emplois génériques de *Person* – pas de *personne* –paraissent acceptables. *Homme, Mensch* et être humain, sont parfaitement acceptables, moins *Individuum, humain* et *menschliches Lebewesen*, toujours un peu moins le nom *individu*. *Mensch* est le nom d'humain général allemand le plus accepté dans ces contextes. Il paraît qu'il manque en français un nom d'humain général flexible et tout à fait ancré dans le langage courant comme *Mensch* en allemand. Le français dispose de deux noms d'origine savante, être humain/humain, et le nom populaire polysémique *homme* (dans son acception sans distinction entre les sexes, *cf.* Koch (2005) sur ce type de polysémie assez généralisé), les trois étant surtout liés à des emplois génériques (tout comme l'allemand *menschliches Lebewesen*), mais très marqués dans les autres contextes (comme, par exemple, dans les contextes indéfinis, *cf.* tab. 5).

Il est intéressant de noter que tant les données de corpus, à savoir les cooccurrences avec des adjectifs, que les jugements d'acceptabilité des contextes génériques font ressortir de façon convergente une bipartition entre les noms d'humains généraux. À côté des noms employés de préférence dans des contextes génériques et dans des domaines spécialisés, mais faiblement ancrés dans le lexique courant, les noms d'humains généraux qui n'admettent pas ou difficilement des emplois génériques sont non-saturés et souvent employés comme support pour des rôles « épisodiques » ou des processus de quantification. C'est le cas de *personne, individu* et *gens* et les équivalents allemands, plus proches des fonctions pronominales.

3.3 Sexe et genre grammatical

Nous avons également testé des interférences entre la référence à des individus spécifiés pour le sexe et le genre grammatical des noms d'humains (Mihatsch, 2015b) :

8) a) Ein Krankenpfleger ist ein(e) NH/jemand, der/die oft mit großem Leid konfrontiert wird.

   b) Un infirmier est un(e) NH/quelqu'un qui est très souvent confronté(e) à de grandes souffrances.

9) a) Eine Krankenschwester ist ein(e) NH/jemand, der/ die oft mit großem Leid konfrontiert wird.

   b) Une infirmière est un(e) NH/quelqu'un qui est très souvent confronté(e) à de grandes souffrances.

Tableau 3 : Noms d'humains allemands : genre grammatical et sexe du référent

	jemand m	Person f	Mensch m	Mann/Frau
référent masculin (8a)	1,3	1,8	1,7	1,7
référent féminin (9a)	2,2	1,5	2,3	1,4

Tableau 4 : Noms d'humains français : genre grammatical et sexe du référent

	quelqu'un m	personne f	homme/femme	individu m
référent masculin (8b)	1,3	1,3	1,8	2,0
référent féminin (9b)	1,3	1,3	1,6	2,8

Pour l'allemand, le genre grammatical du nom testé montre une corrélation avec des emplois préférentiels pour des référents du sexe correspondant. Le pronom indéfini *jemand* réfère de préférence à un référent masculin. Dans ce cas, l'effet est renforcé par le pronom relatif, qui s'accorde au masculin avec l'antécédent *jemand*. Pour l'énoncé équivalent du français, où le pronom relatif n'est pas spécifié pour le genre grammatical, il n'y a pas d'effet. Il reste à expliquer la « neutralité » de *personne*, peut-être liée à une expansion des emplois et à une tendance à la pronominalisation (*cf.* le pronom négatif grammaticalisé *personne*).

3.4 Les préférences référentielles

Parmi les préférences référentielles testées, les emplois dans des syntagmes indéfinis occupent une place proéminente, car, contrairement aux pronoms personnels de la troisième personne, les pronoms indéfinis ne différencient pas en ce qui concerne le sexe des référents. Nous avons appliqué la carte sémantique des indéfinis selon Haspelmath (1997) et marqué en caractères gras les fonctions obligatoirement emphatiques, en caractères italiques les fonctions avec une emphase possible et souligné la fonction indéfinie toujours non emphatique, à savoir les emplois irréels non spécifiques (Haspelmath, 1997 : 125–128, 149f.) :

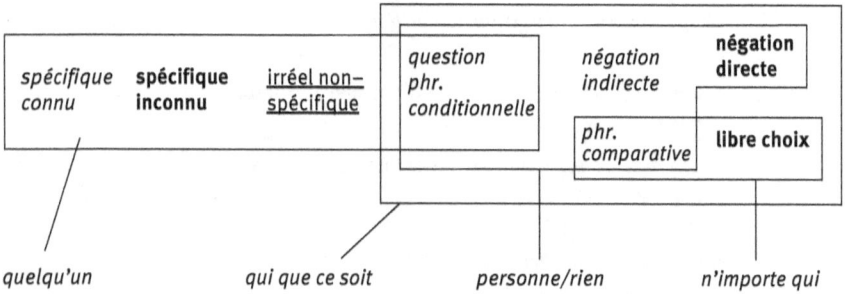

Schéma 1 : La carte sémantique des pronoms indéfinis du français (adaptée de Haspelmath, 1997 : 260 sq.)

Concernant les emplois emphatiques et non emphatiques, il faut mentionner le problème de la désaccentuation traité par Harweg (1971), la seule étude de l'allemand à notre connaissance, qui contraste les emplois des noms d'humains généraux avec le pronom indéfini *jemand*. Harweg constate que *jemand*, non-accentué (*cf. supra* les fonctions des pronoms indéfinis non emphatiques) dans des positions dans lesquelles les syntagmes nominaux lexicaux porteraient l'accent phrasal, ne peut pas être remplacé par le nom d'humain général, un emploi qui mènerait à une lecture contrastive inacceptable :

10) An einem der Tische sitzt jemand/ein Mensch/eine Person und arbeitet.

    « À l'une des tables il y a quelqu'un/un homme (au sens gén.)/une personne qui travaille »

11) An einem Tische sitzt jemand/*ein Mensch/*eine Person.

    « À l'une des tables il y a quelqu'un/*un homme (au sens gén.)/*une personne » (Harweg, 1971 : 105)

Il y a ainsi un conflit entre les règles d'accent des syntagmes nominaux et lexicaux avec ceux des noms d'humains généraux et la fonction pronominale non emphatique qu'ils adoptent par défaut. Les emplois des noms d'humains généraux deviennent acceptables si l'on désaccentue le nom d'humain général, en ajoutant par exemple des adjectifs, des relatives etc., ce que Ladd (^{2}2008) observe aussi pour l'anglais. Ladd (^{2}2008), qui s'inspire de Bolinger, montre que certains noms généraux anglais ont tendance à être désaccentués comme les pronoms, tandis qu'en italien, les pronoms et les noms généraux ne sont jamais désaccentués. En français il semble que la désaccentuation est plus limitée (« In *French*, there is no *deaccentuation*, but also no true accentuation », Féry, Hörnig & Pahaut, 2010 : 18).

Voici les énoncés testés du questionnaire, combinant les fonctions mentionnées par Haspelmath (1997) et certains contextes inspirés de Harweg (1971) :

I. Spécifique – connu (avec variation d'accentuation, *cf.* Harweg, 1971)
    A Dehors il y a un/e NHG. C'est ton frère.[3]
    Draußen steht ein/e NHG. Es ist dein Bruder.
    B Dehors il y a un/e NHG qui t'attend. C'est ton frère.
    Draußen steht ein/e NHG, der auf dich wartet. Es ist dein Bruder.

II. Spécifique – inconnu
    A Selon le journal, un/e NHG aurait été sauvé de la noyade près du port hier matin.
    Laut Zeitungsbericht soll gestern Abend ein/e NHG in der Nähe des Hafens vor dem Ertrinken gerettet worden sein. (plus formel)
    B Tu as entendu le bruit? Un/e NHG est à la porte.
    Hast du das Geräusch gehört? Ein/e NHG ist an der Tür.

III. Non spécifique irréel (A et B avec accentuation variée)
    A Lorsqu'on se sent seul, il vaut mieux parler avec un/une NHG.
    Wenn man sich einsam fühlt, muss man mit einer/m NHG reden.
    B Si on se sent seul, on peut toujours parler avec un/e NHG qui nous écoute.
    Wenn man sich einsam fühlt, muss man mit einem/r NHG reden, das einem zuhört.
    C On recherche un/e NHG qui parle couramment le portugais et l'espagnol.
    Wir suchen ein/e NHG, das fließend Portugiesisch und Spanisch spricht. (plus formel)

---

[3] Dans la version en ligne : « C'est ton ami ».

IV. Questions
A Y a-t-il un/e NHG?[4] Ist hier jemand?
B Y a-t-il un/e NHG par ici qui puisse nous aider?[5] Ist hier ein/e NHG, der/die/das uns helfen kann?

V. Phrases conditionnelles
Quand un/e NHG se surestime, il/elle risque de commettre des fautes graves.
Wenn sich ein/e NHG überschätzt, begeht er/sie/es gravierende Fehler.

VI. Comparaison (polarité nég. *vs* libre choix)
A Il parle mieux qu'aucun/e NHG.
Er redet besser als andere NHG hier.
B Il parle mieux que n'importe quel/le NHG.
Er redet besser als jede(s/r) beliebige NHG hier.

VII. Négation indirecte
Je ne crois pas qu'un/e NHG serait capable de dire une chose pareille dans cette situation.
Ich glaube nicht, dass ein/e NHG in der Lage wäre, in einer Situation dieser Art eine solche Sache zu tun.

VIII. Négation directe
Je n'ai vu aucun/e NHG dans le bureau ce matin.
Ich habe heute Morgen keine/n NHG bei Ihnen im Büro gesehen.

IX. Libre choix
Ces outils vous permettront d'espionner facilement n'importe quel NHG.[6] Diese Tools werden es Ihnen ermöglichen, jeden beliebigen NHG mit großer Leichtigkeit auszuspionieren.

On pourrait penser à une substituabilité majeure pour les fonctions moins grammaticalisées. Selon l'étude typologique de Haspelmath (1997), ce sont notamment les emplois de libre choix et les négatifs indéfinis (deux fonctions d'indéfinis toujours emphatiques et donc pas désaccentuées), ainsi que, moins fréquemment, les emplois spécifiques inconnus avec une emphase possible, du type *je ne sais qui*, qui représentent les points de départ de la grammaticalisation des indéfinis. Au cours de l'avancement du processus de grammaticalisation, les pronoms adoptent des fonctions moins emphatiques au milieu de la carte sémantique.

Voici les jugements pour les NHG et les pronoms indéfinis :

---

[4] Énoncé seulement testé dans la version sur papier.
[5] La version en ligne différait légèrement : « Y a-t-il un/e NHG dans la salle ? »
[6] La version en ligne différait légèrement : « Cet appareil vous permettra d'espionner facilement n'importe quel/le NHG. »

Les jugements d'acceptabilité au service de la sémantique lexicale — 115

Tableau 5 : Les emplois indéfinis des noms d'humains

	Ia	Ib	IIa	IIb	IIIa	IIIb	IIIc	IVa	IVb	V	VIa	VIb	VII	VIII	IX
personne	1,9	1,3	1,2	1,8	2,2	1,4	1,1	2,0	1,3	1,2	2,8	1,6	1,9	2,6	1,6
Person	2,3	2,8	1,5	2,3	1,7	1,6	1,3	3,7	1,5	1,7	1,5	2,3	2,2	2,3	2,2
homme	1,5	1,4					1,3			1,3	1,9	1,8			
Mensch	3,1	3,4	1,7	2,8	1,7	1,7	1,8	3,7	2,3	1,7	2,6	2,6	1,6	2,3	1,9
individu	2,8	2,8	1,4	2,8	3,8	3,3	1,9	3,5	2,4	1,6	3,0	2,4	2,6	2,8	1,5
Individuum	4,1	4,1	3,8	4,0	3,9	3,9	3,6	4,1	4,1	3,2	4,0	3,2	3,2	4,3	2,2
être humain	4,4	4,6	3,8	4,2	3,3	4,0	4,5	3,6	3,7	2,6	3,3	2,8	2,2	3,8	2,8
humain	4,3	4,5	3,9	4,6	3,5	4,1	4,6	4,0	4,4	3,0	4,0	3,9	3,4	4,4	3,7
menschl. Leb.	4,4	4,6	3,9	4,2	4,1	4,1	4,0	3,8	4,1	3,6	3,9	4,3	2,7	3,7	2,9
quelqu'un/personne	1,2	1,1	1,2	1,2	1,2	1,1	1,1	1,2	1,1	1,2	/	1,0	1,2	/	1,5
jemand	1,8	1,4	1,6	1,2	1,0	1,2	1,0	1,1	1,0	2,1	1,3	/	2,2	1,1	/
niemand													2,2	1,2	/

On observe d'abord deux extrêmes, les pronoms en général jugés tout à fait courants et acceptables, et les noms d'humains généraux, moins fréquents et liés à des domaines spécialisés, à savoir *individu*, *Individuum*, *être humain*, *humain* et *menschliches Lebewesen*, qui ne sont en général pas acceptables, mais qui demeurent cependant plus acceptables dans la fonction de libre choix (IX), qui est justement l'un des emplois emphatiques, ce qui explique l'acceptabilité plus élevée de ces noms. On note aussi l'acceptablité un peu moins problématique des emplois dans des conditionnelles (V) qui peuvent être emphatiques. Quant à *personne* et *Person*, nous constatons une plus grande acceptabilité des positions désaccentuées (Ib, IIIb, IVb,c) pour fr. *personne*, mais aussi très nettement pour all. *Person* (sauf Ib, dû au référent masculin), un résultat surprenant pour le français vu que la désaccentuation semble moins systématique en français qu'en allemand (*cf. supra*).

Person et, de façon plus prononcée, *Mensch*, sont moins acceptables dans des emplois spécifiques avec des référents connus par les locuteurs, mais sont en général acceptables dans les autres emplois, sauf, et cela vaut pour les deux, dans une question sans relative (IVa), donc dans une position accentuée. *Personne* est en général acceptable dans tous les emplois, sauf dans la comparative comme élément de polarité négative (VIa). Ceci est dû à son équivalent pronominal négatif *personne*, plus acceptable dans un contexte formel (*cf.* IIa et IIb).

Le nom d'humain *individu* – pas all. *Individuum* – est acceptable dans des contextes indéfinis spécifiques du registre formel qui réfèrent à des référents inconnus par le locuteur, (IIa), mais aussi dans des contextes conditionnels, des contextes de la négation directe et indirecte et de libre choix, donc des contextes (potentiellement) emphatiques.

Quant à la différence entre les positions accentuées et désaccentuées (*cf.* Ia *vs* Ib, IIIa *vs* IIIb,c, et IVa *vs* IVb), on ne note pas de tendances généralisables pour tous les noms d'humains généraux ou selon la langue, sauf pour la question, car IVa est en général moins acceptable que IVb pour les noms d'humains généraux les plus fréquents, et donc potentiellement plus pronominalisés. Cependant, il faudrait bien sûr des analyses plus détaillées de ce problème.

Nous retenons donc pour les fonctions indéfinies *Mensch*, *Person* et *personne* comme noms d'humains généraux qui pourraient remplacer les pronoms. D'ailleurs *kein Mensch* 'aucun être humain' est déjà conventionalisé comme syntagme négatif expressif (*cf.* GDW, s.v. *mensch*) à côté d'autres locutions négatives expressives comme *keine Menschenseele*, *pas une âme*, *kein Schwanz* (pour le français p. ex. *(pas une) âme qui vive*). GDW mentionne un emploi analogue pour *keine Person*, qui n'est à notre avis plus usité aujourd'hui (*cf.* Mihatsch,

2015c, pour une analyse des emplois indéfinis de *hombre* et *persona* en ancien espagnol).

Au niveau méthodologique, une analyse de corpus pourrait également fournir des informations sur les emplois indéfinis ; cependant des questions plus spécifiques, et notamment celle des emplois marginaux comme les contextes sans désaccentuation, sont plus finement analysables sur la base d'énoncés diagnostiques.

Les phénomènes présentés témoignent donc d'une différenciation au niveau de la sémantique lexicale des noms, mais aussi d'une tendance à la pronominalisation, tendance d'ailleurs très forte dans le cas du portugais brésilien *a pessoa*. *A pessoa* évolue vers un pronom impersonnel équivalent à *on* et all. *man* au portugais brésilien (Amaral & Mihatsch 2016).

4 D'un œil critique

Les questionnaires présentés sont loin d'être complets et parfaits, conçus d'abord comme étude pilote et très vite mis en œuvre. Cependant, ils se sont révélés très utiles pour mettre en lumière la grande hétérogénéité régnant à l'intérieur du groupe des noms d'humains ainsi que les parallèles et les différences entre les langues étudiées. Les résultats offrent une grande richesse de données qui ne sont pas encore exploitées. Au cours du travail avec les questionnaires, de nouvelles questions ont surgi, des questions qui demanderaient de nouveaux énoncés à tester, notamment concernant les problèmes de désaccentuation, les marques diasystématiques et surtout les différences de registre ainsi que les positions syntaxiques préférées – un aspect peut-être plus apte à être analysé sur la base de données de corpus (*cf.* Cappeau & Schnedecker, 2014). Et, bien sûr, il faudrait appliquer des tests statistiques pour vérifier la pertinence statistique des résultats, claire dans certains cas, mais pas toujours dans d'autres.

Le manque de contexte des énoncés employés pose en outre un problème général pour les tests d'acceptabilité présentés. Ce manque de contexte est souvent justifié par la recherche d'interprétations neutres ou par défaut, ce qui mène fréquemment à des effets incontrôlables :

> It is sometimes assumed that omitting a context means that the linguistic expression was judged or responded to in a neutral, out-of-the-blue context. But, an out-of-the-blue context is not a null context. Rather, an out-of-the-blue context is one in which a speaker makes an utterance in a situation in which the interlocutors have very little or no common ground. (Tonhauser & Matthewson, 2015)

Si l'on regarde de plus près les énoncés de nos questionnaires, l'on constate que la majorité d'entre eux suggère un contexte plus spécifique, par exemple par l'emploi d'un lexique appartenant typiquement à un certain registre ou à une tradition discursive, par l'emploi de certains termes d'adresse, le sujet traité et le degré de spécificité de l'information fournie par l'énoncé, ce qui devient évident si l'on compare les énoncés suivants :

12) Dehors il y a un NH. C'est ton frère.
13) Ce matin, j'ai déjeuné au Café de la Gare. Les NH parlaient des élections de dimanche.
14) Selon le journal, un NH aurait été sauvé de la noyade près du port hier matin.

Les contextes évoqués spécifient le type de sujet parlant, le type de situation communicative et le type d'interlocuteur. Le but de ce contexte minimal est de contrôler l'interprétation faite par le sujet, qui peut être influencée par la création de contextes de sa part. Lorsqu'il y a ambiguïté ou flexibilité du contexte, il faut alors spécifier les énoncés pour obtenir les interprétations souhaitées. Une autre approche possible serait de construire des énoncés ambigus (comme pour les noms d'humains polysémiques tel que *homme*) et de demander l'interprétation préférée des sujets (un test d'implication) – ce serait cependant un autre questionnaire...

5 Conclusion

Bien que beaucoup plus complexes et plus problématiques que les données de corpus, les jugements d'acceptabilité font découvrir des aspects que les corpus ne révèlent pas ou très difficilement. Pour comparer les emplois d'NH généraux du français et de l'allemand nous avons choisi les noms qui partagent la même étymologie pour les emprunts *personne* et *individu*, le même type de formation pour *être humain* et un signifié comparable pour *humain*, *homme* et *femme*. La plus grande divergence concerne l'existence d'un NH général très courant et d'origine populaire, à savoir *Mensch* de l'allemand, tandis que le NH *homme* est rarement utilisé dans le sens d' « être humain » et le nom *humain* est généralement moins courant.

Nous avons donc essayé de trouver les équivalents les plus proches, pour ensuite tester les différences qui existent et qui peuvent montrer des tendances de changement sémantique et des degrés de pronominalisation. Cette méthode permet de dégager des différences subtiles entre des quasi-synonymes, comme c'est le cas des noms d'humains généraux. Cependant une combinaison des méthodes nous paraît être l'approche la plus adéquate pour arriver à une description et à une explication plus complète des caractéristiques de ces noms.

Bibliographie

Aleksandrova A., Mostrov V., 2014, « Les noms humains généraux en bulgare : un début de description et premiers résultats de l'enquête linguistique », *Journées d'études*, Université de Strasbourg, France, 13-15 novembre 2014, *NHUMA 7*.

Aleksandrova A., Mostrov V., 2016, « A comparative study of French and Bulgarian human general nouns : the case of *homme* and *personne* », *Slavic Linguistics Society meeting (SLS)* 11, University of Toronto, Canada, 23-25 septembre 2016.

Amaral E., Mihatsch W., 2016, « Le nom français *personne* en comparaison avec le portugais brésilien *pessoa* et l'allemand *Person* – des noms en voie de pronominalisation ? », Actes du *5e Congrès Mondial de Linguistique Française*, Université François-Rabelais, Tours, France, 4-8 juillet 2016, *SHS Web of Conferences* 27, 2016, en ligne. DOI : http://dx.doi.org/10.1051/shsconf/20162712015.

Amaral E., 2017a, « Los nombres generales para humanos en español », *Signo y Seña*, 31 : 1-22.

Amaral E., 2017b, « Estudio contrastivo de nombres generales para humanos en español y en portugués », *Lingüística y literatura*, 72 : 54-79.

Amaral E., Ramos J. M., 2014, *Nomes gerais no português brasileiro*, Belo Horizonte, Faculdade de Letras da UFMG.

Bard E. G., Robertson D., Sorace A., 1996, « Magnitude estimation of linguistic acceptability », *Language*, 72 : 32-68.

Cappeau P., Schnedecker C. 2014, « *Gens, personne(s), individu(s)* : trois saisies de l'humain », Actes du *4e Congrès Mondial de Linguistique Française*, Freie Universität Berlin, Allemagne, 19-23 juillet 2014, *SHS Web Conferences* 8 : 3027-3040, en ligne. DOI : https://doi.org/10.1051/shsconf/20140801274.

Corver N., van Riemsdijk H. C., 2001, *Semi-lexical categories – On the function of content words and the content of function words*, Berlin, De Gruyter.

Cruse D. A., 2004, « Lexical Facets and Metonymy », *Ilha do Desterro*, 47 : 73-96.

Emonds J. E., 2000, *Lexicon and Grammar : The English Syntacticon*, Berlin/ New York, Mouton de Gruyter (Studies in Generative Grammar, 50).

Emonds J. E., 1985, *A Unified Theory of Syntactic Categories*, Dordrecht/Cinnaminson, Foris (Studies in Generative Grammar, 19).

Féry C., Hörnig R., Pahaut S, 2010, « Correlates of phrasing in French and German from an experiment with semi-spontaneous speech », *in* Gabriel C., Conxita L., *Intonational Phrasing at the Interfaces : Cross-Linguistic and Bilingual Studies in Romance and Germanic*, Amsterdam , Benjamins : 11-41.

Fronek J., 1982, « *Thing* as a function word », *Linguistics*, 20 : 633-654.

GDW = Grimm J., Grimm W. (dir.), 1954-1893, *Deutsches Wörterbuch*, 16 t., Leipzig : Hirzel.

Giacalone R. A., Sansò A., 2007, « The spread and decline of indefinite man-constructions in European languages », *in* Ramat P., Roma E. (dir.), *Europe and the Mediterranean as Linguistic Areas – Convergencies from a historical and typological perspective*, Amsterdam/Philadelphia, Benjamins : 95-131.

Halliday M A. K., Hasan R., 1976, *Cohesion in English*, London/New York, Longman.
Harweg R., 1971, « Ein Mensch, eine Person und jemand », *Zeitschrift für deutsche Sprache*, 27 : 101–112.
Haspelmath M., 1997, *Indefinite Pronouns*, Oxford, Oxford University Press.
Heine B., Song K. A., 2011, « On the grammaticalization of personal pronouns », *Journal of Linguistics*, 47 : 587–630.
Kleiber G, 1996, « Cognition, sémantique et facettes : une 'histoire' delivres et de... romans », *in* Kleiber G., Riegel M. (dir.), *Les formes du sens. Etudes de linguistique française médiévale et générale offertes à Robert Martin à l'occasion de ses 60 ans*, Louvain-la-Neuve, Duculot : 219–231.
Koch, P., 2005, « Aspects cognitifs d'une typologie lexicale synchronique – Les hiérarchies conceptuelles en français et dans d'autres langues », *Langue française*, 145 : 11–33.
Krifka, M., F. Pelletier, G. Carlson, A. ter Meulen, G. Chierchia, G. Link, 1995, « Genericity : An Introduction », *in* Carlson, G., Pelletier, F.J. (dir.), *The Generic Book*. Chicago, Chicago University Press : 1–125.
Ladd R., 2008, *Intonational Phonology*, Cambridge, Cambridge University Press.
Lang E., 2000, « *Menschen* vs. *Leute* : Bericht über eine semantische Expedition in den lexikalischen Nahbereich », *in* Kramer U. (dir.), *Lexikologisch-lexikographische Aspekte der deutschen Gegenwartssprache*, Tübingen, Niemeyer : 1–40.
Lopes C. R. dos Santos, 2003, « A insercao de a gente no quadro pronominal do português », *in Lingüística iberoamericana*, t. 18, Madrid/Frankfurt a.M., Iberoamericana/Vervuert.
Lopes C. R. dos Santos, 2007, « A gramaticalização de 'a gente' em português em tempo real de longa e de curta duração : retenção e mudança na especificação dos traços intrínsecos », *Fórum Lingüístico (UFSC)*, 4/1 : 47–80.
Mahlberg M., 2005, *English General Nouns : a corpus theoretical approach*, Amsterdam/Phildalephia, Benjamins.
Marzano M., 2013, *Philosophie du corps*, Paris, Presses Universitaires de France.
Mihatsch, Wiltrud, 2007, « Taxonomic and Meronomic Superordinates with Nominal Coding », *in* Zaefferer D., Schalley A., *Ontolinguistics. How ontological status shapes the linguistic coding of concepts* (Trends in Linguistics ; 176), Berlin, Mouton de Gruyter : 359–378.
Mihatsch W., 2015a, « La sémantique des noms généraux 'être humain' français et allemands », *in* Mihatsch W., Schnedecker C. (dir.), *Les noms d'humains. Une catégorie à part?*, Stuttgart, Steiner (Zeitschrift für französische Sprache und Literatur, Neue Folge (ZFSL-B), Beiheft 40) : 55–83.
Mihatsch W., 2015b, « La position taxinomique et les réseaux méronymiques des noms généraux 'être humain' français et allemands », *in* Mihatsch W, Schnedecker C. (dir.), *Les noms d'humains. Une catégorie à part?* Stuttgart, Steiner (Zeitschrift für französische Sprache und Literatur, Neue Folge (ZFSL-B), Beiheft 40) : 85–113.
Mihatsch W., 2015c, « Referenzielle Besonderheiten von Nominalphrasen mit *hombre* und *persona* in altspanischen Rechtstexten », *in* Bernsen M. *et al*. (dir.), *Historische Sprachwissenschaft als philologische Kulturwissenschaft. Festschrift für Franz Lebsanft zum 60. Geburtstag*, Göttingen (V&R Academic)/Bonn, V&R unipress : 579–599.
Mihatsch W., 2016, « L'être humain, la personne, le type, la nana : Substantive an den Rändern der Pronominalisierung », *in* Gerstenberg A. *et al*. (dir.), *Romanice loqui. Festschrift für Gerald Bernhard zu seinem 60. Geburtstag*, Tübingen, Stauffenburg : 314–327.

Mihatsch W., 2017, « Les noms d'humains généraux entre taxinomie et grammaticalisation »,
  in Gerhard-Krait F., Vassiliadou H. (dir.) : *Lectures taxinomique et floue : approche des
  lexèmes récalcitrants*. Special Issue *Syntaxe et Sémantique* : 67–99.
Mihatsch W., Schnedecker C. (dir.), 2015, *Les noms d'humains : une catégorie à part ?* Stuttgart,
  Stuttgart, Steiner (Zeitschrift für französische Sprache und Literatur, Neue Folge (ZFSL-B),
  Beiheft 40).
Rosch E. *et al.*, 1976, « Basic objects in natural categories », *Cognitive Psychology*, 8 : 382–439.
Schnedecker C., 2015a, « Les (noms d') humains sont-ils à part? Des intérêts et perspectives
  linguistiques d'une sous-catégorie nominale encore marginale », *in* Mihatsch W.,
  Schnedecker C. (dir.), *Les noms d'humains. Une catégorie à part?* Stuttgart, Steiner
  (Zeitschrift für französische Sprache und Literatur, Neue Folge (ZFSL-B), Beiheft 40) :
  15–54.
Schnedecker C., 2015b, « L'enrichissement du paradigme des pronoms indéfinis humains en
  français ? Etude du processus d'évolution des SN en *gens* du 18ième au 19ième siècle »,
  in Carlier A., Goyens M., Lamiroy B. (dir.), *Le français en diachronie. Nouveaux objets et
  méthodes*, Berne, Lang (Sciences pour la communication, 117) : 247–268.
Schütze, Carson, 1996, *The Empirical Base of Linguistics : Grammaticality Judgments and
  Linguistic Methodology*, Chicago, Chicago University Press.
Sprouse J., 2011, « A Test of the Cognitive Assumptions of Magnitude estimation : Commutativity
  does not hold for acceptability judgments », *Language*, 87/2 : 274–288.
Sugamoto N., 1989, « Pronominality : A noun-pronoun continuum », *in* Corregan R., Eckman F.,
  Noonan M., *LinguisticCategorization*, Amsterdam, Benjamins : 267–291.
TLFi = *Trésor de la Langue Française Informatisé* (*TLFi*), Nancy, CNRS, ATILF (Analyse et
  traitement informatique de la langue française), UMR CNRS-Université Nancy 2, [http://
  atilf.atilf.fr/]).
Tonhauser, J., Matthewson L., 2015, « Empirical evidence in research on meaning » [http://ling.
  auf.net/lingbuzz/002595].
Vachon C., 2012, « La grammaticalisation de *personne* – Réorganisation au 16e siècle des
  pronoms de la quantité nulle », *in* Armbrecht C., Schnedecker, C. (dir.), *La quantification
  et ses domaines*, Actes du colloque de Strasbourg, 19–21 octobre 2006, Paris, Honoré
  Champion : 438–447.
Weskott T., Fanselow G., 2011, « On the Informativity of Different Measures of Linguistic
  Acceptability », *Language*, 87 : 249–273.
Wortschatz = *Wortschatz Leipzig*, http://corpora.informatik.uni-leipzig.de/>, dernier accès
  4 juin 2014.

Partie II : **Les NH : formation et classification**

Angelina Aleksandrova, Catherine Schnedecker
4 Les noms d'humains en *-aire* à base verbale sont-ils (tous) agentifs ?

1 Introduction

Notre contribution s'intéresse aux noms d'humains (désormais NH), construits au moyen du suffixe *-aire* (*bénéficiaire, signataire, plagiaire*, etc.). Elle s'inscrit ainsi à la croisée d'une double série d'études : d'une part, celles qui visent à caractériser les sous-catégories de NH d'un point de vue sémantique (*cf.* Aleksandrova, 2013 ; Gross, 2008, 2009, 2011 ; El Cherif, 2011 ; Mihatsch & Schnedecker, 2015) et, d'autre part, celles qui, sans se consacrer exclusivement aux NH, analysent les modes de construction lexicaux réguliers, au moyen de suffixes variés : *-eur* (*-er* pour l'anglais) (*cf.* Benveniste, 1974 ; Anscombre, 2001 ; Kelling, 2001 ; Roy, 2001 ; Anscombre, 2003 ; Sleeman & Verheugd, 2003 ; Roy, 2004 ; Roy & Soare, 2012, 2014), *-ant* (*vs -eur*) (Winther, 1975), *-ee* (Barker, 1998 ; Mühleisen, 2010) dont participent les NH :

1) danseur, amateur, vendeur,
2) exploitant, enseignant, ...
3) interviewee, addressee, ...

Cette étude est le prolongement d'un travail antérieur (Schnedecker & Aleksandrova, 2016) qui a remis en question le classement lexicographique des NH-*aire* dans le *TLFi* (à notre connaissance, le seul existant à ce jour). Bien que provisoire, le classement alternatif que nous avons proposé (la section 2 fera une brève présentation), fondé sur une analyse plurifactorielle, remettait en question ce qui se trouvait au cœur du classement existant, à savoir le caractère agentif des NH-*aire*. Le présent travail prolonge et approfondit l'étude des NH-*aire*, en se limitant à deux sous-classes de NH déverbaux précédemment déterminées par la structure argumentale et le sémantisme du verbe de la base : celle des NH-*aire* dits d'agents (section 3) et celle des NH-*aire* dits de « bénéficiaires » (section 4). Il poursuit un double objectif : i) affiner la description de ces noms ; ii) examiner – et moduler – la dimension agentive sur la base d'un ensemble de tests sémantico-syntaxiques et d'une mini-analyse de corpus.

2 Les NH-*aire* : bref rappel

Cette section rappellera brièvement les principaux problèmes posés par le classement lexicographique existant et explicitera la démarche adoptée ci-après.

2.1 Les problèmes posés par le classement lexicographique des NH-*aire*

Le classement du *TLFi* se présente sous la forme d'une quadripartition des NH-*aire* fondée sur une paraphrase identificatoire (et des paraphrases synonymes indiquées entre parenthèses) :

4) *celui qui fait l'action* (*celui qui s'occupe de* ; *celui est chargé de*)
5) *celui en faveur de qui s'exerce l'action* (*celui qui bénéficie de*)
6) *celui qui fabrique, vend l'objet désigné par la base* (*celui qui s'occupe de*)
7) *celui qui fait partie de* (*membre de*)

Le problème principal soulevé[1] par le classement tient à l'(in)adéquation de certaines paraphrases qui brouillent l'interprétation du mode de construction. Par exemple, l'utilisation d'un même verbe *s'occuper de* ne permet pas réellement la distinction entre les sous-classes dans (4) et (6). Par ailleurs, si, à la limite, la dimension agentive de la catégorie (5) peut se motiver sur le fait que le NH-*aire* est l'argument externe de la base verbale (*bénéficiaire = celui qui bénéficie*, mais *cf.* section 4 qui traite des NH-*aire* « bénéficiaires »), les fondements « agentifs » de la catégorie (7) sont moins évidents. Il s'ensuit que la classification des NH-*aire* d'après les paraphrases retenues est d'autant plus mal aisée qu'un nom peut figurer dans plusieurs catégories :

8) Pamphlétaire : auteur de pamphlet ↔ ? qui s'occupe de/qui est chargé de (pamphlets)
9) Doctrinaire : personne ne qui se montre étroitement attachée à une doctrine ↔ ? membre d'une doctrine
10) Permissionnaire : « soldat en permission » → qui bénéficie d'une permission
11) Libraire : « celui qui vend des livres » ↔ « celui qui fait le commerce des livres »

---

[1] *Cf.* Schnedecker & Aleksandrova (2016) pour plus de détails sur ce point.

2.2 Proposition de classement alternatif des NH-*aire* : méthodologie et analyse

Pour nous assurer un inventaire aussi exhaustif que possible des NH-*aire* et en constituer un tableau analytique, nous avons étendu nos recherches au *Grand Robert* et à la base de données lexicale libre *Lexique3* (disponible sur www.lexique.org) qui recensent, au total, respectivement 821 et 639 lexèmes (toutes catégories grammaticales confondues).

Tableau 1 : Les unités en -*aire*, avant tri (*TLFi, GR, Lexique3*)

	TLFi	*Grand Robert*	*Lexique3*
Adj	934	612	
N	454	83	
Mixte Adj/N	146	126	
TOTAL	**1534**	**821**	**639**

Après avoir procédé manuellement au tri des occurrences issues de ces trois sources, nous avons abouti à une liste de 234 lexèmes dénotant des individus humains. La volonté d'exhaustivité a quelques conséquences sur l'objet d'étude. Sur le plan grammatical, on observe que les NH-*aire* ont une triple identité grammaticale, un peu plus d'un tiers étant enregistrés d'abord comme adjectifs. La figure suivante récapitule la répartition entre les NH-*aire* qui ont un statut substantival (*bestiaire*), les adjectifs qui peuvent être substantivés (*centenaire*) et les substantifs susceptibles d'emploi adjectival (*poitrinaire*) (*cf. infra* la définition de ces unités nominales).

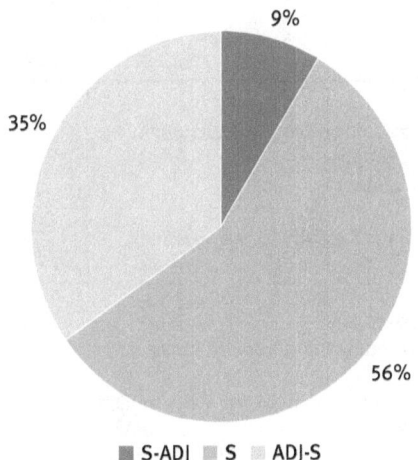

Figure 1 : Identité grammaticale des NH-*aire* d'humains

BESTIAIRE, subst. masc.A.- ANTIQ. ROMAINE. **Homme destiné à combattre les fauves au cirque** ; victime qui leur était livrée [...]. Rare, emploi adj. Les esclaves bestiaires (*Lar. 19e, LITTRÉ*). ext., TAUROM. Synon. de torero : [...] (*TLFi*)

CENTENAIRE, adj. et subst. I.- Emploi adj. Qui existe depuis cent ans ou plus, qui est âgé de cent ans ou plus (*cf. séculaire*). *Vieillard centenaire, un chêne centenaire* [...]. II.- **Emploi subst. A.- [Subst. masc. ou fém.] Personne âgée de cent ans ou plus. Un homme excessivement âgé, un centenaire accablé de siècles** (BLOY, La Femme pauvre, 1897, p. 228). B.- [Subst. masc., souvent suivi d'un compl. prép. de pour marquer ce qui est affecté par cet anniversaire] Centième anniversaire d'une personne ou d'un événement important [...]. (*TLFi*)

POITRINAIRE Vieilli. A. -**1. (Personne) qui est atteint(e) de tuberculose pulmonaire.** Synon. phtisique (méd.), tuberculeux. [...] ♦ P. métaph. Un orgue poitrinaire qui toussait les débris d'une polka démodée (COPPÉE, Coupable, 1897, p. 48). 2. Qui caractérise ou évoque cette maladie. Le pauvre Pernin, figure poitrinaire (...) était un pauvre jeune homme pâle (STENDHAL, Lamiel, 1842, p. 33). B. -Au fig., péj. Qui manque de combativité, d'*énergie, de vigueur. [...] (TLFi*)

Sur le plan sémantique, l'enrichissement du répertoire des NH-*aire* a eu pour effet de multiplier le nombre de bases potentielles évoquées, puisque, aux N d'objets concrets, de collectivité, etc. sont venus s'ajouter des N de parties du corps (*poitrine → poitrinaire*), d'état (*solitude → solitaire, célibat → célibataire*), de lieu (île → *insulaire*) et des NH symétriques (*adversaire*).

Afin de proposer un classement plus fin des NH-*aire* ainsi recensés, nous avons constitué un tableau analytique plurifactoriel à l'aide d'un tableur. Dans ce tableau, nous enregistrons, pour chaque NH-*aire*, un certain nombre d'informations présentées et classées comme indiqué dans le tableau 2 ci-après :

Tableau 2 : Schématisation du tableau analytique

Lexicographiques	− lexème ; − code grammatical enregistré par le dictionnaire ; − définition lexicographique ; − définition homogène[1] ; − antonyme(s) ; − contexte spécifique d'emploi (et si oui, lequel).
Morphologiques	− suffixe (-*aire* ou -*ataire*) ; − possibilité d'une dérivation verbale et/ou nominale (*ex. signataire < signer* ou *< signature*)[2] ; − disponibilité ou non d'un dérivé en -*eur, -ure, -ude, -ant, -(t)ion, -age, -ement, -at, -isme, -iste*.

Tableau 2 (suite)

Syntaxiques	– la ou les structure(s) argumentale(s) sous-jacente(s) possible(s)[3] ; – le verbe ; – la fonction de X (NH-*aire*) ;
Sémantiques	– le rôle thématique de X ; – le statut de l'actant X (p. ex. site, membre, ...) ; – le statut de l'objet dénoté par la base (p. ex. cible) ; – le « rôle » de la base (p. ex. fournir des indications de nature, de lieu, ...).

Note :
[1] Précisons que cette colonne a été ajoutée *in fine* dans le tableau analytique afin de proposer une paraphrase unifiée pour la définition des NH-*aire* en tenant compte à la fois de leur structure argumentale et du statut de l'actant dénoté par le NH-*aire*. Par exemple elle permet de proposer un traitement homogène pour *bénéficiaire, permissionnaire, allocataire, sursitaire, renonciataire, etc.* qui se laissent paraphraser par BEN de BN (« celui *qui est bénéficiaire de ce qui* est dénoté par la base nominale ». Un autre exemple : la paraphrase BEN par MOY (« bénéficiaire au moyen de ») est valable pour *commendataire, confidentiaire, rétrocessionnaire* (respectivement bén*éficiaire par commende/ par confidence/ par rétrocession*).
[2] Notre objectif n'est pas de déterminer si le NH-*aire* en question est un dérivé verbal ou nominal mais de savoir s'il y a un verbe sémantiquement présent ou non.
[3] Par exemple, pour *abonnataire* les structures sont : 1) X V BN (X= NH-*aire*, BN= base nominale, i.e. *X souscrit un abonnement*) ou 2) X BV (BV= base verbale, i.e. *X s'abonne*). En somme, pour 234 NH-*aire*, nous avons enregistré 245 structures argumentales.

Tableau 3 : Regroupement des NH-aire selon la paraphrase et la nature de la base

Paraphrase homogène	NH-*(a)(t)aire*	Base	Catégorie base
Celui qui reçoit Y	*bénéficiaire* *narrataire* *dédicataire* *dépositaire* *rétrocessionnaire*	*bénéficier* *narrer* *dédicacer* *déposer* *rétrocéder*	**Verbe**
Celui qui BV Celui qui V BN	*plagiaire* *signataire* *démissionnaire* *protestataire* *contestataire* *faussaire* *incendiaire*	*plagiat/plagier* *signature/signer* *démission/démissionner* *protestation/protester* *contestation/contester* *(un) faux/faussaire* *incendie/incendier*	**Verbe** **Nom**

Tableau 3 (suite)

Paraphrase homogène	NH-*(a)(t)aire*	Base	Catégorie base
Celui qui V BN	*disquaire*	*disque*	Nom
	antiquaire	*antiquités*	
	diamantaire	*diamant*	
	tambourinaire	*tambourin*	
	bullaire	*bulle (du Pape)*	
	pamphlétaire	*pamphlet*	

Légende : V (verbe), BV (base verbale), BN (base nominale)

Ce tableau analytique permet d'extraire, par exemple, les NH-*aire* formés soit sur un V, soit sur un N et d'accumuler les critères de filtrage. Ci-dessous (tableau 3), nous donnons un aperçu des noms regroupés selon la paraphrase homogénéisante (*cf.* note 2) et la nature de la base.

Comme il a été dit plus haut, les paraphrases du *TLFi* font émerger deux sous-catégories apparemment construites sur une base verbale : i) l'une paraphrasée par « qui bénéficie de » (*bénéficiaire, destinataire*) et l'autre qui l'est par « celui qui V » (*signataire, contestataire, protestataire*, etc.). Le tableau ci-dessus propose une classification plus fine et soulève, à son tour, d'autres questions (notamment concernant la catégorie de NH-*aire* pour lesquels aussi bien la dérivation verbale que nominale est possible) auxquelles les sections suivantes apporteront des éléments de réponse en étudiant de plus près la dimension agentive des NH-*aire*.

3 Retour sur le caractère agentif des NH-*aire*

Sont traditionnellement considérés comme noms d'agents les noms déverbaux dénotant celui des participants d'un procès correspondant à l'argument externe de l'action exprimée par le verbe servant de base. Par exemple, de nombreux travaux se sont concentrés sur les dérivés en -*eur* (*marcheur, vendeur*, etc.) ou leurs correspondants en -*er* anglais (*trainer, teacher*, etc.) (*cf.* Rappaport Hovav & Levin, 1992 ; Alexiadou & Schäfer, 2010) qui apparaissent comme noms agentifs prototypiques. En bref, on peut dire que les noms d'agents sont morphologiquement dérivés des verbes et mettent en évidence « la capacité constatée et non la pratique habituelle ou professionnelle d'une activité » (Benveniste, 1974 : 120). Par ailleurs, il est possible[2]

---

[2] Notamment grâce aux travaux de Devos & Taeldeman (2003), Sleeman & Verheugd (2003), Roy & Soare (2012).

en fonction du type de verbe-base (accusatif / inaccusatif, etc.), des arguments explicités le cas échéant et de la formation suffixale, de prédire et d'échelonner le degré d'agentivité des NH déverbaux. Ainsi un NH déverbal comme *défenseur* ou *accusateur* sera-t-il plus agentif dans son interprétation dite « épisodique », c'est-à-dire s'il est assorti d'arguments spécifiques et se laisse modifier par des adjectifs tels que *délibéré, volontaire, intentionnel, obstiné*, « qui ne peuvent être interprétés que comme modifiant un événement sous-jacent » (Roy & Soare, 2012 : 213) ou *grand, vieux, gros, petit*, qui, dans leur emploi non intersectif,[3] modifient un événement sous-jacent (Benveniste, 1965 ; Anscombre, 2001, 2003 ; Luquet, 1994 ; Ulland, 1993 ; Roy & Soare, art. cit. : 215).

12) Ce défenseur délibéré/volontaire des opprimés n'abandonne pas sa cause.
13) L'accusateur obstiné de cette jeune femme a tout fait pour l'envoyer en prison (exemples de Roy & Soare, 2012 : 211)

Par contraste, *i.e.* avec des arguments génériques ou sans argument explicite et une quantification générique sur l'événement dénoté, le NH aurait une interprétation dispositionnelle et serait moins agentif :

14) les gros consommateurs
15) un grand défenseur (sens sportif) (ex. de Roy & Soare, 2012)

En conséquence, le caractère agentif des NH-*aire* sera conditionné par les critères suivants (dans l'ordre d'importance) :

– *la dénotation d'un référent animé, humain ;*
– *la présence d'une base verbale (base exprimant la dynamicité, compatible avec le test en train de),*
– *la correspondance entre le NH et l'argument externe du verbe ;*
– *la saturation de la structure argumentale sous-jacente par un complément adnominal dont le SN est spécifique ;*
– *la compatibilité avec les modifieurs adverbiaux évoqués* supra, *tournés vers l'agentivité.*

C'est à la lumière de ces critères que vont être examinées les sous-catégories de NH-*aire* déverbaux du tableau 3.

---

[3] Les emplois dits non intersectifs sont ceux qui modifient la référence et non le référent et ont une interprétation adverbiale (Benveniste *op. cit* ; *gros mangeur, grand voyageur* paraphrasables respectivement par *qui mange/voyage beaucoup*).

3.1 Les NH-*aire* agentifs

Dans cette section, nous nous intéressons aux NH-*aire* tels que *plagiaire, signataire, démissionnaire, protestataire*, etc. qui instancient le participant correspondant à l'argument externe du verbe d'origine et qui devraient avoir un fonctionnement semblable à celui des dérivés en -*eur* agentifs. Plusieurs arguments viennent nuancer le propos.

La catégorie intermédiaire de NH-*aire* dans le tableau *supra* a pour particularité d'avoir comme base dérivationnelle possible soit un verbe (dans ce cas la paraphrase serait « celui qui V ») soit un nom déverbal correspondant (« celui qui V Ndv ») :

16) signataire = celui qui signe / qui pose sa signature
17) démissionnaire = celui qui démissionne / qui a donné sa démission
18) protestataire = celui qui proteste / qui fait une protestation
19) contestataire = celui qui conteste / qui fait une contestation
20) plagiaire = celui qui plagie / qui commet un plagiat
21) faussaire = celui qui fausse / qui commet un faux
22) incendiaire = celui qui incendie/qui commet un incendie

3.1.1 Lectures véhiculées par des compléments adnominaux

Si ces NH sont construits sur des verbes, on devrait pouvoir retrouver les constructions qui reflètent la structure argumentale sous-jacente, notamment la présence de compléments adnominaux instanciant le COD (*vendeur d'armes, consommateur de drogue, cf.* Roy & Soare, 2014). En voici quelques exemples attestés :

23) Benjamin Franklin voit le jour le 17 janvier 1706 à Boston (...). Plus tard, il est **signataire de la Déclaration d'indépendance des Etats-Unis d'Amérique de 1776** qu'il a coécrit, de même que du traité de Paris et de la Constitution américaine et fait ainsi partie des "pères fondateurs des Etats-Unis.

24) Après Sam Allardyce, **démissionnaire de son poste de sélectionneur de l'Angleterre** à la suite d'un scandale de corruption, huit managers ayant entraîné en Premier League sont soupçonnés à leur tour par une enquête du Telegraph.

25) On a reconnu, fussent-ils caricaturés, quelques éléments de la méthode sociolinguistique de Gilliéron. Ce n'est pas sans raison que **le protestataire de 1880** est quelqu'un qui travaille sur le picard. (Glatigny, M. : *Les marques d'usage dans les dictionnaires français monolingues du XIXème siècle*, Google Books)

26) Ainsi Esu joue un double rôle : d'un côté, il est le transgresseur des règles, **le contestataire de l'ordre établi** ; de l'autre il représente le symbole du changement dans ce même ordre ... (Capone S. : *La quête de l'Afrique dans le condamblé : pouvoir et trasition au Irésil*, Google Books)

27) Issu d'une famille cléricale et antirépublicaine, Lacan se révèle, au dire de sa biographe Elisabeth Roudinesco : arrongant, vaniteux, dandy, pingre, cassant, méchant, agressif, **plagiaire de Clérambault** qu'il pille et dénonce ensuite comme ... plagiaire ! (Onfray M. : *La passion de la méchanceté*, Google Books)

28) **Le faussaire de grands crus** Rudy Kurniawan, dont le procès s'est ouvert lundi à New York, a été reconnu coupable mercredi de contrefaçons de grands vins français. (archinfo.ch)

29) **L'incendiaire de voitures** voit ses peines réduites (L'Alsace.fr)

Premièrement, comme en témoignent certains exemples *supra*, ces NH-*aire* sélectionnent comme compléments des descriptions définies complètes qui peuvent être ancrées dans le temps de façon autonome *via* une datation complète (Gosselin, 1996). Celle-ci circonscrit temporellement le procès sous-jacent et induit une interprétation épisodique, liant le SN à un événement particulier :

30) signer la charte de 1776 / signataire de la charte de 1776
31) démissionner de son poste en 2000 / démissionnaire de son poste en 2000
32) protester contre la loi de travail de 2016 / protestataire de la loi de travail de 2016
33) contester l'ordre établi en 1879 / contestataire de l'ordre établi en 1879
34) plagier un article en 2015 / plagiaire d'un article en 2015
35) fausser un grand cru en 2016 / faussaire de grands crus en 2016
36) incendier une voiture le 31 déc. 2000 / incendiaire d'une voiture le 31 déc. 2000

Cependant, deuxièmement, la capacité des NH-*aire* de sélectionner des compléments adnominaux à lecture générique semble un peu moins régulière. Pour préciser ce point, considérons les énoncés suivants :

37) *signataire de contrats / de chartes / de déclarations
38) *démissionnaire de postes / fonctions
39) *protestataire de décisions / lois
40) *contestataire d'ordre établi / décisions
41) ? plagiaire d'articles / chansons
42) ? faussaire de tableaux
43) incendiaire de voitures

Outre le fait qu'aucun déterminant n'est toléré dans la construction de la lecture générique du complément, il convient de remarquer le fonctionnement un peu plus particulier des NH-*aire* de « délinquants ». À en juger les résultats d'une interrogation des bases de données *Wortschatz* et *FrWaC*, ces noms (dont le sémantisme particulier explique un usage peu courant) sont non seulement rarement à la tête d'un SN complexe, mais ils ne sont pas suivis d'un SN générique.

Par exemple, pour *plagiaire de* sur *FrWaC*, sur un total de 276 occ., on dénombre 13 occurrences d'un CDN qui comportent quasi exclusivement un nom propre dans le régime de la préposition *(plagiaire de Ludwig Feuerbach)*. Le même nom dans *Wortschatz* (37 occ.) n'est jamais employé avec complément. La situation est sensiblement la même avec *faussaire de*, dont aucune des 56 occurrences sur *FrWaC* (sur un total de 868 occ.) ne sélectionne un complément instanciant l'argument du verbe sous-jacent (*Wortschatz* n'enregistre pas de SP parmi les voisins droits immédiats). La recherche sur *incendiaire* dans ces deux bases donne 158 occurrences[4] d'*incendiaire de* sur un total de 1954 occ. dans *FrWaC* et classe les SP à la 9ᵉ position[5] avec une fréquence très faible : *du* (18.42) contre le voisin droit le plus fréquent *présumé* (330.89). Même si ce survol des données laisse entendre que les compléments adnominaux génériques ne font pas partie des modifieurs préférés des NH dits de « délinquants », observons, d'une part, qu'il est plus fréquent de rencontrer cette lecture avec le N d'action correspondant à *plagiaire* (*plagiat de chansons, logiciel de plagiat de textes, plagiat d'œuvres*, etc.), et, d'autre part, qu'*incendiaire* appelle des compléments génériques uniquement dans des syntagmes de type *incendiaire de voitures/poubelles*, toutes les occurrences provenant des faits divers journalistiques.

En somme, si le manque de données ne nous permet pas d'avoir une position plus ferme sur ce point, on peut tout de même dire que le sémantisme des NH-*aire* de « délinquants », contrairement à ce qui se passe pour *signataire, contestataire, protestataire*,[6] autorise la présence d'un complément adnominal générique. *Un plagiaire d'œuvres, un faussaire de tableaux* ou *un incendiaire de voitures* est un individu qui a été reconnu à plusieurs reprises pour avoir commis *un plagiat / faux / incendie*.

---

4 Occurrences non triées, donc le résultat est encore plus faible.
5 Si l'on tient compte des signes de ponctuation, les SP remontent à la 13ᵉ place.
6 Comme nous l'avons déjà observé (Schnedecker & Aleksandrova, 2016), outre le fait que les noms comme *contestataire* ou *signataire* apparaissent rarement dans ce type de constructions, ils sélectionnent des compléments sémantiquement homogènes, dénotant des écrits ayant une valeur juridique ou réglementaire.

3.1.2 Modification adverbiale

Un second paramètre qui met en avant le caractère agentif des nominalisations déverbales est la modification par *grand* ou *bon*[7] (*un grand/bon marcheur* = *qui marche beaucoup/bien*). Trois cas de figures sont observés concernant la compatibilité de ce type de modifieurs à valeur adverbiale avec les NH-*aire* : i) difficulté, voire impossibilité de modification de ce type pour des noms comme *signataire* et *démissionnaire* (ou encore *abonnataire*), *cf.* (44)–(45) ; ii) une lecture à la fois agentive et intensive pour les noms comme *protestataire* et *contestataire*, *cf.* (46)–(47), enfin iii) une lecture agentive pour ceux – les NH de « délinquants », (48)–(50) – dont le fonctionnement se rapproche de celui des noms de statuts (au sens juridique de terme) (voir la contribution de Baider & Todirascu, ce volume) :

44) *un grand signataire (= *qui signe beaucoup/bien, *un signataire expérimenté)[8]

45) *un grand démissionnaire (= *qui démissionne beaucoup)

46) Khayam fut **un très grand contestataire** des dogmes et des rites et toute sa poésie exprime sa liberté de pensée qui transcende les croyances aveugles et s'élève aussi haut que les étoiles qu'il connaissait et d'autres qu'il faisait découvrir aux plus humbles. (*FrWaC*)

   = *qui a contesté régulièrement / contestataire fervent*

47) George Orwell l'avait repéré en son temps dans les œuvres de **ce grand protestataire** qu'était Jonathan Swift : ... (contreligne.eu)

   = *qui a protesté beaucoup / protestataire fervent*

48) Nous sommes, en vérité, plus que la moitié de ce que nous sommes par l'imitation. Les modes (ou les états d'esprit) du plagiat englobent l'imitation, le pastiche, la parodie, la contrefaçon et ses cousines, et compliquent ainsi encore plus la question du parasitisme. Schneider souligne jusqu'à quel point Sterne, **grand plagiaire**, a été plagié. (Walter Redfern, *Le mort ou le vif*, peterlang.fr)

   = *qui a plagié beaucoup / *plagiaire fervent*

49) Aujourd'hui, l'histoire de Hans Van Meegeren, **le plus grand faussaire** de tous les temps. (bfmtv.com)

   = *qui a fait beaucoup de faux / faussaire expérimenté, professionnel / *faussaire fervent, virulent*

---

7 Nous n'avons trouvé aucune occurrence de *bon* + NH-*aire* étudiés ici.
8 Notons toutefois la seule occurrence, trouvée sur Google Books, qui atteste l'emploi de *signataire* en présence à la fois avec *grand* et un complément générique : « Il est logique que ce défenseur élitiste de la veuve et de l'orphelin joue désormais à l'intellectuel progressiste **grand signataire de manifestes.** » (*Dictionnaire Albert Camus*)

50) Ainsi certains qui n'ont ni par leur talent, ni par leur travail, la capacité d'être connu et reconnu essaient de devenir le plus grand criminel, **le plus grand incendiaire**, le plus grand serial killer, de l'histoire !... Leur narcissisme est plus fort que l'horreur qu'ils provoquent !... (Blog Alain Barre)

= *qui a incendié à plusieurs reprises / beaucoup / *incendiaire fervent, virulent*

En somme, selon ce premier critère (la capacité d'apparaître avec des compléments adnominaux induisant une lecture épisodique et/ou générique), les NH-*aire* peuvent être répartis en trois groupes :
i) ceux qui admettent très difficilement une lecture adverbiale avec *grand* (*signataire, démissionnaire*) ;
ii) ceux avec lesquels, *grand* induit aussi bien une lecture adverbiale qu'intensive (*contestataire, protestataire*) ;
iii) ceux qui, modifiés par *grand*, autorisent seulement une lecture adverbiale (les NH de « délinquants »).

3.1.3 Le critère de l'intentionnalité

La question de l'intentionnalité est centrale dans la question des noms d'agent parce qu'elle permet de les différencier des noms d'instruments, ceux-ci n'étant pas dotés d'une volonté propre d'action. Le test le plus fréquemment avancé est l'adjonction aux noms d'agents de différents verbes, adverbes ou adjectifs volitifs (*vouloir, choisir, délibérément, consciemment, volontairement, obstiné, délibéré*, etc.). Plus précisément, le caractère agentif est mis en valeur par cette modification uniquement lorsque l'argument nominal est réalisé, et inversement, l'emploi simple du nom n'est pas considéré comme étant agentif (Roy & Soare, 2012 : 211)

51) le signataire délibéré du contrat
52) un démissionnaire volontaire de ses fonctions
53) contestataire/protestataire obstiné de la loi
54) plagiaire délibéré du texte (*vs* plagiaire involontaire)
55) ??faussaire délibéré du tableau
56) incendiaire délibéré de la voiture

La plausibilité de ces constructions dépend du sémantisme des différents NH-*aire*.[9] Remarquons néanmoins que, pour les noms de « délinquants » comme

---

[9] Une étude sur corpus serait nécessaire pour approfondir cet aspect de l'analyse et plus particulièrement le critère de l'intentionnalité en ce qui concerne les noms d'agents dispositionnels

plagiaire, faussaire et *incendiaire* (des noms axiologiques négatifs) et, de manière générale, pour les noms renvoyant à des référents au statut à valeur juridique, le critère de l'intentionnalité est décisif. D'une part, **plagiaire / faussaire / incendiaire délibéré* est redondant dans la mesure où le nom lui-même signifie l'accomplissement d'un acte condamnable (*cf.* verbe support : *commettre un faux / plagiat / incendie*). D'autre part, la modification par *présumé* (*le plagiaire / faussaire / incendiaire présumé*) remet en cause précisément l'attribution d'une action répréhensible à un individu (et qui justifie sa dénomination en conséquence) et non l'action en soi.

3.1.4 Les NH-*aire* entre lecture épisodique ou fréquentative ?

Le test de la négation vient éclairer ce point par contraste avec le fonctionnement d'un autre NH-*aire* tel que *gestionnaire* :

57) * Le signataire a décidé de ne pas signer.
58) * L'abonnataire a décidé de ne pas s'abonner.
59) * Le démissionnaire a décidé de ne pas démissionner.
60) ?? Le contestataire / protestataire a décidé de ne pas contester / protester.
61) * Le plagiaire a décidé de ne pas plagier.
62) * Le faussaire a décidé de ne pas faire un / le faux.
63) * L'incendiaire a décidé de ne pas incendier.
64) Le gestionnaire a décidé de ne pas se charger de / assurer la gestion.

Ce test montre, en effet, que, même si l'on peut identifier un V sous-jacent, les deux types de NH dérivés conceptualisent de façon différente le participant au procès. Alors que, dans (64), *gestionnaire* caractérise le référent indépendamment de toute réalisation événementielle (ce qui rend possible la négation du procès de façon analogue pour les dérivés en -*eur* dans *le chanteur n'a pas chanté*), l'ensemble de NH -*aire* d'agents épisodiques, eux, y sont étroitement liés, (57)-(63). En effet, un individu ne saurait être qualifié de *signataire, abonnataire, faussaire*, etc. qu'à condition d'avoir accompli l'acte de signer par l'apposition de sa signature, d'avoir souscrit un abonnement ou d'avoir commis un faux.

(noms de statuts, noms de professions) qui n'a pas le même poids explicatif que dans l'analyse d'un nom d'agent épisodique lié à un événement particulier.

L'adjonction d'un modifieur adverbial qui souligne le caractère épisodique de l'acte en question précise le fonctionnement de ce sous-ensemble de NH-*aire* :

65) * Le signataire a décidé de ne pas signer cette fois-ci / ce jour-là.
66) * L'abonnataire a décidé de ne pas s'abonner cette fois-ci / ce jour-là.
67) * Le démissionnaire a décidé de ne pas démissionner cette fois-ci / ce jour-là.
68) Le contestataire / protestataire a décidé de ne pas contester / protester cette fois-ci / ce jour-là.
69) Le plagiaire a décidé de ne pas commettre un plagiat cette fois-ci.
70) Le faussaire a décidé de ne pas faire un / le faux cette fois-ci / ce jour-là.
71) L'incendiaire a décidé de ne pas incendier cette fois-ci / ce jour-là.
72) Le gestionnaire a décidé de ne pas assurer la gestion cette fois-ci.

Ces deux critères (négation et adjonction adverbiale) étayent l'idée que les NH-*aire* renvoient à deux conceptualisations de l'agentivité :
a) d'une part, les noms comme *signataire, abonnataire, démissionnaire* dénotent de noms d'agents accomplis, nécessairement épisodiques ;
b) d'autre part, les noms comme *contestataire, protestataire,* les noms de « délinquants », qui autorisent les deux lectures : épisodique et / ou dispositionnelle.

L'aspect accompli du procès est essentiel pour comprendre notamment le fonctionnement des N du premier groupe : le participant au procès est caractérisé par rapport au résultat de ce même procès. En termes aspectuels, on peut dire que ces NH-*aire* dénotent le participant dans la phase résultante du procès (Gosselin, Lenepveu & Legallois, 2011).

En ce qui concerne le second groupe, l'étiquette « dispositionnelle », empruntée à Roy & Soare (2012) ne doit pas induire en erreur. Si la capacité dénotative du NH-*aire* ne résulte pas de l'accomplissement d'une seule occurrence événementielle du procès dénoté par le verbe sous-jacent, la possibilité ou non d'annuler cette dernière en discours montre que les noms comme *contestataire* impliquent une action itérative. C'est uniquement en ce sens qu'il faut comprendre la « disposition » du référent à accomplir une ou plusieurs actions du même type lui conférant un statut en conséquence. En somme, dans le cas d'une lecture dispositionnelle pour les noms de ce groupe, il faut tenir compte de deux paramètres. D'une part, la nécessité d'avoir accompli l'action dénotée par le verbe sous-jacent (*contester, protester, plagier,* etc.) et, d'autre part, la nécessité d'avoir accompli cette action plusieurs fois.

Le tableau suivant récapitule l'ensemble les critères examinés et leur applicabilité.

Tableau 4 : Les NH-*aire* agentifs (tests et applications)

	Signataire	Démissionnaire	Contestataire	Protestataire	Plagiaire	Faussaire	Incendiaire	Gestionnaire
OK Sélection d'un complément adnominal générique					■	■	■	■
OK Modification adverbiale par *grand* (= Vb beaucoup)					■	■	■	■
OK Modificateurs volitifs (verbes, adverbes, adjectifs) *Le NHdv V CDN + MOD signataire du contrat consentant*	▨				■	■	■	■
OK Négation du procès sous-jacent (*le NHdv NEG V : Le chanteur n'a pas chanté*)								■
OK Négation de l'occurrence événementielle (*le NHdv NEG V cette fois-ci*)			■	■	■	■	■	■

4 Les NH-*aire* bénéfactifs

La seconde catégorie de NH-*aire* à base verbale que fait apparaître le *TLFi* (*cf.* supra 2.1) est paraphrasée par *celui en faveur de qui s'exerce l'action* (*celui qui bénéficie de*) et comprend 29 N dont *bénéficiaire, destinataire*, etc.

Ces NH soulèvent, comme on va le voir, toute une série de questions à caractère syntaxique, en vertu du fait qu'ils ne semblent pas autonomes (73), et sémantique, du fait qu'ils semblent également non agentifs comme le montre (73)b :

> 73) a) *J'ai rencontré un bénéficiaire.
> b) *Le destinataire destine la lettre. (ex. (7) de Tribout, Ligozat, Bernhard, 2012)

Pour commencer, nous partirons de la liste des N en -*aire* telle que fournie par le *TLFi*, qui donne en outre des indications de deux types : les paraphrases définitoires et les formants.

4.1 La liste des N-*aire* concernés d'après les dictionnaires

Telle qu'elle est conçue par le *TLFi*, la liste des N en -*aire* de « bénéficiaire » figure sous la rubrique de N dits d'agents et constitue une rubrique assez importante au sein des N en-*aire* (*cf. supra*, Introduction) :

> -AIRE², suff. formateur de subst., except. de subst. empl. adjectivement (noms d'agents et noms de choses).
> **A. — [Noms d'agents]**
> **2. Celui en faveur de qui s'exerce l'action, « qui bénéficie de »**
> abandonnat**aire** dr., « personne à qui est fait un abandon de biens »
> adjudicat**aire** « bénéficiaire d'une adjudication »
> allocat**aire** « bénéficiaire d'une allocation »
> bénéfici**aire** « personne qui bénéficie d'un avantage »
> cessionn**aire** « personne à qui une cession a été faite »
> commendat**aire** « celui qui possède un bénéfice en commende »
> concessionn**aire** « personne qui a obtenu une concession de travaux à exécuter »
> consignat**aire** « dépositaire d'une somme consignée »
> dédicat**aire** « personne à qui l'on adresse une dédicace »
> déposit**aire** « personne à qui l'on confie un dépôt »
> destinat**aire** « personne à qui s'adresse un envoi »
> domiciliat**aire** « tiers au domicile de qui un chèque ou une lettre de change est payable »
> donat**aire** dr., « personne à qui une donation est faite »
> endossat**aire** dr., « personne au profit de laquelle est endossé un effet »
> entreposit**aire** dr., « personne qui a des marchandises en entrepôt »
> indemnit**aire** dr., « qui a droit à une indemnité »
> légat**aire** « bénéficiaire d'un legs »
> locat**aire** « personne qui prend à bail une maison, un logement »
> mandat**aire** « personne à qui est confié un mandat »
> obligat**aire** dr., « créancier dont le droit résulte d'un titre d'obligation négociable »
> pensionn**aire** « personne qui prend pension chez un particulier, dans un hôtel »; c'est l'adj. *pensionné* qui pris, en fr. mod. le sens de « qui bénéficie d'une pension »
> permissionn**aire** « soldat en permission »
> portionn**aire** « personne qui a droit à une portion d'héritage »
> prestat**aire** « personne qui bénéficie d'une prestation »
> rationn**aire** « personne qui reçoit une ration »
> renonciat**aire** dr., « personne en faveur de laquelle on a renoncé à un droit »
> résignat**aire** dr., « celui à qui on a résigné un office »

4.2 Quelques problèmes

Cette liste appelle au moins trois commentaires. Premièrement, ces N ne sont pas d'un usage extrêmement courant. Nombreux sont les termes qui relèvent du lexique technique ou spécialisé (droit, religion) comme cela est du reste notifié dans les dictionnaires. Par exemple, *commendataire* vient de *commende* qui, dans l'administration religieuse, désigne les « administration temporaire d'un bénéfice ecclésiastique. Concession d'un bénéfice à un ecclésiastique séculier ou à un laïc » (*Petit Robert*, 2008).

Par ailleurs, les paraphrases proposées par le *TLFi* font appel de manière systématique à trois patrons syntaxiques qui font nettement ressortir le côté « bénéficiaire » des NH.

i) **bénéficiaire de SN / personne qui bénéficie de SN**

   adjudicat**aire** « bénéficiaire d'une adjudication »

   allocat**aire** « bénéficiaire d'une allocation »

   bénéfici**aire** « personne qui bénéficie d'un avantage »

ii) **personne qui a droit / obtient / reçoit**

   indemnit**aire** dr. « qui a droit à une indemnité »

   portionn**aire** « personne qui a droit à une portion d'héritage »

   rationn**aire** « personne qui reçoit une ration »

iii) **personne à qui V**

   dédicat**aire** « personne à qui l'on adresse une dédicace »

   déposit**aire** « personne à qui l'on confie un dépôt »

   destinat**aire** « personne à qui s'adresse un envoi »

Notons, en passant, que certaines de ces unités lexicales ont – souvent mais pas exclusivement *cf.* (77) – un correspondant en *-(t)eur* avec lequel elles entretiennent une relation lexicale converse (nous aurons l'occasion d'y revenir) :

74) narrateur – narrataire

75) donateur – donataire

76) adjudicateur – adjudicataire

77) [loueur / propriétaire / bailleur] – locataire

78) [expéditeur / destinateur] – destinataire

79) dépositeur[10] – dépositaire

---

10 Reconnu par le *TLFi* comme vieilli et rare.

4.3 Les bases des NH en -*aire*

Les paraphrases du dictionnaire donnent à penser que, d'un point de vue morphologique, certains NH-*aire* seraient construits sur une base nominale. Or, à y regarder d'un peu plus près, les choses sont moins simples qu'il n'y paraît.

4.3.1 N ou V ?

Comme le montre le tableau ci-dessous, il y a effectivement des cas où un nom semble être la seule base possible en l'absence notamment de base verbale comme pour (80)–(84) :

80) adjudication → adjudicataire
81) commende → commendataire
82) permission → permissionnaire
83) portion → portionnaire
84) pension → pensionnaire

Mais, le plus souvent, il existe un verbe correspondant au N en -*aire*, qui peut, théoriquement, faire office de base au N : *légataire* <*léguer* ; *entrepositaire* < *entreposer* et qui proviendrait d'une forme de supin latin (*pono, ponere* > *positum*). À partir de là, on peut dégager quatre constructions verbales permettant de déterminer ce qui est lexicalisé dans le N en -*aire* :

a) Le N en -*aire* encode le sujet de la construction : c'est le cas de *bénéficiaire* et de *locataire* :

bénéficiaire : ***X** bénéficie de* Y

locataire : ***X** loue* Y

b) Le N en -*aire* encode le COD de la construction :

mandataire : *X mandater **Y** (pour Z)*

obligataire : *X oblige **Y***

c) Le N en -*aire* encode un argument sélectionné par le verbe, le COS

légataire : X *lègue Z à **Y***

allocataire : *X alloue Z à **Y***

d) Le N en -*aire* encode un complément non sélectionné :

renonciataire : *X renonce à Z en faveur de **Y***

Tableau 5 : Explicitation de la construction syntaxique sous-tendant les NH -*aire* de « bénéficiaire »

	Verbe source	Construction verbale-source	Fonction gram. dans la construction	Lexicalisation
abandonna*taire* dr.,	abandonner	Abandonner qqchose	BEN	BEN
adjudica*taire* alloca*taire*	allouer	Allouer qqchose à qq'un	COS	REC
bénéfic*iaire*	bénéficier	Bénéficier de qqchose	S	BEN
cession*naire*	cèder	Cèder qqchose à qq'un	COS	REC
commenda*taire* concession*naire*	concèder	Concèder qqch à qq'un	COS	REC
consigna*taire*	consigner	Remettre (à qq'un) une somme d'argent en garantie	COS	REC
dédica*taire*	dédicacer	Dédicacer qqchose à qq'un[1]	COS BEN	REC BEN
destina*taire*	destiner	Destiner X à Y[2]	COS	REC
domicilia*taire*	domicilier	Fixer, assigner un domicile à (quelqu'un).	COS	REC
dona*taire* dr.,	donner	Donner qq chose à qq'un	COS	REC
endossa*taire* dr	endosser	Procéder à l'endossement de	BEN	BEN
entreposi*taire* dr.,	entreposer	Déposer dans un entrepôt	BEN	BEN
indemni*taire* dr.,	indemniser	Dédommager qq'un de ses pertes, de ses frais	COD	
léga*taire*	lèguer	Donner cèder par disposition testamentaire	COS	REC
loca*taire*	Louer	Prendre à loyer, en location, à bail	S	

(suite)

Tableau 5 (suite)

	Verbe source	Construction verbale-source	Fonction gram. dans la construction	Lexicalisation
mandat**aire**	mandater	Investir qq'un d'un mandat	COD	
obligat**aire** dr.,	obliger	Assujettir par une obligation d'ordre juridique	COD	
pensionn**aire**	pensionner	Pourvoir qq'un d'une pension	COD	
permissionn**aire**	0	Accorder un congé à un militaire	COS	REC
portionn**aire**	0	0 qui reçoit une portion d'héritage		
prestat**aire**	0	0 qui reçoit une prestation sociale		
rationn**aire**	Rationner (distribuer des rations déterminées et limitées de qq chose)	?	MAL	
renonciat**aire** dr.,	Renoncer à un bien	Renoncer à Z en faveur de Y	BEN	
résignat**aire** dr.,	Abandonner un bénéfice, un office en faveur de qq'un	Abandonner Z pour Y	BEN	

NOTE :
1 Plus exactement, d'après le TLFi, « pourvoir (un exemplaire d'un livre, et, p. ext., une photographie, un disque...) d'une dédicace manuscrite. Inscrire une dédicace ou simplement signer (des exemplaires d'un livre) à l'intention des acheteurs ».
2 Initialement, d'après le TLFi, « déterminer le destin, la destinée, la destination de quelqu'un ou quelque chose ».

Ce point syntaxique est important car il fait ressortir une distinction, maintes fois invoquée dans les travaux sur la « bénéfaction » (voir bibliographie), entre « bénéficiaire » et « recipient » :

> *Recipient is the role of an obligatory constituent, while beneficiary is not obligatory* (Luraghi, 2008)
>
> *Beneficiaries have features in common with recipients (...). Recipients are often obligatory arguments of verbs, most notably with verbs of giving (...) while the non-obligatory nature of beneficiaries is manifested in the fact that they can often be omitted.* (Zúñiga & Kittilä, 2010 : 4)

Ainsi la liste proposée par le *TLFi* comporterait-elle plus de « recipients » au sens strict que de « bénéficiaires ». Dans cette optique, on peut d'ailleurs considérer que, si la structure de base trivalente des constructions à « recipients » est *X donne Z à Y*, les verbes du tableau et leurs dérivés en *-aire* sont autant de spécification de cette structure qui en précisent :
– les modalités (*léguer* = donner au moyen d'un testament ; *destiner* = donner de manière planifiée, suivant « un destin »)
– l'objet (*indemniser* > donner une indemnité ; *pensionner* > donner une pension, *dédicacer* > donner un objet « signé », *mandater* > donner un mandat).

C'est ce que schématise la figure 2 ci-dessous.

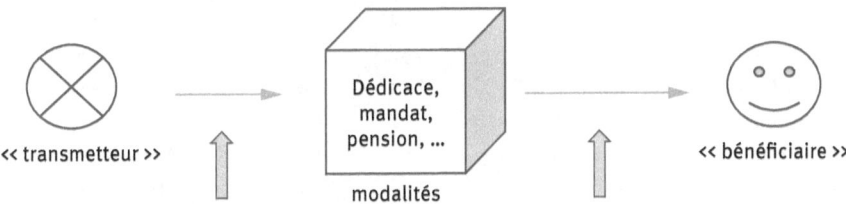

Figure 2 : Relation impliquant les référents des NH-*aire*

4.3.2 Proposition de règles de formation

À partir de là, – et à un niveau plus abstrait, plus « cognitif » et sans doute moins linguistique – il est possible de dégager des règles de formation rendant compte des procédés de construction des NH-*aire*, sur la base d'une double hypothèse :
i) Il y a transaction entre 2 entités : l'une qui donne, l'autre qui reçoit.
ii) Il y a une entité qui transite, appelons-la Z, qui peut faire office de « cible » se dirigeant vers un site.[11] Cette entité coïncide le cas échéant avec le N qui fait office de base au verbe.

Ainsi pour *légataire*, c'est le legs qui fait office de cible et se « dirige » / transite vers le site incarné par le N de *légataire*.

Cette règle est doublement avantageuse : d'abord, parce qu'elle propose une systématisation de la formation de ces N dans la mesure où elle rend compte du fait que l'objet de transition X est encodé, comme on l'a vu, dans le N ; parfois le N en *-aire* a simplement le sens de « qui possède ».

---

[11] Nous devons toute cette partie morphologique, notamment l'idée de *cible* et de *site*, à la sagacité de Fiammetta Namer & Stéphanie Lignon auxquelles nous adressons nos plus vifs remerciements.

Tableau 6 : Principes de formation des N en -*aire* « bénéficiaire »

Xaire	X (ou participant de X)	Rôle de Xaire	Rôle de (participant de) X	Mouvement de la cible relativement au site
Pensionnaire	Pension1 [financière]	Site	Cible	Cible vers site
Pensionnaire	Pension2 [loc]	Cible	Site	Cible vers site
Prestataire	Prestation			Cible vers site (B)
		Site	Cible	Cible s'éloigne de Site (A, C)
Bénéficiaire	Bénéfice	Site	Cible	Cible vers site
Permissionnaire	Permission	Site	Cible	Cible vers site
Allocataire	Allocation	Site	Cible	Cible vers site
Rationnaire	Ration	Site	Cible	Cible vers site
Dédicataire	Dédicace	Site	Cible	Cible vers site
Dépositaire1	Dépôt[conc]	Site	Cible	Cible vers site
Adjudicataire	Adjudication	Site	Cible	Cible vers site
Légataire	Legs	Site	Cible	Cible vers site
Indemnitaire	Indemnité	Site	Cible	Cible vers site
Portionnaire	« Portion »	Site	Cible	Cible vers site
Récipiendaire	Diplôme, médaille	Site	Cible	Cible vers site
Dépositaire 2	Secret/autorité	Site	Cible	Cible vers site
Locataire	Patient de *louer*	Cible	Site	Cible vers site
Destinataire	Patient de *destiner*	Site	Cible	Cible vers site
Entrepositaire	Patient de *entreposer*	Site	Cible	Cible s'éloigne de site

Elle montre aussi des « déviances » ou cas marginaux. Ainsi le N de l'objet peut-il ne pas être lexicalisé dans *récipiendaire* « personne qui reçoit un diplôme, une médaille » ; tout comme une des valeurs de *dépositaire* est-elle de « recevoir » un secret, une autorité, etc. :

> RÉCIPIENDAIRE, subst.
> Personne que l'on vient d'admettre, que l'on reçoit avec un certain cérémonial dans une société ou un corps ; personne qui reçoit un diplôme, une médaille. (*TLFi*)
>
> DÉPOSITAIRE, subst.
> A. [Correspond à déposer[2]] Personne à laquelle on a confié un dépôt. Anton. déposant :
>
> B. Au fig. Personne qui est investie d'une mission de confiance ; personne à qui l'on a confié un secret. Dépositaire de l'autorité, de la puissance, des secrets (*TLFi*)

Par ailleurs, les N de *locataire, destinataire, entrepositaire,* du fait qu'ils sont construits directement sur le verbe et en instancient le sujet et agent,[12] dérogent à la règle tout comme certains emplois seulement de *pensionnaire* dont seul le sens vieilli correspond au « patron » et de *prestataire* dont seule l'acception B est concernée :

> **Locataire** : *Personne qui prend quelque chose à loyer, en vertu d'un contrat de louage (de choses) (TLFi)* ≈ qui loue
>
> **Entrepositaire** : *Commerçant dont la fonction est d'entreposer des marchandises. Qui entrepose des marchandises.*
>
> **Pensionnaire** : **Vieilli. Personne qui reçoit une pension (d'un souverain, d'un État, d'un particulier...).** Synon. mod. pensionné. Personne qui prend pension dans un restaurant, une pension de famille ou chez un particulier en général moyennant paiement.
>
> **Prestataire** : **A.** — Personne, entreprise qui fournit une prestation. **B. — Personne bénéficiant d'une prestation. C.** — « Contribuable soumis à l'impôt des prestations en nature » (CAP. 1936).
>
> **Destinataire** : Personne à qui une chose est destinée. Personne à qui s'adresse une lettre, un télégramme, un colis, etc.

De là, l'alternative suivante : soit on considère que ces N sont périphériques, comparés aux éléments « centraux » de la catégorie que sont *bénéficiaire, légataire,* etc., soit ils doivent regagner la catégorie des NH-*aire* d'agents.

4.4 « Bénéficiaire » dans les grammaires : un cas

En dépit de ses nombreuses définitions synthétisées dans le tableau 7, on retiendra de la notion de *bénéficiaire* qu'elle réfère nécessairement à une entité animée, qui « subit » une action lui apportant ou retirant quelque chose (qui peut être une entité concrète ou abstraite) :

Trois critères sont avancés notamment par Niedzielski (art. cit.) pour identifier ce cas :

- un critère négatif visant à montrer que le bénéficiaire est non agentif à savoir l'impossibilité de paraphraser un verbe « datif » par faire :
  85) Lucie a reçu une lettre. → ?? Ce que Lucie a fait est de recevoir une lettre.
- quatre critères formels « positifs » :
  - l'animacité / animéité des référents concernés par les rôles thématiques ;

---

[12] Contrairement à des N comme *dédicataire* où le bénéficiaire occupe la fonction syntaxique d'objet second.

Tableau 7 : Définitions du cas de *bénéficiaire*

Auteurs	Définitions	Exemples proposés par les auteurs
Chafe (1970)	The entity gaining something	
Niedzielski (1981)	Someone who profits from a state or process including possession	*Tom bought Mary a car*
Palmer (1994)	Notionally, Beneficiaries refer generally to **animate** indirectly **affected** by the action with a possible distinction between the notional roles of recipient and beneficiary	*The boy bought a book for a girl* / *the boy bought the girl a book*
Blake (1994)	The **animate entity** on whose behalf an activity is carried out	*She did the shopping for her mother*
Lehmann (2006)	Le bénéficiaire est un participant périphérique auquel la situation est favorable ou défavorable.	
Melis (2004)	a) A affecte C par une action b) Cette action est bénéfique à C c) B appartient à C (un moment donné) d) c) est réalisé au terme de a) e) B entretient une relation méronymique avec C f) B intervient dans a)	*Je propose cet appartement à cette cliente* *On lui a rasé la moustache* *Il lui est arrivé une drôle d'histoire*
Kittilä S. & Zúñiga F. (2010)	*The beneficiary is a participant that is advantageously affected by an event without being its obligatory participant (either agent or primary target, i.e. patient). Since normally only animate participants are capable of making use of the benefit bestowed upon them, beneficiaries are typically animate. (p. 2)*	

- la présence de la préposition *pour* / à, le cas échéant[13] ;
- des interrogations ; *Qui profite d'une certaine action volontaire ? Qui devient (est) le possesseur ? Qui cesse de posséder ?* (Niedzielski, art. cit.) ;
- rôle thématique conditionné par un verbe bi- ou trivalent, le cas échéant.

4.5 Aspects sémantiques

Pour préciser le sémantisme des « bénéficiaires-recipients », nous partirons d'un premier constat : il ne suffit pas que X donne un stylo à Y pour que celui-ci soit

---

[13] En anglais *for vs to*.

ipso facto « donataire », ni que X entrepose trois caisses de Champagne dans son garage pour qu'il devienne « entrepositaire », etc.

Deuxième constat, on observe, corollairement, que la plupart des objets transitant entre le destinateur et le destinataire des deux tableaux ci-dessus sont principalement de deux types :
i) des entités représentationnelles/idéationnelles (ouvrage dédicacé, message, ...),
ii) des sommes d'argent (indemnité, pension, allocation, etc...) dématérialisées en quelque sorte et non sous d'espèces sonnantes et trébuchantes.

Bref, il s'agit d'entités non matérielles ou non exclusivement matérielles. C'est ce que montre aussi :

86) *donateur de (bonbons+stylo) > *donataire[14] de (bonbons+stylo)

Troisième constat, ces transactions nécessitent une forme de médiation administrative ou juridique donnant lieu à un contrat, comme il ressort des définitions suivantes :

> Donation, **Contrat solennel** par lequel une personne, le donateur, se dépouille irrévocablement, sans contre-partie et dans une intention libérale, d'un bien, en faveur d'une autre personne, le donataire, qui y consent (CAP. 1936). (*TLFi*)
>
> OBLIGATAIRE, subst. DR. COMM., FIN. « Créancier dont le droit résulte **d'un titre d'obligation négociable** » (CAP. 1936)
>
> Cession : **1.** DR. INTERNAT. « Abandon par un État à un autre État d'un territoire ou d'une portion de territoire qu'il possède, **en vertu d'un accord bilatéral** » (AQUIST. 1966) ; **2.** DR. COMM. Transfert à une personne (physique ou morale) de la propriété d'un bien, d'un titre, d'un droit. Cession de bail, de brevet, de créance.

C'est par le biais de cette médiation administrative que se trouve désigné, nommé le « bénéficiaire ». Cela prouve incidemment que les NH de cette catégorie n'y figurent pas intentionnellement, sous l'effet de leur propre volonté.

Il en résulte que le N-*aire* peut n'être pas effectivement « possesseur » / « détenteur » de l'objet : c'est le cas de legs qui ne change de « main », si l'on peut dire, qu'au décès du testateur :

> LEGS **A.** — **1.** DR. CIVIL. Disposition à titre gratuit faite par un testateur de ses biens, en tout ou partie, au profit d'une ou plusieurs personnes physiques ou morales ; p. méton. bien ainsi laissé.

---

14 Le *TLFi* note pour *donataire* une acception particulière : « **B.** — Domaine de l'*art relig.* [P. réf. au fait que « celui qui donne » *reçoit* en échange la protection divine], Synon. de *donateur.*

Cela pour dire que les N en *-(t)aire* désignent des virtualités, dont l'existence est conditionnée par un choix (une nomination, désignation, etc.), de la part du destinateur ; c'est d'ailleurs ce dont rendent compte les couples de formes *-teur/-(t)aire* évoqués plus haut. Notons qu'il est difficile de dire (87), ce qui montre le caractère abstrait ou virtuel du référent des N en *-aire* :

    87) *J'ai vu (un donateur/un donataire).

La figure 2 *supra* peut alors s'amender comme suit, les pointillés représentant les virtualités dont il a été question et le cadre entourant l'objet transitoire le contrat qui le conditionne :

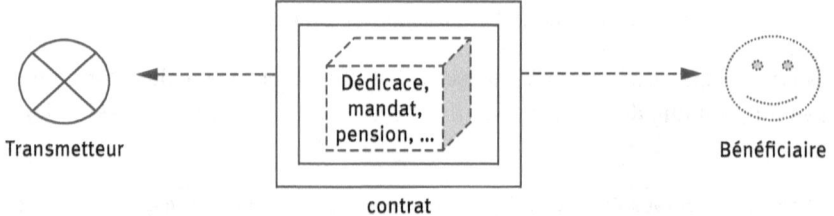

Figure 3 : Schématisation de la relation impliquant les référents des N en *-aire*

Plusieurs arguments linguistiques étayent cette hypothèse. D'abord, l'existence de couples de correspondants morphologiques du type de *donateur / donneur* ou *récipiendaire / receveur / récepteur / réceptionnaire*. Corollairement, on observe que *donneur* se construit avec des compléments adnominaux, classifiants ou non, que ne permet pas *donateur* :

    88) donneur de leçons+d'avis+de conseils+de sang+d'organes

    89) *donateur (de leçons+d'avis+de conseils+de sang+d'organes) → *donataire (de leçons+d'avis+de conseils+de sang+d'organes)

Ce genre d'opposition a été commenté par Benveniste et, à sa suite, Anscombre (2001) qui, à propos de *sauveur /sauveteur,* suggère :

> Ainsi, selon Benveniste, sauveur = « celui qui a sauvé »/ « sauveteur= celui dont le métier est de sauver ». Distinction que l'exemple ci-après
> Le Seigneur est mon (sauveur+*sauveteur)
> nous permettra d'illustrer et de confirmer. Car ce contraste est en parfaite conformité avec les Ecritures : Dieu, outre ses différentes caractéristiques, est celui qui a effectivement sauvé l'humanité parce qu'il a choisi de le faire, et non parce qu'il y était en quelque sorte destiné (ce qui est en revanche le propre du sauveteur).

Cette distinction, qui repose sur une différence morphologique caractérisée par Anscombre en termes de *thème de supin vs de présent*,[15] correspond, selon lui, à une opposition aspectuelle qui fait que :

> Les deux thèmes présentent une action, mais sous des angles différents : le thème de supin la présente sous l'angle de l'état stable qui résulte de son accomplissement effectif ou non. Le thème de présent, à l'inverse, présente l'événement que constitue la réalisation de cette action. (Anscombre, 2001, 38)

Or, la plupart des noms en *-(t)aire* semblent relever comme *sauveteur* d'un thème de supin (*abandonnataire, adjudicataire, commendataire...*).

4.6 Aspects distributionnels

Pour préciser le comportement syntaxique et sémantique des N en *-aire*, nous avons procédé à une étude de corpus de cinq N-témoins (*locataire, dépositaire, mandataire, bénéficiaire* et *destinataire*). Celui-ci se constitue de 200 occurrences par unité lexicale (100 au singulier et 100 au pluriel), soit au total 1000 occurrences, extraites de la base de textes *Wortschatz*.

Les unités lexicales ont été choisies en fonction de leur diversité morpho-syntaxique. Elles font office de « témoin » pour celles qui présentent des caractéristiques similaires. Pour chacune de ces unités, nous avons examiné l'environnement syntaxique au sein du SN (niveau du syntagme) et, plus largement, au sein d'un contexte plus étendu (phrastique et inter-phrastique).

4.6.1 Niveau syntagmatique

Au niveau de la détermination des SN, on observe trois grandes tendances pour l'ensemble des SN : la suprématie du déterminant défini, supérieure à la moyenne dans la majorité des cas, suivi du déterminant 0. Enfin, le déterminant possessif est également bien représenté dans certains cas.

Du point de vue des expansions, soit le SN reste nu, soit il est expansé au moyen d'un complément du nom :

90) « En attendant à la fin du mois, il ne me reste rien pour manger et je dois aller à la soupe populaire », **raconte le bénéficiaire de l´assurance emploi.** (http://www.quebechebdo.com/article-454676-Fini-les-categories-demandent-les-assistes-sociaux.html)

---

[15] Thème qui sert à la formation du participe présent d'un verbe.

Tableau 8 : Comportement des N en *-aire* au niveau du syntagme (en %)

		Détermination				Expansion			
		Déf (%)	Indf (%)	0 (%)	Poss (%)	nu (%)	adj (%)	CDN (%)	Relative (%)
sg	locataire	68	11	16	3	60	17	28	0
	dépositaire	50.5	5	44.5	0	24	13.5	70.5	0
	mandataire	30.5	25	25	13.5	62.5	18	14.5	0
	bénéficiaire	72	3	20	2	52.5	24.5	37.5	0
	destinataire	65.5	4	14.5	13	79	5.5	14.5	1.5
pl.	locataires	57	5	15	15	65.5	16	19	2
	dépositaires	50	2	34	1	34	14	51	3
	mandataires	56	10	6	15	45	40	21	0
	bénéficiaires	76	3	10	3	48	15	40.5	4
	destinataires	62	1	18	11	58	15	28	3

91) L'Université de Montréal est **dépositaire de l'herbier ainsi constitué par l'un des plus grands botanistes québécois, le frère Marie-Victorin.** (http://curieuxunivers.umontreal.ca/fr/classification/hmv/page2.php)

92) Chaque semaine, la Fédération est **destinataire de demandes d´emploi émanant des quatre coins du monde.** (http://www.elwatan.com/Ont-ils-les-moyens-d-aller-plus)

93) Lorsque la réservation de la location a lieu directement entre le propriétaire et **le locataire**, sans intervention d'un professionnel, le bailleur exige généralement un chèque représentant 25 % à 50 % de la location. (www.golfe-immobilier.fr.txt)

94) L'A88 concédée à un groupement conduit par NGE. La portion de l'autoroute A88 mise en concession entre Falaise (Calvados) et Sées (Orne) vient d'être attribuée au groupement « Alicorne » (*) dont **le mandataire** est NGE. (http://www.lemoniteur-expert.com/actualite/transports_infrastructures/l_a88_concedee_groupement_conduit/D4C299F07.htm)

Ces tendances ont des fondements syntaxiques et discursifs que nous allons détailler dans la partie qui suit.

4.6.2 « Dépendance » syntaxique des N en *-aire*

Au niveau du SN, trois phénomènes majeurs attestent de la dépendance syntaxique des N-témoins. Premièrement, au niveau de la détermination, l'importance du défini, dans des proportions largement supérieures à la moyenne pour nos N, marque en fait des anaphores associatives, dépendantes de *scenarii*, explicites ou inférables d'éléments cotextuels,[16] par exemple en (95) et (96), la conservation de messages électroniques, l'envoi d'un mandat postal :

> 95) Sauf dispositions contraires des lois nationales, les messages EDI doivent être conservés dans le format de transmission par l'expéditeur, et dans le format de réception par le **destinataire**. (www.alexander.tm.fr.txt)
>
> 96) Sur un CCP métropolitain, des Dom Tom ou d'une collectivité territoriale : Envoyez un ordre de virement au Centre des Chèques Postaux comportant : Le nom du **bénéficiaire** Son numéro de C.C.P et le nom du Centre du chèque. (http://www.opt.pf/sf/particuliers/envoyer/vir_ord.php)

Deuxièmement, le possessif (97), d'ailleurs plutôt employé avec *locataire* et *destinataire*, traduit cette forme de dépendance (98)-(99) :

> 97) Un bailleur peut aussi conclure avec **son locataire** un contrat de location saisonnière conférant la jouissance des locaux commerciaux pour une saison estivale ou hivernale : ce contrat ne confère pas non plus la propriété commerciale. (www.chambre-rhone.notaires.fr.txt)
>
> 98) Le PEP est donc automatiquement assorti d´une garantie plancher, et le souscripteur lui-même ou **son bénéficiaire** ne prend aucun risque boursier. (http://www.france-soir.fr/argent-economie/assurance-vie-pourquoi-proteger-ses-supports)
>
> 99) L'agent de routage a pour but d'acheminer le message, en fonction de l'adresse vers **son destinataire**. (Jux.u-strasbg.fr.txt)

Troisièmement, au niveau des expansions adnominales, le CND domine dans des proportions qui s'échelonnent entre 19% et 70% des emplois et instancie un argument du verbe-base :

> 100) Le **bénéficiaire du congé** est, en conséquence, rétabli, pour la durée du congé, dans les droits d'un agent non titulaire exerçant ses fonctions à temps plein. (michel.eckert.free.fr.txt)
>
> 101) Le **destinataire de ces informations personnelles** est uniquement le Crédit Populaire d'Algérie – le CPA – (propriétaire du site Web cpa-bank. (http://www.cpa-bank.dz/?p=mentions_legales)
>
> 102) Les enquêteurs soupçonnent ce Suisse de 49 ans, domicilié dans le canton de Nidwald, d'avoir tué la **locataire de l'appartement,** helvète elle aussi. (http://www.24heures.ch/actu/suisse/femme-retrouvee-morte-kriens-suspect-arrete-2009-04-15)

Autant de faits qui confirment la dépendance syntaxique des N en -*aire* – ou leur caractère relationnel – entrevu *supra*.

---

[16] Dont il est parfois difficile de restituer l'intégralité en raison de l'étroitesse des fenêtres de *Wortschatz*.

4.6.3 Non agentivité

L'absence d'agentivité transparaît dans les fonctions syntaxiques privilégiées par les N-témoins :

- la répartition des fonctions : celle de sujet (dont nous reparlerons), bien que la plus importante, n'excède jamais la moitié des cas, quels que soient les N. Elle ne précède que de peu celle de complément du N au coude à coude, si l'on peut dire, avec celle d'objet ;
- la fonction sujet, dominante dans la plupart des cas, doit être pondérée étant donné la catégorie des verbes concernés : parmi les régularités observées, un tiers de verbes dont *destinataire* est sujet – ce qui fait moins d'un tiers des cas sont constitués de être (23%), de formes passives (4%) ou de modaux (6%), le reste étant largement composé de prédicats statifs (*savoir, voir, disposer*) ; les proportions sont moindres pour *bénéficiaire* (être : 5% ; modalités : 4% ; passif : 2%). Le cas de *locataire* est un peu différent : en effet, le lexème est souvent employé dans des textes de faits divers, pour désigner des personnages concrets impliqués dans des situations dramatiques, dont les agissements sont dénotés par des verbes d'action :

   103) Mais quand ils arrivent au lieu du rendez-vous, **le locataire est venu** comme il l'avait promis et attend Natalia. (emmanuel.denis.free.fr.txt)
   104) Moi, j'ai fait une demande pour changer de quartier », **explique** une **locataire** de Charles-Roche.(http://www.bladi.net/forum/166621-article-presse-francaise-ultra-raciste-envers/)

Tableau 9 : Fonctions syntaxiques des SN des N en *-aire* (en %)

		Sujet (%)	Objet (%)	CC (%)	Appo (%)	Att (%)	CDN (%)
sg.	locataire	46	9	9	4	13	19
	dépositaire	9.5	5.5	9.5	7.5	59	4
	mandataire	29	14.5	10.5	7.5	3	35.5
	bénéficiaire	29	14	5.5	9.5	25	17
	destinataire	19.5	27.5	11	4	13.5	24.5
pl.	locataires	32	27.5	13	3.5	3.5	20.5
	dépositaires	10	11	18	10	27	18
	mandataires	26	26	11	2	3	27
	bénéficiaires	26.5	19	16	2	2	34.5
	destinataires	27	26	8	1	12	26

- la fonction d'attribut, qui arrive en 3ième position des emplois au singulier, et d'apposition en tant que forme de prédication, montre que les N concernés servent à caractériser les référents.

4.6.4 La dénotation de référents plutôt abstraits

L'environnement des N-témoins accrédite l'idée que leur référent est plutôt abstrait. Premièrement, les genres d'occurrence de ces N sont des textes à caractère administratif/législatif – exception faite, on l'a vu de *locataire* – dont la portée générale et atemporelle a pour effet que leurs référents sont désincarnés, renvoient à des « types » plutôt qu'à des individus.

Deuxièmement, les verbes dont ils sont le sujet sont plutôt des prédicats statifs, on l'a vu, qui ne dénotent pas d'actions concrètes, au sens où leur déroulement est perceptible.

Troisièmement, les expansions adjectivales (*cf.* les tableaux 10 et 11 ci-dessous) sont plutôt réduites comparées aux adnominales ; de surcroît, les adjectifs concernés n'ont pas de vertu descriptive. Trois sous-catégories d'adjectifs sont instanciées :

- des adjectifs d'ordre tels que *premier* et *principal* :

    105) Si on tient compte de l'inflation, on peut considérer que **le premier bénéficiaire** est le gagnant puisqu'il reçoit un prêt sans intérêt, alors que le dernier accorde un prêt sans intérêt. (www.biu-toulouse.fr.txt)

    106) En ce qui a trait aux échanges, la Chine est devenue un **des premiers destinataires** des exportations japonaises. (http://www.ledevoir.com/2007/10/13/160371.html)

    107) **Les principaux destinataires** des exportations algériennes de marchandises sont l'Union européenne (43,6%), les Etats-Unis (30,1%), le Canada (7,8%), la Turquie (3,4%) et le Brésil (3%). (http://www.latribune-online.com/evenement/24903.html)

    108) La rotation des postes a été acceptée du bout des lèvres par **les principaux bénéficiaires** du statut actuel. (http://fr.allafrica.com/stories/200704290001.html) latribune-online.com/evenement/24903.html)

- des adjectifs – notamment *seul* qui servent à circonscrire l'extension d'un ensemble :

    109) Ce n'est pas **le seul bénéficiaire** puisqu'Alonso et Vettel multiplient les dépassements et profitent d'une erreur de Petrov pour se retrouver 5e et 6e. (http://rss.feedsportal.com/c/285/f/3637/s/a0bf9e4/l/0L0S1ejdd0BFr0CSport0CF10CActualite0CButton0Edompte0Eles0Eelements0E1870A76/story01.htm)

    110) Elles ont pour **seul destinataire** le service administratif de la CNIL, auprès duquel peuvent s'exercer les droits d'accès et de rectification. (www.cnil.fr.txt)

- les adjectifs dits adverbiaux ou modificateur de la référence tels que *actuel* ou marquant la temporalité comme *précédent*, plutôt utilisés avec *locataire* du reste :

    111) A cinq mois de la présidentielle et alors que la crise de la zone euro n'en finit pas de s'aggraver, **l'actuel locataire** de l'Élysée sait donc que son discours, baptisé "Toulon II" par les médias, est attendu aussi bien en France qu'en Europe. (http://www.france24.com/fr/20111201-discours-toulon-II-nicolas-sarkozy-crise-economie-europe-election-presidentiel-enjeux)

112) **Les bénéficiaires actuels** de rentes à 10% ne seraient pas touchés. Le Conseil fédéral a mis en consultation un projet de révision de la loi sur l'assurance accidents. (http://www.tsr.ch/tsr/index.html?siteSect=200002&sid=7304069&cKey=1164810687000)

Tableau 10 : Voisins gauches de *locataire* (*Wortschatz*)

---

significant left neighbours of locataire :
le (12919.2), du (4998.37), Le (4925.75), **nouveau (3208.45),** *l'actuel (1917.1), au (1829.25), l'ancien (1085.7), futur (977.07), un (845.182), êtes (686.489), son (435.452),* **prochain (333.612), lactuel (323.766),** *L'ancien (281.262), autre (267.646), ou (260.492), ancien (259.773), candidat (245.193), votre (235.676), L'actuel (226.924), soyez (222.84), d'un (212.359), FICP (183.822), chaque (175.441), précédent (174.641), l´actuel (173.783), Un (164.965),* **principal (153.189),** *ficp (153.053), qu'un (147.57), l'ancienne (130.347), lancien (93.6651), devenir (89.9281) [...]*

Tableau 11 : Voisins gauches de *locataires* (*Wortschatz*)

---

significant left neighbours of locataires :
des (11690), les (11246.6), aux (3133.09), Les (2959.03), ses (1490.25), **nouveaux (1109.18), futurs (1082.52),** *ménages (767.333), leurs (715.539),* **anciens (681.695),** *autres (614.224), certains (451.533),* **premiers (450.098),** *candidats (353.031), plusieurs (287.899), nos (283.491), nombreux (244.744), Des (196.196), de (172.989), Certains (156.036), vos (137.575), ces (131.457), entre (131.305), deux (122.263), d'autres (119.031), d'anciens (118.121), familles (96.7119), ou (89.316), aspirants (85.5409), Ses (81.1666), étaient (81.0912), Plusieurs (78.4403),* **actuels (65.3166),** *sont (63.5682), Deux (62.8923), OBNL (61.1154), D'autres (60.999), jeunes (60.5572),* **principaux (59.5355), derniers (53.2208),** *mes (52.3267),* **précédents (46.9412),** *qu´aux (43.1727), étudiants (43.0915), devenus (41.4567), différents (40.7461), qu'aux (40.6686), devenir (37.0663), simples (36.396), soient (34.9745), Trois (34.0043), commerçants (33.9558), milieux (33.9131), majoritairement (32.1694), sommes (30.3573), 200 (29.8766), éventuels (29.6579), fermiers (27.3267), Cinq (25.7972), Sept (25.7701), d'éventuels (24.7181), potentiels (23.1213), 350 (22.1475), 500 (21.0597), 000 (20.6957), prochains (18.691), entreprises (18.3005),* **grands (17.1454),** *taxis (16.9983), étions (15.5679), 250 (15.4357), clients (15.0304), mauvais (13.8452),* **petits (13.7764),** *d´autres (13.513), bons (13.4981), deviennent (13.1094), 125 (12.9496), heureux (12.6249), huit (12.5856)*

---

des adjectifs dits adverbiaux du type *grand* ou *heureux* :

113) Green a été **le grand bénéficiaire** de l'absence de Richardson. (http://www.radio-canada.ca/sports/football/2009/07/21/002-als-jamel-mardi.shtml?ref=rss)

≈ Green a grandement bénéficié de...

114) L'Espagne est **la grande bénéficiaire** des tests de résistance bancaire européens et les craintes sur sa dette souveraine se dissipent rapidement, laissant entrevoir une amélioration de la situation. (http://www.investir.fr/infos-conseils-boursiers/actus-des-marches/infos-marches/plus-europe-)

≈ L'Espagne a grandement bénéficié de

Tableau 12 : Voisins gauches de *bénéficiaire* (*Wortschatz*)

significant left neighbours of bénéficiaire :
marge (11916.1), le (4530.28), **principal (3192.2)**, du (2724.52), **grand (2200.61)**, **premier (1412.09)**, Le (1357.76), **principale (1151.06)**, clause (1023.75), capacité (947.065), au (912.525), chaque (784.389), largement (754.042), légèrement (686.059), croissance (557.573), redevenir (452.105), seul (412.382), être (397.106), **l'heureux (383.885)**, est (355.492), exercice (309.066), redevenu (299.141), résultat (291.18), rester (287.587), redevenue (281.273), Chaque (235.826), Autre (227.358), resté (221.84), **première (221.195)**, comme (205.621), pays (197.492), été (193.02), personne (186.657), Principal (183.85), collectivité (179.388), sera (174.627), population (171.824), [...]

Tableau 13 : Voisins gauches de *bénéficiaire* (*Wortschatz*)

significant left neighbours of bénéficiaires :
les (13481.7), des (10741.6), marges (9279.29), aux (6789.96), **principaux (5251.79)**, Les (5168.26), **premiers (4040.57)**, **grands (1863.49)**, pays (1018.81), heureux (1003.77), 000 (934.493), populations (874.795), ses (872.435), leurs (805.838), principales (672.01), **seuls (639.299)**, entreprises (503.875), **nouveaux (500.494)**, futurs (481.908), familles (375.001), organismes (337.967), perspectives (335.249), indus (331.284), personnes (323.157), certains (301.116), Principaux (259.452), premières (242.997), autres (242.316), jeunes (217.541), foyers (212.648), salariés (211.372), largement (210.932), dégagements (205.451), **anciens (194.305)**, **vrais (191.061)**, **éventuels (172.473)**, exercices (164.77), ménages (158.149), 661.438 (157.305), sont (150.664), véritables (140.777), étudiants (133.746), [...]

Quatrièmement, l'objet de la transaction profitant au bénéficiaire est de nature relativement abstraite, comme le montre l'aperçu ci-dessous des N figurant dans le complément adnominal de *bénéficiaire* et de *destinataire* :

Bénéficiaire : Programme, compléments de retraite, aide, fond, assurance emploi

Destinataire : données, informations, demandes, messages

115) La République kirghize devrait être **le premier bénéficiaire de ce programme**, pour un montant estimé à 5 millions de dollars. (http://www.destinationsante.com/article.cfm?ContentID=14122)

116) Ensuite parce que le confort est **le premier bénéficiaire de cette philosophie.** (http://www.lefigaro.fr/automobile/20070907.FIG000000239_gilera_gp_le_chainon_manquant.html)

117) La Commission de Relation avec les usagers est également **destinataire de ces résultats.** (http://www.ch-stamand.fr/info%20usager/relations%20usagers.html)

118) Art. 3. – Les agents sont les seuls **destinataires de ces informations** après connexion sécurisée par mot de passe. (www.ac-caen.fr.txt)

4.6.5 Qui sont les « bénéficiaires » ?

Les référents qui sont « bénéficiaires » relèvent de deux types, étroitement corrélés au genre discursif d'occurrence des NH qui se révèle ici crucial :

- des individus spécifiques ou non spécifiques :

119) À propos de l'île d'Arros, il explique au Figaro qu'elle a été « achetée en 1997 avant que je ne sois là », dit tout ignorer de « la structure de la société qui la détient », précisant que **Mme Bettencourt n'en est** « **que locataire** ». (http://www.france24.com/fr/20100626-affaire-bettencourtbanier-zones-dombre-leur-situation-fiscale-eric-woerth-fragilise)

120) Un job à plein temps. De son côté, **le locataire de la Maison Blanche** estime que ses concitoyens ne lui tiendront pas rigueur d'une simple semaine de vacances, soit moins que la plupart de ses prédécesseurs. (http://www.parism)

121) Il a fustigé les nombreuses lois dont le principal **bénéficiaire** est Silvio Berlusconi. (http://www.edicom.ch/news/international/051009001128.mo.shtml)

122) **Le destinataire** peut être une entité précise et déterminée, un groupe d'entités, voire une entité inconnue de celui qui fait le sacrifice (cas des abandons de choses à l'extérieur). (Sacrifice)

- des collectivités qui vont de groupes divers – partis politiques, sociétés, services administratifs, à des entités géographiques :

123) Les loyers versés par l'enseigne Buffalo Grill ont représenté 69% des loyers en 2008. **Le groupe Vivarte est le 2ème locataire de Klémurs** avec 12% des loyers. (http://www.journaldunet.com/economie/actualite/depeche/boursier/24/613934/klemurs_le_chiffre_d_affaires_2008_beneficie_des_acquisitions.shtml)

124) Après les réalisations de Roederer et Moët & Chandon, Taittinger fit œuvre d'un mécénat social dont **la ville de Reims se félicite toujours d'**être la **bénéficiaire.** (www.umc.fr.txt)

125) **Le Maroc est en effet le premier bénéficiaire** de l'aide publique française avec 200 millions d'euros en moyenne par an. (http://www.aujourdhui.ma/couverture-details57486.html)

126) L´un des **bénéficiaires** de ce climat délétère pourrait bien être **l´UKIP (Parti de l´indépendance du Royaume Uni),** créé par des conservateurs nationalistes dans le but de retirer la Grande-Bretagne de l´UE. (http://www.humanite.fr/2009-06-02_International_Percee-annoncee-des-votes-sanction-au-Royaume-Uni)

127) Elles ont pour seul **destinataire le service administratif de la CNIL,** auprès duquel peuvent s'exercer les droits d'accès et de rectification. (www.cnil.fr.txt)

4.6.6 Bilan de section

Trois points ressortent de cette section. Premièrement, nous avons fait valoir le caractère non agentif et abstrait des référents désignés par les NH « bénéfactifs » en -*aire*, qui s'explique par le type de transaction également relativement abstrait dénoté par les bases de ces N. De là provient que tous les NH-*aire* et, *a fortiori*, tous les NH, ne sont pas nécessairement dotés des traits agentifs, concrets que mettent en avant les dictionnaires ou grammaires (*cf.* l'introduction à ce volume).

Deuxièmement, la présence d'adjectifs temporels dits adverbiaux au côté de ces NH montre le caractère temporellement borné et transitoire des attributions qu'ils dénotent.

Troisièmement, au sein de ces NH, *bénéficiaire* a un statut particulier au sens où, contrairement à ses congénères, il n'encode pas l'objet ce qui le rend apte à la modification quantitative par l'adjectif *grand* (*cf.* (98) et (99)) (l'occupant d'un grand appartement ou le bénéficiaire d'un legs important ne sont pas désignés pour autant par *grand locataire* ou *gros légataire*). De sorte qu'il pourrait ainsi figurer comme hyperonyme de la classe.

Enfin, le statut dénoté par ces NH résulte d'un acte performatif (écrit) dont les conditions de félicité sont juridiquement « cadrées ».

5 Conclusions

En guise de conclusion à cette étude, nous terminons par un bilan, en deux temps, des points principaux abordés.

Premièrement, en ce qui concerne plus spécifiquement les NH-*aire*, nous espérons avoir montré l'intérêt d'étendre la description morphosémantique aux suffixes restés encore en marge des préoccupations. À cet égard, le suffixe -*aire*, par ses possibilités constructionnelles, se montre au moins aussi intéressant que -*eur* qui a focalisé l'attention. Si le travail doit être poursuivi notamment en ce qui concerne les dérivés dénominaux (*poitrinaire, universitaire,* etc.), la comparaison des NH-*aire* avec d'autres classes réputées former des noms d'agents en français (comme les dérivés en *-eur*) permet de tirer un certain nombre de conclusions.

Les propriétés syntaxico-sémantiques des NH-*aire* déverbaux permettent d'identifier deux sous-classes : celle des N d'agents (*signataire, protestataire...*), qui instancient l'argument externe de la structure verbale, et celle des N de « bénéficiaires » (*bénéficiaire, renonciataire...*) qui encodent un argument interne (complément sélectionné ou non). La particularité des NH-*aire* agentifs est de dénoter un participant étroitement lié à un procès d'accomplissement effectif. À l'aide d'une batterie de tests (cf. tableau 4), nous avons vu que, même s'il existe des NH-*aire* (de type *gestionnaire*) qui se rapprochent du fonctionnement des noms de professions/statuts (qualifiés d'*agents dispositionnels* dans la littérature), la plupart des déverbaux en *-aire* désignent des agents épisodiques dans des procès relevant d'une procédure officielle, elle-même formalisée par une trace écrite à valeur juridique (*signature, démission, abonnement,* etc.). Ce point notamment est partagé avec la sous-catégorie des NH « bénéficiaires ». Outre le fait que les noms d'humains bénéficiaires relèvent des structures syntaxiques trivalentes réciproques (et ne peuvent pas, en conséquence, être considérés comme des noms d'agents), ils encodent des entités sémantiquement abstraites qui sont à la base de la dérivation (*bénéfice, allocation, pension...*). En bref, au sein de la classe des noms d'humains, les déverbaux en *-aire* dénotent deux types de participants au procès : l'agent et le récipient/bénéficiaire. Leur spécificité tient au fait qu'il s'agit d'un procès ponctuel (rarement itératif ou dispositionnel), effectivement accompli et qui peut être formalisé *via* un nom d'idéalité (*signature, démission, allocation, rétrocession, dédicace...*).

Deuxièmement, concernant l'expression de l'agentivité en général, nous avons montré que le caractère agentif conféré à un nom d'humain ne relève pas exclusivement de la morphosyntaxe (en clair, un nom animé déverbal ne se retrouve pas *ipso facto* nom d'agent), mais résulte d'un ensemble de paramètres multi-factoriels impliquant la prise en compte du sémantisme et de la détermination des arguments de la structure verbale sous-jacente. Les investigations doivent être poursuivies d'autant plus que si, d'une part, l'agentivité est étroitement liée à l'aspectualité (qui transparaît dans le métalangage adopté dans la littérature – on en parle de *disposition*, d'*habitude*, de *fréquence*, d'*occasionnalité*, d'*épisodicité*, de *ponctualité*) et si, d'autre part, l'on admet que la conceptualisation du procès diffère selon les moyens employés (verbe, verbe support, nom déverbal...) on devrait pouvoir mieux cerner l'articulation entre agentivité et stativité.

Bibliographie

Aleksandrova A., 2013, *Les noms humains de phase : problèmes de classifications ontologiques et linguistiques*, Thèse de Doctorat, Strasbourg, Université de Strasbourg.

Alexiadou A., Schäfer F., 2010, « On the syntax of episodic vs dispositional *-er* nominal ». *in* Alexiadou A., Rathert M. (dir.), *The syntax of nominalizations across Languages and Frameworks*, Berlin, Mouton de Gruyter : 9–39.

Anscombre J. C., 2001, « A propos des mécanismes sémantiques de formation de certains noms d'agent en français et en espagnol », *Langages*, 143 : 28–48.

Anscombre J. C., 2003, « L'agent ne fait pas le bonheur : agentivité et aspectualité dans certains noms d'agent en espagnol et en français », *Thélème, Revista Complutense de Estudios Francese*, 11 : 11–27.

Barker C., 1998, « Episodic *-ee* in English : a Thematic Role Constraint on New Word Formation », *Language*, 4 : 695–727.

Benveniste E., 1974, *Problèmes de linguistique générale*, t. 2, Paris, Gallimard.

Blake B., 1994, *Case*. Cambridge, Cambridge University Press.

Cappeau P., Schnedecker C., 2013, « Les noms d'humains et la mise en relief : les questions que soulève l'exemple de gens », *Colloque AFSL*, Perpignan, 06. –08. juin 2013.

Chafe W. L. 1970, *Meaning and the structure of language*, Chicago, Chicago University Press.

Devos F., Taeldeman J., 2003, « Deverbal nouns and the agentive dimension across Languages », *in* Willems D., Defrancq B., Colleman T., Noël D. (dir.), *Contrastive analysis in language : identifying linguistic units of comparison*, New York, Palgrave Macmillan : 155–171.

El Cherif W., 2011, *Vers une classification sémantique fine des noms d'agent en français*, Thèse de Doctorat, Dalhousie University.

Gosselin L., 1996, *Sémantique de la temporalité en français. Un modèle calculatoire et cognitif du temps et de l'aspect*, Louvain, Duculot.

Gosselin L., Lenepveu V., Legallois D., 2011, « Les phases : de l'aspect des procès à la structuration textuelle », *in* Neveu F., Blumenthal N., Le Querler N. (dir.), *Au commencement était le verbe. Syntaxe, Sémantique, Cognition*. Berne, Lang : 161–186.

Gross G., 2008, « Les classes d'objets », *Lalies*, 28 : 111–165.

Gross G., 2009, « Sur le statut des substantifs humains », *in* Leeman D. (dir.), *Des topoï à la théorie des stéréotypes en passant par la polyphonie et l'argumentation. Hommages à Jean-Claude Anscombre*, Chambery, Presses de l'Université de Savoie : 27–41.

Gross G., 2011, « Classification sémantique des collectifs humains », *Cahiers de lexicologie*, 98 : 65–81.

Huyghe R., Tribout D., 2015, « Noms d'agents et noms d'instruments : le cas des déverbaux en *-eur* », *Langue française* (1), 185 : 99–112.

Kelling C., 2001, « Agentivity and suffix selection », *in* Butt M., Holloway King T, (dir.), *Proceedings of the LFG01 Conference*, Hong Cong, CSLI Publications.

Lehmann Chr., 2006, « Les rôles sémantiques comme prédicats », *Bulletin de la Société Linguistique de Paris*, 100 : 67–88.

Luraghi S., 2008, *Where do beneficiaries come from and how do they come about ?*, Ms, Université de Pavia.

Luquet G., 1994, « Remarques sur la structure des suffixes formateurs de noms d'agent et d'instruments en espagnol », *Recherches en linguistique hispanique*, 22 : 339–348.

Melis L. 2004, *La préposition en français*, Paris, Ophrys

Mihatsch W., Schnedecker C., (dir.), 2015, *Les noms d'humains : une catégorie à part?*, Stuttgart, Steiner (Zeitschrift für französische Sprache und Literatur, Neue Folge (ZFSL-B), Beiheft 40).

Mühleisen S., 2010, *Heterogeneity in Word-Formation Patterns*, Amsterdam/Philadelphia, Benjamins.

Niedzielski H., 1981, « Lexical realizations of benefactive and beneficiary in English and French », *Review of Applied Linguistics*, 53 : 37–52.

Palmer F.R., 1994, *Grammatical Roles and Relations*. Cambridge, Cambridge University Press.

Rappaport Hovav, M., Levin B., 1992, « -*er* Nominals : Implications for a Theory of Argument Structure », *in* Stowell T., Wehrli E. (dir.), *Syntax and Semantics*, 26 : *Syntax and the Lexicon*, New York, Academic Press : 27–153.

Roy I., 2001, *Predicate nominals in French*, Ms, UCS.

Roy I., 2004, « Predicate Nominals in Eventive Predication », *Working papers in Linguistics*, 2 : 30–56.

Roy I., Soare E., 2012, « *L'enquêteur, le surveillant* et *le détenu* : les noms déverbaux de participants aux événements, lectures événementielles et structure argumentale », *Lexique*, 20 : 207–231.

Roy I., Soare E., 2014, « On the internal eventive properties of -*er* nominal », *SI : Argument Realization in Morphology and Syntax*, 141 : 139–156.

Schnedecker C., Aleksandrova A., 2016, « Les noms d'humains en –*aire* : essai de classification », Actes du 5ᵉ *Congrès Mondial de Linguistique Française*, Université François-Rabelais, Tours, France, 4–8 juillet 2016, *SHS Web of Conferences* 27, 2016, en ligne. DOI : https://doi.org/10.1051/shsconf/20162712001.

Sleeman P., Verheugd E., 2003, « Action and agent nouns in French and polysemy », *in* Willems D., Defrancq B., Colleman T., Noël D. (dir.), *Contrastive analysis in Language. Identifying Linguistic Units of Comparison*, Houndmills, Palgrave Macmillan : 137–154.

Tribout D., Ligozat A.-L., Bernhard D., 2012, « Constitution automatique d'une ressource morphologique : VerbAgent », Actes du *3e Congrès Mondial de Linguistique Française*, Université Lumière Lyon 2, France, 4–7 juillet 2012, *SHS Web of Conferences* 1, 2012, en ligne. DOI : https://doi.org/10.1051/shsconf/20120100324.

Ulland H., 1993, *Les nominalisations agentive et instrumentale en français moderne*, Bern, Lang.

Winther A., 1975, « Note sur les formations déverbales en -*eur* et -*ant* », *Cahiers de lexicologie*, 26 : 35–54.

Zúñiga F., Kittilä S. (dir.), 2010, *Benefactives and Malefactives : Typological Perspectives and Case Studies*, Amsterdam/Philadelphia, Benjamins.

Mathilde Huguin
5 Les NH comme bases de construction morphologique. Lexèmes construits sur noms propres de personnalités politiques françaises

1 Introduction

Le nom propre (désormais NPr) est une partie du discours héritée du grec κύριο όνομα ('nom souverain') et traduite par la suite en latin par *nomen proprium*. C'est celui qui est à « proprement parler » un nom : l'exemplaire par excellence de cette catégorie. Pourtant, le NPr a longtemps été rejeté des études en linguistique. Le fait qu'il soit considéré comme vide de sens pour certains (Mill, 1843 ; Kripke, 1972 *cf.* § 2.3.) en fait un objet linguistique particulier. Le nom propre est traditionnellement défini comme désignant un individu singulier contrairement au nom commun (désormais Nc) qui dénote une classe, une catégorie d'individus. En France, ce n'est qu'à partir des années 80, avec des auteurs comme G. Kleiber (1981), M.-N. GaryPrieur (1994) ou K. Jonasson (1994) que les linguistes commencent à s'intéresser à ce « parent pauvre de la linguistique » (Molino, 1982 : 5). Désormais, le NPr fait partie intégrante des études en linguistique. En témoignent les numéros entiers de revues dédiés au sujet : *Langage* 66 (1982), *Langue Française* 92 (1991), *Mots* 63 (2000), *Lexique* 15 (2000), *Langue française* 146 (2005), *Les Carnet du Cediscor* 11 (2009) et le dernier en date *Langue Française* 190 (2016).

Toutefois, le traitement linguistique du nom propre se cantonne à des descriptions d'ordre syntaxique, sémantique et discursif. À travers cette étude, nous proposons d'aborder le NPr dans une perspective morphologique. Notre analyse a pour objectif d'étudier les mots construits sur des noms désignant des humains : les anthroponymes. Plus précisément, nous nous intéressons aux mots construits sur noms propres de personnalités politiques françaises (désormais NPP, pour Nom de Personnalité Politique) dont voici d'ores et déjà quelques exemples 1) 2) :

1) JACQUES CHIRAC$_{NPr}$ > CHIRAQUIE$_{Nc}$[1]

---

[1] Par convention, les lexèmes sont notés en petites majuscules (Matthews, 1974). Nous utilisons les abréviations NPr, Nc, V, Adj, Adv, indiquant respectivement les catégories syntaxiques nom propre, nom commun, verbe, adjectif et adverbe.

> Pourquoi la **chiraquie** rallie François Hollande. À l'approche du scrutin, de nombreux proches de l'ancien chef de l'État ont fait savoir qu'ils soutiennent François Hollande, et ce dès le premier tour.[2]

2) VALÉRY GISCARD D'ESTAING$_{NPr}$ > GISCARDÔLATRE$_{Nc}$

> « Je ne suis pas **giscardôlatre**, je ne serai pas giscardophobe » par André Diligent, secrétaire général du CDS, lors de la réunion de la Fédération départementale du CDS à Angers.

Deux questions ont guidé notre cheminement tout au long de ce travail : que peut-on dire de ces données construites sur des anthroponymes d'un point de vue morphologique ? Et, plus généralement, qu'est-ce que la perspective morphologique nous apprend sur le nom propre ?

Après avoir présenté dans la section (§ 2.1.) le cadre théorique de notre étude et des exemples, issus de la littérature, de mots morphologiquement construits sur un NPr (§ 2.2.), la section (§ 2.3.) expose une vision générale de la définition linguistique du nom propre. Nous revenons sur ses différentes propriétés définitoires et sur la controverse autour de son sens en axant nos propos sur la catégorie de nom propre concernée par l'analyse : les anthroponymes. Dans la section (§ 3.), nous présentons notre méthodologie de constitution de corpus. Enfin, nous proposons nos premiers résultats en (§ 4.). Après un rappel des hypothèses de travail qui se sont dégagées au fur et à mesure de notre étude, nous présentons les différents modes de construction morphologique opérant sur des NPP (§ 4.1.). Effectivement, si certains sont attendus, d'autres modes de construction sont plus inattendus. Nous décrivons en (§ 4.2.) et (§ 4.3.) les apports, sur les plans formel et sémantique, d'une analyse morphologique vis-à-vis de la définition du nom propre. Enfin nous proposons un bilan général de notre conception du NPr nouvellement défini comme base de construction morphologique (§ 4.4.).

2 Éléments théoriques

2.1 Morphologie lexématique

La morphologie constructionnelle étudie les mécanismes qui sous-tendent la construction des mots. Nous nous inscrivons dans le courant théorique de la

---

2 Lorsque la référence n'est pas précisée, l'exemple appartient à notre base de données (*cf.* § 3.3.). La base de données contient le contexte d'emploi, la date de collecte ainsi que l'URL associée. Les requêtes ont été effectuées entre janvier 2015 et septembre 2016. Les éventuelles fautes de frappe ou d'orthographe sont issues des contextes d'origine.

morphologie lexématique. Dans ce cadre, l'unité morphologique est le lexème (et non le morphème, considéré comme mal adapté à une description des formes construites en français, pour plus de détails nous renvoyons à Fradin, 2003 : 79). Le lexème est une unité abstraite, présente au niveau lexical, qui se réalise en énoncé par des mots-formes. Selon B. Fradin :

> Le lexème se définit par la présence conjointe d'une représentation phonologique, d'informations relatives au syntactique [c'est-à-dire à la syntaxe] et d'une représentation sémantique. (2003 : 235)

Le lexème possède une forme phonologique notée (F), une catégorie syntaxique notée (SX) et un sens noté (S) comme l'illustre le tableau 1.

Tableau 1 : Répresentation tridimensionnelle du lexème POMME$_{Nc}$

(F)	/pɔm/
(SX)	Nc
(S)	'fruit'

Une construction morphologique n'est plus la combinaison d'unités morphémiques, mais une règle de construction de lexème. Une règle est appliquée à (au moins) un lexème, appelé *lexème base*, pour former un nouveau lexème, appelé *lexème construit*. Prototypiquement, le lexème construit est une élaboration formelle et sémantique de sa base. Il existe deux principales familles de règle de construction selon le nombre de lexèmes nécessaires en input. La première famille est la dérivation, qui regroupe les procédés d'affixation (suffixation et préfixation) et de conversion (ou dérivation impropre). Les règles d'affixation construisent un nouveau lexème à partir d'un lexème base par l'ajout d'un affixe, ou exposant de formation, antéposé (préfixation) 3) ou postposé au lexème (suffixation) 4) :

3) CHANTER$_V$ > CHANTEUR$_{Nc}$

4) FAIRE$_V$ > DÉFAIRE$_V$

La conversion est le passage d'un lexème d'une catégorie syntaxique à une autre comme l'illustre l'exemple 5) :

5) CALME$_{Adj}$ > CALME$_{Nc}$

La seconde famille de règle de construction morphologique est la composition. On y distingue habituellement la composition ordinaire et néoclassique. La composition ordinaire forme un nouveau lexème à partir d'au moins deux lexèmes bases qui fonctionnent par ailleurs de manière autonome sur le plan syntaxique (*cf.* Villoing, 2012). La tête du composé, ou l'*élément déterminant*, est située à gauche du composé tandis que l'*élément déterminé* est à droite. Autrement dit, le composé s'interprète dans le sens de lecture, en 6) 'instrument pour ouvrir des boîtes' :

6) OUVRIR$_V$ + BOÎTE$_{Nc}$ > OUVRE-BOÎTE$_{Nc}$

La composition néoclassique (ou savante) s'oppose à celle dite ordinaire car elle est formée d'un élément exolingue emprunté au grec ou au latin (comme : *-phagie* ; *-cide* ; *-logie* etc.). Elle est organisée suivant le schéma *élément déterminé + élément déterminant*, à l'inverse de la composition ordinaire (*cf. Verbum*, n°2 / 2012). En 7), le lexème construit s'interprète comme 'amateur de cinéma' :

7) CINÉMA$_{Nc}$ + *phile* > CINÉPHILE$_{Nc}$

2.2 Nom propre et morphologie

Les noms propres, en tant que bases de construction morphologique, ont longtemps été ignorés ou n'apparaissaient que de façon ponctuelle dans des études consacrées à des suffixes spécifiques (*e.g.* Dal, 1997 à propos du suffixe *-et(te)* ; Lignon, 2000 sur l'étude du suffixe *-ien* ; Roché, 2011 sur l'étude des suffixes *-iste* et *-isme* ; Leroy & Roger, 2014 à propos du suffixe *-iser*). À notre connaissance, personne n'a proposé une étude exhaustive abordant le NPr dans une perspective morphologique. À partir des quelques cas relevés dans la littérature, nous avons pu vérifier que le NPr, et plus spécifiquement l'anthroponyme, est une base pour former des dérivés suffixés 8), préfixés 9) et des composés néoclassiques 10) :

8) CICÉRON$_{NPr}$ > CICÉRONISER$_V$ (Leroy & Roger, 2014 : 232)

9) ANTI-SARKOZY$_{Nc}$ (Hathout, 2011 : 293)

10) SARKOZYCRATIE$_{Nc}$ (Lasserre, 2016 : 172)

S. Leroy & C. Roger (2014) mentionnent l'existence de converts 11) mais proposent que la conversion sur nom propre ait lieu de façon tout à fait occasionnelle et non prévisible :

11) LIMOGES$_{NPr}$ > LIMOGER$_V$ (Leroy & Roger, 2014 : 229)

Si le NPr est une base possible pour des procédés de construction, il doit pouvoir être considéré comme un lexème à part entière et donc disposer des trois dimensions identifiées par Fradin (2003). J.-L. Vaxelaire écrit justement :

> Il me semble plus sage en linguistique de « banaliser » le [NPr] en le considérant en priorité en tant que lexème dans l'analyse, tout en sachant que diverses normes sociales tendent à le particulariser. (2016 : 76)

Il conviendrait donc de caractériser le nom propre sur les plans formel, catégoriel et sémantique tout comme un lexème à part entière. Dans la section suivante (§ 2.3.), nous proposons un aperçu des critères définitoires traditionnellement proposés en linguistique afin de voir si ceux-ci sont utilisables en morphologie.

2.3 Définition linguistique du nom propre

Dans les années 80, la question du NPr prend de l'importance en linguistique. Pour preuve, M.-N. Gary-Prieur intitule son article « Le nom propre constitue-t-il une catégorie linguistique ? » (1991 : 4). À sa suite, de nombreux linguistes (*e.g.* Jonasson, 1994 ; Leroy, 2004 ; Vaxelaire, 2005) se sont posé la question du statut particulier du NPr dans la langue et se sont heurtés à la difficulté de sa définition. Cette difficulté définitoire s'explique pour deux raisons. D'une part, la catégorie nom propre est hétérogène d'un point de vue ontologique. On y retrouve les *toponymes* qui désignent des lieux, les *ethnonymes* des peuples, *phénonymes* des phénomènes naturels, les *ergonymes* des créations humaines matérielles, les *praxonymes* des créations humaines abstraites et enfin les *anthroponymes* qui désignent des humains (typologie issue de Leroy, 2004, à la suite de Bauer, 1985). D'autre part, le NPr est un objet biface puisqu'il est, en tant que *mot*, un objet de notre système linguistique, mais également un objet du monde en tant que propriété de l'individu répondant à ce nom (voir à ce propos Gary-Prieur, 2016). Cette dernière particularité, nous le verrons par la suite, a des répercussions sur le sens du NPr mais également sur son étude de manière générale, puisqu'en tant qu'objet du réel, il intéresse aussi bien les philosophes et les psychologues que les anthropologues ou les ethnologues.

2.3.1 Critères définitoires graphiques et morphosyntaxiques

Nous ne revenons pas en détail sur les critères graphiques et morphosyntaxiques traditionnellement attribués aux noms propres (pour une discussion de ces critères, nous renvoyons à la littérature, abondante sur le sujet, Noailly, 1995 ; Jonasson, 1994 ; Flaux & Van de Velde, 2000 ; Wilmet, 2016). Il est tout de même important de noter que les noms d'humains, ou anthroponymes, sont souvent considérés comme la catégorie prototypique de NPr, en ce sens qu'ils répondent le plus positivement aux critères proposés par les grammaires normatives. L'anthroponyme, dans son emploi standard, est caractérisé par une majuscule, une absence de flexion et de détermination.

2.3.2 Sens du nom propre

D'un point de vue sémantique, le NPr fait controverse puisque les notions de *sens* et de *signification* sont souvent confondues. Nous considérons, à la suite de Rastier (1999), que la *signification* d'un mot est une donnée stable, indépendante du contexte et que son *sens* représente les différentes acceptions que le mot peut prendre en discours. Nous parlerons donc de *sens* dans la suite de l'étude puisque nous considérons que la linguistique est l'étude de la *parole* et non de la *langue*, système indépendant des réalités contextuelles (*cf.* Saussure, 1916). Dans cette partie, nous revenons sur les deux principaux courants qui se dégagent de la littérature[3] en regroupant, d'une part, les théories proposant que le nom propre est vide de sens et, d'autre part, celles qui stipulent qu'il en a un.

L'approche considérant le nom propre comme vide de sens

Le logicien J.S. Mill (1843) considère que le NPr est vide de sens car il ne possède pas de connotation[4], il s'agit d'un signifiant sans sens, une étiquette. Dans la même optique, Kripke (1972) indique que les noms propres sont des *désignateurs rigides*. Ils désignent le même individu dans tous les mondes possibles, indépendamment des caractéristiques liées à ce référent. On peut concevoir un monde où *Sarkozy* n'ait pas été impliqué dans l'affaire *Bygmalion*, mais difficilement concevoir que *Sarkozy aurait pu ne pas être Sarkozy*. S. Kripke considère également le NPr comme une forme désignant directement un référent, sans sens particulier. Le *référent* est « tout objet ou état de choses dans le monde extérieur qu'on peut identifier à l'aide d'un mot ou d'une expression » (Lyons, 1977 : 143). La *référence* est alors le « rapport entre une expression et ce que cette expression désigne » (*ibid.*). En d'autres termes, la référence est l'opération mentale effectuée en contexte communicatif pour identifier le référent. Lyons (1977), à la suite des philosophes et logiciens J.S. Mill et S. Kripke, soutient que les NPr sont dénués de sens, ils ne peuvent que renvoyer à leur référent.

---

[3] Pour plus détails nous renvoyons, par exemple, à Vaxelaire (2005).
[4] La *connotation* se rapproche de la définition dite en *intension*, qui consiste à définir un lexème par les propriétés communes aux individus de la classe désignée.

L'approche attribuant un sens aux noms propres

Kleiber (1981) propose que le NPr soit un *prédicat de dénomination*. À l'opposé d'un nom commun qui serait doté d'un sens descriptif (défini en intension), le NPr pourrait être remplacé par la paraphrase 'le x appelé /N/' ou 'l'individu appelé /N/' (où /N/ est le nom propre) comme l'illustre 12) :

12) **Jean-Pierre** est venu.
    = **'L'individu appelé /Jean-Pierre/'** est venu.

Kleiber (2007) rejette cette appellation. La paraphrase 'l'individu appelé /N/' est désignative et non dénominative contrairement au nom propre lui-même. Ainsi, *Emmanuel Macron* permet de dénommer le Président de la République actuel, alors que *le Président de la République* désigne Emmanuel Macron. Leroy (2004) illustre cette distinction et propose des contre-exemples à la théorie kleiberienne. Lorsque le NPr est justement en fonction dénominative, lors d'un acte de baptême comme en 13a) la paraphrase de G. Kleiber ne fonctionne pas 13b) :

13) a) Son parrain et sa marraine l'avaient baptisé **Sébastien**.
    b) *Son parrain et sa marraine l'avaient baptisé **'l'individu appelé /Sébastien/'**. (Leroy, 2004 : 112)

M. Bréal (1897) affirme que les noms propres sont surchargés de sens puisqu'ils sont les plus « individuels » (1897 : 183). Si, au départ, le NPr de l'exemple (14) est au moins défini par quelques traits généraux, tels que [+humain] et [+masculin], lorsque l'on connaît le référent du NPr *John Smith*, le NPr devient plus significatif que toute autre partie du discours.

14) **John Smith** est venu.

La théorie de M. Bréal suppose que la référence informe en retour sur le sens individualisé. Cette théorie implique un sens différent attribué à chaque personne nommée *John Smith*, et un sens différent pour chaque personne qui le connaît, selon la perception qu'elle se fait de cet individu. On peut rapprocher la théorie de Bréal (1897) de différentes théories élaborées en philosophie à propos du sens du NPr. Citons pour exemple, la *Théorie des descriptions définies* élaborée par Frege (1892) et Russell (1905), qui stipule que le nom propre est une abréviation de description(s) définie(s) relative(s) au référent.

2.3.3 Compromis

À propos de ces différentes théories, M. Wilmet demande « Pourquoi leurs opinions, complémentaires plus que contradictoires, n'appréhenderaient-elles pas chacune une portion de vérité ? » (1991 : 115). L'auteur affirme que chacun a raison dans son cadre référentiel : le NPr dans la langue est un signifiant sans signifié (*cf.* Mill, 1843 ; Kripke, 1972 ; Lyons, 1977), le nom propre permet l'acte de dénomination d'un référent en discours (*cf.* Kleiber, 1981) et enfin le signifié du NPr, vide jusqu'alors, et donc disponible, peut éventuellement se charger d'un contenu correspondant à une(des) description(s) de ce référent (*cf.* Bréal, 1897 ; Frege, 1892 ; Russell, 1905). On retrouve ici le caractère bi-face du NPr dont nous avons déjà parlé : objet de langue et objet du monde. Gary-Prieur (1994, 2016) formalise cette bipartition du sens du NPr. Le nom propre possède un *sens dénominatif instructionnel*. À la manière d'un embrayeur (« je », « ici » ...), qui renvoie aux indices présents dans la situation d'énonciation, ce sens est régi par une règle sémantique stipulant que l'on doit « faire correspondre à la forme reconnue comme [NPr] un individu dont les interlocuteurs du discours savent qu'il porte ce nom » (2016 : 48). Le second aspect est nommé *contenu* et correspond à « un ensemble de propriétés du référent initial qui interviennent dans l'interprétation de certains énoncés contenant ce nom » (1994 : 46). L'auteur développe que ce *contenu*, en plus d'être lié au référent, est lié au monde du discours. Cela présuppose que le nom propre ne puisse être interprété qu'en contexte. Le contexte aura pour effet de sélectionner certaines propriétés du référent, généralement des stéréotypes, comme en 15) :

> 15) Le problème c'est que c'est un **Cahuzac** il s'enferme dans son mensonge et arrive pas à en sortir.

En 15), il nous faut identifier le contexte. Il s'agit d'un blog dans lequel des personnes se disputent à propos de l'interprétation d'un film. Ils parlent ici de l'attitude d'un des personnages du film. Le contenu du référent initial *Jérôme Cahuzac* est relatif à son histoire. Un site d'information a accusé le ministre *Jérôme Cahuzac* de posséder des comptes en Suisse, non déclarés en France. Le ministre a nié cette accusation pendant plusieurs mois jusqu'à avouer et à démissionner de son poste devant des preuves accablantes. Le contenu sélectionné sur le référent initial, interprétable dans ce contexte d'énonciation, est 'personne qui ment effrontément'. Cet exemple est un cas d'*antonomase* que Flaux (2000) définit comme un NPr « employé pour désigner un référent autre que son porteur initial, sur la base d'une similitude reconnue entre les propriétés du référent visé et celles du porteur initial » (2000 : 123).

2.4 Bilan

Ces premiers éléments théoriques nous permettent d'ores et déjà de problématiser notre sujet d'étude. L'existence de mots morphologiquement construits sur un NPP nous place face à un paradoxe si l'on considère le NPr comme vide de sens. L'unité de la morphologie constructionnelle est le lexème, caractérisé par une forme, une catégorie syntaxique et un sens. Une construction morphologique est une fonction appliquée à (au moins) un lexème base pour en former un plus complexe. Il est donc nécessaire que le NPr, en tant que base de construction morphologique, possède un sens pour que le lexème construit résultant en ait un. Le sens du nom propre est longuement débattu dans la littérature aussi bien dans des domaines linguistiques que non linguistiques. M.-N. Gary Prieur, en adoptant à la fois la notion de *sens dénominatif* (2016) et celle de *contenu* (1994), nous permet d'analyser et d'expliquer le sens dont se chargent les NPr dans certains contextes.

3 Méthodologie

3.1 Caractérisation des données

Nous analysons les lexèmes construits sur base de noms propres de personnalités politiques qui ont la spécificité d'être, le plus souvent, non lexicalisés, néologiques et parfois même hapaxiques. La nature éphémère historiquement parlant – nous entendons par là la durée de leur notoriété bien souvent corrélée à la durée de leur mandat – des référents de NPP fait que les formes qui en dérivent ne sont généralement pas sélectionnées par les éditeurs de dictionnaires pour y être enregistrées. Ces formes apparaissent dans des écrits journalistiques à caractère satirique 16) ou des écrits plus personnels tels que des commentaires de blogs, de réseaux sociaux 17) :

16) « Il n'y a ni bertrantistes, ni juppéistes, ni copéistes, ni fillonistes » uniquement des sarkozystes zélés et des wauquieziestes. (*Le Canard Enchaîné*, n°4914, 30 décembre 2004)

17) #Cameron refuse de se faire papandreouiser, ici, on se fait merkeliser...et d'aucuns font certainement pire : ils se font bachelotiser. (*Twitter*, 23 janvier 2013)

Les lexèmes construits sur des noms propres de personnalités politiques sont produits par les locuteurs de manière spontanée, le plus souvent à des fins humoristiques ou pour attirer l'attention. Notre démarche de constitution de corpus peut se résumer en deux temps que nous détaillons par la suite. Nous avons tout d'abord généré des formes candidates (§ 3.2.). Une forme candidate est une forme construite sur NPP et dont l'existence est posée comme hypothétique. Nous avons ensuite testé l'existence de ces formes candidates sur la Toile. Pour chaque candidat que nous y avons trouvé, nous avons relevé un contexte ainsi que la date de la collecte et l'URL source (§ 3.3.).

3.2 Génération des formes candidates

3.2.1 Constitution de la liste de NPP

La liste de personnalités politiques a été établie manuellement à partir de différents sites internet répertoriant les membres du gouvernement actuel, des anciens gouvernements ou encore des hommes politiques influents ou sujets à polémiques. Plus précisément, nous avons privilégié les personnalités politiques ayant exercé une fonction de président, premier ministre, ministre, secrétaire d'état ou président de parti politique, depuis 1981. Nous avons volontairement choisi des personnalités qui nous semblent être assez connues pour pouvoir donner lieu à des créations lexicales de la part des locuteurs. La liste de NPP contient 90 anthroponymes, constitués d'un patronyme et d'un prénom.

3.2.2 Critères de construction des formes candidates

Afin de générer des formes candidates, nous avons observé les diverses réalisations du NPP, de manière autonome (1) et en construction (2), ainsi que les différentes formes que peuvent prendre les exposants de règles de construction qui opèrent sur NPP (3).
(1) En Français, les personnalités politiques peuvent être désignées, suivant le contexte et dans des conditions anaphoriques différentes, par :
– Uniquement le patronyme : *Vallaud-Belkacem* ;
– Uniquement le prénom : *Najat* ;
– Le prénom et le patronyme combinés : *Najat Vallaud-Belkacem* ;
– Un sigle : *NVB* ;
– Une partie seulement du nom ou du prénom si celui-ci est composé ou possède une particule : *Vallaud / Belkacem*.

Par la suite, nous appellerons ces formes des *radicaux libres*.

Les radicaux libres sont des formes pouvant fonctionner de manière autonome d'un point de vue syntaxique.

(2) En construction, nous observons des variations sur ces radicaux libres comme l'illustrent les exemples 18) et 19), tous deux construits sur le radical libre issu du patronyme *Taubira* /tobiʁa/ :

18) CHRISTIANE TAUBIRA$_{NPr}$ > TAUBIRISTE$_{Nc}$

Forme du radical utilisé : /tobiʁ/

19) CHRISTIANE TAUBIRA$_{NPr}$ > TAUBIRATISTE$_{Nc}$

Forme du radical utilisé : /tobiʁat/

En 18) le radical est tronqué lors de l'ajout du suffixe -*iste*. En 19), il y a insertion d'une consonne entre le radical et l'affixe, c'est une épenthèse. Il s'agit de deux modes d'adjonction différents. En réalité, ces modifications illustrent les réparations engendrées suite à l'application de contraintes d'ordre morphophonologique[5]. 18) et 19) exemplifient les réparations engendrées par la contrainte dite *de syllabation* (ou contrainte anti-hiatique) que M. Roché & M. Plénat définissent comme suit :

> Contrainte de syllabation : le thème [qui correspond dans notre terminologie au radical] sélectionné assure au suffixe ou aux désinences verbales une accroche consonantique. (Roché & Plénat, 2014 : 1874)

Les modes d'adjonction entre un exposant et un radical sont en réalité des stratégies mises en place inconsciemment par les locuteurs. Il est important de noter que les contraintes de bonne formation « interfèrent étroitement, tantôt convergentes tantôt antagonistes » (Roché, 2011 : 19). Elles ne sont donc pas toujours appliquées et sont en constante réorganisation, voire en compétition. Satisfaire l'une implique le plus souvent contrevenir à une autre, et, finalement, la stratégie réparatrice relève d'un compromis résolu de façon individuelle. Ces réparations nous amènent à postuler l'existence de nouveaux radicaux dit *radicaux liés*.

Le radical lié est la forme du lexème base qui apparaît dans le lexème construit.

Notons que la notion de *radical lié* est traditionnellement définie comme une forme inaccessible à la syntaxe. Ce n'est pas le cas ici, puisqu'un radical lié peut tout à fait être équivalent à un radical libre comme en 20) :

---

[5] La notion de *contrainte de formation* est issue de l'*Optimality Theory* (McCarthy & Prince, 1993). Pour plus de détails sur les contraintes de bonne formation pour le français nous renvoyons à Villoing (2012), Lignon & Plénat (2009) et Plénat (2011).

20) MARINE LE PEN$_{\text{NPr}}$ > MARINESQUE$_{\text{Adj}}$

Radical libre : /maʁin/

Radical lié : /maʁin/

C'est encore un coup des Juifs (« analyse » commune aux islamistes et aux antisémites français traditionnels de l'extrême droite qui malgré l'aggiornamento **marinesque** constituent encore une partie non négligeable des troupes et surtout des cadres lepénistes les plus chevronnés).

Travaillant exclusivement sur des données écrites, nous avons également observé les variations graphiques et listé les différentes allographies possibles en français. En 21) par exemple, il a été envisagé que le phonème /k/ réalisé graphiquement par un < c >[6], présent à la fin du radical /ʃiʁak/, se réalise par les graphèmes < qu > lors de l'adjonction d'un affixe :

21) JACQUES CHIRAC$_{\text{NPr}}$ > CHIRA**QUIST**E$_{\text{Nc}}$

(3) La liste des exposants de règles sélectionnés pour générer des formes candidates a été constituée lors d'un précédent travail de recherche (Huguin, 2015). Nous avons, à partir du corpus *FrWaC*[7], relevé les exposants en jeu lors de constructions morphologiques sur des NPP. Pour cette étude, seuls les patrons de suffixation et de composition néoclassique (*cf.* § 2.1.) ont été retenus : soit 103 exposants. Un échantillon de ces exposants est proposé sous 22) :

22) -able ; -ade ; -ader ; -age ; -aire ; -ais ; -aise ; -al ; -ard ; -arde ; -ardier ; -ardière ; -arder ; -ardère ; -âtre ; -ateur ; -atrice ; -ax ; -el ; -er ; -ère ; -erie ; -esque ; -eté ; -ette ; -eur ; -euse ; -eux ; -éen

À partir de la liste des radicaux libres, de la liste des contraintes de bonnes formations et des allographies possibles, et enfin de la liste des exposants, nous avons généré 128 808 formes candidates. Ces dernières sont issues d'un programme informatique traduisant formellement la contrepartie graphique des contraintes morphophonologiques opérant en français à la frontière entre le radical d'une base et un affixe, lors de la construction d'un dérivé. Nous proposons deux échantillons de ces formes candidates sous 23) et 24) :

23) hulotible, huloticien, hulotide, hulotie, hulotien, hulotienne, hulotier, hulotière, hulotification, hulotifier, hulotin, hulotine, hulotiner, hulotique, hulotir, hulotisant,

---

[6] Nous notons les graphèmes entre crochets.
[7] En ligne : http://nl.ijs.si/noske/wacs.cgi/first_form?corpname=frwac;lemma=grave;lpos= (*cf.* Baroni et *al.*, 2009).

hulotisation, hulotisé, hulotiser, hulotisme, hulotissime, hulotistan, hulotiste, hulotisterie (< NICOLAS HULOT$_{NPr}$)

24) ramayassable, ramayasable, ramayatable, ramayalable, ramayadable, ramayazable, ramayanable, ramayarable, ramayassade, ramayasade, ramayatade, ramayalade, ramayadade, ramayazade, ramayanade, ramayarade, ramayassader, ramayasader (< RAMA YADE$_{NPr}$)

23) contient des formes candidates construites sur une même base et un même radical lié mais avec des exposants de formation différents. Comme l'illustre 24), pour une même base et un même exposant, plusieurs formes candidates sont générées suivant l'application des contraintes de bonne formation et donc la forme des radicaux liés.

3.2.3 Bilan

Le Schéma 1 ci-après propose un récapitulatif des différentes étapes nous permettant de générer des formes candidates pour le nom propre CLÉMENTINE AUTAIN$_{NPr}$ et le suffixe -iste, permettant, entre autres, de construire des noms communs désignant des 'partisans de NPP'.

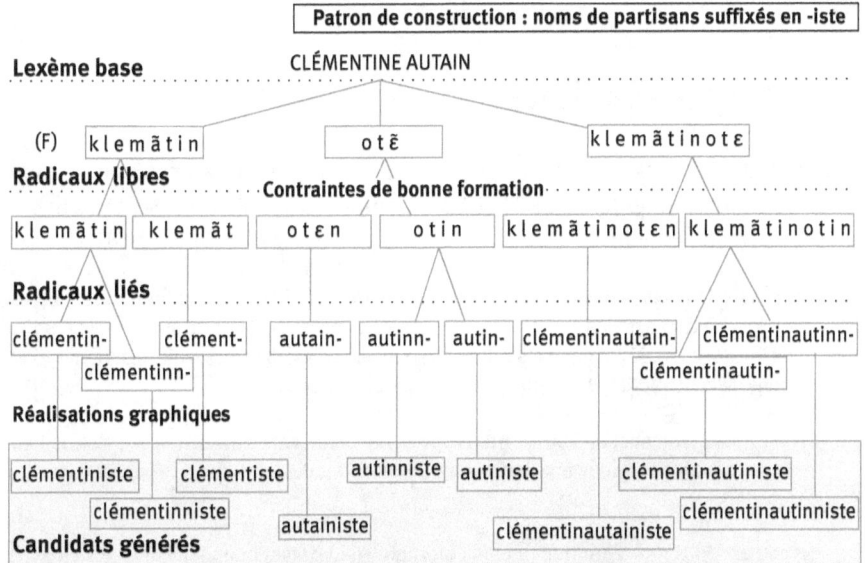

Schéma 1 : Processus de génération des formes candidates : l'exemple du lexème base
CLÉMENTINE AUTAIN

3.3 Collecte et création d'une base de données

À ce jour, 25 556 formes candidates ont été recherchées manuellement sur la Toile, soit 20% des candidats, conduisant à la collecte de 2 848 formes effectivement attestées. Pour chaque forme attestée, le nombre de pages indexées par Google™, l'URL et un des contextes d'emploi ont été relevés. Par ailleurs, adoptant une démarche extensive, nous relevons également tous les lexèmes construits sur des NPP que nous rencontrons, même si ces derniers ne font pas partie de notre liste de formes candidates. Les résultats de notre analyse sont enregistrés dans une base de données lexicales. Notre base de données se présente sous la forme d'une table constituée de 56 champs où chaque entrée de la base décrit la relation morphologique entre un NPP et un lexème construit sur ce dernier 25).

25)   MICHÈLE ALLIOT-MARIE$_{NPr}$ > ALLIOMARISTE$_{Nc}$

Les champs contiennent des informations phonologiques (*e.g.* radical lié), syntaxiques (*e.g.* catégorie syntaxique du lexème construit), sémantiques (*e.g.* classe sémantico-référentielle) ou encore discursives (*e.g.* type de source), en lien avec cette relation morphologique. Les premiers résultats de notre étude, que nous présentons en (§ 4.), sont issus de l'analyse de ces 2 848 lexèmes attestés sur la Toile.

4 Premiers résultats

L'étude des différents travaux portant sur le nom propre, mis en perspective avec notre cadre théorique (*cf.* § 2.2. & § 2.3.), nous a permis de dégager trois hypothèses de travail majeures.

> Hypothèse 1 : Il existe des règles de construction, déjà étudiées dans la littérature, privilégiées lors de construction sur des NPP (notamment les noms de partisans en -*iste* étudiés dans Roché, 2011). Nous nous attendons à retrouver les lexèmes construits résultant de ces patrons de construction de manière presque systématique.
>
> Hypothèse 2 : Si aucune étude n'a proposé de bilan exhaustif sur les constructions opérant sur des NPP, nous nous attendons à rencontrer de nouveaux patrons, non étudiés jusqu'alors.
>
> Hypothèse 3 : Notre cadre théorique, la morphologie lexématique, nous amène à caractériser le nom propre comme un potentiel lexème. Nous présentons en (§ 4.2.) et (§ 4.3.) ses caractéristiques formelles et sémantiques au regard de nos observations sur les lexèmes construits sur des NPP.

4.1 Patrons de construction opérant sur NPP

Notre Hypothèse 1 est vérifiée puisque certains patrons typiques, déjà étudiés dans la littérature, semblent opérer de façon préférentielle sur les noms de personnalités politiques. Ainsi les noms de partisans ou d'adeptes suffixés en *-iste* ont été récoltés dans 60% des cas recherchés jusqu'alors 26). Nous nuançons ce chiffre puisque cette étude n'en est qu'à ses débuts et que l'élaboration du corpus est en cours :

26) NATHALIE KOSCIUSKO-MORIZET$_{NPr}$ > NKMISTE$_{Nc}$

Mais aucun parlementaire n'est estampillé « **NKMiste** ».

Parmi les lexèmes construits attendus, nous avons également relevé les adjectifs construits en *-ien* (étudiés dans Lignon, 2000) et les verbes construits en *-iser* (étudiés dans Leroy & Roger, 2014) :

27) ROSELYNE BACHELOT$_{NPr}$ > BACHELOTIEN$_{Adj}$

Je m'étonne juste un peu de n'avoir pas beaucoup vu d'articles mettant en évidence la contradiction entre le discours catastrophiste **bachelotien** et la réalité du rythme de la campagne de vaccination.

28) XAVIER BERTRAND$_{NPr}$ > BERTRANDISER$_{V}$

Je suis fasciné de voir comment il y croit. Il est étonnant. Très étonnant, rapporte un député impressionné qui hésite à « se **bertrandiser** », selon son expression. « Xavier sait y faire avec les parlementaires », relève un proche de Nicolas Sarkozy.

Les personnalités connues et sujettes à polémique sont fréquemment la cible de discussions, moqueries, admirations ou critiques entraînant des créations lexicales originales. Les NPP sont donc la base privilégiée de jeux de mots. Nous avons donc relevé des néologismes, moins attendus et plus atypiques, construits par des modes de construction moins prototypiques[8] comme des hypocoristiques en 29), et des mots-valises 30) :

29) JEAN-PIERRE RAFFARIN$_{NPr}$ > RAFFARINOU$_{NPr}$

L'éducation nationale est une institution qui est en partie obsolète en France et ce n'est pas uniquement de « la faute de la droite », certes les derniers gouvernements de notre bien aimé **raffarinou** ou villepinou ont été d'une incompétence rare.

---

8 Les hypocoristiques sont associés à la morphologie dite *marginale* (*cf.* Fradin & Montermini, 2009) et le mot-valisage rattaché à la morphologie *extra-grammaticale* (*cf.* Fradin & *al.*, 2009 ; Dressler, 2000).

30) JACQUES CHIRAC$_{NPr}$ + RACAILLE$_{Nc}$ > CHIRACAILLE$_{Nc}$

   Après la **chiracaille**, la sarkomédie ! Sarkozy impressionne... Immigration subie ou choisie ?

Notre Hypothèse 2 est également vérifiée puisque les exemples suivants nous permettent d'affirmer que d'autres types de règles de construction, non décrits à notre connaissance, opèrent sur la base de NPP. Par exemple, de nombreux lexèmes construits par suffixation désignent des 'maladies relatives à/causées par NPP' comme en 31) et 32) :

31) RAMA YADE$_{NPr}$ > RAMAYADITE$_{Nc}$

   Entre nous, on appelle cela une «**ramayadite**», un genre de maladie peu contagieuse, qui s'attrape avec l'air du temps, comme une grippe A médiatique.

32) DOMINIQUE VOYNET$_{NPr}$ > VOYNETOSE$_{Nc}$

   Voynetite ? **Voynetose** ? Voynetopathie ? Il faudra bien donner un nom à cette pathologie qui s'est abattue sur la ville en 2008 !

Citons également les noms communs dénotant des 'substances issues de/créées par NPP' comme l'illustre 33) :

33) VALÉRIE PÉCRESSE$_{NPr}$ > PÉCRESSITE$_{Nc}$

   Inutile de préciser que ces dards mortels étaient enduits de moranite, de lefèbvrine, de karoutchine, de balkanite aigüe, ou encore de **pécressite** foudroyante, ces poisons huhèmepiens violents et fatals.

Ces premières observations soulignent que certains patrons de construction opérant sur NPP, non décrits dans la littérature, demanderaient à être analysés plus en détail.

4.2 Caractérisation formelle des NPP

Nous avons, lors de la génération des formes candidates (*cf.* § 3.2.), caractérisé la partie formelle des anthroponymes. Cela constitue une nouveauté puisque, jusqu'alors, personne ne s'est interrogé sur cette caractérisation. D'après nos observations, le nombre de radicaux libres associé à un NPP peut varier entre trois 34) et six 35) :

34) CHRISTINE BOUTIN$_{NPr}$

   Radicaux libres : /kʁistin/ ; /butɛ̃/ ; /kʁistinbutɛ̃/

35) DOMINIQUE STRAUSS-KAHN$_{NPr}$

   Radicaux libres : /dɔminik/ ; /stʁoskan/ ; /dɔminikstʁoskan/ ; /stʁoskan/ ; /stʁoskan/ ; /deɛska/

Nous pouvons désormais représenter la partie formelle de l'anthroponyme en considérant que cette partie contient ces radicaux libres. Le tableau 2, ci-dessous, exemplifie notre proposition pour l'anthroponyme NAJAT VALLAUD-BELKACEM$_{NPr}$.

Tableau 2 : Représentation de la structure formelle du lexème NAJAT VALLAUD-BELKACEM$_{NPr}$

		NAJAT VALLAUDBELKACEM			
Rad$_1$	**Rad$_2$**	**Rad$_3$**	**Rad$_4$**	**Rad$_5$**	**Rad$_6$**
Patronyme	*Prénom*	*Prénom patronyme concaténé*	*Une partie du patronyme (Comp1)*	*Une partie du patronyme (Comp2)*	*Sigle*
valobɛlkasɛm	naʒat	naʒatvalobɛlkasɛm	valo	bɛlkasɛm	ɛnvebe

Il est intéressant de noter que cette structure est prévisible selon le NPP en jeu. Effectivement, la forme de certains radicaux découle de l'existence d'autres radicaux. Si le patronyme ou prénom est composé, chaque partie de ce composé peut fonctionner de manière autonome. Si l'anthroponyme possède une partie composée, il existera un sigle correspondant. Cette prédictibilité nous amène à faire l'hypothèse que les noms propres possèdent, comme les autres catégories lexicales, un *espace thématique*. Selon Bonami & Boyé (2003), l'espace thématique est l'ensemble des thèmes (radicaux dans notre terminologie) indexés d'un même lexème. Ces radicaux remplissent différentes cases qui sont parfois prévisibles les unes à partir des autres. On peut représenter cette prédictibilité par un arbre de dépendance comme ci-dessous. Pour cet exemple, les Rad$_1$, Rad$_3$ et Rad$_6$ du lexème NATHALIE KOSCIUSKO-MORIZET$_{NPr}$ sont prévisibles à partir des radicaux Rad$_2$, Rad$_4$ et Rad$_5$.

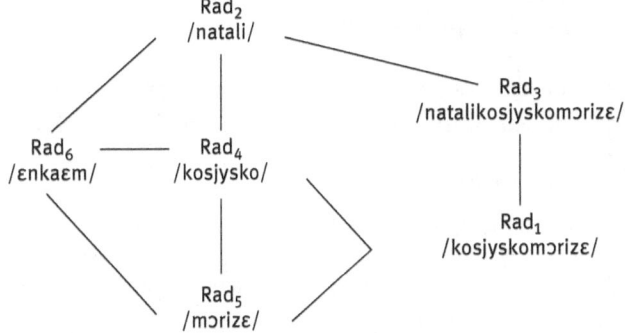

Schéma 2 : Arbre de dépendance thématique

Il conviendrait de valider cette hypothèse par la suite en comparant l'ensemble des radicaux libres de tous les NPP pour vérifier la systématicité de cette prévisibilité.

4.3 Sens des lexèmes construits

Nous avons vu en (§ 2.3.) que Gary-Prieur (2016) propose que l'anthroponyme soit doté de deux aspects sémantiques : un *sens dénominatif* et un *contenu*. L'analyse sémantique des lexèmes construits reflète la double nature sémantique de leur base anthroponymique puisque ceux-ci sont analysables selon cette même bipartition. On peut cependant différencier plusieurs cas selon le contexte d'emploi et le patron morphologique concerné.

Cas 1. L'interprétation du construit repose sur le sens dénominatif de sa base : 'l'individu portant le NPr /X/'. Pour 36), l'adjectif relationnel JUPPÉEN$_{Adj}$ peut être glosé par 'relatif à l'individu portant le NPr /Juppé/' :

36) ALAIN JUPPÉ$_{NPr}$ > JUPPÉEN$_{Adj}$

> On passera très vite sur les poncifs habituels du discours **juppéen** – « cauchemar », « régime devenu fou », « manœuvres syriennes », « fuite en avant sanguinaire », etc., etc. – pour s'attacher à ce qui marque certaines concessions à la réalité de la part d'Alain le (ou la) Superbe...

Cas 2. L'interprétation du construit est ambiguë. Comme pour 37), certains lexèmes peuvent faire appel soit au sens dénominatif de leur base soit au contenu relatif au référent. En 37) BOVÉTISER$_V$ peut s'interpréter comme 'faire comme l'individu portant le NPr /Bové/' (même si, nous en convenons, l'information est incomplète) ou 'démonter x comme l'a fait José Bové pour le McDonald's de Millau en 1999' (où x désigne le patient, dans ce cas « la Fnac ») :

37) JOSÉ BOVÉ$_{NPr}$ > BOVÉTISER$_V$

> Tu as raison George... on va **bovétiser** la Fnac Italie 2

Cas 3. L'interprétation du construit nécessite des informations contextuelles et référentielles. Elle repose uniquement sur le contenu relatif au référent du NPP :

38) GEORGES TRON$_{NPr}$ > GEORGETRONISTE$_{Adj}$

> C'est une possibilité. Mais sachez que le nouveau règlement impose d'avoir un avatar représentatif de sa personne et que pour les nouvelles il faut impérativement une photo nue en pied (c'est à dire des pieds à la tête, on n'est pas **georgetroniste**).

39) DOMINIQUE STRAUSS-KAHN$_{NPr}$ > DSKESQUE$_{Adj}$

> C'est **DSKesque**.

En 38), il faut connaître le passif lié à l'individu Georges Tron, lui associer un contenu, pour comprendre le trait d'humour du locuteur. Effectivement, Georges Tron a été mis en cause dans plusieurs affaires de mœurs et s'est défendu en se prônant adepte de réflexologie plantaire. On interprète alors le lexème construit comme un synonyme de 'fétichiste des pieds'. Pour 39), le contenu associé au NPP est sensiblement le même. Il nous faut re-contextualiser l'exemple pour une meilleure compréhension. Il s'agit de la réflexion d'un participant à un forum à la tentative de séduction grossière d'un internaute envers une troisième internaute. On peut, grâce à nos connaissances sur l'individu Dominique Strauss-Kahn, et notamment le fait qu'il ait été accusé à plusieurs reprises de tentatives de viol, rapprocher le sens de DSKESQUE$_{Adj}$ de 'graveleux'.

Ces observations à propos du sens des lexèmes construits nous amènent à soumettre l'hypothèse que la théorie de Gary-Prieur (2016) proposant deux aspects sémantiques aux noms propres est efficace, du moins pour l'analyse de nos données.

4.4 Caractérisation du nom propre comme lexème à part entière

Nous avons conclu sur la représentation sémantique attribuée aux anthroponymes dans la partie précédente (*cf.* § 4.4.). La théorie sémantique bi-partite du sens du NPr apparaît opératoire pour analyser le sens des lexèmes construits sur NPP. Nous avons pu observer en (§ 4.3.) qu'il était possible d'attribuer un certain nombre de radicaux libres aux NPP et que ces derniers, pouvaient éventuellement constituer un espace thématique.

Suite à ces observations formelles et sémantiques, il est désormais possible de caractériser le nom propre, et plus particulièrement l'anthroponyme, comme un lexème à part entière. Pour rappel, le lexème, unité de la morphologie lexématique est défini par trois composantes : la première est formelle, la seconde syntaxique et la troisième sémantique (*cf.* § 2.1.). Le tableau 3 illustre notre proposition.

Tableau 3 : Caractérisation de l'anthroponyme en tant que lexème

ANTHROPONYME						
(F)	*Patronyme*	*Prénom*	*PrénomPatronyme*	*Comp1*	*Comp2*	*Sigle*
(SX)	NPr					
(S)	'Sens dénominatif instructionnel'		'Contenu'			

5 Conclusion

Après étude des différents travaux portant sur le nom propre, nous avons pu voir que sa définition, longuement débattue dans la littérature, était peut-être incomplète. D'un point de vue morphologique, nous avons constaté une absence de travaux portant sur le nom propre en tant qu'élément d'une règle de construction de lexème, tant pour justifier son statut de base de construction morphologique, que pour étudier les construits résultants. Nous avancions que notre cadre théorique, la morphologie lexématique, pouvait sans doute apporter un regard nouveau sur cette définition. À travers cette étude nous sommes partis des lexèmes construits sur noms de personnalités politiques, données observables, pour en arriver à nos hypothèses et finalement à nos déductions. Notre analyse a permis de conforter nos trois principales hypothèses. Nous présentons ci-dessous un récapitulatif de ces premiers résultats.

I. Certains patrons morphologiques, opérant sur des NPP, s'alignent sur les descriptions rencontrées dans la littérature (*e.g.* noms de doctrines en *-isme*). Un panel restreint de patrons morphologiques semble privilégié lors de la construction sur NPP mais ce ne sont pas les seuls.
II. Nous avons observé que de nouveaux patrons, non présentés dans la littérature et inattendus, étaient également compatibles avec la base nom propre et nécessiteraient une description approfondie. Par ailleurs, ces patrons ne sont pas rares sur base nom commun (*e.g.* noms de maladie en *-ite*).
III. Si les NPP sont des bases de constructions, ils doivent être caractérisés comme des lexèmes. Nous avons vu que le sens des construits sur des NPP peut être interprété comme relatif au sens dénominatif ou relatif au contenu de leur base. D'autre part, les lexèmes construits peuvent prendre différents types de radicaux : être construits sur le radical du *prénom*, du *patronyme*, du *prénom* et *patronyme* combinés ou encore d'un *sigle* ou d'*une partie* du patronyme ou prénom si celui-ci est composé. Ces deux observations, formelle et sémantique, nous permettent de représenter l'anthroponyme comme un lexème à part entière doté de deux aspects sémantiques et d'au moins trois radicaux libres.

Bibliographie

Bauer, G, 1985, *Namenkunde des Deutschen*, Bern, Lang.
Bonami O., Boyé G., 2003, « Supplétion et classes flexionnelles dans la conjugaison du français », *Langages*, 152 : 102–126.
Bréal M., 1897/1924, *Essai de sémantique – sciences des significations*, Paris, Hachette.

Dal G., 1997, *Grammaire du suffixe* -et(te), Paris, Didier Erudition.
Dressler W. U., 2000, « Extragrammatical *vs* marginal morphology », *in* Doleschal U., Thornton A. (dir.), *Marginal and Extragrammatical Morphology*, Müchen, Lincom Europa : 1–10.
Flaux N., Van de Velde D. (dir.), 2000, *Lexique 15, Les noms propres : nature et détermination*, Villeneuve d'Ascq, Presses Universitaires du Septentrion.
Flaux N., 2000, « Nouvelles remarques sur l'antonomase », *in* Flaux N., Van de Velde D. (dir.), *Lexique 15, Les noms propres : nature et détermination*, Villeneuve d'Ascq, Presses Universitaires du Septentrion : 117–144.
Fradin B., 2003, *Nouvelles approches en morphologie*, Paris, Presses Universitaires de France, collection Linguistique Nouvelle.
Fradin B., Montermini F., Plénat M., 2009, « Morphologie grammaticale et extragrammaticale », *in* Fradin B., Montermini F., Plénat M. (dir.), *Aperçu de morphologie du français*, Saint-Denis, Presses Universitaires de Vincennes, collection Sciences du Langage : 22–45.
Frege G., 1892/1971, *Écrits logiques et philosophiques*, Imbert C. (trad.), Paris, Seuil.
Gary-Prieur M.N., 1991, « Le nom propre constitue-t-il une catégorie linguistique ? », *Langue française*, 92 : 4–25.
Gary-Prieur M.N., 1994, *Grammaire du Nom propre*, Paris, Presses Universitaires de France.
Gary-Prieur M.N., 2016, « Le nom propre comme catégorie de la grammaire », *Langue française*, 190 : 45–64.
Hathout N., 2011, « Une approche topologique de la construction des mots : propositions théoriques et application à la préfixation en *anti-* », *in* Roché M., Boyé G., Hathout N., Lignon S., Plénat M. (dir.), *Des unités morphologiques au lexique*, Chapitre VI, Paris, Hermès-Lavoisier : 251–317.
Huguin M., 2015, *Lexèmes morphologiquement construits sur base de noms propres de personnalités politiques*, Mémoire de Master non publié, Université de Lorraine, France.
Jonasson K., 1994, *Le nom propre : construction et interpretation*, Louvain la Neuve, Duculot, collection Champs Linguistiques.
Kleiber G., 1981, *Problèmes de référence : descriptions définies et noms propres*, Paris, Klincksieck.
Kleiber G., 2007, « Sur le rôle cognitif des noms propres », *Cahiers de Lexicologie*, 91/2 : 151–165.
Kripke S., 1972/1982, *La logique des noms propres*, Jacob P., Recanati F. (trad.), Paris, Les Éditions de Minuit.
Lasserre M., 2016, *De l'intrusion d'un lexique allogène. L'exemple des éléments néoclassiques*, Thèse de doctorat soutenue à l'Université de Toulouse, Jean Jaurès.
Leroy S., Roger C., 2014, « Les verbes construits en *-is(er)* sur bases noms propres » *in* Villoing F., David S., Leroy S. (dir.), *Foisonnements morphologiques, Études en hommage à Françoise Kerleroux*, Paris, Presses Universitaires de Paris Ouest : 229–248.
Leroy S., 2004, *Le nom propre en français*, Paris, Ophrys.
Lignon S., Namer F. (dir.), 2012, *La composition néoclassique : nouvelles données, nouveaux usages, nouvelles définitions*, Verbum, 2, Nancy, Presses Universitaires de Nancy, Éditions Universitaires de Lorraine.
Lignon S., 2000, *La suffixation en -ien – Aspects sémantiques et phonologiques*, Thèse de doctorat soutenue à l'Université de Toulouse II, Le Mirail.
Lyons J., 1977/1978, *Eléments de sémantique*, Durand J. (trad.), Paris, Larousse, collection Langue et Langage.
Matthews P. H., 1974, *Morphology. An Introduction to the Theory of Word-Structure*, Cambridge, Cambridge University Press.

McCarthy J., Prince A., 1993, *Prosodic Morphology* : *Constraint Interaction and Satisfaction*, Rutgers University, Center for Cognitive Science, Technical Report 3.

Mill J. S., 1843/1865, *Système de logique déductive et inductive*, Peisse L. (trad.), Paris, Librairie philosophique de Ladrange.

Molino J., 1982, « Le nom propre dans la langue ». *Langages*, 66 : 5–20.

Molino J. (dir.), 1982, *Le Nom Propre*, *Langages*, 66.

Noailly M. (dir.), 1995, *Nom propre et nomination*, Paris, Klincksieck.

Plénat M., 2011, « Enquêtes sur divers effets des contraintes dissimilatives en français » *in* Roché M., Boyé G., Hathout N., Lignon S., Plénat M. (dir.), *Des unités morphologiques au lexique*, chapitre IV, Paris, Hermès-Lavoisier : 145–190.

Rastier F., 1999, « Dalla significazione al senso : per una semiotica senza ontologia » *in* Basso P., Corrain L., Nolan C. (dir.), *Eloquio del senso*, Milan, Costa & Nolan : 213–240.

Roché M., 2011, « Quel traitement unifié pour les suffixations en -*isme* et en -*iste* ? » *in* Roché M., Boyé G., Hathout N., Lignon S., Plénat M. (dir.), *Des unités morphologiques au lexique*, Chapitre III, Paris, Hermès-Lavoisier : 69–139.

Roché M., Plénat M., 2014, « Le jeu des contraintes dans la sélection du thème présuffixal », Actes du *4ᵉ Congrès Mondial de Linguistique Française*, Freie Universität Berlin, Allemagne, 19–23 juillet 2014, *SHS Web of Conferences* 8 : 1863–1878, en ligne. DOI : https ://doi.org/10.1051/shsconf/20140801143.

Russell B., 1905, « On denoting », *Mind*, New Series, t. 14, 56, Oxford, Oxford University Press : 479–483.

Saussure L. F., 1916/1995, *Cours de linguistique générale*, Paris, Payot.

Vaxelaire J.-L., 2005, *Les noms propres – Une analyse lexicologique et historique*, Paris, Honoré Champion.

Vaxelaire J.-L., 2016, « De la définition linguistique du nom propre », *Langue française*, 190 : 65–78.

Villoing F., 2012, « Contraintes de taille dans les mots composés : quand la phonologie entre en concurrence avec les contraintes morphologiques », Actes du *3ᵉ Congrès Mondial de Linguistique Française*, Université Lumière Lyon 2, France, 4–7 juillet 2012, *SHS Web of Conferences* 1 : 1425–1440, en ligne. DOI : https ://doi.org/10.1051/shsconf/20120100263.

Wilmet M., 1991, « Nom propre et ambiguïté », *Langue française*, 92 : 113–124.

Wilmet M., 2016, « Ces noms communément appelés propres et improprement appelés communs », *Langue française*, 190 : 15–28.

Bruno Oberlé
6 Les noms d'humains en -*phobe*

1 Introduction

On peut regrouper[1] les noms d'humains (dorénavant NH[2]) selon plusieurs critères. Gross (1995 et 2011) et Flaux & Van de Velde (2000), par exemple, les répartissent en classes sémantiques notamment à partir de critères syntaxiques. D'autres se fondent sur des critères sémantiques. Ainsi, Schnedecker (2015 : 20) propose de répartir les NH en groupes « qui rendrai[en]t compte de trois grandes caractéristiques des humains : ce qu'ils sont..., ce qu'ils font..., comment ils interagissent ». Aleksandrova (2013) étudie les noms d'humains selon différentes phases de la vie (*bébé, enfant, adolescent*...), Blanco & Mejri (2006) s'attachent davantage aux noms de professions, Anscombre (2001 et 2003) aux noms d'agents, Roché (2008) aux noms ethniques.

On peut aussi classer les NH en fonction des éléments avec lesquels ils sont construits, par exemple les suffixes. Bonnard (1993) répartit ainsi les NH (entre autres) en groupes comportant un suffixe commun, et tente d'attribuer à chacun d'eux un sens (par exemple, les noms en *-iste* ou en *-ien* renverraient à des adeptes, des partisans). Schnedecker & Aleksandrova (2016) étudient les NH en *-aire*, Lerat (1984) les noms d'agents en *-ant*, Roy & Soare (2014) les NH dérivés de participes (en *-ant* ou en *-é/i/u*), Cartoni & Namer (2012), dans une approche contrastive avec l'italien, ceux formés sur *-iste*.

Les NH de ces groupes ont un élément de formation en commun. Parfois, cet élément intervient dans ce qu'on appelle la composition néoclassique. Il vient alors du latin ou du grec et entretient avec l'autre élément du composé (généralement un nom) une relation de prédicat à argument (Villoing & Namer, 2012). C'est le cas de *-phobe*, par exemple, comme dans *xénophobe* « qui hait [le prédicat] les étrangers [l'argument] ».

La composition néoclassique a fait l'objet d'études dans le cadre de la morphologie lexématique par Amiot & Dal (2007) et, dans celui de la morphologie constructionnelle, par Amiot (2011) et Lasserre (2016) ; plusieurs auteurs ont

---

[1] Je tiens à remercier Catherine Schnedecker, sans qui ce travail n'aurait pas vu le jour. Je remercie également pour leur collaboration ponctuelle : Delphine Charuau et Bojana Jovanovic (étude lexicographique), Guillaume Fougerat et Alexis Huchelmann (étude morphologique).
[2] De même, nous noterons NH-*phobe* pour « nom d'humains en *-phobe* », N-*phobe* pour « nom (d'humains ou non) en *-phobe* », A-*phobe* pour « adjectif en *-phobe* » et X-*phobe* pour « composé (nom ou adjectif) en *-phobe* ».

étudié les composés néoclassiques nominaux comme Namer (2007), qui se concentre sur le domaine biomédical, ou Villoing & Namer (2007), qui s'interrogent sur l'ordre nom-verbe de ces composés (par opposition à l'ordre verbe-nom des composés ordinaires). Néanmoins, il ne s'agit pas là spécifiquement de NH, et, à notre connaissance, il n'existe pas d'étude portant sur les composés néoclassiques dénotant spécifiquement des humains (les NH en *-logue* et *-logiste*, étudiés par Villoing & Namer (2012) ne sont pas des composés néoclassiques, selon les auteurs). Or, l'étude d'un groupe de NH construits avec un prédicat commun (ce sera l'élément *-phobe* dans notre cas) nous paraît particulièrement intéressante parce qu'on peut s'interroger sur son homogénéité, tant au niveau du sens que de l'emploi : la présence d'un prédicat commun suffit-elle à assurer une homogénéité de sens et d'emploi ?

Nous nous inscrivons dans le cadre des descriptions sémantiques des NH et non dans celui d'une étude morphologique des compositions néoclassiques. Notre but est de mettre en lumière, dans une démarche heuristique, les phénomènes qui permettent une meilleure appréhension et une meilleure caractérisation des NH-*phobe*. Nous nous attacherons ainsi aux questions laissées en suspens par les dictionnaires : quel est le sens de l'élément *-phobe* ? Quels sont les arguments que peut prendre ce prédicat ? Comment caractériser l'usage des NH-*phobe* ?

Nous commencerons, dans une première partie, par synthétiser les définitions et paraphrases des dictionnaires. Nous verrons que la description qu'ils font des NH-*phobe* est insuffisante et problématique. Dans une deuxième partie, nous étudierons *-phobe* (le prédicat commun) d'un côté, et l'argument intervenant dans le NH d'un autre côté. Ensuite, dans une troisième partie, nous envisagerons l'usage des NH-*phobe* à partir d'un corpus. Nous aborderons leur distribution et leur comportement syntaxique, mais notre approche consistera surtout à contraster leur usage dans différents discours. Nous allons à présent présenter le corpus que nous avons utilisé.

2 Présentation du corpus utilisé

Nous avons constitué notre corpus à partir de quatre bases. La première est composée de textes issus de la *Leipzig Corpora Collection*[3] (anciennement *Wortschatz*), datant des années 2005 à 2010. Ce sont « *either newspaper texts or texts randomly collected from the web*[4] ».

---

[3] *Leipzig Corpora Collection*, de l'Université de Leipzig : http://corpora.uni-leipzig.de.
[4] http://corpora2.informatik.uni-leipzig.de/download.html

Nous avons ensuite utilisé les textes du *Multilingual corpus from United Nation Documents*[5] (MultiUN) (Eisele & Chen, 2010). Ce sont des documents produits entre 2000 et 2009 (Eisele & Chen, 2010 : 2870), notamment des textes « du Conseil de sécurité, de l'Assemblée générale, du Conseil économique et social et de leurs organes subsidiaires, les textes administratifs et d'autres types de documents » (site de l'ONU[6]).

La troisième base se compose des sous-titres de films et de séries du site opensubtitles.org, compilés par le projet OPUS[7]. Il s'agit de sous-titres de films et séries depuis 1910, avec une forte proportion pour les années 1990 et suivantes, jusqu'à 2015. Lorsque plusieurs sous-titres existent pour le même film, nous en avons choisi un aléatoirement (le premier à se présenter dans l'archive fournit par OPUS).

Enfin[8], nous avons exploité les textes d'*Europarl*[9], qui sont les transcriptions des débats parlementaires européens de 1996 à 2011.

Nous avons ainsi travaillé à partir d'un corpus complet, dont nous avons extrait l'ensemble des termes en *-phobe(s)*, plutôt que de construire au préalable une liste de termes en *-phobe* dont il aurait ensuite fallu chercher des attestations. Cela nous a permis, en effet, de mieux cerner les phénomènes de néologie, de transcatégorisation et de différences entre discours, même si cela nous a privé de certains termes. Cela nous a aussi permis de faire des recherches de lemmes (singulier et pluriel, groupe de mots, etc.), ce qui n'est pas possible sur des sites comme *Wortschatz* ou *Sketch Engine*.

Le corpus utilisé est donc composé de quatre ensembles[10] de textes correspondant chacun à un discours particulier : la presse en ligne et les billets de forums et de blogs[11] (WORT), les documents administratifs (UN), les sous-titres (OS), les débats parlementaires (EURO). Nous pourrons ainsi contraster l'usage des NH-*phobe* dans ces différents discours.

---

5 Téléchargeable sur http://opus.lingfil.uu.se.
6 https://documents.un.org/prod/ods.nsf/home.xsp, consulté le 28 avril 2016.
7 http://opus.lingfil.uu.se.
8 Nous avons décidé ne pas intégrer *Frantext* dans notre corpus, à cause d'un problème de dates. Les termes en *-phobe* sont plutôt récents (fin du XIXe siècle pour les plus anciens), et se sont développés seulement dans la deuxième moitié du XXe siècle, avec une courbe d'évolution assez raide. Nous avons donc privilégié un corpus non seulement contemporain, mais aussi dont l'extension dans le temps est réduite.
9 Téléchargés directement sur le site http://statmt.org/europarl.
10 Dans la suite du texte, nous les désignerons par les abréviations suivantes : WORT pour *Wortschatz*, UN pour *Nations Unies*, OS pour *OpenSubtitles*, EURO pour *Parlement Européen*.
11 Nous n'avons malheureusement pas pu les dissocier.

Nous avons recherché tous les contextes contenant un mot se terminant par « phobe ». Nous avons ensuite trié les occurrences nominales désignant des humains et les avons dissociées des adjectivales, que nous avons exclues[12]. Le corpus ne comprenait aucun nom en -*phobe* qui ne dénotait pas un humain, comme par exemple *lyophobe* (terme qui ne s'applique qu'à des composés chimiques). Enfin, nous avons annoté chacun des NH-*phobe* selon un schéma prédéfini et indiquant le nombre (singulier ou pluriel), la détermination (défini, indéfini, démonstratif, quantifié, possessif, sans déterminant), l'expansion et la fonction syntaxique.

L'ensemble de ce corpus est assez large dans la mesure où il compte près de 900 millions de tokens[13]. Au total, nous avons trouvé 4729 X-*phobe*, dont 253 noms. Les données chiffrées sont résumées dans le tableau 1.

Tableau 1 : Résumé des données du corpus. « 52M » signifie « 52 millions ».

	nb de tokens	nb de X-*phobe*	nb de NH-*phobe*	nb de NH-*phobe* différents
EURO	52M	521	32	5
UN	401M	2385	3	2
OS	319M	1081	168	24
WORT	120M	742	50	16
TOTAL	893M	4729	253	47

3 Étude lexicographique

Nous commencerons par passer en revue des définitions de dictionnaire. Leur comparaison nous permettra de soulever un certain nombre de points problématiques, auxquels l'article apportera des éléments de réponse. Nous examinerons d'abord les dictionnaires de langue, puis des lexiques spécialisés dans le domaine médical, pour des raisons qui seront exposées en temps utile.

---

12 Cependant, nous ne nous sommes pas privé, à l'occasion, d'utiliser les formes adjectivales pour certaines analyses.
13 D'un point de vue technique, il s'agit d'une suite de caractères imprimables consécutifs, séparés par des espaces ou des sauts de ligne. En pratique, le nombre de tokens correspond à peu près au nombre de mots.

3.1 Les dictionnaires de langue

L'élément *-phobe* apparaît dans le *TLFi* (*Trésor de la Langue Française informatisé*), pour lequel il « exprime l'aversion instinctive, l'hostilité irraisonnée ou parfois l'absence d'affinité vis-à-vis de quelqu'un ou de quelque chose[14] ». Le premier élément peut désigner soit « une pers. ou un groupe de pers. (*anglophobe*) » soit « qqc. (*claustrophobe*) ». Le *Dictionnaire Historique de la Langue Française* (Rey, 2012) reprend la définition du *TLFi*, mais y ajoute que « les mots construits (noms et adjectifs) appartiennent essentiellement à la psychologie – ils s'opposent souvent à des composés en *-phile* – et à la psychopathologie ». Quant au *Grand Robert* (2001), il définit *-phobe* et *–phobie* comme « désignant soit la peur morbide de l'objet désigné par le premier élément du composé, soit, plus couramment, l'aversion ou l'hostilité plus ou moins irraisonnée[15] ».

Les termes en *-phobe* appartiennent souvent au vocabulaire savant, c'est pourquoi nous avons consulté deux autres ouvrages, plus spécialisés dans ce domaine. Le *Dictionnaire des structures du vocabulaire savant* de Cottez (1988) établit deux entrées pour *-phobe*, l'une qui indique que l'élément « nomm[e] le sujet atteint » d'une « peur morbide de ce que désigne le formant initial », et l'autre qui le définit comme « qui déteste, est hostile à ce que désigne le formant initial ». Quant aux *Racines grecques* de Bouffartigue & Delrieu (1996), il évoque (dans une entrée où *-phobie* et *-phobe* sont indissociés) « l'hostilité éprouvée pour un groupe humain », « l'aversion naturelle d'un être ou d'une matière pour un autre être ou une autre matière » et « une phobie..., c'est-à-dire une angoisse maladive éprouvée dans certaines situations ». Il souligne aussi le rapport d'antonymie entre les mots en *-phobe* et les mots en *-phile*.

Ces définitions mettent en lumière trois pôles sémantiques : la peur morbide, l'aversion et l'hostilité.

Pour compléter cette première analyse, nous avons cherché les définitions des NH-*phobe* du *TLFi* et du *Petit Robert* électronique (deux dictionnaires électroniques qui permettent facilement une recherche sur un élément). Les résultats sont synthétisés dans la liste suivante, où les entrées[16] des dictionnaires, avec

---

[14] On notera que, si le *TLFi* souligne que *-phobe* est issu du mot grec φόβος, « peur morbide, crainte », il n'est pas question de « peur, crainte » dans la définition elle-même de l'élément.
[15] Le *Grand Larousse de la Langue française* (1971) n'a pas d'entrée spécifique pour cet élément.
[16] Un certain nombre de composés en *-phobe* apparaissent dans les dictionnaires mais sont absents de ce tableau : ce sont des termes spécialisés du domaine de la chimie ou de la biologie (par exemple *hygrophobe* ou *chromophobe*, qui « se dit d'une cellule qui ne fixe pas les colorants (*TLFi*) »). Nous avons ignoré ces termes, puisqu'ils ne dénotent pas des humains.

leur catégorie grammaticale[17], sont mises en regard du terme principal de leur paraphrase :
- « ne pas aimer » : *anthropophobe* (*TLFi*, a), *bibliophobe* (*TLFi*, a), *claustrophobe* (PR, a+n), *gallophobe* (*TLFi*, a+n), *germanophobe* (*TLFi*, a+n), *musicophobe* (*TLFi*, a), *mélophobe* (*TLFi*, a+n),
- « être hostile » : *arabophobe* (*TLFi*, n), *francophobe* (PR, a), *islamophobe* (PR, a), *judéophobe* (*TLFi*, a), *kantophobe* (*TLFi*, n), *xénophobe* (PR, a+n), *xénophobe* (*TLFi*, a+n),
- « avoir peur, craindre » : *arabophobe* (*TLFi*, n), *aérophobe* (*TLFi*, a+n), *hydrophobe* (PR, a+n), *photophobe* (*TLFi*, a), *syphilophobe* (*TLFi*, n), *turcophobe* (*TLFi*, a+n),
- « détester » : *africanophobe* (*TLFi*, a), *anglophobe* (PR, a+n), *germanophobe* (PR, a+n), *métrophobe* (*TLFi*, a), *néophobe* (*TLFi*, n), *russophobe* (PR, a+n),
- « être atteint de, souffrir de » : *claustrophobe* (PR, a+n), *claustrophobe* (*TLFi*, a+n),
- « avoir <phobie> » : *agoraphobe* (*TLFi*, a), *arachnophobe* (PR, a+n), *cancérophobe* (PR, a+n),
- « éprouver de l'aversion » : *anglophobe* (*TLFi*, a), *homophobe*[18] (PR, a+n),
- « avoir en horreur » : *théophobe* (*TLFi*, a+n),
- « haïr » : *turcophobe* (*TLFi*, a+n),
- « s'opposer systématiquement » : *russophobe* (*TLFi*, a+n).

Nous retrouvons ici les trois pôles évoqués précédemment :
- l'hostilité et la haine : *être hostile, s'opposer systématiquement, ne pas aimer, détester, haïr,*
- la peur morbide : *être atteint de, souffrir de, avoir <phobie>, avoir peur, craindre,*
- l'aversion : *éprouver de l'aversion, avoir en horreur.*

Nous pouvons faire plusieurs remarques. La première concerne la gradation que suggèrent ces paraphrases : il y a différents degrés de peur – de la pathologie (« être atteint de, souffrir de ») à la simple alarme (« avoir peur, craindre » ; par exemple, le sens de *turcophobe* n'est pas celui d'une peur pathologique des Turcs, mais plutôt celle d'une alerte ou d'une appréhension) – comme il y a différents degrés de haine – de l'hostilité, qui évoque une action violente contre un ennemi, au simple fait de « ne pas aimer ».

---

17 « A » pour adjectif, « n » pour nom (ou substantif dans le *TLFi*), « a+n » pour les deux.
18 Ce terme n'apparaît pas dans le *TLFi* (pas plus que *homophobie*).

On remarque ensuite une certaine porosité entre ces pôles sémantiques, notamment entre la peur et l'hostilité. Ainsi, le *TLFi* paraphrase-t-il *arabophobe* à la fois par « avoir peur » et « avoir de l'hostilité », et *turcophobe* par « craindre » et « haïr ». De même, le *Petit Robert* paraphrase-t-il *claustrophobe* par « être atteint de », mais aussi par « ne pas aimer ».

Par ailleurs, les dictionnaires semblent manquer de cohérence sur la catégorie grammaticale des X-*phobe*. Pour le *Petit Robert*, tous ces termes sont des adjectifs, mais certains sont aussi des noms, sans qu'on comprenne pourquoi *anglophobe*, par exemple, peut être les deux, alors que *francophobe* n'est jamais qu'adjectif. Dans le *TLFi*, certains termes sont seulement adjectifs (*anglophobe*), d'autres seulement noms (*arabophobe*), d'autres les deux à la fois (*xénophobe*). Là encore, rien ne semble justifier une telle catégorisation.

Enfin, les deux dictionnaires ne donnent pas la même liste de X-*phobe* : c'est un signe que la construction avec l'élément -*phobe* est encore productive.

Avant d'aller plus loin dans l'analyse, nous devons nous interroger sur les définitions des dictionnaires plus spécialisés dans le domaine médical, puisque la phobie est une pathologie reconnue par les psychiatres et les psychologues.

3.2 Les dictionnaires spécialisés

Les dictionnaires spécialisés dans le domaine médical n'ont pas d'entrée spécifique pour l'élément -*phobe* ; seul *phobie*, en tant que lexème autonome, y apparaît. De plus, ces dictionnaires répertorient des maladies et non des malades : on y trouve donc des mots formés avec -*phobie*, mais pas avec -*phobe*.

Le *Larousse Médical* (2012) définit la phobie comme une « crainte angoissante et injustifiée d'une situation, d'un objet ou de l'accomplissement d'une action ». Pour le *Manuel Diagnostique des Troubles Mentaux* (1996), édité par l'*American Psychiatric Association* et utilisé comme référence par les psychiatres, la phobie appartient à la catégorie des troubles anxieux, et « cond[uit] souvent à un comportement d'évitement ». Godfryd (2015), qui ne fait pas un dictionnaire mais un « lexique », présente la phobie comme une « crainte angoissante déclenchée par un objet ou une situation n'ayant pas eux-mêmes un caractère objectivement dangereux ». Les neuf termes en -*phobie* qu'il définit sont paraphrasés par « crainte de », à l'exception de la « sitophobie » présentée comme un « refus absolu » (de prendre des aliments).

La phobie, au sens médical, se définit donc comme une crainte angoissante, une peur panique. Les sens d'aversion et d'hostilité, présents dans les dictionnaires de langue, sont ici totalement absents.

Si on observe maintenant l'objet de la peur, on constate d'abord que le *Manuel Diagnostique des Troubles Mentaux* répartit les phobies en cinq grands types :
- type animal : peur des animaux, des insectes, etc.,
- type environnement naturel : phobie des orages, etc.,
- type sang-injection-accident : phobie du sang, accident ou toute procédure médicale invasive,
- type situationnel : peur des transports public, des tunnels, des ascenseurs, etc.,
- autres types : peur de vomir, phobie d'étouffement, etc.

De plus, Godfryd (2015) liste neuf termes en *-phobie* : *acrophobie* (hauteur), *agoraphobie* (places, rues, ponts), *claustrophobie* (espaces clos), *dysmorphophobie* (partie du corps disgracieuse), *éreutophobie* (rougir en public), *nosophobie* (maladies), *pantophobie* (toutes les situations et tous les objets), *photophobie* (lumière), *sitophobie* (manger).

Ces phobies ne concernent que des situations ou des objets, mais jamais des êtres humains. Ce point est important car il pourrait permettre de trouver un premier critère de classification entre les NH-*phobe* dénotant la peur et ceux qui dénotent l'hostilité : le sens du premier élément. Si celui-ci est un nom d'humains (par exemple *anglophobe*), alors le NH-*phobe* ne pourrait pas avoir le trait sémantique [+peur]. S'il s'agit par contre d'une situation ou d'un objet (par exemple *claustrophobe*), alors le NH-*phobe* pourrait avoir le trait sémantique [+peur], tout comme il pourrait avoir celui d'hostilité ou d'aversion (*théâtrophobie*). Cela n'est pas, cependant, un critère respecté par les dictionnaires : le *TLFi*, par exemple, donne à *arabophobe* et à *turcophobe* le trait [+peur].

Par ailleurs, si nous n'avons pas eu accès à des dictionnaires spécialisés électroniques qui nous auraient permis de rechercher tous les termes en *-phobe* comme nous l'avons fait avec le *TLFi* et le *Petit Robert*, nous avons tout de même cherché des occurrences dans le texte intégral du *Manuel diagnostique* ; les termes en *-phobie* y sont très rares, puisque seuls trois mots apparaissent : *agoraphobie* (139 fois), *claustrophobie* et *dysmorphophobie* (une seule fois chacun). On n'y trouve *aucun* terme en *-phobe*[19].

---

19 On ne saurait certes réduire l'ensemble du discours médical au *Manuel diagnostique*. Il semble assez difficile de chercher des termes dans des corpus d'articles médicaux, notamment de psychiatrie, non seulement parce qu'il y en assez peu en français (ils sont généralement en anglais, même quand les auteurs sont français), mais aussi parce que les bases (comme *Web of Science, Science Direct, PubMed*) ne permettent pas la recherche en texte intégral.

3.3 Bilan

La comparaison entre les dictionnaires soulève quatre points problématiques. Le premier, et probablement le plus évident, est celui du sens de l'élément *-phobe*, qui semble s'orienter vers la peur, l'hostilité, ou encore l'aversion. Cette distribution correspond à celle qu'établit Lasserre (2016 : 228), qui voit deux types de noms en *-phobie* (ce qu'on peut extrapoler aux noms et adjectifs en *-phobe*), dont l'un se subdivise :
- un type avec le sémantisme de peur (par exemple *agoraphobie*),
- un type avec les sémantismes d'aversion (si le premier élément est un objet) ou d'hostilité (s'il est un humain) (par exemple *théâtrophobie* ou *xénophobie*).

Le premier élément du X-*phobe* pourrait orienter le sens de *-phobe*, mais les dictionnaires n'offrent pas de réponses claires. Pas plus que sur la catégorie grammaticale, dont nous avons vu qu'elle était parfois nominale, parfois adjectivale, parfois les deux. Par ailleurs, la liste des composés en *-phobe* ne semble pas limitée. Enfin les ouvrages spécialisés ne semblent pas utiliser de composés en *-phobe*, alors que les dictionnaires de langue n'hésitent pas à parler de peur morbide ou pathologique : cela suggère des différences d'usage, par exemple entre le grand public et les médecins.

La suite de cette étude s'attachera à apporter quelques éléments de réponses à ces questions. Nous commencerons par examiner les X-*phobe* dans une perspective morphologique, avant d'en considérer l'usage à l'aide d'un corpus.

4 Étude qualitative des NH-*phobe*

Nous nous attacherons dans cette partie à décrire la construction des X-*phobe* et, plus particulièrement, celle de NH-*phobe*. Après avoir exposé pourquoi ces composés peuvent être décrits comme relevant d'un mode de composition appelé « néoclassique », nous nous intéresserons d'abord à l'élément *-phobe*, à son étymologie et à son sens, puis nous étudierons les éléments avec lesquels il se combine pour former de nouveaux mots. Nous terminerons par la question de la catégorie grammaticale.

4.1 Une construction néoclassique

S'inscrivant dans le cadre de la *Morphologie Constructionnelle*, Lasserre (2016) propose de considérer les constructions incluant *-phobe* comme des « constructions néoclassiques » (le résultat est un « composé néoclassique »), c'est-à-dire des compositions qui peuvent inclure « des éléments hérités des langues classiques... mais également des unités non héritées des langues classiques mais employées "à la manière des éléments classiques", dans le même type de formations » (Lasserre, 2016 : 53). Il peut s'agir de « formations qui sont effectivement empruntées au grec, comme *aristocratie*[20] mais qui peuvent recouvrir aujourd'hui un sens différent, [de] formations qui imitent les composés grecs ou latins, impliquant des éléments d'origine classique (*dermatologue*[21]), des éléments classiques et natifs (*cancérologue*[22]) ou uniquement des éléments natifs (*pétrodollar*[23]) » (*ibid.* : 64–65). Dans ce dernier cas, la propriété néoclassique vient de la présence d'une voyelle de liaison, ou d'un ordre particulier des éléments.

Trois critères, au moins, permettent de distinguer les compositions ordinaires et les compositions néoclassiques (*ibid.* : 65) :
- d'abord, « la composition ordinaire implique des éléments natifs, la composition néoclassique des éléments d'origine classique[24] » ;
- ensuite l'ordre des constituants est inversé par rapport à celui qu'on trouve dans les langues romanes : la tête sémantico-syntaxique est en deuxième position (arachno-*phobe*), alors qu'elle est en première position dans les langues romanes (*peur* des araignées) ;
- enfin, le composé néoclassique comporte une voyelle de liaison, généralement <o> pour les éléments grecs ou <i> pour les éléments latins.

Dans ces constructions, l'élément -*phobe* est donc un morphème lié, ou, comme le dit Cottez (1988 : viii), un « formant », c'est-à-dire un signe inanalysable qui sert à former d'autres signes, et qui n'existe pas de façon indépendante[25] (Cottez, 1988, cité par Lasserre, 2016 : 52). Faut-il pour autant le considérer comme un affixe et lui dénier tout statut de lexème[26] ? On peut en effet mettre en avant que, malgré son absence d'autonomie, -*phobe*[27] a un sens référentiel (ou même plusieurs : « qui

---

[20] *Hydrophobe* pourrait être un exemple de nom en -*phobe*, emprunté au grec *via* le latin (voir ci-dessous).
[21] Par exemple *agoraphobe*, qui n'existe pas en grec.
[22] Par exemple *noix-de-coco-phobe*.
[23] Ce cas n'est jamais présent dans les composés en -*phobe*, puisque -*phobe* reste classique.
[24] L'exemple de *pétrodollar* montre que ces critères ne sont pas des conditions indispensables.
[25] Il faut alors le distinguer de -*phobie* et -*phobique*, qui, eux, ont une existence autonome, même s'ils ne sont pas venus tels quels du grec : ils ont pris leur indépendance à partir des constructions en -*phobie* (fin du XIXᵉ siècle (Cottez, 1988 : 322)) et -*phobique* (début du XXᵉ siècle (*Grand Robert*)).
[26] Ce paragraphe reprend l'argumentation de Lasserre (2016).
[27] Cela est vrai pour tous les éléments néoclassiques (-*phile*, -*phage*, -*logie*, etc.), même si nous ne traitons ici que de -*phobe*.

a peur », « qui hait » ; nous y reviendrons), alors que les affixes ont en général un sens instructionnel (par exemple, définir la catégorie grammaticale). De plus, il a les mêmes qualités combinatoires que des lexèmes autonomes, notamment celle de pouvoir se combiner avec d'autres éléments néoclassiques, et même avec lui-même (*phobophobe* « qui a peur d'avoir peur »). D'un autre côté, *-phobe* peut être également vu comme un affixe. Lasserre (2016 : 265) note par exemple que cet élément est synonyme d'*anti-* (*xénophobe* versus *anti-étranger*, etc.). Or *anti-* est, dans la littérature, considéré comme un affixe et non comme un lexème. C'est pourquoi il faudrait considérer *-phobe* plutôt comme un affixe. Son sens ne serait en fait pas d'ordre lexical, « il s'agit... de l'exposant d'une construction qui forme des lexèmes ayant un sens adversatif ». D'autres critères, phonologiques, sémantiques et lexicaux[28], rapprocheraient en fait davantage les éléments néo-classiques des suffixes que des lexèmes (*ibid.* : 361).

Nous allons maintenant nous attarder sur le « formant » *-phobe* lui-même.

4.2 Étymologie de l'élément *-phobe*

L'élément *-phobe* est issu du nom grec φόβος[29], lui-même dérivé du verbe φέβομαι « fuir » en parlant « d'une troupe saisie par la panique » (Chantraine, 1999 : 1183). Le premier sens du nom, qui ne se trouve que chez Homère, est donc celui de « fuite », surtout due à la panique. Le sens évolue ensuite par métonymie (la cause pour l'effet, selon Geeraerts, 2010 : 32) vers la « peur ». Les dérivés grecs sont fréquents (par exemple φοβερός « effrayant ») et Chantraine dénombre « plus de quinze » X-φοβος, par exemple θεόφοβος « qui craint dieu[30] », αἱμοφόβος « qui a peur du sang », ou encore ὑδροφόβος « qui a l'eau en horreur », dans un sens plutôt technique, médical. Lasserre (2016 : 108) en dénombre une vingtaine sur Perseus[31], mais ce nombre comprend sans doute aussi des anthroponymes en *-phobe*, nombreux en grec (comme *Déiphobe*[32], l'un des frères d'Hector et d'Alexandre).

---

28 Il serait trop long de les exposer ici. Nous renvoyons au chapitre 5 de Lasserre (2016).
29 Ce terme grec est aussi à l'origine de *phob-*, qui ne semble être à l'origine que de *phobogène*.
30 Les définitions sont traduites de Liddle, Scott et Jones, *A Greek-English Lexicon*, 1940.
31 La *Perseus Digital Library* est une bibliothèque numérique de textes grecs et latins. Elle est dotée de certains outils d'analyse linguistique, notamment d'un analyseur morphologique qui permet de faire des recherches par lemmes. Elle est disponible à l'adresse http://www.perseus.tufts.edu.
32 « Qui met les ennemis en déroute » ou « qui met en déroute dans la bataille » ? se demande Chantraine (1999 : 1183). Le « sens » des anthroponymes n'est bien sûr ni évident, ni fixé.

De ces adjectifs, seul ὑδροφόβος a fait l'objet, en français, d'un emprunt direct du latin *hydrophobus* (Rey, 2012 : 1662), lui-même directement emprunté au grec[33], dans un domaine exclusivement médical, dès 1640[34] : c'est en effet le seul qui apparaît (en tant que substantif, d'ailleurs) dans les versions anciennes des dictionnaires français, comme la quatrième édition du *Dictionnaire de l'Académie*[35] (1762) ou le *Dictionnaire critique de la langue française* de Férault[36] (1787).

Les autres X-*phobe* semblent tous être des compositions récentes, comme *agoraphobe* (1865 : Rey, 2012 : 58), qui n'a pas d'équivalent en grec ancien, ou *claustrophobe* (1879 : Rey, 2012 : 737), formé sur *claustrer*, un verbe de l'ancien français, ou même *théophobe*, dont on a vu que l'équivalent existait en grec (tardif), mais avec le sens de « haine » plutôt que celui de « peur » (*TLFi*). C'est même *théophobie* qui serait le premier terme en -*phobie* forgé avec le sens de « haine », en 1821, selon Cottez[37] (1988 : 322).

4.3 Le cas de -*phobique*

Avant de nous attarder plus longuement sur le « formant » -*phobe*, arrêtons-nous un instant sur le cas de l'élément -*phobique*. On trouve des X-*phobique*, tant noms qu'adjectifs, dans notre corpus, et ils ressemblent beaucoup aux X-*phobe* : par exemple, *agoraphobique* à côté de *agoraphobe*, *xénophobique* à côté de *xénophobe*, ou encore *claustrophobique* à côté de *claustrophobe*.

Il y a 48 X-*phobique*[38] dans les textes OS, dont 6 noms certains et 6 cas douteux[39], et 11 dans les textes WORT, dont un seul nom. L'ensemble UN contient deux X-*phobique*, mais ce ne sont pas des noms. Les termes, noms ou adjectifs,

---

33 Selon l'*Oxford Latin Dictionary*, 1968.
34 Il faut noter que *hydrophobie* et *hydrophobique* ont été empruntés dès 1314 (Rey, 2012 : 1662).
35 « HYDROPHOBE. s. Terme de Médecine. Celui, celle qui a l'eau & tous les liquides en horreur. On le dit singulièrement de ceux qui sont attaqués de la rage. » (http://artfl.atilf.fr/dictionnaires/onelook.htm).
36 « HYDROPHOBE, s. m. HYDROPHOBIE, s. f. [Idrofobe, bi-e.] Termes de Médecine. L'hydrophobie est la crainte de l'eau. Hydrophobe, qui craint l'eau et tous les liquides. C'est un symptôme de la rage, et c'en est aussi le synon. Ainsi, l'on dit, hydrophobie, de la rage ; et hydrophobe, de celui qui en est ataqué. » (http://artfl.atilf.fr/dictionnaires/onelook.htm).
37 La citation de Joseph de Maistre évoquée par Cottez est donnée par le *TLFi* : « Ils acceptent le déluge, dont ils avoient besoin pour leurs vaines théories, et ils en ôtent Dieu qui les fatigue. Voilà, je pense, un assez beau symptôme de la théophobie. ».
38 Nous ignorons les termes de chimie, comme « hydrophobique » ou « lipophobique ». La liste est disponible en annexe.
39 Par exemple, si la réplique est constituée du seul mot, il est difficile de savoir si c'est un nom ou un adjectif.

les plus fréquents sont : *claustrophobique* (24 occurrences[40]), *agoraphobique* (7 occurrences) et *homophobique* (5 occurrences). Les NH-*phobique* les plus fréquents sont *claustrophobique* (2 occurrences) et *agoraphobique* (2 occurrences). À titre d'exemple, nous donnons la source du seul NH-*phobique* des textes WORT (*aérophobique*) : il provient de l'édition électronique du journal lematin.ch, et date de 2010.

L'origine de ces mots est difficile à établir. Le *Grand Robert* indique par exemple qu'*agoraphobique* est une alternative[41] pour *agoraphobe*. Le *TLFi* connaît le mot *photophobique* (« qui se ramène à la photophobie ») à côté de *photophobe*, ainsi qu'*hydrophobique* (« qui a rapport à l'hydrophobie ») qui serait un emprunt direct au latin *hydrophobicus*. Mais les mots que nous trouvons dans notre corpus ne sont bien sûr pas dérivés du latin.

Lasserre (2016) étudie les X-*phobique* à partir d'un corpus de termes trouvés dans le *TLFi* (dont les deux que nous avons mentionnés) et du *Grand Robert* ; elle constate que ces unités ont toutes pour définition une « peur » de quelqu'un ou quelque chose. Elle le vérifie également en comparant, sur Google, les termes anglais X-*phobe* et X-*phobic* trouvés dans l'*Oxford English Dictionary*.

Or, si notre corpus contient majoritairement des X-*phobique* liés à la peur, il comprend aussi des termes liés à l'hostilité, comme *homophobique* ou *xénophobique*. Nous pensons que ces doublets sont avant tout des anglicismes, dont l'origine serait à chercher du côté de X-*phobic* anglais mal traduits. Les 12 cas de NH-*phobique* (en incluant les cas douteux) des textes OS sont en effet des traductions par des bénévoles et des passionnés qui ne sont pas des traducteurs professionnels (le cas le plus ancien date de 1999). Pour certains néologismes anglais, il n'y a même pas de traduction, par exemple pour *peoplephobic* (dans les textes OS, mais utilisé en tant qu'adjectif). Si cette hypothèse se confirmait, on pourrait parler de ces X-*phobique* en termes d'allomorphie et dire que notre corpus fait apparaître un nouvel allomorphe, -*phobique*, emprunté à l'anglais et doublet de -*phobe*.

4.4 Quel est le sens de -*phobe* ?

Nous l'avons déjà noté à plusieurs reprises : l'élément -*phobe* a au moins deux sens en français : la « peur » et la « haine ». Les dictionnaires voient aussi une « aversion » et notre corpus révèle un sens encore un peu différent : « l'ignorance, la non-familiarité », comme dans :

---

40 Dont deux fois orthographié « clostrophobique » et une fois « clautrophobique ».
41 « On trouve aussi *agoraphobique*. ».

1) Dans ces conditions, on peut comprendre un anglophobe comme quelqu'un qui n'est « pas compatible » avec la langue anglaise. (WORT)

2) Brink est entièrement sous-titrée en français et ne posera donc pas de soucis aux anglophobes. (WORT)

Nous devons donc nous interroger sur cette polysémie. La question fondamentale reste celle du calcul du sens d'un X-*phobe* : comment savoir si tel X-*phobe* désignera plutôt la peur de X ou plutôt la haine de X ?

Pour Lasserre (2016 : 177), le sens de *-phobie* (mais aussi celui de *-phobe*) a évolué de la « peur » à « l'hostilité » par métonymie, « puisqu'une peur panique de quelque chose sous-entend une répulsion[42] ». C'est aussi ce que suggère le *Petit Robert*, quand il ajoute, dans la définition de *claustrophobe* : « Atteint de claustrophobie. *Par exagér.* Qui n'aime pas être enfermé dans un lieu clos. » On pourrait donc penser que les X-*phobe* formés récemment ont le trait sémantique [+haine] plutôt que le trait [+peur]. En fait, ce n'est pas le cas. Nous avons déjà cité le cas de Joseph de Maistre, qui, selon Cottez (1988), aurait introduit dès 1821 le sens de « haine » pour l'élément *-phobie*, donc avant même la création de termes clairement identifiés comme relevant de la peur, tels que *agoraphobie* ou *claustrophobie*. De plus, l'apparition de quelques représentants de X-*phobe* dans Google Books, *via* le Ngrams Viewer[43], permet de se rendre compte que le XIXe siècle est créateur de mots dans les deux pôles sémantiques :

– *francophobe* : années 1820,
– *germanophobe* : années 1830,
– *agoraphobe* : années 1870,
– *claustrophobe* : années 1880,
– *xénophobe* : années 1890.

Bien sûr, *europhobe* et *homophobe* sont bien plus tardifs (surtout années 1960 et 1980), mais cela est dû au premier élément, non à *-phobe*.

On pourrait envisager de trouver le sens de *-phobe* à partir du sens du premier élément. Nous avons remarqué, lors de l'étude des définitions des dictionnaires spécialisés dans la psychiatrie, que la cause de la phobie n'était pas relative aux humains : la phobie est uniquement déclenchée par un objet, un animal, ou une situation. On pourrait donc proposer un classement sémantique des NH-*phobe* en fonction du premier élément et tenter de faire correspondre à chaque groupe

---

42 Ironie du sort : chez Homère, le sens de φόβος était celui d'une fuite du champ de bataille. En grec classique, le sens évolue vers celui de « peur panique ». Désormais, on en revient à la guerre (« hostilité »), mais il s'agit plutôt d'une attaque que d'une fuite (homophobie, xénophobie, etc.).
43 https://books.google.com/ngrams

un sens de -*phobe* (comme « peur » ou « haine »). Établir un classement sémantique est toujours un exercice périlleux ; nous proposons ici cinq classes, dans lesquelles nous avons rangé les NH-*phobe* du corpus et ceux des dictionnaires :
- humain (par exemple, *homophobe*),
- animal *(lapinophobe)*,
- objet *(noix-de-coco-phobe)*,
- idéologie *(gauchophobe)*,
- situation *(émétophobe)*.

On pourrait alors envisager de relier les catégories « animal », « objet » et « situation » à la phobie, donc à la peur, comme nous y invite le *Manuel Diagnostique des Troubles Mentaux* (1996), et, par ailleurs, de relier les catégories « humain » et « idéologie » à la haine. Néanmoins, on constate rapidement que ces liens sont faibles. Par exemple, si les objets peuvent engendrer de la peur, ils peuvent aussi engendrer de la haine ; ainsi, Lasserre (2016 : 228) propose-telle un sens de X-*phobie* comme « aversion » envers un non-humain, et le distingue clairement de la peur. Hors contexte, il est en effet impossible de savoir si *noix-de-coco-phobe* renvoie à la peur des noix-de-coco ou à leur détestation. Il en va de même pour les animaux (*lapinophobe*), et même des humains, comme le montrent certaines hésitations des dictionnaires (le *TLFi* définit ainsi *turcophobe* comme « une crainte »), et, comme le souligne Lasserre (2016 : 216) à propos de la clownophobie, qui « désigne le plus souvent la peur des clowns, et non pas une hostilité envers les clowns ».

On peut aussi classer les X-*phobe* en fonction de l'origine du premier élément. C'est ce que fait Lasserre (2016 : 236), qui, en cherchant le sens des X-*phobie* à partir du contexte d'occurrence, constate que près de 85 % des termes qui portent le trait sémantique [+hostilité] ont un premier élément non classique (c'est-à-dire ni grec ni latin), alors que cette proportion est inférieure à 40 % pour les termes qui se rapportent à la peur. Mais ces chiffres montrent qu'il s'agit plutôt de tendances et qu'il est impossible de prédire le sens de -*phobe* à partir de l'origine du premier élément[44].

Nous pensons que l'explication de ces phénomènes doit être cherchée dans le fait que les deux sens de -*phobe* sont présents, simultanément, à l'esprit des locuteurs. Dans leur définition de -*phobe*, les dictionnaires évoquent bien les

---

44 On pourrait sans conteste prédire le sens de -*phobe* en étudiant si le X-*phobe* auquel il appartient est un emprunt direct (ou éventuellement *via* le latin) au grec. Le sens serait alors toujours celui de « peur panique », puisque c'est le seul sens en grec post-homérique. Mais nous avons vu qu'il n'y a probablement qu'un seul X-*phobe* dans ce cas : *hydrophobe*, qui est un terme technique de médecine.

différents sens de l'élément mais laissent penser qu'il s'agit soit de l'un, soit de l'autre, à l'exemple du *Grand Robert*, déjà cité : « soit la peur morbide..., soit, plus couramment, l'aversion ou l'hostilité plus ou moins irraisonnée ». Nous avons également vu que les paraphrases de chaque X-*phobe* rangent les termes dans un pôle sémantique ou dans un autre, mais n'évoquent pas, à de rares exceptions près, deux sens pour un même terme. De plus, les présentations de Cottez (1988) et Bouffartigue & Delrieux (1996) indiquent clairement une exclusion mutuelle entre les différents sens. Mais cela nous paraît être trompeur.

On constate dans l'usage, en effet, une confusion des deux sens principaux (peur et haine). Lasserre (2016 : 179) en donne quelques exemples. L'*acnophobe*, par exemple, peut être en proie à la « peur d'avoir de l'acné », mais peut aussi éprouver de « l'hostilité envers les personnes ayant de l'acné » (« du racisme anti-boutonneux », précise un internaute). Lasserre (2016 : 177) cite également deux acteurs. Véronique Genest, d'abord :

> 3) Je suis islamophobe, et phobie veut dire peur. Donc oui, peut-être oui, probablement, je suis islamophobe comme beaucoup de Français. J'ai peur de l'islam comme on a peur d'une chose que l'on ne connaît pas[45].

Morgan Freeman[46], ensuite :

> 4) I hate the word homophobia. It's not a phobia, you're not scared. You are just an asshole.

Il s'agit ici de personnalités, mais le discours sur le sens de -*phobe* dans des mots tels que *xénophobe*, *homophobe*, *islamophobe* est très présent sur Internet, avec de nombreux billets de blogs et de forums. Les internautes qui « s'assument » xénophobes, homophobes, etc. se justifient en disant qu'il ne s'agit pas d'une haine mais d'une peur irraisonnée. Être xénophobe ou homophobe, c'est donc comme être claustrophobe ou arachnophobe : ce ne serait pas mauvais en soi et il n'y aurait aucune raison de condamner les xénophobes et homophobes, ni leurs propos :

---

[45] http://www.lexpress.fr/actualites/1/styles/veronique-genest-auto-proclamee-islamo-phobe-cree-la-polemique-sur-le-net_1162627.html
[46] Il semblerait que l'attribution soit fausse et que Morgan Freeman n'ait jamais tweeté cela. Mais cela ne change rien à la démonstration linguistique.

5) La phobie est bien une peur, non ? Alors, il est ou le problème d'etre islamophobe ? (resistancerepublicaine.eu[47])

6) Donc, être xénophobe ou islamophobe, cela revient au même : avoir peur de l'autre, du musulman. Ce n'est pas du racisme ! (resistancerepublicaine.eu[48])

7) L'Islamophobie et xénophobie... n'existe pas en tant que délit, tout le monde a le droit d'avoir peur des étrangers et de l'Islam, et avoir peur n'est pas un délit. (resistancerepublicaine.eu[49])

8) Je ne suis pas raciste, je suis islamophobe... Islamophobe, comme dans : peur de l'Islam. (huffintonpost.ca[50])

D'autres font le raisonnement opposé :

9) Je ne suis pas islamophobe car je n'ai pas peur de l'islam, je n'aime pas l'islam et ses lois. (resistancerepublicaine.eu[51])

Inversement, certains médias jouent sur la peur supposée des homophobes pour la railler et tenir un discours anti-homophobie :

10) L'homophobie est une peur de la différence. (titre d'un article du journal *La Liberté*[52])

11) Oui, l'homophobie est une vraie peur. Le tout est de savoir ce qui effraie les hommes hétéros. (chapeau d'un article de *slate.fr*[53])

D'autres encore, qui pourtant dénoncent l'homophobie, font l'équivalence entre les deux en toute bonne foi :

---

[47] http://resistancerepublicaine.eu/2016/01/06/elisabeth-badinter-il-ne-faut-pas-avoir-peur-de-se-faire-traiter-dislamophobe, consulté le 4 septembre 2016.
[48] http://resistancerepublicaine.eu/2015/11/18/en-finir-avec-limposture-dun-islam-progressiste-ou-revendiquer-lislamophobie-comme-un-droit-legitime/, consulté le 4 septembre 2016.
[49] http://resistancerepublicaine.eu/2016/02/05/preference-etrangere-a-biscarosse-ce-nest-pas-un-vain-mot-2/, consulté le 4 septembre 2016.
[50] http://quebec.huffingtonpost.ca/jessie-mc-nicoll/je-suis-islamophobe-islamophobie-racisme-musulmans_b_8203644.html, consulté le 4 septembre 2016.
[51] http://resistancerepublicaine.eu/2015/01/19/le-zapping-dallah-charlie-et-les-pleureuses/, consulté le 4 septembre 2016.
[52] http://www.laliberte.ch/news/international/l-homophobie-est-une-peur-de-la-difference-351133, consulté le 4 septembre 2016.
[53] http://www.slate.fr/life/83087/peur-homophobie-homosexualite-heteros, consulté le 4 septembre 2016.

12) En général, on définit l'homophobie comme une peur, une aversion envers les personnes homosexuelles. (monfilsgai.org[54])

13) La peur de l'homosexualité (ou homophobie)… (agoravox.fr[55])

D'autres encore se défendent d'homophobie en prétendant ne pas avoir peur des homosexuels :

14) Je ne suis pas homophobe je n'ai pas peur des homo… Je suis juste contre le mariage et l'adoption (jeuxvideo.com[56])

Cette confusion des sens est par ailleurs confirmée par l'affirmation, très répandue sur Internet, que l'étymologie de *homophobe*, *xénophobe*, etc., serait « avoir peur des homosexuels, des étrangers, etc. », par exemple :

15) étymologiquement, *homophobe* signifie « qui a peur de ses semblables » (Vikidia, l'encyclopédie junior[57])

16) Au sens littéral, la xénophobie est la peur irraisonnée, maladive de ce qui est étranger. (toupie.org[58])

17) D'après son étymologie, ce mot [xénophobie] signifie donc « crainte des étrangers ». (ac-orleans-tours.fr[59])

18) Islamophobie = islamo (en rapport avec l'islam) + phobie (qui vient du grec phobos, qui veut dire la peur). Donc islamophobie = peur de l'islam. (billet d'un forum destiné aux 15–18 ans[60])

Mais cela est loin d'être évident. L'étymologie de *-phobe* est bien celle de la peur, mais, dès le début du XIXᵉ siècle, deux sens (au moins) cohabitent. Ces termes n'existaient pas en grec ancien[61] et sont donc des créations récentes. Le Google

---

54 http://www.monfilsgai.org/savoir/lhomophobie-cest-quoi/, consulté le 4 septembre 2016.
55 http://www.agoravox.fr/actualites/societe/article/tout-ce-qu-un-homophobe-devrait-151359, consulté le 4 septembre 2016.
56 http://www.jeuxvideo.com/forums/1-50-137798700-1-0-1-0-eh-les-homophobes-j-ai-un-truc-pour-vous.htm, consulté le 7 septembre 2016.
57 Il s'agit d'une sorte de Wikipédia pour 8–13 ans. https://fr.vikidia.org/wiki/Homophobie, consulté le 4 septembre 2016.
58 http://www.toupie.org/Dictionnaire/Xenophobie.htm, consulté le 4 septembre 2016.
59 http://lettres.tice.ac-orleans-tours.fr/php5/coin_eleve/etymon/hist/xenop.htm, consulté le 4 septembre 2016.
60 http://www.jeuxvideo.com/forums/42-50-38686829-1-0-1-0-je-suis-islamophobe.htm, consulté le 4 septembre 2016.
61 Mais il y a beaucoup de composés avec ξένος, par exemple ξενότιμος « qui honore les étrangers » (duquel il ne faudrait pas conclure que les anciens Grecs n'étaient pas violents vis-à-vis des étrangers, puisqu'on trouve aussi un ξενοφόνος « qui tue les étrangers »).

Books Ngrams Viewer donne les premières références de *xénophobe* dans la deuxième moitié du XIXe siècle : les contextes évoquent tous une hostilité vis-à-vis des étrangers :

19) Tel est spécialement le cas de massacres commis sur les étrangers en général ou sur les nationaux d'un pays déterminé au cours de mouvements de caractère xénophobe. (*Revue de droit international et de législation comparée*, 1869)

20) Lorsque éclata le mouvement xénophobe de juin 1900, l'amiral Seymour prit la direction des secours envoyés pour délivrer les légations assiégées dans Pékin... (Dreyfus et Berthelot, *La Grande Encyclopédie*, 1885–1902, volume 29 : 1138)

De même pour *homophobe*, dont l'une des premières mentions dans Google Books[62] date de 1949 :

21) Et malheur aux perdants... aux pédés, tapettes et autres gonzesses, victimes de la haine homophobe la plus ordinaire. (*Notes et études documentaires*, 1949)

mais qui se développe surtout à partir des années 1980 :

22) Le malentendu persiste entre les gais et les policiers : d'une part, les gais arrivés récemment à San Francisco viennent de communautés où la police est beaucoup plus violente et homophobe... (Dreuilhe, *La société invertie, ou, Les gais de San Francisco*, 1979)

De là l'idée que ces mots ont directement été créés avec le sens de « haine » et que leur étymologie n'est pas « avoir peur des homosexuels, des étrangers ». C'est *-phobe* qui a étymologiquement le sens de « peur », pas *homophobe*, ni *xénophobe* (ni *islamophobe*, etc.). Mais l'erreur d'étymologie, très fréquente, tout comme la (tentative de) justification de la xénophobie et de l'homophobie par une peur incontrôlable, suggèrent que les deux sens sont étroitement liés dans l'esprit des locuteurs et que même le contexte ne permet pas forcément de désambiguïser, puisque les locuteurs sont parfois obligés de préciser dans quel sens ils emploient un X-*phobe*.

Il semble donc illusoire d'attribuer de façon catégorique tel ou tel sens à *-phobe* dans tel ou tel mot, comme le font les dictionnaires et les lexiques du vocabulaire

---

[62] La première mention date de 1897, dans une revue nommée *La Lecture illustrée*, mais le sens semble différent, et plus proche de « peur ou haine des hommes (par opposition aux femmes) », un peu comme *misandre* : « Elle parle si rarement de quelqu'un, des hommes surtout ! Elle est, comment pourrai-je dire ? homophobe peut-être. C'est la plus juste expression. Il faudra donc qu'un homme soit très habile, et montre une réelle douceur, une patience inaltérable pour gagner son affection. »

savant. Seuls les termes utilisés dans un contexte médical (comme *émétophobe*) ne présentent pas d'ambiguïté. En revanche, tous les exemples cités précédemment semblent montrer que *peur* et *haine* sont des sens mutuellement exclusifs : soit on définit l'homophobe (ou le xénophobe, etc.) comme quelqu'un qui a peur des homosexuels (ou des étrangers, etc.), soit comme quelqu'un qui les hait ; mais ce choix est le fait d'un locuteur particulier dans un contexte particulier, et non du dictionnaire.

Nous avons jusqu'à présent étudié l'élément -*phobe* : son étymologie et son sens. Nous allons maintenant nous intéresser au premier élément, et ce dans la perspective de la néologie.

4.5 Une construction productive

Ce qui distingue -*phobe* de *mis*-, selon Bouffartigue & Delrieu (1996), c'est surtout que le premier est fécond alors que le deuxième ne l'est pas[63]. En effet, -*phobe* est très productif, surtout dans les médias (Villoing & Namer, 2007).

Tableau 2 : Nombre et proportion d'hapax dans le corpus.

	nb de NH-*phobe*	nb de NH-*phobe* différents	nb d'hapax	rapport hapax/ NH-*phobe* différents
EURO	32	5	3	60 %
UN	3	2	1	50 %
OS	168	24	14	58 %
WORT	50	16	10	62 %
Total	253	47	28	60 %

4.5.1 Les hapax du corpus

Sur les 47 NH-*phobe* différents que compte notre corpus, 28 sont des hapax, c'est-à-dire des mots qui n'apparaissent qu'une seule fois, soit près de 60 % (tableau 2). Tous les ensembles de textes sont concernés, bien que les textes UN et EURO soient peu représentatifs (il n'y a que 2 et 5 formes de NH-*phobe* différentes, respectivement, pour 1 et 3 hapax). En prenant en compte les noms et les adjectifs, la proportion monte à 64 % (82 hapax pour 128 formes différentes). Cela témoigne d'une grande productivité.

---

[63] Seulement *misanthrope* et *misogyne* pour les deux auteurs, mais le *Petit Robert* connaît aussi *misandre*.

Il s'agit en général de créations *ad-hoc* interprétables soit directement, lorsque le sens du premier élément n'est pas ambigu : *gauchophobe, noix-de-coco-phobe, broussophobe, vampirophobe,* etc. (OS et WORT), soit à partir du contexte, comme *halophobe*, dont on comprend le sens (aversion pour un jeu vidéo) à partir de la phrase dans laquelle il est employé :

> 23) N'ayant plus de Burger King en France, les Halophobes ont cru qu'ils auraient pu échapper au marketing massif de Microsoft autour de son mastodonte Halo 3... [un jeu vidéo] (WORT)

ou bien *monophobe*, dont il faut chercher la définition quelques répliques plus loin :

> 24) – Elle a dit que tu cherchais désesperément la reconnaissance et avais toujours besoin d'un homme dans ta vie car tu es une incurable monophobe...
> – N'en déplaise à Dieu que tu aies une journée à passer seule. (OS)

Parfois, il s'agit de doublets non savants, par exemple *UE-phobe* (EURO, doublet d'*europhobe*) ou *araignée-phobe* (OS, doublet d'*arachnophobe*).

Il ne semble pas y avoir plus de contraintes sur le sémantisme du premier élément que sur l'argument des verbes *avoir peur* ou *haïr*. Même la catégorie grammaticale semble être libre : s'il s'agit généralement d'un nom, il peut aussi être un nom expansé : *pénis-à-l'air-devant-vous-phobe* (OS) ou même un verbe (à l'infinitif) avec ses arguments : *mettre-un-innocent-en-prison-phobe*[64] (OS).

4.5.2 Les mots absents du corpus

Étudier un corpus amène aussi à étudier ce qui ne s'y trouve pas. Or, si notre corpus révèle une grande productivité, il ne s'agit que de créations dont le premier élément est français (voire anglais, mais, de toute façon, ne provient ni du grec ni du latin) et souvent trivial (comme « noix-de-coco »). Mais il existe des cas de constructions bien plus sophistiquées, avec un premier élément d'origine grecque. Ce sont des mots rares, qui n'ont sur Google que d'une dizaine à quelques centaines d'occurrences (à comparer avec les plus de deux millions de résultats pour *homophobe*). On trouve par exemple *caligynéphobe* (qui a peur des belles femmes[65]) : 10 occurrences sur Google ; *blemmophobe* (qui a peur du regard) : 177 occurrences, ou le curieux *hexakosioihexekontahexaphobe* (qui a peur du chiffre

---

64 Les exemples de ce paragraphe sont utilisés en tant qu'adjectifs dans notre corpus.
65 Les définitions sont issues du *Wiktionnaire* (https://fr.wiktionary.org).

666) : son côté extrême le rend populaire, puisqu'on compte plus de 2 000 résultats sur Google[66]. La principale différence avec les hapax de notre corpus, outre la racine grecque de leur premier élément, tient à la difficulté d'interprétation : il est facile de connaître la signification de *noix-de-coco-phobe*, mais, à moins d'être un helléniste (très) averti, il est impossible de deviner le sens de *chionophobe*, *chætophobe* ou *lachanophobe*[67].

Aucun de ces termes n'a été trouvé dans notre corpus, et on peut s'interroger sur leur origine. Ils ne figurent dans aucun dictionnaire mais seulement sur des listes spécialisées[68]. Ils ne sont guère utilisés, comme l'atteste leur très faible fréquence sur Google. Ce ne sont pas des mots du vocabulaire scientifique, notamment médical, puisque, comme nous l'avons vu, les psychiatres font assez peu usage des mots en *-phobe* ou en *-phobie*[69]. En fait, il s'agit sans doute de ce que l'on pourrait qualifier de « constructions ludiques », formées par des amateurs de mots compliqués et de racines grecques. Ces termes apparaissent en effet dans des jeux (quizz de langue française[70]) et dans nombre d'articles récréatifs (« 13 phobies étranges que vous ne connaissez sûrement pas[71] », « Les phobies les plus bizarres[72] », etc.).

En résumé, les néologismes en *-phobe* sont issus de deux sources différentes. D'une part, il y a des créations de circonstance, avec un élément français (*noix-de-coco*), immédiatement compréhensibles dans le contexte d'énonciation. Ces termes sont très fréquents dans notre corpus. D'autre part, il y a des créations savantes mais ludiques, avec un élément grec (latin dans le

---

[66] On doute cependant que quelqu'un l'ait jamais utilisé dans une conversation réelle, ni même autrement que par copier-coller...

[67] Réponses : peur de la neige (ἡ χιών), peur des longs cheveux (ἡ χαίτη), peur des légumes (τό λάχανον). Extraits de la base *NeoClassy* (Lasserre, 2016).

[68] Il existe ainsi une page « Mots en français suffixés avec *-phobe* » sur le *Wiktionnaire* (https://fr.wiktionary.org/wiki/Cat%C3%A9gorie :Mots_en_fran%C3%A7ais_suffix%C3%A9s_avec_-phobe). On pourra aussi consulter la base élaborée par Lasserre (2016), *NeoClassy*, qui contient bien plus de mots. Les sources de cette base sont indiquées aux pages 114 et suivantes.

[69] Voir aussi Denis (2011), qui note : « Il est aisé de former pour chacune [des phobies] un terme "savant" : il suffit de traduire en grec le nom de l'objet ou de la situation phobogène et d'y ajouter le suffixe phobie... Tout le dictionnaire grec peut y passer... Les limites de la méthode sont évidemment vite atteintes, car elle aboutit à des termes ridicules..., incompréhensibles et inutilisables... Un certain nombre de termes "savants" sont cependant consacrés par l'usage médical et psychiatrique. »

[70] http://www.quizz.biz/quizz-635509.html, consulté le 10 septembre 2016.

[71] https://www.awazin.com/13-phobies-etranges-que-vous-ne-connaissez-surement-pas/, consulté le 10 septembre 2016.

[72] http://www.medisite.fr/troubles-psychologiques-les-phobies-les-plus-bizarres.61582.107.html, consulté le 10 septembre 2016.

pire des cas), accessible uniquement aux spécialistes, et qu'on ne trouve que sur des listes spécifiques.

Après avoir examiné les deux éléments qui forment les constructions néoclassiques, il convient de s'interroger sur la catégorie grammaticale du composé.

4.6 Les X-*phobe* : entre noms et adjectifs

Notre étude porte sur les *noms* d'humains. Or, les X-*phobe* peuvent tous[73] être à la fois noms et adjectifs, c'est-à-dire relever d'une « double appartenance » : on « ne sait pas dire *a priori* si telle unité, présentée *in abstracto*, est à mettre dans un camp ou dans l'autre » (Noailly, 1999 : 14). On peut ainsi dire tout aussi bien « mon voisin homophobe » que « l'homophobe qui habite à côté de chez moi ». Cette propriété semble commune à toutes les constructions du type nom-verbe (les mots en *-phobe*, mais aussi en *-phile*, *-phage*, *-graphe*, *-mane*, etc.) (Namer & Villoing, 2007). Néanmoins, plusieurs indices montrent que la catégorie adjectivale semble dominer.

D'abord, si les dictionnaires modernes indiquent pour presque toutes les entrées X-*phobe* la double appartenance[74], ils paraphrasent ces termes à la façon des adjectifs : « qui déteste », « qui a peur », « hostile à », « atteint de », etc. On comparera ces paraphrases avec celles[75] qui caractérisent des noms, par exemple *boulanger* : « personne dont le métier... », *boucher* : « celui qui », « marchand de », *père* : « homme qui... », *linguiste* : « spécialiste de... ».

Ensuite, la huitième édition du *Dictionnaire de l'Académie*, la première où les mots en *-phobe* font leur apparition[76], indique pour tous ces mots uniquement une catégorie adjectivale.

Par ailleurs, les X-*phobe* de notre corpus sont avant tout des adjectifs[77]. En effet, le rapport entre N-*phobe* et X-*phobe* (tableau 3, qui montre la proportion de

---

[73] À l'exception peut-être des termes du domaine de la chimie et de la biologie, dont il n'est pas question ici.
[74] On notera quelques incohérences, par exemple le *Petit Robert* note *francophobe* et *islamophobe* comme adjectif, mais tous les autres X-*phobe*, comme *germanophobe* ou *russophobe* comme adjectif *et* nom. Le *TLFi* souffre aussi de telles incohérences (par exemple *anglophobe* est seulement un adjectif, mais *gallophobe* aussi un nom).
[75] Les exemples sont pris du *Petit Robert*.
[76] Il s'agit de « anglophobe, francophobe, gallophobe, hydrophobe, xénophobe ». « Hydrophobe » est déjà présent dans la quatrième édition, comme substantif, mais en tant que terme de médecine : « On le dit singulièrement de ceux qui sont attaqués de la rage. ».
[77] La comparaison avec les mots en *-phile* (élément donné comme un antonyme de *-phobe* par les dictionnaires) est surprenante : entre 30 et 58 % des mots en *-phile* sont des noms. Il faut

noms par rapport à l'ensemble des mots en *-phobe* (et donc, par contraste, celle des adjectifs)), est très faible : il est toujours inférieur à 15 %. Il y a cependant une grande différence en fonction de l'ensemble de textes considéré. Le cas le plus extrême est celui des textes UN, qui ont seulement trois NH-*phobe* sur quelques 2385 X-phobe (soit 0,1 %). Ces trois occurrences n'appartiennent en fait pas directement au jargon administratif : elles émanent toutes de propos oraux rapportés (dans un compte-rendu de séance de 2003 et dans un rapport sur le racisme et la discrimination de 2004). Le rapport est plus élevé, bien qu'encore très faible, pour les ensembles WORT et EURO (entre 6 % et 7 %), alors qu'il est nettement plus important (15,5 %) pour les sous-titres.

Tableau 3 : Les mots en -phobe (X-*phobe*) et les noms d'humains en -*phobe* (NH-*phobe*) dans le corpus.

	nb de mots	nb de X-*phobe*	nb de NH-*phobe*	ratio NH/X-*phobe*
EURO	52M	521	32	6,1 %
UN	401M	2385	3	0,1 %
OS	319M	1081	168	15,5 %
WORT	120M	742	50	6,7 %
Total	893M	4729	253	7,1 %

En outre, même si nous n'avons pas intégré *Frantext* dans notre corpus, comme nous l'avons déjà expliqué, nous avons trié les quelques occurrences de X-*phobe* que nous avons trouvées dans le corpus complet de *Frantext* (234 millions de mots, mais beaucoup datent d'avant la création des X-*phobe*). Sur 172 X-*phobe* (en excluant le nom propre *Déiphobe*), nous obtenons 43 NH-*phobe*, soit un ratio de 25 %. Il est bien plus important que ceux du corpus étudié, peut-être parce qu'il s'agit d'un corpus très littéraire et que la littérature est plus prompte à faire varier les expressions référant à des humains, dans un souci stylistique. Peut-être est-ce aussi parce que les textes littéraires sont plus longs que les textes de notre corpus : beaucoup des occurrences de NH-*phobe* de *Frantext* appartiennent en fait aux mêmes textes.

---

toutefois noter que le tri a été fait automatiquement avec l'étiqueteur *TreeTagger* (Schmid, 1994 et 1995), programme qui, d'après notre expérience avec les mots en *-phobe*, surestime le nombre de noms par rapport aux adjectifs. Néanmoins, même en appliquant une correction et en révisant les chiffres à la baisse, la différence reste importante. Nous n'avons pas trouvé d'explication à ce phénomène. Le coupable n'est pas *pédophile* (qui rassemble à lui tout seul 45 % de toutes les occurrences de X-*phile*), car même en ne le comptant pas, la proportion de N-*phile* reste supérieur à 40 %.

Ces différences parmi les différents ensembles de textes sont un premier indice de l'importance de la prise en compte du type de discours dans l'étude des NH-*phobe*, ce que nous développerons dans la prochaine partie.

4.7 Bilan

Nous avons cherché, dans cette section, à apporter des éléments de réponse aux questions laissées en suspens par les dictionnaires. Le sens de -*phobe* semble difficile à prédire, ni le sens ni la forme du premier formant n'étant de bons indicateurs. En fait, plusieurs sens semblent cohabiter dans l'esprit des locuteurs, et toute classification hors contexte, par exemple entre « peur » et « haine », semble illusoire. Ensuite, nous avons vu que l'élément -*phobe* était productif et amenait à la création de nombreux néologismes, qui peuvent être répartis en deux classes : les constructions *ad-hoc*, répondant à un besoin conjoncturel, immédiatement intelligibles dans le contexte ; et les constructions savantes et ludiques, formées de racines grecques et tout à fait incompréhensibles par l'interprète lambda. Concernant la catégorie grammaticale des composés en -*phobe*, théoriquement et lexicographiquement double (adjectif et nom), c'est en tant qu'adjectifs que les formes sont d'abord pensées et utilisées. À cette occasion, nous avons remarqué des différences d'usage entre les ensembles de textes étudiés. C'est donc dans cette optique que nous continuons notre analyse des NH-*phobe*. Nous pourrons ainsi en décrire l'usage qui en est fait par les locuteurs, en contexte.

5 Étude quantitative des NH-*phobe*

L'étude qualitative a présenté la « face interne » des NH-*phobe*, nous allons maintenant en décrire la « face externe », c'est-à-dire leur usage. Les quatre ensembles de textes constituant notre corpus correspondent à quatre discours différents : les documents administratifs (UN), les sous-titres de films et de séries (OS), la presse en ligne, les billets de forums et de blogs (WORT) et les débats parlementaires (EURO). En nous plaçant dans une perspective comparative, nous montrerons qu'il y a des usages spécifiques des NH-*phobe* en fonction du discours. Pour ce faire, nous explorerons d'abord la distribution de ces noms, puis nous tenterons d'en dégager un comportement syntaxique « prototypique », avant de nous interroger sur leur utilisation comme insulte. Nous terminerons cette analyse par une différence dans l'usage des NH-*phobe* plutôt porteurs du trait [+peur] et ceux plutôt porteur du trait [+haine].

5.1 Distribution des NH-*phobe*

L'étude des fréquences de chaque mot révèle de très grandes différences d'emploi : quelques mots seulement couvrent une très large majorité des occurrences des NH-*phobe*. Au niveau de l'ensemble de notre corpus, les mots les plus fréquents (qui ont plus de dix occurrences), visibles dans le tableau 4, couvrent 75 % des occurrences, alors qu'ils ne représentent que 14 % des lemmes[78].

Tableau 4 : Les principaux NH-*phobe* du corpus (plus de dix occurrences).

	nb d'occurrences	couverture
homophobe	111	43 %
xénophobe	41	16 %
agoraphobe	21	8 %
claustrophobe	12	4 %
europhobe	11	4 %

Il y a donc une très grande disparité entre un petit nombre de NH-*phobe* très fréquents, et une grande quantité de mots apparaissant très rarement et sont souvent des hapax. Mais ces chiffres masquent de grandes différences entre les ensembles de textes (voir le tableau 5, qui montre les NH-*phobe* triés par ensembles et par nombres d'occurrences, à l'exception des hapax). D'abord, les ensembles OS et EURO sont centrés autour d'un seul mot : *homophobe* pour OS, qui couvre à lui seul 57 % de toutes les occurrences de NH-*phobe*, et *xénophobe* pour EURO, 63 %. Les textes WORT, eux, sont un peu plus homogènes, puisque les mots les plus fréquents, *homophobe* et *xénophobe*, se partagent chacun environ un quart des occurrences.

Ensuite, les sous-titres montrent une grande diversité (dix NH-*phobe*, hors hapax), alors que, au contraire, les débats parlementaires se concentrent sur la *xénophobie* et l'*europhobie*, comme si ces deux sujets captaient l'intérêt des députés européens[79].

---

[78] Le tableau complet est disponible en annexe.
[79] *Homophobe* apparaît dans les textes EURO, mais jamais en tant que nom.

Enfin, les sous-titres sont les seuls où les « phobiques » (NH-*phobe* avec le sens de « peur ») ont quelque importance (*agoraphobe, claustrophobe, germophobe et germaphobe, bacteriophobe* : 25 % de toutes les occurrences).

Tableau 5 : Les NH-*phobe* triés par ensembles de textes et par nombres d'occurrences, à l'exception des hapax.

OS			WORT		
homophobe	96	57%	homophobe	14	28%
agoraphobe	17	10%	xénophobe	12	24%
claustrophobe	11	7%	anglophobe	5	10%
germophobe	9	5%	agoraphobe	4	8%
xénophobe	9	5%	islamophobe	3	6%
germaphobe	3	2%	europhobe	2	4%
technophobe	3	2%			
bactériophobe	2	1%			
francophobe	2	1%			
engagement-phobe	2	1%			
EURO			UN		
xénophobe	20	63%	islamophobe	2	67%
europhobe	9	28%			

Ces données manifestent clairement la différence d'emplois des NH-*phobe* en fonction du discours. D'autres éléments permettent une différenciation plus fine : c'est à cela que sera consacré le reste de cette section.

5.2 Caractéristiques syntaxiques et sémantiques des NH-*phobe*

5.2.1 Étude globale

L'étude du comportement syntaxique de mots composés ou dérivés avec un élément donné pose un problème méthodologique, puisqu'il s'agit d'un ensemble de mots, et que le comportement de l'un n'est pas forcément représentatif de *tous* les mots de la classe, surtout que notre corpus contient de nombreux hapax. C'est pourquoi nous avons adopté une méthodologie en deux temps : nous observerons d'abord le comportement syntaxique de deux représentants de la classe de NH-*phobe* : *homophobe* et *xénophobe*, qui comptent à eux seuls 60 % des occurrences de notre corpus; puis nous verrons si ces résultats sont généralisables à l'ensemble de ces NH-*phobe*. Nous étudierons notamment la détermination, l'expansion, le genre, le nombre et le type de référence, sur lesquels nous nous appuierons ensuite pour opposer nos ensembles de textes.

L'analyse de la détermination montre que les articles définis et indéfinis (beaucoup déterminent des SN attributs) sont majoritaires et se répartissent de façon à peu près égale. Il faut noter cependant une forte présence de SN sans déterminant (26 %), due à l'importance des insultes (presque toutes issues des sous-titres, voir ci-dessous), et une absence quasi totale de démonstratifs (deux occurrences seulement, par exemple : « On pourrait donner une leçon à tous ces homophobes sournois. » (OS)), de possessifs (un cas d'insulte : « va faire la morale de tes xénophobes de compatriotes » (WORT) et un cas ironique : « Notre mangeur de loulous et microbiophobe préféré. » (OS)) et de SN quantifiés (aucune occurrence).

Dans 76 % des cas, il n'y a pas d'expansion. Quand il y en a, il s'agit généralement d'un adjectif (33 %), comme dans :

25) Vos opposants, ou plutôt les opposants de votre successeur, ne seront pas de gentils eurosceptiques comme moi, mais des europhobes réellement féroces. (EURO)

ou un « nom de qualité » (au sens de Milner, voir plus bas) antéposé (28 %), comme dans :

26) connard d'homophobe (OS)

La fonction majoritaire est celle d'attribut, dans 25 % des cas, du type :

27) Suis-je un homophobe ?

Les autres fonctions se répartissent de façon à peu près égale, mais il convient de noter ce qui est sans doute une exception par rapport à d'autres NH : la forte présence de vocatifs (6 %), comme dans :

28) Je vous toucherai pas, homophobe. (OS)

Le genre grammatical[80] offre une distribution plus remarquable : d'abord, nous trouvons 57 % d'occurrences de genre « indéterminé » (généralement des groupes

---

80 Nous avons annoté le genre avec trois valeurs différentes : le masculin, le féminin, et « l'indéterminé », par exemple lorsqu'il s'agit d'un groupe (susceptible de contenir des hommes et/ou des femmes) ou d'une référence générique. Une quatrième valeur permettait de rendre compte des cas où il était possible de discriminer entre le masculin et le féminin, mais où le contexte (nos contextes étaient généralement de l'ordre de la phrase) était trop réduit pour que l'on puisse

ou une référence générique). Ensuite, lorsque le genre est déterminé, 89 % des NH-*phobe* sont masculins, et seulement 11 % sont féminins (mais il faut prendre en compte la différence que nous faisons plus bas entre les NH-*phobe* qui expriment plutôt la peur, et ceux qui expriment plutôt l'aversion).

Le nombre est réparti à peu près également entre singulier et pluriel. Mais cela cache une distinction entre référence générique et référence spécifique[81] ainsi qu'une variation entre les différents ensembles de textes, notamment EURO et OS, que l'on verra plus bas.

Enfin, il faut signaler que les mots sont, dans plus de 90 %, péjoratifs. Dans les autres cas, ils sont neutres. Nous entendons par là les cas où l'on ne décèle pas de jugement de valeur porté par le locuteur, par exemple la constatation d'un fait comme c'est souvent le cas dans les débats du parlement européen :

> 29) La droite – les Europhiles comme les Europhobes – ont utilisé ce dossier comme un argument dans leur campagne. (EURO)

mais aussi dans les sous-titres :

> 30) Le témoin voit des homophobes sous chaque pierre. (OS)

Comme annoncé ci-dessus, il nous reste maintenant à comparer ces résultats avec l'ensemble des termes du corpus. Tous les résultats précédents sont confirmés (à quelques pourcentages près) si l'on intègre l'ensemble des NH-*phobe* du corpus ; c'est le signe qu'*homophobe* et *xénophobe* sont représentatifs de l'ensemble des NH-*phobe*. La seule différence notable concerne la connotation des termes : alors que les deux représentants apparaissent dans 90 % des cas dans des contextes péjoratifs, l'ensemble des NH-*phobe* ne le font que dans 79 % des cas. C'est parce que *homophobe* et *xénophobe* sont jugés généralement négativement, ce qui est moins le cas de phobies telles que la claustrophobie et de l'arachnophobie, qui sont des termes plutôt neutres. Pour la même raison, il y a moins d'insultes dans les chiffres concernant le corpus entier.

---

déterminer le genre. Par exemple la seule phrase « L'homophobe qui habite au-dessus de chez moi » ne permet pas de connaître le genre de « homophobe », mais un peu plus de contexte nous permettrait de le savoir.

81 Nous avons considéré, et annoté, trois types de références (Riegel, Pellat & Rioul, 2015 : 962) : la référence générique (« la contrepartie référentielle de l'expression [est] dans son extension maximale »), la référence spécifique (« le référent est présenté comme existant et identifiable comme tel dans une situation donnée »), la référence non-spécifique (référence à « un individu quelconque »).

Nous résumerons cette section en disant que les NH-*phobe* peuvent être utilisés comme des insultes, dont le référent est la plupart du temps un homme, et peuvent aussi servir d'appellatifs.

La distribution plus large, et notamment les contextes droits et gauches montrent que, dans les débats parlementaires, les termes *xénophobe* et *europhobe* sont souvent associés à *raciste*[82] et *eurosceptique*, sans surprise, mais aussi à *anti* ou *contre* :

> 31) Nous devons remporter et nous remporterons la bataille *contre* les *racistes* et les xénophobes. (EURO)
>
> 32) Ne laissez pas les xénophobes et les *anti*-Européens nous retarder. (EURO)

Dans les sous-titres, on trouve en revanche surtout des pronoms (notamment *tu*) :

> 33) Cleveland, écoute, tu agis comme un homophobe. (OS)

des adverbes (surtout de négation comme *pas, jamais*) :

> 34) Je ne vous aurais jamais classes parmi les homophobes. (OS)

ainsi que quelques noms de groupes (*groupe, bande*) :

> 35) Quel groupe de xénophobes. (OS)

et quelques noms de qualité au sens de Milner (*espèce, putain, connard*, voir ci-dessous). Les contextes des textes WORT vont dans le même sens que ceux des sous-titres, mais les résultats sont moins significatifs, puisqu'il y moins d'occurrences (50 contre 168).

5.2.2 Étude contrastive

L'étude des occurrences dans l'ensemble du corpus a offert quelques pistes de réflexion que nous allons maintenant approfondir, en nous plaçant dans la

---

[82] *Raciste* et *xénophobe* sont très souvent associés dans les documents administratifs des Nations Unies, mais cela ne se voit guère dans cette recherche parce qu'ils sont dans l'immense majorité des cas des adjectifs et non des substantifs. Sur les quelques 2385 phrases du corpus UN contenant un X-*phobe* (dont 2382 sont des adjectifs), il s'agit dans 2268 des cas de *xénophobe*. Il est accompagné dans 1678 des cas de *raciste*, soit dans 74 % des cas. On décèle un style sinon formulaire du moins très codifié, puisque, dans 1045 des cas (soit près des deux tiers), il s'agit de l'expression « raciste et xénophobe », au singulier ou au pluriel. On retrouve une association similaire au Parlement européen (on notera qu'il s'agit alors de *débats*, donc d'oral), puisque, dans 64 % de ses occurrences, *xénophobe* (en tant que nom ou adjectif), est accompagné de *raciste*. En ne comptant que les noms, on trouve un taux de 43 %.

perspective d'une comparaison entre les différents ensembles de textes, c'est-à-dire entre différents discours.

La détermination des NH-*phobe*, dont le rapport à peu près égal entre défini et indéfini à l'échelle du corpus entier, masque en fait un écart significatif entre les débats parlementaires, qui comptent 84 % de définis (contre 13 % d'indéfinis) et les sous-titres, où le rapport est inversé : 47 % de définis (contre 23 % de définis). Il s'agit donc d'une véritable opposition entre les ensembles de textes. Cette opposition se retrouve dans le nombre, le type de référence, l'expansion et le genre. En effet, dans les débats, 94 % des occurrences sont au pluriel et 84 % ont une référence générique (tous des *homophobes*). Dans les sous-titres, le rapport est, encore une fois, inversé : il y a 65 % de singuliers et 67 % de références spécifiques.

Cela montre que, si les parlementaires européens débattent au sujet des xénophobes et europhobes en général, sans pointer d'individu en particulier (ce qui est leur rôle, après tout), les films et séries s'attachent surtout à des homophobes, agoraphobes et claustrophobes particuliers : il y a donc des contraintes imposées par le type de discours.

Cette opposition entre les deux ensembles se retrouve au niveau de l'expansion des NH-*phobe*. En effet, si seules 9 % des occurrences des débats sont expansées, 28 % des occurrences des sous-titres le sont, souvent par un adjectif. Ce sont généralement des adjectifs qualificatifs dépréciatifs (par exemple *borné, tordu, attardé, sournois, endurci, compulsif*), comme dans :

36) C'est ce qu'on voulait pour Max, même si cela impliquait de vivre à côté d'une bande d'homophobes attardés. (OS)

Enfin, la différence entre les genres va dans le même sens : les débats comptent 94 % de genre grammatical indéterminé (c'est-à-dire qui peut être masculin ou féminin, indifféremment), car la référence est le plus souvent générique (« les europhobes »), alors qu'il ne l'est, dans les sous-titres, que dans 43 % des cas, car la référence est le plus souvent spécifique. Dans ces derniers textes, lorsque le genre est déterminé, il est le plus souvent masculin, avec une forte disparité entre les NH-*phobe* qui marquent plutôt la peur et ceux qui marquent plutôt la haine (voir ci-dessous).

Nous pensons que ces éléments, repris dans le tableau 6, permettent d'opposer l'usage des NH-*phobe* en fonction du discours : dans les films et les séries, ils seront plus souvent définis, au singulier, spécifiques, d'un genre déterminé, et expansés à la différence de ce qui se produit dans les débats parlementaires.

Tableau 6 : Paramètres qui permettent d'opposer les sous-titres aux débats parlementaires.

	OS (%)	EURO (%)
article défini	23	84
article indéfini	47	13
au pluriel	35	94
référence générique	33	84
expansion	28	9
genre indéterminé	43	94

5.3 Les NH-*phobe* : des noms d'insulte ?

Les sous-titres révèlent une autre particularité des NH-*phobe* ; ils sont souvent utilisés comme insultes :

37) espèce de sale homophobe (OS)
38) enfoiré d'homophobe (OS)
39) putain d'homophobe (OS)
40) connard d'homophobe (OS)
41) enfoiré de lapinophobe (OS)
42) ordure d'homophobe (OS)

Toutes ces insultes se trouvent seulement dans les sous-titres, et couvrent 10 % des occurrences. Elles n'incluent que le terme *homophobe*, à l'exception de *lapinophobe*, issu d'un dessin animé pour adulte : *South Park*. *Claustrophobe* apparaît dans une « insulte indirecte » (il s'agit en fait d'un ordre) :

43) Sors ton cul de claustrophobe de là, veux-tu ? (OS)

Or, Milner (1978 : 174–188), discuté par Ruwet (1982 : 239–313), propose de définir une classe de noms qui, entrant dans des structures de type « N1 de N2 », marqueraient « une qualification d'un certain type, le premier élément qualifiant, et le plus souvent de manière dépréciative, le second » (*ibid.* : 174). Les « noms de qualité » sont ceux qui peuvent apparaître en première position d'une telle structure, équivalente à une prédication (*ibid.* : 174).

Milner propose neuf tests syntaxiques pour les repérer et il s'avère que les NH-*phobe* répondent à tous ces tests[83], comme nous allons le montrer ci-après,

---

83 Sauf le dernier, qui ne concerne que les inanimés, et donc pas les NH-*phobe*.

test après test, sur la base d'exemples attestés soit dans notre corpus, soit sur Internet.

Test (a) : Le nom peut être employé de façon exclamative sans ambiguïté d'affect :

44) Quel homophobe ! (OS)

Ici, il n'y a pas d'ambiguïté : la valeur dépréciative est claire. On peut contraster l'exclamation avec :

45) Quel boulanger !

L'exemple (45) est ambigu, puisqu'on peut, par exemple, y ajouter des commentaires laudatifs ou dépréciatifs, ce qu'on ne peut pas faire avec (44) :

46) Quel boulanger ! Il fait un pain délicieux !
47) Quel boulanger ! Il n'est même pas capable de faire une baguette !

Test (b) : Le nom peut être employé au vocatif de deuxième personne, sans déterminant et sans complément :

48) Je vous toucherai pas, homophobe. (OS)
49) Et pour ton information, homophobe, ce critique n'était pas dans ta poche, il couchait avec ton père. (OS)

Test (c) : Le nom peut être employé au « vocatif de troisième personne » (« ce n'est plus l'insulte adressée à l'interlocuteur, mais l'aparté ou la réflexion désobligeante à l'égard d'un tiers absent ou traité comme tel », *ibid.* : 180) avec ou sans complément « de N » et avec ou sans déterminant :

50) Connards d'homophobes ! (OS)

D'après ce que nous comprenons à la lecture des répliques précédentes, il s'agit bien, dans (50), d'une réflexion à propos d'une tierce personne : des chercheurs d'un laboratoire qui veulent tester un médicament pour « guérir » des homosexuels de leur orientation sexuelle :

51) Oh, mon Dieu, un agoraphobe. (OS)

Dans (51), on parle à la troisième personne d'une personne présente.

Test (d) : Le nom peut apparaître dans les contextes particuliers « espèce de » et « traiter de » :

52) Ça ne m'étonne pas de toi, espèce d'homophobe ! (OS)

53) On ne pourra plus me traiter d'homophobe maintenant ! (OS)

54) Vous les traitez aujourd'hui de xénophobes. (EURO)

Test (e) : Le nom peut être employé en incise détachée, séparé par une virgule :

55) Il a bien caché son jeu, le broussophobe. (OS)

Test (f) : Le nom peut apparaître dans une structure « ce N de N » avec un démonstratif qui ne peut pas commuter avec un défini :

56) Dommage que cet homophobe de suédois gagne quand même :/ #Eurovision (Twitter[84])

Ici, on ne pourrait pas dire : « *l'homophobe de suédois ».

57) Hey @twitter y a moyen de bannir des adresses IP ? Genre cet homophobe de @Julian_ross12 qui en est à son 12e compte je pense ? #merci (Twitter[85])

De même, « *l'homophobe de @Julian_ross12 » est impossible.

Précisons que rien n'a été trouvé, ni dans notre corpus ni sur Internet, concernant des NH-*phobe* avec le trait [+peur], comme *claustrophobe* ou *arachnophobe*.

Test (g) : Le nom a une double interprétation lorsqu'il est employé avec un défini : soit il est interprété comme un nom usuel, non anaphorique, soit il est interprété comme un nom substitut d'un nom déjà cité (« comme le fait un pronom anaphorique », *ibid.* : 187). Par exemple, dit Milner,

58) L'imbécile m'a téléphoné hier.

peut répondre soit à la question « qui a téléphoné hier ? », soit à la question « Jean a-t-il téléphoné hier ? ». Des exemples attestés sont difficiles à trouver, mais rien n'empêche de remplacer *imbécile* par *homophobe* dans l'argumentation et les exemples de Milner.

Test (h) : Dans une chaîne « N de N (de N…) », le dernier nom n'est jamais un nom de qualité. C'est le seul test qui ne fonctionne pas, puisque l'on trouve des contre-exemples :

59) Attaque cet enfoiré d'homophobe ! (OS)

60) Connards d'homophobes ! (OS)

61) C'est une ordure d'homophobe ! (OS)

62) Je ne suis pas un putain d'homophobe, OK ! (OS)

---

84 https://twitter.com/liamapi/status/602243301362814977, consulté le 26 avril 2016.
85 https://twitter.com/za_justza/status/704813889649778689, consulté le 26 avril 2016.

Néanmoins, nous accepterions quelque chose comme :

63) Jean est un imbécile de salaud.

que pourtant Milner rejetterait (et qu'on trouve sur Internet). Peut-être que, comme le dit Ruwet (1982 : 242), Milner est-il trop restrictif dans ses tests.

Les NH-*phobe* peuvent donc se définir comme des « noms de qualité » au sens de Milner : ils définissent une qualité, généralement négative, c'est-à-dire un défaut. Ils peuvent donc servir d'insultes (et les exemples sont nombreux dans les sous-titres).

On peut se demander, cependant, si tous les NH-*phobe* sont des noms de qualité. Nous avons souligné qu'il était parfois difficile de trouver des exemples avec les noms qui ont le trait [+peur], comme *arachnophobe*. Il s'agirait donc plutôt d'un sous-ensemble des NH-*phobe*, ceux qui ont le sens de « haine ».

5.4 Peur et haine

Pour terminer cette étude de l'usage des NH-*phobe* dans notre corpus, nous essayerons de distinguer des usages spécifiques en fonction du sens de l'élément -*phobe*. Nous avons vu que cet élément pouvait avoir une multitude de sens, allant de la peur pathologique à la simple alarme, de la haine à la simple absence d'affinité, ou même, rarement, à la simple absence de familiarité. Cependant, afin de garder les choses simples, nous avons repris le modèle en deux types de Lasserre (2016), qui distribue les NH-*phobe* en deux groupes selon qu'ils ont un sens plus proche de celui de la peur ou de celui de la haine (à la fois l'hostilité et l'aversion). Nous nous sommes donc efforcé de classer les NH-*phobe* de notre corpus dans l'un ou l'autre de ces groupes grâce au contexte[86].

La première différence entre les deux classes (peur et haine) est une différence de fréquence : les NH-*phobe* [+peur] n'apparaissent que dans les textes OS et WORT, et encore en petit nombre (27 % des occurrences des textes OS, 16 % des occurrences des textes WORT).

Par ailleurs, les NH-*phobe* [+peur] n'apparaissent jamais dans des insultes (à l'exception peut-être de « Sors ton cul de claustrophobe de là » (OS), déjà commenté).

---

[86] Le contexte des textes WORT se limite à une phrase (c'est un choix des créateurs du corpus pour respecter le droit d'auteur). Un contexte plus large était cependant disponible pour les autres textes.

Il y a également une grande différence dans le genre grammatical. Le tableau 7 montre la répartition des genres en fonction du trait [+peur] ou du trait [+haine] dans les sous-titres. On constate d'abord que la proportion de masculins est assez stable. Ce qui change, c'est la proportion d'indéterminés et, donc, mécaniquement, celle de féminins. Lorsque le NH-*phobe* a le trait [+peur], il est plus souvent déterminé du point du vue du genre (on peut supposer que la référence est spécifique) mais aussi, et surtout, il est plus souvent féminin (dans 23 % des cas, contre 7 % seulement pour le trait [+haine]). Ainsi, si les hommes, dans les films et séries, ne sont ni plus ni moins « haineux » que « peureux », les femmes, elles, sont beaucoup plus souvent associées aux termes qui ont le trait [+peur]. Par exemple, on trouvera plus souvent :

64) Désolée, je suis une sorte de bactériephobe. (OS)

ou encore :

65) Elle écrit des choses gonflées pour une agoraphobe. (OS)

qui sont des termes porteur du trait [+peur], que :

66) Et après tout ce qu'on a traversé, toi et moi, je suis très offensée de t'entendre me traiter d'homophobe. (OS)

Tableau 7 : Répartition des genres dans les textes OS, en fonction du trait [+peur] ou [+haine].

	indéterminé	masculin	féminin
Peur	30%	47%	23%
Haine	47%	44%	7%

Les données des textes WORT vont dans le même sens, mais étant en nombre plus limité, les chiffres ne sont guère significatifs.

Enfin, le type de phrase semble différer en fonction du trait sémantique du NH-*phobe*. Que ce soit dans les textes WORT ou dans les textes OS, entre 12 et 15 % des phrases dans lesquelles on trouve un NH-*phobe* [+haine] sont négatives (alors que toutes les phrases dans lesquelles on trouve un NH-*phobe* [+peur] sont positives, sauf une). Il s'agit notamment de :

- contextes de réfutation, où le locuteur se défend de la dénomination en NH-*phobe* :

    67) Je ne suis pas un putain d'homophobe, OK ! (OS)
    68) Je ne t'ai pas traitée d'homophobe. (OS)

– de rejets, où le locuteur écarte tout lien avec un référent désigné par un NH-*phobe* :

69) Aucune chance que je me retrouve dans la même pièce qu'un homophobe ! (OS)
70) Je ne vous aurais jamais classes [sic] parmi les homophobes. (OS)

5.5 Bilan

Nous avons montré, dans cette section, que l'usage des NH-*phobe* diffère selon l'ensemble de textes analysé. Or chaque ensemble est représentatif d'un discours particulier. Les documents administratifs des Nations Unies sont caractéristiques d'une langue extrêmement codifiée, comme nous l'avons remarqué à propos de la formule « raciste et xénophobe ». Ils ne comportent que trois NH-*phobe*, tous employés dans des citations orales. La langue administrative semble donc rétive à tout usage des NH-*phobe*.

À l'autre extrême se trouvent les sous-titres de films et de séries, qui constituent une forme d'écrit oralisé, préparé (par le scénariste), répété (par les acteurs), trié (par le monteur), puis enfin transcrit, voire même traduit. Les NH-*phobe* y sont très présents. Même s'ils sont dominés par *homophobe*, il y a une grande diversité, que ce soit en termes de pôles sémantiques (peur, haine), ou en termes d'hapax et donc de productivité. Les NH-*phobe*, du moins ceux dont le sens se rapproche de la haine, y servent souvent d'insulte.

Les débats du Parlement européen représentent un discours probablement à peine plus spontané que les sous-titres, mais ils sont beaucoup plus codifiés et formels. La diversité est très réduite (seulement *xénophobe* et *europhobe*, avec un nombre réduit d'hapax). L'usage des NH-*phobe* par les parlementaires diffère de celui des scénaristes : ils débattent des *xénophobes* et *europhobes* en général, souvent dans des formules qui ne sont pas sans rappeler le style des documents des Nations Unies.

Au contraire, l'ensemble WORT, composé essentiellement d'articles de presse, de billets de blogs ou de forums, rejoint les sous-titres par la diversité des NH-*phobe* qu'on y trouve. Mais le style y paraît plus formel, avec moins d'hapax, moins de termes avec le trait [+peur], et pas d'insulte.

Les NH-*phobe* forment donc un groupe de mots composés avec un élément commun, mais ayant chacun un usage propre, variable en fonction du type de discours.

6 Conclusion

Constructions néoclassiques récentes, formées avec un élément d'origine grecque et d'un élément d'origine soit classique soit française, les NH-*phobe* se caractérisent d'abord par une grande productivité, avec de nombreuses créations, que les éléments soient « triviaux » (*araignée-phobe*) ou, au contraire, très « recherchés » (*blemmophobe*).

Face aux catégorisations sémantiques données par les dictionnaires, qui répartissent les NH-*phobe* entre peur, haine et aversion, il convient de faire preuve de prudence : non seulement le sens de -*phobe* ne semble pas stabilisé (*anglophobe* pourra aussi bien désigner quelqu'un qui hait les Anglais, que, dans certains contextes, quelqu'un qui ne parle tout simplement pas anglais), mais surtout les deux principaux sens (peur et haine) semblent cohabiter dans l'esprit des locuteurs, qui se sentent parfois obligés de préciser le sens qu'ils donnent à -*phobe*, quand ils ne jouent pas sur la polysémie de l'élément pour masquer leur haine.

L'analyse comparative des quatre discours représentés dans notre corpus a mis en évidence certaines contraintes pesant sur l'usage des NH-*phobe*. Ceux-ci sont ainsi beaucoup plus fréquents dans la langue informelle des sous-titres, alors que les documents formels et administratifs privilégient l'usage de l'adjectif et n'en contiennent presque aucun. La distribution lexicale varie également selon le discours : les films et les séries s'intéressent surtout aux *homophobes*, les députés européens aux *xénophobes* et la presse, les forums et les blogs aux deux à la fois.

D'autres phénomènes ont été révélés par une analyse plus fine des propriétés syntaxiques et sémantiques des NH-*phobe* ; par exemple l'opposition entre un usage générique, pluriel, au genre indéterminé dans les débats parlementaires européens, et un usage plus spécifique, singulier, avec plus d'expansions, dans les dialogues des films et séries ; mais aussi la peur (*claustrophobe, arachnophobe*) plus souvent associée aux femmes qu'aux hommes ; ou encore l'usage fréquent des NH-*phobe* comme insultes.

Si nos remarques ont surtout été descriptives, nous avons essayé d'offrir une vue d'ensemble de ces NH, non seulement en tant que *constructions* (notre étude qualitative), mais aussi en tant que composés qui s'inscrivent dans des usages spécifiques (notre étude quantitative). Plusieurs des phénomènes que nous avons mis en avant mériteraient une analyse plus approfondie, notamment celui de la polysémie de l'élément -*phobe* et celui de la corrélation entre certains phénomènes syntaxiques ou sémantiques et le type de discours. De plus, certaines de ces propriétés, en faisant l'objet d'une étude plus poussée, pourraient servir de base à une sous-catégorisation des NH-*phobe*, ce qui permettrait, à terme, de les intégrer dans des classifications plus larges des noms d'humains, comme celles de Gross (2011), El Chérif (2011) ou Schnedecker (2015). Enfin, il conviendrait d'envisager l'étude contrastive des NH-*phobe* et d'autres composés néoclassiques nominaux, tels que ceux formés, par exemple, à partir de -*phile*, -*mane* ou -*graphe*.

Annexe : liste des termes en *-phobe* dans nos corpus

Nous n'avons inclus dans cette liste que les termes du corpus que nous avons vérifié manuellement comme étant des noms d'humains.

NH-phobe	nb d'occurrences	fréquence relative
homophobe	111	43.87 %
xénophobe	41	16.21 %
agoraphobe	21	8.30 %
claustrophobe	12	4.74 %
europhobe	11	4.35 %
germophobe	9	3.56 %
islamophobe	6	2.37 %
anglophobe	5	1.98 %
technophobe	4	1.58 %
francophobe	3	1.19 %
germaphobe	3	1.19 %
bactériophobe	2	0.79 %
engagement-phobe	2	0.79 %
hétérophobe	2	0.79 %
analophobe	1	0.40 %
arachnophobe	1	0.40 %
broussophobe	1	0.40 %
dentistophobe	1	0.40 %
émétophobe	1	0.40 %
gauchophobe	1	0.40 %
génévophobe	1	0.40 %
germanophobe	1	0.40 %
halophobe	1	0.40 %
hippophobe	1	0.40 %
lapinophobe	1	0.40 %
laxophobe	1	0.40 %
métrophobe	1	0.40 %
microbiophobe	1	0.40 %
monophobe	1	0.40 %
nécrophobe	1	0.40 %
noix-de-coco-phobe	1	0.40 %
sinophobe	1	0.40 %
spaghettiphobe	1	0.40 %
turcophobe	1	0.40 %
vampirophobe	1	0.40 %

Le tableau suivant liste les X-*phobique*, noms et adjectifs, sauf termes de chimie et de biologie, trouvés dans les corpus.

X-phobique	nb d'occurrences	fréquence relative %
claustrophobique	21	34.42 %
agoraphobique	7	11.47 %
homophobique	5	8.19 %
arachnophobique	2	3.27 %
clostrophobique	2	3.27 %
photophobique	2	3.27 %
xénophobique	2	3.27 %
acrophobique	1	1.63 %
aérophobique	1	1.63 %
clautrophobique	1	1.63 %
contraphobique	1	1.63 %
coulrophobique	1	1.63 %
disposophobique	1	1.63 %
germophobique	1	1.63 %
héliophobique	1	1.63 %
hémophobique	1	1.63 %
judéophobique	1	1.63 %
multiphobique	1	1.63 %
mysophobique	1	1.63 %
nécrophobique	1	1.63 %
néophobique	1	1.63 %
parapédophobique	1	1.63 %
polyphobique	1	1.63 %
potophobique	1	1.63 %
radiophobique	1	1.63 %
sexophobique	1	1.63 %
vaccaphobique	1	1.63 %

Bibliographie

Aleksandrova A., 2013, *Noms humains de phase : problèmes de classifications ontologiques et linguistiques*, Thèse de doctorat de l'Université de Strasbourg.

Amiot D., 2011, « Paradigmes, radicaux supplétifs et constituants néoclassiques en morphologie constructionnelle », *in* Hrubaru F., Moline E. (dir.), *Paradigmes en morphologie constructionnelle*, Echinox.

Amiot D., Dal G., 2007, « Integrating Neoclassical Combining Forms into a Lexeme-Based Morphology », *in* Booij G., Fradin B, Ralli, A. (dir.), *Proceedings of the Fifth Mediterranean Morphology Meeting : Lexical Integrity Hypothesis(Fréjus, France, sept. 2005)*.

Anscombre J.-C., 2001, « À propos des mécanismes sémantiques de formation de certains noms d'agent en français et en espagnol », *in Langages*, 143 : 28-48.

Anscombre J.-C., 2003, « L'agent ne fait pas le bonheur : agentivité et aspectualité dans certains noms d'agent en français et en espagnol », *in Thélème : Revista complutense de estudios franceses*, 1 :11-27

Association of American Psychiatrists, 1996, *Manuel Diagnostique et Statistique des Troubles Mentaux*, Paris, Masson.

Blanco X., Mejri S., 2006. *Les Noms de professions : approches linguistiques, contrastives et appliquées*, Universitat Autònoma de Barcelona.

Bonnard H., 1993, *Code du français courant*, Magnard.

Bouffartigue J., Delrieu A.-M., 1996, *Les racines grecques*, Paris, Belin.

Cartoni B., Namer N., 2012, « Linguistique contrastive et morphologie : les noms en –iste dans une approche onomasiologique », Actes du *3ᵉ Congrès Mondial de Linguistique Française*, Université Lumière Lyon 2, France, 4-7 juillet 2012, *SHS Web of Conferences* 1 : 1245-1260, en ligne. DOI : https://doi.org/10.1051/shsconf/20120100283.

Chantraine P., 1999, *Dictionnaire étymologique de la langue grecque : histoire des mots*, Paris, Klincksieck.

Cottez H., 1988, *Dictionnaire des structures du vocabulaire savant : éléments et modèles de formation*, 4ᵉ éd., Paris, Dictionnaires Le Robert.

Denis P., 2011, *Les Phobies*, 2ᵉ éd., Paris, Presses Universitaires de France.

Eisele A., Chen Y., 2010, « MultiUN : A Multilingual Corpus from United Nation Documents », *Proceedings of the Seventh conference on International Language Resources and Evaluation*, European Language Resources Association.

El Cherif W., 2011, *Vers une classification sémantique fine des noms d'agent en français*, Mémoire du *Master of Arts*, Dalhousie University.

Flaux N., Van de Velde D., 2000, *Les noms en français : esquisse de classement*, Paris, Ophrys.

Geeraerts D., 2010, *Theories of Lexical Semantics*, Oxford University Press.

Godfryd M., 2015, *Vocabulaire psychologique et psychiatrique*, 8ᵉ éd., Paris, Presses Universitaires de France.

Gross G., 1995, « À propos de la notion d'*humain* », *Linguisticæ Investigationes Supplementa*, 17 : 71-80.

Gross G., 2011, « Classification sémantique des collectifs humains », *Cahiers de Lexicologie*, 98 (1) : 65-81.

Lasserre M., 2016, *De l'intrusion d'un lexique allogène*, Toulouse, Thèse de doctorat de l'Université de Toulouse 2.

Lerat P., 1984, « Grammaire des noms d'agents en-*ant* en français contemporain », *Cahiers de Lexicologie*, 44 : 23-39.

Milner J.-C., 1978, *De la syntaxe à l'interprétation : quantités, insultes, exclamations*, Paris, Seuil.
Namer F., 2007, « Composition néoclassique : est-on dans l'"hétéromorphosémie" ? », *in* Hathout N., Montermini F. (dir.), *Colloque International de Morphologie, 4ᵉ décembrettes (France, déc. 2005)*, Lincom Europa : 185–206.
Noailly M., 1999, *L'adjectif en français*, Paris, Ophrys.
Rey A. (dir.), 2012, *Dictionnaire historique de la langue française*, Paris, Dictionnaires Le Robert.
Riegel M., Pellat J.-C., Rioul R., 2014, *Grammaire méthodique du français*, 5ᵉ éd., Paris, Presses Universitaires de France.
Robert P., Rey A., Morvan D. (dir.), 2001, *Le Grand Robert de la langue française : dictionnaire alphabétique et analogique de la langue française*, 2ᵉ éd., Paris, Dictionnaires Le Robert.
Robert P., Rey A., Rey-Debove J. (dir.), 2009, *Le nouveau Petit Robert 2009*, édition électronique, Paris, Dictionnaires Le Robert.
Roché M., 2008, « Structuration du lexique et principe d'économie : le cas des ethniques », Actes du *1ᵉʳ Congrès Mondial de Linguistique Française*, Paris, France, 9–12 juillet 2008, en ligne. DOI : https://doi.org/10.1051/cmlf08064.
Roy I., Soare E., 2014, « Les noms d'humains dérivés de participes : nominalisations en-*ant* et -é/i/u », Actes du *4ᵉ Congrès Mondial de Linguistique Française*, Freie Universität Berlin, Allemagne, 19–23 juillet 2014, *SHS Web Conferences* 8, 2014, en ligne. DOI : https://doi.org/10.1051/shsconf/20140801352.
Ruwet N., 1982, *Grammaire des insultes et autres études*, Paris, Seuil.
Schmid H., 1994, « Probabilistic part-of-speech tagging using decision trees », *in Proceedings of the international conference on new methods in language processing*, 12 : 44–49.
Schmid H., 1995, « Improvements in part-of-speech tagging with an application to German », *in Proceedings of the ACL SIGDAT-Workshop*.
Schnedecker C., 2015, « Les (noms d') humains sont-ils à part ? Des intérêts et perspectives linguistiques d'une sous-catégorie nominale encore marginale », *in* MihatschW., Schnedecker C. (dir.), *Les noms d'humains : une catégorie à part ?*, Stuttgart, Steiner (Zeitschrift für französische Sprache und Literatur, Neue Folge (ZFSL-B), Beiheft 40) : 4-43.
Schnedecker C., Aleksandrova A., 2016, « Les noms d'humains en-*aire* : essai de classification », Actes du *5ᵉ Congrès Mondial de Linguistique Française*, Université François-Rabelais, Tours, France, 4–8 juillet 2016, *SHS Web of Conferences* 27, 2016, en ligne. DOI : https://doi.org/10.1051/shsconf/20162712001.
TLFi = *Trésor de la Langue Française Informatisé (TLFi)*, Nancy, CNRS, ATILF (Analyse et traitement informatique de la langue française), UMR CNRS-Université Nancy 2, [http://atilf.atilf.fr/]).
Villoing F., Namer F., 2007, « Have cutthroats anything to do with tracheotomes? Distinctive properties of VN *vs.* NV compounds in French », *Fifth Mediterranean Morphology Meeting (Università di Bologna)*.
Villoing F., Namer F., 2012, « Composition néoclassique en-logue et en-logiste : les noms en -logue sont-ils encore des noms de spécialistes ? », *in Verbum*, 34/2 : 213–231.

Partie III : **Classes de noms d'humains**

Fabienne Baider, Amalia Todirascu
7 Deux sous-catégories de noms d'humains à définir : les noms de *statut* et de *fonction*

1 Introduction

Les noms d'humains représentent une classe de noms très large et ont des caractéristiques morphologiques, syntaxiques et sémantiques variées. Leur classification n'est alors pas tâche facile étant donné cette variété (Schnedecker, 2015, ce volume ; Alexandrova, 2016 ; Cruse, 2000, 1986) et implique la mobilisation de critères syntaxiques et sémantiques complexes (Flaux et Stosic, 2014, Gosselin, ce volume). Dans cet article, nous étudions les noms de *statut* et de *fonction*, en particulier les critères de classification de ces catégories de noms d'humains, peu étudiées (Gross, 2009 ; Todirascu *et al*, 2014) et dont la classification pose problèmes aux locuteurs. De fait, une enquête préliminaire auprès de locuteurs natifs quant à l'usage des formes *statut* et *fonction* a identifié dans les commentaires épilinguistiques des locuteurs des hésitations : ils trouvaient 'compliqué' de compléter des phrases du type « il a le statut de ... et pourtant.../ et donc ... », « il a la fonction de .... et pourtant.../ et donc ... ».[1] Ainsi un certain nombre de noms (par exemple *directeur*) sont-ils utilisés dans des contextes spécifiques soit comme nom de statut (*il a été nommé directeur*), soit comme nom de fonction (*il est super comme directeur*). Ces noms seront donc source de doute dans l'activité de traduction ainsi que dans le domaine du traitement automatique de la langue (Maurel *et al*, 2011). L'objectif de cet article est donc de comprendre les contraintes syntaxiques et sémantiques qui forcent des interprétations différentes des noms de *statut* et de *fonction* et de proposer des tests qui permettraient de distinguer ces deux classes.

Pour ce faire nous travaillons d'abord à partir d'un corpus lexicographique. Nous observons les définitions des termes *statut* et *fonction* pour identifier quels traits distinctifs ont été cernés par les lexicographes et nous identifions les cooccurrences plus fréquentes de NH dont la définition comprend les classes *statut / fonction*. Nous identifions aussi des listes de NH qui ont été

---

[1] Les commentaires incluent : « Je ne sais si j'emploie à bon escient statut et fonction », « Pas facile. Pas clair pour moi ce qu'est le statut. + pas clair par quoi compléter ».

sous-catégorisés comme étant de *statut* et de *fonction* par les dictionnaires. À partir de ces données, nous formulons une hypothèse sur les critères de sous-catégorisation qui peuvent justifier le choix des lexicographes.

La deuxième étape a pour but d'établir des critères syntaxiques qui permettraient d'affiner ce classement et ainsi de formuler des tests pour retrouver d'autres instances de la classe *statut* ou *fonction*. Nous testons nos conclusions sur des grands corpus que nous décrivons dans la section 3.

À partir des résultats de ces deux parties, nous retravaillons les tests pour vérifier s'ils permettent d'effectuer un tel classement en contexte. Les tests de ce type pourront ainsi aider à des activités de traduction ou être inclus dans des enseignements de français sur objectif spécifiques (FOS), ces deux noms – *statut* notamment – étant de fait employés dans des contextes juridiques.

2 Observations et propositions à partir de données lexicographiques

Dans cette section, nous établissons la préférence sémantique des mots *statut* et *fonction*. Cette notion de préférence sémantique est sous-jacente à de nombreux travaux focalisés sur l'établissement de critères pour différencier des items lexicaux appartenant à un même paradigme (Sinclair, 2004 ; Bednarek, 2008 ; Tutin, 2014 ; Sinclair, 2004, Partington, 2004 ; Firth, 1957 ; Hunston, 1995) : les collocatifs les plus fréquemment associés aux termes étudiés (*collocational patterning* pour Bednarek, 2008 :130) donnent leur profil combinatoire (Blumenthal, 2006), et déterminent aussi des champs sémantiques particuliers, soit une « préférence sémantique » (Sinclair, 2004 ; Hoey, 2005) :

> (They) co-occur typically with other words that belong to a particular semantic set (Hunston, 1995 : 137)

> (They collocate with) items which share a semantic feature, for example that they are all about, say, sport or suffering (Sinclair, 2004 : 142)

Par exemple, le verbe *undergo* 'subir' se trouve plus fréquemment en collocation (préférence sémantique) avec les items lexicaux appartenant au domaine de la médecine (*subir une opération*), ou un changement plus ou moins voulu (*doit subir* etc.) entre autres. Il en conclut que la prosodie sémantique du verbe *undergo* est principalement négative (2004 : 150–151) puisque les items lexicaux les plus fréquents connotent un jugement négatif de la part de l'énonciateur.

Pour établir cette préférence sémantique nous avons consulté le *TLFi*, le *Larousse* et la version française de *Wiktionnaire*[2] et nous renvoyons au tableau 1 en annexe 1[3] pour des exemples des données récoltées.

2.1 Les mots-classe *statut* et *fonction*

Le mot *statut* est défini comme « un ensemble de lois s'appliquant à une personne », comme « position de la personne dans un groupe, dans une institution ou dans la société ». Le *Wiktionnaire* indique aussi un « état fixé par la loi ou par un règlement ». Le trait (état) semble inhérent au terme *statut* puisqu'il est présent dans toutes les définitions consultées ainsi que dans les exemples associés aux définitions :
a) *Situation* d'un individu ou d'une catégorie d'individus dans un groupe : statut de la femme (*TLFi*, nos italiques)
b) *Etat fixé* par la loi (*statut de réfugié*) (*TLFi*, nos italiques)

En revanche, le mot *fonction* est associé à un « *rôle* exercé par quelqu'un au sein d'un groupe, d'une activité » (*Larousse*, nos italiques). Le trait (changement d'état, dynamisme) semble donc inhérent au mot *fonction* comme le montrent les définitions mentionnant des actions réalisées pour accomplir des devoirs et des tâches :
a) « Ensemble des charges associées à *l'exercice* d'un poste administratif » (*Wiktionnaire*, nos italiques)
b) *Activités* attachées à l'être humain en tant que membre d'une société (*fonctions politiques*) (*TLFi*, nos italiques)
c) *Activité* afférente à un emploi ou à une charge (*fonction d'administration, de gestion, de direction*) (*TLFi*, nos italiques)
d) *Rôle* exercé par quelqu'un au sein d'un groupe, d'une activité : *Remplir correctement sa fonction.* (*Larousse*, nos italiques)
e) Profession, *exercice d'une charge*, d'un emploi. *Cumul de fonctions. Entrer en fonctions.* (*Larousse*, nos italiques).

En qui concerne la combinatoire lexicale attestée dans ce corpus lexicographique, nous observons que des collocations sont spécifiques au mot *fonction*, c'est-à-dire

---

[2] https://fr.wiktionary.org
[3] Les deux noms ont plusieurs sens possibles mais nous avons retenu seulement ceux intéressants pour notre étude (noms d'humains).

que certaines collocations sont fréquentes dans les définitions de *fonction* mais quasi-absentes dans les définitions de *statut* et *vice-versa* pour le mot *statut*. Ainsi le mot *fonction* est-il identifié en collocation plus fréquemment avec des verbes tels que *exercer, remplir, cumuler, être élu, être nommé, entrer*. Le mot *statut* est en cooccurrence plus fréquemment avec des adjectifs ainsi : *statut + personnel, social*.

Ces préférences semblent pointer une opposition (activité) *vs* (stabilité). Ces préférences correspondent aussi aux origines étymologiques de ces deux noms : *statut* (ensemble des lois, des règles), *vs fonction* (exécution, exercice d'une charge). En effet, d'après le *TLFi*, le mot *statut* est emprunté au latin *statutum* « décret, statut », qui lui-même est issu du verbe *statuere*, d'où le verbe *statuer*. Ce dernier est lui-même emprunté au latin *statuo* « établir, poser, mettre debout » ; « faire tenir droit ou ferme » d'où « dresser, fixer, établir » (sens propre et figuré, physique et moral). En revanche le mot *fonction* est emprunté au latin *functio* « accomplissement, exécution », dér. de *fungi* « s'acquitter de, accomplir ». Les traits (stabilité) dans *faire tenir droit ou ferme* et (activité) dans *accomplir, exécuter* sont donc bien étymologiques.

Ces quelques observations émises à partir d'éléments lexicographiques suggèrent donc que *statut* et *fonction* se distingueraient donc par les traits (changement d'état) / (dynamique) pour *fonction vs* les traits (état) / (statique) pour *statut*. Cependant, des noms appartiennent aux deux classes comme nous l'avons observé dans notre introduction pour le nom *directeur*.

2.2 Facettes sémantiques d'un même concept ?

De fait, comme il a été observé antérieurement, le nom *directeur* semble désigner un *statut* ou une *fonction* selon le verbe copule : *c'est un excellent directeur* qualifie la personne dans ses activités liées au rôle de directeur, des évènements liés à la fonction de directeur. En revanche, *il est passé directeur*, décrit ce que 'subit' la personne, un changement dans sa 'nature sociale', dans son statut, le passage d'un état à un autre. Il faut aussi noter que d'un statut découle des fonctions spécifiques et que *vice-versa* des fonctions devraient être remplies à cause d'un certain statut.

Ici la notion de *facette* sémantique (Cruse, 2002 :116) pourrait être mise en œuvre pour expliquer cette contiguïté sémantique : « facets can be described as fully discrete but non–antagonistic readings of a word ».

On pourrait donc faire l'hypothèse que *fonction* et *statut* désignent en fait des facettes d'une même notion, soit dans son aspect statique (les propriétés, la nature de l'entité décrite, le positionnement de cette entité dans un groupe donné), soit dans son aspect dynamique (le rôle, les activités de l'entité décrite dans un groupe donné).[4] Ce serait donc les différences aspectuelles d'une même notion : le *statut* semble décrire la nature, ce qu'est une entité et la *fonction* semble désigner les événements, ce que fait cette entité dans un groupe. Nous pourrions alors associer le *statut* à un état, et la *fonction* à des événements qui découlent de cet état, ce qui conduirait à faire l'hypothèse que ces mots et notions soient compris sous un même concept hyperonyme qui pourrait être défini ainsi :

> Les 'propriétés' d'une entité à l'intérieur d'un groupe auquel cette entité appartient ; ces propriétés seraient décrites, d'une part, par la nature de l'identité (le 'statut' de cette entité) et par les événements attendus par ou avec cette entité (la 'fonction' de cette personne) telle que définies dans le groupe.

A cet effet, dans le *Lexique génératif* de Pustejovsky (1995), nous pourrions alors poser que le mot *statut* soit dans le <formel> du *qualia* du nom X et que la *fonction* serait dans le <télique> du *qualia* de ce nom X. Le *qualia* donne l'ensemble des contraintes sémantiques dans la compréhension du mot, le télique précisant la fonction de ce terme et le formel distinguant l'entité dans un domaine large, ici ce domaine est composé des caractéristiques d'un individu X.

Pour tester cette hypothèse, nous identifions dans ce même corpus les mots associés à *statut* et *fonction* dans les articles lexicographiques.

2.3 Repérage des noms étiquetés de *statut* ou de *fonction*

Le tableau 1 ci-dessous résume les noms répertoriés dans le corpus lexicographique. Certains noms polylexicaux ne se retrouvent pas comme mot-vedette dans les dictionnaires consultés (ainsi *chef de service, demandeur d'asile*), mais dans les exemples ou des expressions polylexicales associées.

Quand nous consultons les définitions lexicographiques des mots listés dans le tableau 1, nous observons, pour les mots qui font partie des noms de *fonction*, des gloses du type « personne qui + verbe de commande (*diriger, présider, commander*) » ou « personne qui + verbe d'action » dénotant le rôle thématique

---

[4] On peut ainsi noter que, selon la situation de communication, la référence à la facette statut (qui pointe des propriétés telle que des valeurs associées) permet le passage des noms de statut et de profession de la catégorie classifiante à celle de qualifiante (Milner, 1978 ; Schnedecker, 2015 ; Flaux & Mostrov, ce volume) : ainsi, dans certains contextes, le nom *fonctionnaire* est-il compatible avec plusieurs structures syntaxiques qui définissent l'insulte (*cf.* Flaux et Mostrov, ce volume) : *espèce de fonctionnaire ! Ton fonctionnaire de mari ! Il m'a traité de fonctionnaire !*

Tableau 1 : Exemples des noms de *fonction* et de *statut* dans le corpus lexicographique

Fonction de N	Statut de N
président, vice-président, directeur, directeur adjoint, sous-directeur, responsable de département, chef de service, magistrat, secrétaire, maire, proviseur, recteur, doyen	*femme, détenu, prisonnier politique, professeur, maître de conférences, cadre, demandeur d'asile, réfugié, fonctionnaire, salarié, élève, étudiant, citoyen, ouvrier, actionnaire, journaliste, administrateur*

d'agent. En revanche, les verbes associés au terme *statut*, selon les exemples donnés par les dictionnaires, sont des verbes du type *bénéficier, recevoir*, dénotant le rôle thématique de 'bénéficiaire' ou tout au moins de non-agent pour le N associé à *statut* :

> Réfugié : *Personne ayant quitté son pays d'origine pour des raisons politiques, religieuses ou raciales, et ne bénéficiant pas, dans le pays où elle réside, du même statut que les populations autochtones, dont elle n'a pas acquis la nationalité* (définition de *Larousse*)

On trouve aussi des gloses telles que « personne + le verbe *travailler comme* » (ainsi *salarié, employé, ouvrier, cadre*) ou « personne + grade » (ainsi *maître de conférences, professeur des universités*).

Ces observations, faites à partir des définitions de *statut* et *fonction* et à partir de lectures transversales dans les corpus lexicographiques, pointent de manière congruente vers des tests de classification comportant pour les termes de *fonction*, des verbes dénotant un rôle d'agent du type *diriger, commander, ordonner, faire* ; pour les termes de statut, ce serait des verbes dénotant un rôle de bénéficiaire du type *recevoir, percevoir, avoir*, etc.

De fait, nos propositions vont dans le sens de celles de Gosselin (2010) qui se base sur des modalités aléthiques, épistémiques, appréciatives, axiologiques, bouliques ou déontiques, avec des paramètres possibles pour chaque modalité. Parmi les modalités *extrinsèques* nous retenons la modalité déontique de *pouvoir* et *devoir exécuter une activité* pour les noms de *fonction*, et la modalité déontique *d'avoir des droits et des obligations* qui découlent du *statut*. Ces modalités résument donc nos observations faites à partir de données lexicographiques. Deux tests sont alors proposés :

Pour déterminer une fonction, X devra obligatoirement pouvoir être le prédicat des verbes *doit/peut diriger/organiser/commander* :

> **Test 1 :** X doit/peut diriger/organiser/commander l'entreprise/l'organisation/ l'institution dont il est responsable (*fonction*).

Selon nos observations en corpus, les verbes dénotant l'autorité sont privilégiés et nous proposons de reformuler le test comme suit :

Test 1' : Parce que X est (N), il/elle dirige, organise, commande Y.

Ex. *Parce que X est directrice de département, elle organise les réunions.*

En revanche les noms de statut X, selon Gosselin, doivent pouvoir être les prédicats de *a le droit et les obligations* :

Test 2 : X a les droits et les obligations associés à son statut.

Nous reformulons le test ainsi :

Test 2' : Parce que X est (N), alors il/elle a le droit/les obligations de Y.

Ex. *Parce que X est directrice de département, elle a le droit de se garer en face de son bureau.*

Ces quelques remarques seront aussi utiles pour compléter les observations et tests obtenus à partir de critères syntagmatiques et proposés à partir de recherches sur grands corpus, recherches qui font l'objet de la section suivante.

3 Propositions de tests à partir de grands corpus

Nous nous sommes basées sur les définitions lexicographiques dans notre section précédente ; pourtant, Gross (2009) a mis en évidence l'ambiguïté de certaines de ces définitions. Il a donc proposé l'emploi du contexte syntaxique pour constituer des tests utilisés ensuite dans le regroupement des noms en classes d'objets et pour ainsi confirmer ou infirmer les classements dictionnairiques. De plus, ces tests sont utilisés pour découvrir d'autres instances des classes *fonction* et *statut*.

En particulier, il identifie les verbes ou les adjectifs qui se combinent spécifiquement avec certains noms d'humains comme critères de classification : les noms d'humains sont alors définis syntaxiquement par des prédicats spécifiques (*croire, se marier*) ou des adjectifs spécifiques (*aimable, lucide*).

Ce raisonnement est proche de celui suivi dans les travaux sus-mentionnés qui emploient la notion de préférence sémantique : certains noms forment des collocations plus probables avec certains prédicats qu'avec d'autres (Partington, 2004 : 149) et des prédictions syntagmatiques peuvent alors être proposées (Bublitz, 1995). Nous nous situons dans cette lignée de travaux comme l'explicite la section suivante focalisée sur notre méthodologie.

3.1 Cooccurrence syntagmatique

Dans les recherches consacrées à la catégorisation des noms d'humains, les deux classes *fonction* et *statut* sont relativement peu étudiées. Pourtant, les termes *fonction* et *statut* sont d'usage courant dans les textes administratifs et juridiques et semblent donc être considérés comme des critères de classification des noms d'humains.

Selon la littérature existante, les noms de fonction contiennent de nombreux candidats mono-lexicaux et poly-lexicaux comme en témoigne un lexique multilingue formé de noms de fonction hiérarchique (par exemple *chef, président, évêque, directeur, responsable de vente*) (*cf.* Todirascu *et al*, 2014). De ce travail antérieur, nous retiendrons la variation des propriétés morphosyntaxiques, syntaxiques et sémantiques des noms de fonction. Cette variation pose de fait des difficultés pour la modélisation qu'elle soit linguistique ou informatique.

Ainsi G. Gross (2009) a-t-il déterminé un seul paramètre qui pourrait délimiter la classe de noms de *fonction*, leur possibilité de cooccurrence avec le verbe *exercer* (et ses synonymes). En ce qui concerne la classe des noms de *statut*, ce serait la possibilité de cooccurrence avec les verbes *devenir, obtenir* et *être*.

Adoptant la méthodologie de Gross (2009), et afin d'établir des tests pour classifier les noms d'humains comme nom de *statut* ou nom de *fonction*, nous avons identifié une liste de verbes spécifiques, complétée avec des données extraites des grands corpus. Ces verbes et structures syntagmatiques permettent d'identifier des nouveaux représentants de la classe *statut* ou *fonction*.

3.2 Nos données sur grands corpus de discours

Nos données incluent un corpus constitué à partir de *FrWaC*, de bases de données attestées (*Frantext*), pour la langue générale et de corpus spécifiques du domaine juridico-administratif (*JRC-Acquis*) et politique (*Europarl*) qui nous ont semblé appropriés pour ces classes de noms. Nous passons au crible de concordanciers (inclus dans *CorpusEye* et *FrWaC*) les contextes des occurrences de ces deux lemmes (et de leur hyperonymes) afin d'identifier leur profil combinatoire (syntaxique) et leur préférence sémantique qui seront dégagés à partir de : i) la distribution des noms de *fonction* et de *statut* dans chacune de ses catégories hyperonymes, et ii) des propriétés syntaxico-sémantiques de ces deux noms.

Nous avons privilégié des corpus disposant d'annotations linguistiques (même si elles sont hétérogènes selon les corpus). Nous avons aussi choisi de représenter plusieurs genres et types de discours dans notre corpus afin de cerner le plus finement possible les types de collocation probables, compte tenu de nos remarques précédentes sur les emplois de ces mots : des données provenant des corpus de langue générale *vs* des corpus spécifiques (juridique, politique), des données provenant de l'oral *vs* de l'écrit.

Nous avons établi des corpus à partir de bases de données de grande taille disponibles pour le français (*FrWaC, Frantext*), discours que l'on pourrait qualifier de généralistes, même si *Frantext* est littéraire et *FrWaC* journalistique. Le domaine juridico-administratif est balisé par *Europarl* (discours oraux transcrits des débats parlementaires) et par *JRC-Acquis* (rapports, arrêtés, règlements) puisque le domaine juridique de *statut* avait été noté dans l'étymologie de cet item lexical («décret»).

Nous commençons par observer la contiguïté syntaxique c'est-à-dire par déterminer les syntagmes les plus fréquents du type : *statut / fonction* (et) / (ou) N ; V + *statut / fonction, statut / fonction* + V,*statut / fonction* +ADJ. Ensuite nous considérons la contiguïté sémantique des noms en cooccurrence avec *statut* et *fonction*. Ces étapes ont pour but de :
- tester la possibilité de cooccurrence avec certains verbes, noms ou adjectifs : *obtenir un statut vs *obtenir une fonction* (établir une probabilité des cooccurrences) ;
- tester la possibilité de différentes facettes mises en œuvre par différents verbes-supports. Pour ce faire, nous nous exploitons les 4 corpus mentionnés dans le tableau 2.

Tableau 2 : Récapitulatif des corpus utilisés

Corpus	Taille
FrWaC	1,6 milliards de mots
Frantext catégorisé (1900–2015)	78 063 933 mots
Europarl	29 millions mots
JRC-Acquis 1 (un extrait de 2000 à 2006)	4 939 898 mots

3.3 La combinatoire lexicale de *statut* et *fonction*

Les collocations les plus fréquentes de *statut* + V privilégient les verbes ayant comme trait sémantique /donner/ : *privilégier* (ou *donner un privilège*), *conférer* (ou *donner un droit*), *stipuler* (ou *donner les précisions*), *régir* (ou *donner le droit*) ; *prévoir* (ou *donner* quelque chose lors de situations envisagées).[5] Ces verbes impliquent donc un rôle de *bénéficiaire* pour l'entité décrite.

En ce qui concerne les combinatoires nominales pour le nom *statut*, il s'agit de critères sociologiques (*salaire, nationalité, citoyenneté, ancienneté, richesse,*

---

[5] Le *TLFi* explicite *prévoir* comme «envisager des possibilités», que nous paraphrasons par «donner quelque chose ou son avis lors de situations envisagées».

rang, etc.) ou biologiques (*âge, sexe*). Parmi ces occurrences, nous retrouvons aussi les noms tels que *rémunération, règlement* et *constitution* qui sont plutôt utilisés avec le sens « ensemble de règles » pour *statut* et non pas de nom d'humain.[6] Quant aux adjectifs les plus fréquemment associés à *statut*, ils confirment une prédominance des aspects juridiques et biologiques : ainsi les adjectifs *précaire, matrimonial, marital, dérogatoire* ont-ils une préférence nette pour *statut*. En revanche, ces mêmes adjectifs, s'associent très difficilement au nom *fonction* puisque les fréquences sont très faibles.

De fait les verbes courants associés à *statut* comme *approuver, modifier* ou *prévoir* sont plutôt utilisés en contexte avec des occurrences de statut d'une organisation ou d'une entreprise (noms d'humains collectifs) qui ont le droit ou le pouvoir de décider de ses aspects juridiques par exemple, ainsi on trouve les noms collectifs, le nom collectif est parti/groupement à caractère politique dans l'exemple (a) et le groupe de personnes exerçant le métier des teinturiers dans l'exemple (b) :

a) Les conditions de ces accès devraient être *précisées* dans les *statuts* du parti ou du groupement à caractère politique. (*FrWaC*)
b) Ce fut en septembre I 542, que François Ier *approuva* par lettres patentes les *statuts* des teinturiers en soies et toiles, en 36 articles. (JOLLY. A, *BLANCH., TEINT. DES MAT. TEXT.*, 1900 : 9)

Si nous observons V+ *statut*, V+ *fonction*, les mêmes polarités identifiées dans les gloses lexicographiques émergent :
- les verbes qui ont pour préférence sémantique les noms de fonction décrivent d'abord un événement, une action faite par le sujet (*exercer, activer, assumer, retirer la parole, décider*) ;
- les verbes qui ont pour préférence sémantique les noms de statut décrivent un état ou un événement subi par le sujet (*élire, déchoir, devenir, nommer, désigner, déléguer*).

Des verbes tels que *falloir, prendre, devoir, répondre, pouvoir* en gras dans le tableau (3) figurent parmi les collocatifs les plus fréquents des noms de *fonction* qui impliquent des responsabilités de dirigeant (*président, chef, directeur*) (cf. l'annexe 2 pour une liste complète). Les noms les plus fréquents sont souvent des noms d'organisations dirigées par les référents de ces noms de fonction hiérarchique. Pour les noms de *statut* (*salarié, réfugié, cadre, travailleur*), on

---

[6] Étant donné la polysémie du nom *fonction*, certaines combinatoires doivent être ignorées, il s'agit de mots tels que *système, valeur* en informatique ou en mathématiques, etc.

retrouve les mêmes verbes identifiés par Gross (2009) ou dans les dictionnaires : *obtenir, devenir, bénéficier.*

Tableau 3 : Collocatifs les plus fréquents de *statut* et *fonction*

Éléments lexicaux indexant uniquement une fonction	Éléments lexicaux indexant uniquement un statut
Verbes : occuper, exercer, assumer, quitter, reconduire, être élu, remplir, être démis, assurer, cumuler, démissionner, prendre, *falloir, prendre, devoir, répondre, pouvoir*	**Verbes** ; faire, offrir, conférer, autoriser, profiter de, conserver, donner, être investi de, contester, reconnaître, cumuler, incomber, **bénéficier, obtenir, devenir**
Noms : démission, élection	**Noms** : pouvoir
Adjectif : général, politique, administratif	**Adjectif** : sortant, associé

4 Propositions de tests

Afin de mettre à profit les hypothèses émises à partir des observations faites en corpus, nous passons maintenant à l'élaboration de tests qui aideront à identifier des noms et à les classer soit comme *statut* soit comme *fonction*. Pour ce faire, nous utilisons les collocatifs les plus pertinents (verbes, noms, adjectifs) pour construire ces tests. Une fois les contextes extraits des corpus, nous avons annoté les résultats, c'est-à-dire que nous avons indiqué pour chaque nom d'humain s'il était un N de *fonction* ou de *statut*. Afin de vérifier la fiabilité des tests pour l'identification de noms d'humains étudiés, nous avons comparé les résultats obtenus avec les noms de *statut* et de *fonction* extraits à partir des dictionnaires que nous avons complétés avec des lexiques de noms de *fonction* (Todirascu *et al*, 2014 ; Tran et Maurel, 2006).

4.1 Résultats pour les noms de statut

Nous avons défini plusieurs tests basés sur les verbes repérés dans les sections précédentes comme s'associant uniquement avec le nom *statut*. En particulier, nous avons utilisé les verbes dénotant un état (nom d'humain + avoir + statut pour le test 3), les verbes dénotant le passage d'un état à un autre (*acquérir, obtenir* pour le test 4), ainsi que les verbes exigeant un rôle de bénéficiaire tels que les verbes *bénéficier* ou *donner* (pour les tests 5 et 6), Nous proposons, ci-dessous, le résumé des résultats quantitatifs de ces différents tests dans les quatre ressources (bases de données et corpus) préalablement citées.

Tableau 4 : Résultats par test pour *statut* sur chaque corpus[a]

Tests	Noms d'humains	Statut	Fonction et autres catégories d'humain	Autre sens (pas de noms d'humains, pays, règlement)
Test 3 (Y a le statut de X)	47,8 % FrWaC 52,94 % Europarl 50,98 % Frantext 17,5 % JRC-Acquis1	88,66 % FrWaC 88,89 % Europarl 57,69 % Frantext 85,72 % JRC-Acquis1	10,02 % FrWaC 11,11 % Europarl 42,31 % Frantext 14,28 % JRC-Acquis1	52,2 % FrWaC 47,06 % Europarl 49,02 % Frantext 82,5 % JRC-Acquis1
Test 4 (Y a obtenu/acquis/choisi/ défendu le statut de X)	36,64 % FrWaC 49,36 % Europarl 33,34 % Frantext 100 % JRC-Acquis1	78,15 % FrWaC 100 % Europarl 100 % Frantext 0 % JRC-Acquis1	22,85 % FrWaC 0 % Europarl 0 % Frantext 0 % JRC-Acquis1	63,36 % FrWaC 51,64 % Europarl 66,66 % Frantext 100 % JRC-Acquis1
Test 5 Y bénéficie du statut de X	45,35 % FrWaC 35 % Europarl 71,42 % Frantext 62,5 % JRC-Acquis1	65,38 % FrWaC 71,43 % Europarl 60 % Frantext 60 % JRC-Acquis1	34,62 % FrWaC 28,57 % Europarl 40 % Frantext 40 % JRC-Acquis1	54,65 % FrWaC 65 % Europarl 28,58 % Frantext 35,5 % JRC-Acquis1
Test 6 Y donner/ accorder le statut de X	41,59 % FrWaC 64,29 % Europarl 47,22 % Frantext 62,5 % JRC-Acquis1	93,26 % FrWaC 85,71 % Europarl 82,35 % Frantext 80 % JRC-Acquis1	6,74 % FrWaC 14,29 % Europarl 17,65 % Frantext 20 % JRC-Acquis1	58,41 % FrWaC 35,71 % Europarl 52,78 % Frantext 37,5 % JRC-Acquis1

[a] Pour le mot *statut*, nous avons identifié les occurrences où X est un nom d'humain (les pourcentages de la colonne 2 du tableau) et les occurrences de X qui ne sont pas des noms d'humains (colonne 5). Parmi les noms d'humains, nous avons compté les occurrences de X qui sont des noms de statut et les occurrences de X qui sont des noms de fonction.

Les tableaux 4 ci-dessus et 5 ci-dessous permettent de tirer des conclusions provisoires sur l'utilité des bases de données choisies :
1) la base *FrWaC* fournit le plus d'occurrences, logiquement, et permet une étude quantitative / statistique. Cependant, le nombre important de ces occurrences rend difficile une approche qualitative et le pourcentage de noms d'humains (une moyenne de 42 %) est moindre que celui d'*Europarl* (50,3 %) ;
2) la base *Europarl* se révèle être la base de données la plus performante et a rempli son rôle de corpus de spécialité ; le nombre d'occurrences permet une analyse qualitative et le nombre d'occurrences pertinentes, c'est-à-dire le pourcentage de noms d'humains parmi ces occurrences, est le plus important (50,3 % en moyenne) ;
3) la base *JRC-Acquis1*, très petite, a répondu en partie à nos espoirs de corpus de spécialité puisque les chiffres des tests 5 et 6 nous donnent presque la moitié de noms d'humains ; le nombre d'occurrences pertinentes étant moindre que pour les autres résultats, cela nous permet de faire une lecture qualitative ;
4) la très faible quantité de données relatives aux noms d'humains et concernant le nom de statut rendent superflu l'exploitation de *Frantext*, ce qui était prévisible puisque cette base de données est constituée de genres majoritairement littéraires.

Ayant appliqué nos tests, nous faisons les remarques suivantes pour chacun d'entre eux.

Test 3 : *Y a le statut de X*

Ce test permet d'identifier les noms de statut, noms qui incluent des noms de *fonction*, de *métier*, comme il a été noté dans les données identifiées à partir des dictionnaires (présentées dans la première section). L'étude de ces contextes avec le test 3 permet essentiellement de découvrir des nouveaux noms de statut (ainsi *demandeur d'asile, observateur, paria*). Nous avons identifiés notamment les noms suivants compléments du nom pour *statut* :
a) **noms de fonction** : *assistant, député, parlementaire, fonctionnaire, actionnaire, auto-entrepreneur, agent commercial, d'acteur, de négociateur, travailleur temporaire, chef d'exploitation, journaliste, sportif de haut niveau, conseiller financier, militaire, stagiaire en formation professionnelle* (10,02 % des noms d'humains identifiés dans *FrWaC*, 11,11 % des noms d'humains trouvés dans *Europarl*, 14,48 % identifiés dans *JRC Acquis1*) ;
b) **état social :** *membre, demandeur d'asile, réfugié, parias, observateur, détenu, conjointe, personne handicapée, apatride, personnel, cadre, salariés, résistant, donnateur*. Parmi les occurrences des noms d'humains trouvées dans chaque base nous avons identifié 88,66 % sur *FrWaC*, 88,89 % sur *Europarl*, 57,69 % sur *Frantext*, 85,72 % sur *JRC-Acquis1*.

Tableau 5 : Résultats par test pour *statut* sur chaque base en nombre total d'occurrences vérifiées, retrouvées à l'aide du test et nombre d'occurrences pertinentes (qui sont des noms d'humains)[a]

Nombre d'occurrences de X/ noms d'humains de statut	FrWaC	Europarl	JRC-Acquis1	Frantext
Test 3 (Y a le statut de X)	1477 /706	34/18	40/6	51/15
Test 4 (Y a obtenu/acquis/choisi/défendu[b] le statut de X)	685/197	79 /39	15/0	3/1
Test 5 (Y bénéficie du statut de X)	699/207	130/36	8/3	7/3
Test 6 (Y donner/accorder le statut de X)	924/277	56/30	16/8	314/276

[a] Par exemple, pour le test 3 *Y a le statut de X*, nous avons identifié 1477 occurrences, dont seulement 706 sont des noms d'humains (statut, fonction ou autres catégories).
[b] Le verbe *défendre* apparaît dans quelques contextes tels que « La candidate de la gauche populaire et anti-libérale s'est rendue au port autonome du Havre pour *défendre le statut des* dockers ».

Test 4 : *Y a obtenu/acquis/choisi/défendu le statut de X…*

Nous vérifions la fiabilité des verbes dénotant un changement ou un maintien[7] de statut pour l'identification de noms de *statut*. Les résultats les plus nombreux sont dans *FrWaC* où 78,15 % d'occurrences des noms d'humains sont pertinentes comme l'indique le tableau 4. Dans *FrWaC*, quelques noms de fonction, de grade, de métier, de spécialiste sont aussi co-occurrents avec ces verbes (22,85 % d'occurrences de noms d'humains). Dans les autres bases de données (à l'exception de *JRC Acquis*), la plupart des contextes désignent un *statut* (*réfugié, demandeur d'asile, témoin*). La totalité des occurrences en *JRC-Acquis* renvoie à d'autres sens pour *statut*.

Test 5 : *Y bénéficie du statut de X*

Dans *FrWaC*, le tableau 4 indique que les noms d'humains représentent moins de 50 % des occurrences, les autres occurrences ont d'autres sens du statut (ainsi *règlement*). Parmi ces noms d'humains, plus de 60 % sont des noms de *statut*, les autres appartiennent à la classe des N de *fonction* ou de métiers. Dans *Europarl*, 71,43 % sont des noms de *statut*, les autres sont des noms de métier ou de *fonction* selon notre section 1. Dans *Frantext*, 3 occurrences sont *a priori* des noms de statut (60 % de noms d'humains).

---

[7] Le verbe *défendre* indique plutôt un maintien du même statut, du même état. *Statut* est suivi par un nom de métier ou de statut : « La LCR soutient la demande de SLR de création de 5000 postes / an et *défend le statut de salarié* pour les doctorants ».

Test 6 : *Y donner/accorder le statut de X*

Dans *Europarl*, sur 64,29 % des contextes, X est un nom de *statut*, dont 85,71 %, la très grande majorité, font référence à *demandeur d'asile, prisonnier politique, réfugié*). Dans *Frantext*, sur 36 occurrences, seules 14 sont des noms de *statut* (*fonctionnaire, pensionnaire, travailleur*), les autres font référence aux règlements adoptés. Ce test semble donc fiable pour identifier les occurrences dans le domaine juridique et confirme les noms types de *statut* dans le contexte européen actuel (*demandeur d'asile, prisonnier politique, réfugié*) ; *Frantext*, en revanche, donne les noms de *statut* traditionnels (*fonctionnaire, pensionnaire, travailleur*).

D'autres tests tels que : **X est un statut (honorifique, héréditaire, lucratif,[8] supérieur)** ou **X est devenu Y** ne donnent que très peu d'occurrences contenant des noms d'humains de *statut*.

4.2 Résultats pour les noms de fonction

Pour repérer les noms de *fonction* nous avons procédé de la même manière : nous avons établi des tests avec les verbes spécifiquement employés pour les noms de fonction. Le nom *fonction* est aussi un classifieur, tout comme celui de *statut* : Dans les tests 7–9, présents dans le tableau 6, Y est en général un nom propre ou un nom d'humain alors que X est un nom d'humain de *fonction*. Les tests et leurs résultats sont regroupés dans le tableau 6 :

Les résultats pour *fonction* confirment l'adéquation de *Europarl* pour notre recherche, que ce soit au niveau du nombre d'occurrences à analyser qualitativement aussi bien qu'au niveau du nombre d'occurrences pertinentes (plus de 50 % en moyenne). *Frantext* est aussi une base plus intéressante pour le cas présent que pour *statut* et la pertinence des occurrences est de l'ordre de 85 %. Si la base de *JRC-Acquis1* ne fournit pas assez d'occurrences, la base de *FrWaC* permet de récolter de nombreuses occurrences nécessaires utiles pour faire des analyses de fréquence.

---

[8] On trouve quelques occurrences de *statut* associé à l'adjectif *lucratif* pour les organisations : (a) « La Fondation a son siège à Florence. Son statut non lucratif garantit une transparence fiscale et donne des avantages fiscaux aux donateurs membres » (*FrWaC*) ; (b) « fichier national des établissements sanitaires et sociaux (Finess) les recense tous, qu'ils soient de statut privé à but lucratif, privé associatif ou public, indique leur année de création et leur capacité ».

Tableau 6 : Résultats par test pour *fonction* sur chaque corpus[a]

Tests	Noms d'humains	Statut et autres	Fonction	Autres sens
Test 7 (Y occupe/exerce/ remplit la fonction de X)	57,75 % *FrWaC* 72,81 % *Frantext* 42,44 % *Europarl* 8,24 % *JRC-Acquis1*	17,51 % *FrWaC* 40,96 % *Frantext* 9,17 % *Europarl* 8,79 % *JRC-Acquis1*	82,49 % *FrWaC* 59,04 % *Frantext* 90,83 % *Europarl* 91,21 % *JRC-Acquis1*	42,25 % *FrWaC* 27,19 % *Frantext* 57,56 % *Europarl* 91,76 % *JRC-Acquis1*
Test 8 (X confie la fonction à Z)	83 % *FrWaC* 100 % *Europarl* 100 % *Frantext* 0 % *JRC-Acquis1*	7 % *FrWaC* 0 % *Europarl* 0 % *Frantext* 0 % *JRC Acquis1*	93 % *FrWaC* 100 % *Europarl* 100 % *Frantext* 0 % *JRC Acquis1*	17 % *FrWaC* 0 % *Europarl* 0 % *Frantext* 100 % *JRC-Acquis1*
Test 9 (X a été nommé/élu)	67 % *FrWaC* 59,12 % *Europarl* 87,5 % *Frantext* 100 % *JRC-Acquis1*	3 % *FrWaC* 5,06 % *Europarl* 42,62 % *Frantext* 0 % *JRC-Acquis1*	97 % *FrWaC* 94,94 % *Europarl* 57,38 % *Frantext* 100 % *JRC-Acquis1*	33 % *FrWaC* 40,88 % *Europarl* 12,5 % *Frantext* 0 % *JRC-Acquis1*

[a] Sur l'ensemble d'occurrences trouvées dans chaque corpus, nous présentons le pourcentage des occurrences qui sont des noms d'humains (colonne 2) ; parmi ces noms d'humains, nous avons identifié des noms de fonction (colonne 4) et d'autres catégories de noms d'humains (colonne 3). La colonne 5 représente le pourcentage des occurrences qui ne sont pas des noms d'humains.

Tableau 7 : Résultats par test pour *fonction* en nombre d'occurrences vérifiées

Tests	FrWaC[a]	Europarl	JRC-Acquis1	Frantext
Test 7 (Y occupe/exerce/remplit la fonction de X)	1315/760	109/47	1104/91	270/240
Test 8 (X confie la fonction à Z)	43/36	2/2	0	2/2
Test 9 (X a été nommé/élu)	40478/1000/670	159/94	2/2	105/92

[a] Par exemple, sur 1315 occurrences trouvées dans FrWaC, nous avons identifié 760 occurrences de noms d'humains.

Test 7 : *Y occupe/exerce/remplit la/sa fonction de X ....*

Dans le corpus *FrWaC*, la polysémie du mot *fonction* (mathématiques, informatique etc.) explique le nombre élevé d'occurrences. Sur un échantillon de 1000 contextes, seulement 57,59 % comprennent des noms d'humains. Parmi les noms d'humains, 82,49 % sont des noms de *fonction* et des noms de métier ainsi les plus courants sont *président, chef, dirigeant, directeur, recteur, vice-président, directeur-adjoint, responsable des ventes*. En revanche, pour *Europarl*, le taux de fiabilité est encore plus haut, puisque 90,83 % des noms d'humains sont des noms de *fonction*, alors que les noms d'humains ne représentent que 42,44 % d'occurrences dans ce corpus. *Frantext* catégorisé donne 72,81 % de noms d'humains dont 59,04 % de *fonction* (*directeur, président*) mais il y figure aussi des grades (*lieutenant-colonel, vicaire, évêque*) ou des noms de métier. Le même test appliqué pour le mot *statut* (X *exerce/remplit son/le statut de*) donne peu de contextes pertinents dans les corpus étudiés. Ce test établit donc la validité des verbes *occuper, exercer* et *remplir* comme verbe « copule » pour des noms de *fonction*.

Test 8 : *Y confie la fonction de X à Z...*

Pour ce test, *FrWaC* donne 83 % des contextes avec des noms d'humains dont 93 % sont des noms de fonction trouvés dans nos dictionnaires. Pour *JRC-Acquis1*, *Europarl* ou *Frantext*, nous avons obtenu peu de contextes contenant des noms d'humains. Ce test semble efficace pour détecter les noms de fonction mais le nombre de contextes obtenu n'est pas très important. Le même test appliqué au mot *statut* (*Y confie le statut de X à Z*) ne donne pas de résultats sur les corpus étudiés et ne semble pas fiable pour identifier les noms de *statut*.

Test 9 : *X a été nommé/élu (en fonction de) Y*

FrWaC est le plus riche et, par conséquent, on y trouve 67 % de noms d'humains dont 97 % sont des noms de *fonction* attestés dans les dictionnaires (dans un échantillon de 1000 occurrences). De même, pour *Europarl*, 94,94 % des noms d'humains sont des noms de fonction (les noms d'humains représentent 59,12 % des nombres d'occurrences). Les deux autres bases ont été moins productives : dans *Frantext* ont été repérés 87,5 % de noms de *fonction* en contexte et, dans *JRC-Acquis1*, seuls 2 contextes avec des noms de fonction ont été relevés). Ce test est fiable car il ne donne que peu de noms de statut ou de métier.

4.3 Discussion des tests

Si ces tests peuvent être utilisés pour trouver des noms de *fonction* ou de *statut*, beaucoup de unités lexicales désignant une *fonction* peuvent être utilisés comme *statut* ou inversement. En revanche, certains des verbes (*exercer, assumer, être confié à*) se combinent uniquement avec le nom *fonction* :
(a) Samir exerce la fonction de président depuis deux ans. / *Samir exerce le statut de fonctionnaire.

De même, les verbes tels que *bénéficier, accorder* se combinent avec les noms de *statut* mais pas avec les noms de *fonction*. Ces verbes sont donc des conditions nécessaires et suffisantes pour identifier un nom de statut ou un nom de fonction

En revanche, des verbes comme *obtenir* peuvent se combiner avec les noms de *statut* et/ou de *fonction* et ne peuvent pas donc être employés pour trancher entre *statut* et *fonction* :

b) Le collègue a obtenu le statut de maître de conférences depuis l'année dernière.
c) Mme Dupont a obtenu la fonction de présidente en 2015.

Nous reconnaissons aussi que nos tests ne répondent pas à certaines autres possibilités de classement ou n'expliquent pas tous les comportements des noms définis par ces tests comme appartenant à la classe de statut ou de fonction.

5 Conclusion

Dans cette étude, nous avons procédé en trois étapes pour établir des tests permettant de classer des noms d'humains comme des noms de statut ou noms de fonction.

Un premier travail sur un corpus lexicographique nous a permis d'observer des régularités sémantiques dans les définitions des notions de *statut* et de *fonction* proposées par trois dictionnaires (le *TLFi*, *Wiktionnaire* et *Larousse*) ainsi que dans les cooccurrences les plus fréquentes incluant ces deux noms (verbes, adjectifs et noms). À partir de ces observations, nous avons émis des hypothèses sémantiques pour expliquer ces classements. Cette étape nous a aussi permis d'identifier les noms d'humains classés dans les deux classes de *fonction* et de *statut* et, par conséquent, de dresser une liste de noms utilisée pour constituer des tests. Ce corpus lexicographique a aussi permis d'identifier les expressions syntagmatiques les plus fréquemment employées pour faire référence à un statut ou à une fonction.

Notre deuxième étape a complété la précédente. Elle a identifié, dans quatre corpus différents (langue générale/langue de spécialité, oral/écrit, variation en genres : littérature, presse, textes administratifs), les noms les plus fréquents apparaissant avec ceux de *fonction* et *statut*. Nous avons alors pu compléter la liste des expressions syntagmatiques typiques pour *fonction* et *statut* (verbe ou adjectif). Ces listes pourront enrichir les lexiques utilisés en traitement automatique des langues (extraction automatique de noms de personnes ou d'organisation). À partir de ces deux étapes et des listes obtenues, des tests ont été conçus afin de répartir des noms d'humains dans la classe des noms de *fonction* ou de *statut* (ex. *obtenir un statut* vs **obtenir une fonction*) en contexte. Ces tests ont aussi pour objectif d'identifier des nouveaux candidats appartenant à chaque classe.

De plus, nous avons observé des *intersections lexicales* qui attestent le partage des domaines sémantiques entre les deux catégories et avons proposé que les mots *statut* et *fonction* puissent être décrits comme révélant selon le contexte deux facettes différentes d'un même hyperonyme. Cet hyperonyme serait défini par « position sociale d'une entité dans le système social donné ». Les traits sémantiques des verbes collocatifs aux noms d'humains qui peuvent être associés soit à *statut* et soit à *fonction* tels que les mots *président, secrétaire,* etc. forcent la mise en discours d'une facette (propriétés, nature de l'entité liées à l'entité X) ou de l'autre (activités, événements liés à l'entité X) de ces mots. Ainsi l'emploi du mot *président* avec des verbes tels que *élire* par exemple (il *a été élu président*) activerait les *propriétés* du mot *président* et ferait référence à la facette *statut*. En revanche l'emploi du mot *président* avec des verbes comme *être* activerait les *activités attendues* de l'entité *président* (*il a été un très bon président*) et ferait référence à la facette *fonction* de président.

Les propositions syntagmatiques et sémantiques émises dans cette étude pourraient être utiles à des activités de traduction ou d'enseignement de langue de spécialité. Ainsi le test 4 *(Y a obtenu/acquis/choisi/défendu le statut de X)* permet-il de proposer les expressions les plus courantes dans le domaine juridique ou administratif concernant les statuts, d'autant plus que le *Français sur Objectif spécifique* est un domaine dans lequel l'apprentissage de la phraséologie de métier est pertinent.

Annexe 1

Dictionnaire	Statut trait saillant /statique/	Statut Collocations	Fonction Trait saillant / dynamique/	Fonction Collocation
(TLFi)	<u>Domaines d'emploi</u>		<u>Domaines d'emploi</u>	
	Législation : quels rapports légaux entre personnes?	*Statut personnel, social, de la femme, de détenu,*	*Activités* spécifiques d'une personne	*Fonction d'administration de gestion de direction*
	Situation : Comment on se situe dans un groupe ?	*Statut de réfugié, de prisonnier politique*	*Charges*, emplois	*Entrer en fonction, être élu, être nommé en fonction*
	Position occupée dans la société : quel prestige dans cette même société?	*Statut de professeur, de maître de conférences*	*Opérations*, tâches afférentes à une seule charge	*Remplir, exercer sa fonction*
	Etat : fixé par la loi ou par un ensemble de règles institutionnelles	*Statut de fonctionnaire*		
		Statut de travailleur indépendant		

Annexe 2

Les collocatifs les plus fréquents des mots de fonction en *Frantext*, *FrWaC*, *Europarl* Ces collocatifs sont obtenus en définissant le mot statut ou fonction comme pivot dans les concordanciers disponibles en ligne ou indépendants.

Corpus

Corpus	Catégorie	Pivot	Verbe	Nom	Adjectif
Europarl	Fonction	Président	retirer la parole, interrompre, fait preuve, déclarer, élu, venir	Monsieur, Mesdames, Commission, groupe, délégation	Adj de nationalité (américain, français, russe, bielorusse), actuel, fédéral, précédent, permanent
		Directeur		Responsable, communs	général, executif, financier, administratif
Frantext	Fonction	Président	donner, falloir, prendre, nommer, demander, parler, répondre, élu	conseil, république, assemblée, monsieur, gouvernement, chef	général, premier, nationale, politique
		Directeur	nommer, donner, falloir, prendre	école, conseil, ministre, temps, état, chef	grand, général
		Chef	voir, falloir, donner, pouvoir, prendre	état, bureau, armée, temps, guerre, hommes, lieu	général, grand, major, premier
	Statut	Réfugié	falloir, prendre, perdre, venir, voir, donner, bénéficier, défendre	temps ; père, jour, porte, vie, monde, moment, asile, fin	grand, jeune, petit, mort, privilégié

Bibliographie

Aleksandrova A., 2016, *Des noms d'âge aux noms de phase. Essai de sémantique nominale et aspectuelle*, Lille, Presses Universitaires du Septentrion.

Bednarek M., 2008, « Semantic preference and semantic prosody re-examined », *Corpus Linguistics and Linguistic Theory*, 4/2 : 119–139.

Bick E., 2005, « Live use of Corpus data and Corpus annotation tools in CAL », *Nordic Language Technology, Årbog for Nordisk Sprogteknologisk Forskningsprogram 2000–2004 (Yearbook 2004)*, Copenhaguen, Museum Tusculanum : 171–186.

Blumenthal P., 2006, « De la logique des mots à l'analyse de la synonymie. Collocations, corpus, dictionnaires », *Langue française*, 150 : 14–31.

Bohnet B., 2009, « Efficient parsing of syntactic and semantic dependency structures », *Proceedings of the Thirteenth Conference on Computational Natural Language Learning : Shared Task*, Boulder, Colorado, Association for Computational Linguistics : 67–72.

Bublitz W., 1995, « Semantic prosody and cohesive company : somewhat predictable », *General and Theoretical Papers*, 347 : 1–23.

Cruse D. A., 2000, *Meaning in Language*, Oxford, Oxford University Press.

Firth J. R., 1957, *Papers in Linguistics 1934–1951*, Oxford, Oxford University Press.

Flaux N., Stosic D., 2014, « Les noms d'idéalités et la modalité : marquage d'une opposition », *Langages*, 193 : 127–142.

Gross G., 2009, « Sur le statut syntaxique des substantifs humains », in Leeman D. (dir.) *Des topoï à la théorie des stéréotypes en passant par la polyphonie et l'argumentation dans la langue : Mélanges J. Cl. Ancombre*, Chambéry, Presses de l'Université de Savoie : 27–41.

Gosselin L., 2010, *Les modalités en français. La validation des représentations*, New York, Rodopi.

Hoey M., 2005, *Lexical Priming : A New Theory of Words and Language*, London, Routledge.

Hunston S., 1995, « A corpus study of some English verbs of attribution », *Functions of Language*, 2/2 : 133–158.

Milner J.-Cl., 1978, *De la syntaxe à l'interprétation : quantités, insultes, exclamations*, Paris, Seuil

Maurel D., Friburger N., Antoine J.-Y., Eshkol I., Nouvel D., 2011, « Cascades de transducteurs autour de la reconnaissance des entités nommées », *Traitement automatique des langues*, 52/1 : 69–96

Partington A., 2004, « Utterly content in each other's company". Semantic prosody and semantic preference », *International Journal of Corpus Linguistics*, 9 : 131–156.

Pustejovsky J., 1995, *The Generative Lexicon*, The MIT Press, Cambridge, MA.

Sinclair J., 2004, « The search for units of meaning », in Sinclair, J., Carter, R. (dir.) *Trust the Text. Language, Corpus and Discourse*, London/New York, Routledge : 24–48.

Schnedecker C., 2015, « Un problème à la croisée des disciplines linguistiques : les noms d'humains comme interface entre morphologie, syntaxe et sémantique », in Rabatel A., Ferrara-Léturgie A., (dir.) *La sémantique et ses interfaces. Actes du colloque 2013 de l'ASL (Association des sciences du langage)*, Limoges, Lambert-Lucas : 111–141.

Schnedecker C., 2015, « Les (noms d') humains sont-ils à part ? Des intérêts et perspectives linguistiques d'une sous-catégorie nominale encore marginale », in MihatschW., Schnedecker C. (dir.), *Les noms d'humains : une catégorie à part ?* Stuttgart, Steiner (Zeitschrift für französische Sprache und Literatur, Neue Folge (ZFSL-B), Beiheft 40) : 4-43.

Todirascu A., Grass T., Navlea M., Longo L., 2014, « La relation de hiérarchie « chef » : une approche translingue français-anglais-allemand », *Meta*, 59/2 : 436–456.

Tran M., Maurel D., 2006, « Prolexbase : Un dictionnaire relationnel multilingue de noms propres », *Traitement automatique des langues*, 47 : 115–139.

Tutin A., 2014, « A la recherche du profil syntaxique des noms d'affect », *in* Blumenthal P., Novakova I., Siepmann S., (dir.), *Les émotions dans le discours*, Berne, Lang : 221–234.

Véronique Lagae
8 Les noms dénotant des humains pratiquant un jeu

1 Introduction

Selon Gross (2009), la grande majorité des noms d'humains[1] (NH) sont des prédicats, caractérisés par des schémas d'arguments.[2] La typologie qu'il en propose se fonde en grande partie sur la relation qui peut être établie avec certains verbes dits « appropriés ». Une des catégories sémantiques qui est dégagée de cette façon est celle des « humains prédicatifs d'action générés par le verbe *pratiquer*... qui sélectionne essentiellement des activités professionnelles ou ludiques » :

1) Léopold est (médecin / basketteur).
2) Léopold pratique (la médecine / le basket-ball).

Ce verbe peut d'ailleurs être nominalisé :

3) la pratique (de la médecine / du basket-ball)

Ces activités peuvent relever de divers domaines, parmi lesquels l'auteur cite la musique (*pianiste*), le sport (*footballeur*), la religion (*catholique*), la langue (*francophone*) et les jeux de société (*bridgeur*). Dans tous les cas, une paraphrase est proposée dans laquelle le sujet du verbe *pratiquer* renvoie au NH et son objet est un nom inanimé apparenté au NH :

4) Un (pianiste / footballeur / catholique / francophone / bridgeur) est celui qui pratique le (piano / football / catholicisme / français / bridge).

La présente étude vise à examiner de façon plus détaillée une de ces sous-catégories, à savoir celle des pratiquants de jeux, avec un triple objectif :
- parvenir à un inventaire aussi complet que possible de cette classe de NH ;
- établir des critères de délimitation de la classe ;
- évaluer la pertinence d'une telle démarche onomasiologique.

---

[1] Je remercie Nelly Flaux pour sa relecture attentive d'une première version de cet article.
[2] Pour une réflexion générale sur les oppositions humain / non humain et animé / inanimé appliquées aux noms, voir Flaux & Van de Velde (2000 : 35–39, 44–48).

Certaines sous-classes de NH ont déjà fait l'objet d'études[3], que ce soient des sous-classes fondées sur une propriété formelle, morphologique (et qui ne comportent pas nécessairement que des NH), ou des sous-classes sémantiques, *cf.* entre autres Aleksandrova (2016), Anscombre (2001, 2003), Cartoni et Namer (2012), Flaux, Lagae & Stosic (2014, 2015), Flaux & Mostrov (2016), Huyghe & Tribout (2015), Mihatsch (2015), Roché (2011), Roy & Soare (2012), Schnedecker & Aleksandrova (2016), ainsi que plusieurs contributions au présent volume. Aucune étude ne s'est, à ma connaissance, intéressée aux noms d'humains pratiquant un jeu (NHJ).

Dans un premier temps (section 2) sont évoqués les problèmes que pose la délimitation de la sous-classe des NHJ. Puis, les sections 3–5 proposent un inventaire de trois sous-ensembles de NHJ, pour lequel le *TLFi* a été une source importante. En effet une recherche sur les définitions contenant « joueur » ou « qui joue » ainsi que sur le domaine technique « JEUX » a permis de rassembler 50 noms, liste qui a été complétée par des trouvailles ponctuelles. Dans la dernière section (section 6) est évoqué le recours à des composés syntaxiques pour dénoter un être humain pratiquant un jeu.

2 Délimitation de la classe

La propriété décrite par Gross (2009) pourrait être utilisée comme test pour isoler les NHJ sur le modèle suivant :

> 5) Un NHJ est celui qui pratique le NJeu [nom désignant le jeu correspondant] : Un bridgeur est celui qui pratique le bridge.

Le verbe *jouer (à)* pourrait également jouer un rôle discriminant ainsi que le NH dérivé *joueur* :

> 6) Le NHJ joue à NJeu : Le bridgeur joue au bridge.
> 7) Un NHJ est un joueur de NJeu : Un bridgeur est un joueur de bridge.

Le problème que pose une telle approche est que le critère de délimitation est en quelque sorte transféré de la classe des NH à celle des noms dénotant des jeux. Plus précisément, l'appartenance d'un NH comme *bridgeur* à la classe des NHJ dépend entièrement du fait que *bridge* peut ou non être considéré comme un jeu. Et il s'avère que ce n'est pas toujours chose simple à déterminer. En particulier, les

---

[3] Pour une synthèse, voir Schnedecker (2015).

limites entre jeu et sport ne sont pas très nettes. Voici les définitions que donne le *TLFi*[4] :

8) *Jeu* : Activité divertissante, soumise ou non à des règles, pratiquée par les enfants de manière désintéressée et par les adultes à des fins parfois lucratives

9) *Sport* : Activité physique, le plus souvent de plein air et nécessitant généralement un entraînement, qui s'exerce sous forme de jeu ou de compétition, suivant des règles déterminées

Comme les activités des deux types peuvent être selon les cas physiques, divertissantes, soumises à des règles, se dérouler en plein air et dans le cadre de compétitions, il n'est pas surprenant que certaines reçoivent les deux qualifications. Cette ambivalence est d'ailleurs présente dans la définition même du *TLFi* (9), selon laquelle un sport peut s'exercer « sous forme de jeu ». Cela est particulièrement clair dans le cas des « sports de cible » comme le billard, la pétanque, le bowling ou les fléchettes qui sont pratiqués comme des jeux dans un cadre informel ; *cf.* également la définition qui est donnée de la pelote basque :

10) *Pelote basque* et, p.ell., *pelote* : *Jeu, sport* basque où les joueurs divisés en deux équipes envoient une balle rebondir contre un mur à main nue, à l'aide de la chistera ou de la pala. (*TLFi*)

Un second sous-ensemble posant problème est constitué d'activités comme les échecs, les dames, le go ou le bridge, pour lesquelles la dimension physique est absente et qui doivent par conséquent être considérées comme des jeux. Or, le terme de « sports de l'esprit » a été introduit, *cf.* (11), ce qui implique que le bridge peut être considéré à la fois comme un jeu et comme un sport, et par conséquent que *bridgeur* peut être aussi bien un NH de pratiquant d'un jeu qu'un NH de sportif :

---

4 Il n'existe pas de liste officielle de sports, hormis la liste des sports olympiques, qui varie d'une édition à l'autre – à titre d'exemple, le tir à la corde a été un sport olympique de 1900 à 1920 – et exclut un grand nombre de sports, tels que les sports motorisés (D. Van Reeth, économiste du sport, Katholieke Universiteit Leuven, c. p.). Le Ministère de la Ville, de la Jeunesse et des Sports se réfère à une définition très générale issue de la Charte européenne du sport, qui ne permet pas non plus d'établir des critères de délimitation précis : « On entend par « sport » toutes formes d'activités physiques et sportives qui, à travers une participation organisée ou non, ont pour objectif l'expression ou l'amélioration de la condition physique et psychique, le développement des relations sociales ou l'obtention de résultats en compétition de tous niveaux » (sports.gouv.fr/pratiques-sportives/sante-bien-etre/Donnees-scientifiques).

11) La FFO [Fédération Française d'Othello] est membre de l'Association des Ludothèques Françaises (ALF) et de la Confédération des Loisirs et des *Sports de l'Esprit* (CLE). (ffo-thello.org)

Le recours aux « verbes appropriés » ne permet pas non plus de faire le départ entre jeux et sports. En effet, si tous les noms de jeux peuvent être compléments du verbe *jouer à* (12), certains noms de sports le peuvent également (13), en particulier les sports collectifs, les sports de raquette et les sports de cible :

12) jouer (au bridge / au poker/ aux échecs / à la pétanque / au scrabble / au monopoly / à la manille / au diabolo / au chat perché / à la marelle / aux gendarmes et aux voleurs / à la poupée / aux billes / au cluedo)
13) jouer au (football / hockey / tennis / badminton / golf / curling)

Les autres noms de sports sont incompatibles avec *jouer à*, citons par exemple l'athlétisme, la natation, le cyclisme, les sports de combat ou de glisse :

14) *jouer (au saut en hauteur / à la natation synchronisée / au triathlon / au judo / au ski)

Au contraire, le verbe *pratiquer* est compatible avec tous les noms de sorts (15–16) mais pas avec tous les noms de jeux : sont exclus les jeux d'enfant en général et certains jeux de société. Comparez (17) et (18) :

15) pratiquer le (football / hockey / tennis / badminton / golf / curling)
16) pratiquer (le saut en hauteur / la natation synchronisée / le triathlon / le judo / le ski)
17) pratiquer (le bridge / le poker/ les échecs / la pétanque / le scrabble / le monopoly / la manille / le diabolo)
18) *pratiquer (le chat perché / la marelle / les gendarmes et les voleurs / la poupée / les billes / le cluedo)

Deux contraintes semblent restreindre l'usage de *pratiquer*. D'une part, il doit s'agir d'une activité récurrente et non pas unique :

19) Il a joué une seule fois au bridge.
20) ??Il a pratiqué le bridge une seule fois.

D'autre part, cette activité doit exiger une certaine compétence ou habileté, ce qui peut expliquer l'incongruité des exemples (18) ci-dessus ainsi que le contraste d'acceptabilité entre deux jeux de cartes qui ne requièrent pas le même niveau de connaissance de règles et de stratégies :

21) pratiquer (le bridge / ??la bataille)

Enfin, le verbe *faire*, qui indique également une activité récurrente, peut avoir tous les noms de sports comme complément (22-23), mais seulement certains noms de jeux (24), la majorité des jeux étant exclus (25) :

22) faire du (football / hockey / tennis / badminton / golf / curling)
23) faire (du saut en hauteur / de la natation synchronisée / du triathlon / du judo / du ski)
24) faire (du bridge / de la pétanque / du scrabble / du monopoly / du diabolo)
25) *faire (du poker / des échecs / de la manille / du chat perché / de la marelle / des gendarmes et des voleurs / de la poupée / des billes / du cluedo)

En conclusion, aucun des trois verbes n'est véritablement discriminant, même si *jouer à* privilégie les jeux et *faire* les sports, *pratiquer* étant le verbe le moins sélectif, comme le confirme d'ailleurs leur compatibilité respective avec les hyperonymes *jeu* et *sport* :

26) jouer à (un jeu / *un sport)
27) pratiquer (un jeu / un sport)
28) faire (du sport / *du jeu / *un jeu)

Dans le cadre de cette étude, la notion de *jeu* a été prise dans son acception la plus large, incluant les jeux d'enfant, de cartes, de société, de hasard, mais également les cas limites évoqués ci-dessus comme les jeux de cible (billard, pétanque) ou les jeux intellectuels (échecs, bridge). Nous verrons d'ailleurs qu'il y a des analogies entre les NHJ et les NH de sportifs.

Il résulte en outre de cette comparaison de la complémentation des verbes *jouer* et *pratiquer* que les tests (5-6) proposés ci-dessus pour l'identification des NHJ et repris ci-dessous, pourraient *a priori* ne pas donner des résultats tout à fait équivalents :

5) Un NHJ est celui qui pratique le NJeu : Un bridgeur est celui qui pratique le bridge.
6) Le NHJ joue à NJeu : Le bridgeur joue au bridge.

En effet, le test basé sur le verbe *jouer* (6) est potentiellement plus performant que celui qui fait appel au verbe *pratiquer* (5) parce que le premier verbe est compatible avec plus de NJeu différents que le second. Cela est confirmé par l'exemple de *tiercéiste*, pour lequel les résultats des deux tests divergent effectivment (29-30) :

29) ??Un tiercéiste est celui qui pratique le tiercé.
30) Le tiercéiste joue au tiercé.

Nous reviendrons sur ce NHJ en 3.2. Dans les faits, la différence est peu importante étant donné que la plupart des NJeu incompatibles avec le verbe *pratiquer* n'ont pas de NHJ correspondant, comme on le verra en section 3, ce qui rend tout test inopérant. Les deux tests peuvent donc être utilisés conjointement, avec une préférence pour le test (6) faisant appel à *jouer* qui est légèrement plus fiable.

Enfin, nous ne recourrons pas au test (7) parce que nous estimons que les formes du type *joueur de NJeu* doivent être étudiées en tant que telles comme des NHJ, *cf.* la section 6 :

7) Un NHJ est un joueur de NJeu : Un bridgeur est un joueur de bridge.

3 NH dénotant le pratiquant d'un jeu spécifique

La plupart des NHJ sont des dénominaux, formés par suffixation à partir d'un NJeu et dénotent le pratiquant de ce jeu. Dans certains cas, il existe également un verbe apparenté et il n'est pas toujours possible de décider si le dérivé est obtenu plutôt à partir du nom ou à partir du verbe correspondant.[5] On trouve principalement les suffixes *-eur* (3.1.) et *-iste* (3.2.), suffixes permettant de former des noms d'agent, c'est-à-dire dénotant une entité animée, effectuant de façon intentionnelle une action donnée. Il s'agit ici de l'agentivité « lexicale », qui est inhérente au sémantisme de certains lexèmes (ex. *danseur, tueur*) et non de l'agentivité « syntaxique » qui se définit par rapport au prédicat verbal (ex. *Un homme a dansé le tango / tué son voisin*).[6] Les autres procédés permettant de former des NHJ sont examinés en 3.3.

3.1 NHJ formés avec le suffixe *-eur*

Le suffixe le plus fréquent est *-eur* et il permet de former des NHJ pratiquant des jeux de cartes, des jeux de société et des jeux de cible :

---

[5] La question de la direction des relations de dérivation est extrêmement complexe. Nous nous contenterons ici de renvoyer à quelques travaux, parmi tant d'autres, qui ont tenté d'y apporter une réponse : Fradin & Kerleroux (2003) Kerleroux (2004), Namer et Villoing (2008), Lignon et Namer (2010), Tribout (2010).
[6] Dans la littérature, on trouve des travaux se situant à l'interface entre la syntaxe et la sémantique évoquant l'agentivité « syntaxique » (*cf.* Cruse, 1973 ; Melis, 1983 ; Foley & Van Valin, 1984 ; Dowty, 1991 ; Rappaport Hovav & Levin, 1992), alors que d'autres études se sont intéressées – à travers l'étude des suffixes dits « agentifs » – à l'agentivité inscrite au niveau lexical (voir, entre autres, Anscombre, 2001, 2003 ; Cartoni & Namer, 2012 ; Huyghe & Tribout, 2015 ; Roy & Soare, 2012 ; Tribout, Ligozat & Bernhard, 2012). C'est dans cette dernière perspective que s'inscrit la présente étude.

Tableau 1 : NHJ dénotant le pratiquant d'un jeu spécifique, formés avec le suffixe *-eur*

NHJ	base	définition	exemple
beloteur / beloteuse[1]	belote	Celui qui joue à la belote (*TLFi*)	À droite, on entendait les chocs des verres, les interjections des *beloteurs* et le bruit des poings cognant vigoureusement la table au moment de lâcher une carte maîtresse. (FTX,[2] R. Sabatier, *Les Noisettes sauvages*, 1974)
bonneteur / bonneteuse	bonneteau / bonneter	Joueur de bonneteau (*TLFi*)	Un bon *bonneteur*, et celui-ci l'était, amenait le joueur à ne plus suivre des yeux que la dame de cœur qu'il faisait apparaître de temps en temps, quand il fallait avant tout s'intéresser aux deux autres cartes. (*Wiktionnaire*, D. & J. Nobécourt, *Le Chemin de Nostradamus*, 2007)
bridgeur / bridgeuse	bridge / bridger	Personne qui joue au bridge (*TLFi*)	Mes explorations subséquentes m'avaient plutôt mené, loin des chers chevaux, du côté des pelouses de la Croix-Catelan, des golfeurs, des *bridgeurs*, des jeunes buveuses de fine à l'eau qui appelaient tous les garçons « chéri » pour faire dame (FTX, F. Nourissier, *À défaut de génie*, 2000)
coincheur / coincheuse	coinche / (manille ou belote) coinchée / coincher	Joueur de coinche	Cherche beloteur(-ses) / *coincheur(-ses)* à Brisbane. Hey ! Rien ne manque ici à Brisbane si ce n'est les parties de belotes et de coinches (pvtistes.net-17 juin 2014)
manilleur / manilleuse	manille / maniller	Joueur de manille (*TLFi*)	Le samedi, les *manilleurs* s'acharnaient. (*TLFi*, Dabit, *Hôtel Nord*, 1929)
taroteur / taroteuse	tarot / taroter	Joueur de tarot	Au cours d'une sympathique réception, pour la seconde fois à la mairie de Chaveyriat, les *taroteurs* s'étaient donnés *[sic]* rendez-vous pour assister à la remise du challenge Bresse-Revermont. (2004-03-05.leparisien)
whisteur / whisteuse	whist	Personne qui joue au whist (TLFi)	Une des caractéristiques d'un excellent *whisteur* est de pouvoir valoriser au maximum les jeux dits « normaux ». (freewhist.be, 19/05/2014)

(suite)

Tableau 1 (suite)

NHJ	base	définition	exemple
jacqueteur / jacqueteuse	jacquet	Joueur de jacquet (*TLFi*)	La popularité du jeu a crû au début du XXe siècle, au point qu'à ce moment-là, l'usage impose «*jacqueteur*», et bien sûr «*jacqueteuse*», pour qualifier les adeptes de ce divertissement. (letemps.ch, 23/07/2012)
scrabbleur / scrabbleuse	scrabble	Joueur de scrabble (*Larousse*)	Souvent tournée en ridicule, la communauté des *scrabbleurs* de compétition « est fière de son intégrité, de son honnêteté et de sa sportivité » (*Wiktionnaire*, lemonde.fr, 17/08/2012)
pétanqueur / pétanqueuse	pétanque	Joueur de pétanque (*TLFi*)	Victoire des jeunes *pétanqueurs* – Le beau temps n'était pas spécialement de la partie pour les concours de pétanque de l'A.S. Pagny mais la pluie a épargné les joueurs (*TLFi*, *Le Républicain lorrain*, 1983)
quilleur / quilleuse	quilles	Joueur de quilles, notamment dans un bowling (*TLFi*)	Fédération Internationale des *Quilleurs*. (fiq.org)
souleur	soule	Joueur de soule (*TLFi*) [jeu de ballon, région., Bretagne, Normandie]	Une fois tous les *souleurs* réunis, les conditions de jeu sont proclamées à haute voix, le prix qui doit être décerné au vainqueur est indiqué (*TLFi*, Duron ds J. Mercier.)

Note :
[1] Toutes les formes féminines dont nous avons trouvé des attestations sont mentionnées, même si elles ne sont pas citées par les dictionnaires.
[2] Occurrence extraite de la base Frantext. Les exemples sans mention particulière ont été relevés au moyen de recherches ponctuelles sur internet.

Comme il s'agit de dénominaux, ces NH se distinguent des noms d'agent en -*eur* étudiés entre autres par Roy & Soare (2012) et Huyghe & Tribout (2015), qui se limitent aux noms morphologiquement apparentés à un verbe dynamique tels que *promeneur* ou *acheteur*. Par exemple, la question de la complémentation du NH (*l'acheteur de cette maison*) ne se pose pas, même lorsqu'il existe également un verbe apparenté (*bridger, coincher, maniller, taroter*), car ces verbes sont intransitifs.

Ces NHJ peuvent figurer sans déterminant dans des constructions prédicatives :

31) Ça tombe bien car *je suis bridgeur* et j'ai l'intention d'aller prochainement passer des vacances aux Antilles. (bridge.encheres.free.fr/forum/gd_format/)

32) *Je suis pétanqueur* depuis longtemps et j'ai constaté au cours de mes années de pratique que le jeu perdait en qualité. (ladepeche.fr › Sports › Autres sports-25 août 2004)

(33) Super comme j – *Je suis scrabbleur* et j'adore les jeux de lettre. (fr.downloadatoz.com/fr.jarnacteam.jarnac,251900/)

Sans reprendre toute la littérature sur les noms nus dans ce type de constructions – *cf.* entre autres, Huyghe & Tribout (2015), Kupferman (1991), Roy & Soare (2012) –, rappelons brièvement que ce sont les noms dénotant une propriété permanente (Kupferman, 1991), « une caractéristique considérée comme définitionnelle, qui correspond à une position institutionnelle identifiée » (Huyghe & Tribout, 2015 : 107) qui permettent cet emploi attributif, les noms dénotant des agents « occasionnels » (*ibid.*), « épisodiques » (Roy & Soare, 2012) nécessitant la présence d'un déterminant. La pratique régulière d'un jeu (comme celle d'un sport) peut donc constituer une caractéristique essentielle d'un individu, au même titre que sa profession, sa religion ou sa nationalité :

(34) Max est judoka / boulanger / catholique / italien.

3.2 NHJ formés avec le suffixe -*iste*

Le suffixe -*iste* permet également de former des NHJ. D'après l'étude de Roché (2011) consacrée à la dérivation en -*isme* et en -*iste* et celle de Cartoni & Namer (2012) comparant les dérivés en -*ista* en italien avec leur contrepartie française en -*iste*, ce dernier suffixe permet principalement de former, d'une part, des noms d'adeptes d'une idéologie, celle-ci pouvant être exprimée par la forme en -*isme* correspondante : *capitaliste* – *capitalisme* (*cf.* également Lignon & Namer, ici même) et, d'autre part, des noms d'agent pratiquant une activité, elle aussi parfois réalisée sous la forme -*isme* : *parachutiste* – *parachutisme*. Les NHJ en -*iste* répertoriés ci-dessous entrent clairement dans ce second modèle, même s'il n'existe pas de forme en -*isme* correspondante. On y trouve des jeux de cible, de société, d'argent, de l'esprit :

Tableau 2 : NHJ dénotant le pratiquant d'un jeu spécifique, formés avec le suffixe -*iste*

NHJ	base	définition	exemple
bouliste	(jeu de) boules	Celui, celle qui joue aux boules (*TLFi*)	*Boulistes*, à vos boules (...). Pour disputer les grands Concours de boules de « l'Humanité Dimanche » (*TLFi*, *L'Humanité*, 19 janv. 1952)
charadiste	charade	Vx et peu usité, Celui ou celle qui compose ou cherche à résoudre des charades (*TLFi*)	La Muse fugitive ou le *charadiste* breton (J. M. Baudin, 1824, archive.org)

(suite)

Tableau 2 (suite)

NHJ	base	définition	exemple
rôliste	(jeu de) rôle	Personne qui interprète un personnage dans un jeu de rôle (*Larousse*)	Ces derniers temps, de nombreux *rôlistes* se sont mis à raconter leur expérience personnelle avec le jeu de rôle (taverne-des-rolistes.blogspot.be/2012/)
tiercéiste	tiercé	Personne qui joue au tiercé (*TLFi*)	Le peuple des « *tiercéistes* » (*TLFi*, *Le Point*, 30 oct. 1978)
cruciverbiste	mots croisés[1]	Amateur de mots croisés (*TLFi*)	Il revenait à son mot croisé (…) avec la ferveur exemplaire des *cruciverbistes* (*TLFi*, Arnoux, *Solde*, 1958)
mots-croisiste	mots croisés	Amateur de mots croisés (*TLFi*)[2]	C'est une *mots-croisiste* très douée. (*Le Robert* & *CLE International*)

Note :

[1] La dérivation se fait à partir de la forme savante du composé.

[2] Ce nom peut également désigner un auteur de mots croisés ou verbicruciste (*DES*, *Larousse*, *Wiktionnaire*), ce qu'illustre d'ailleurs l'exemple suivant : « L'auteur d'une grille de mots croisés est appelé verbicruciste ou parfois mots-croisiste ou sphinx. » (mots-croises.ch/Manuels/Guide_MotsCroises/lexique.htm).

Cartoni & Namer (2012) précisent que les noms d'agent en *-iste* peuvent être concurrencés par des formes dérivées de la même base au moyen des suffixes *-eur* ou *-ier*. Pour les NHJ, nous n'avons pu observer ce phénomène de concurrence entre suffixes que dans un seul cas, *cf.* 3.3.

Comme les NHJ suffixés en *-eur* (3.1.), les NHJ en *-iste* permettent l'emploi attributif sans déterminant, indiquant qu'il s'agit d'une propriété considérée comme permanente, définitoire du référent :

> 35) Né en 1985, *je suis rôliste* depuis 1999 et créateur de jeu depuis 2008. (lacellule.net/p/podcasteurs.html)

3.3 Autres procédés de formation

Quelques NHJ sont obtenus par d'autres procédés que la suffixation en *-eur* ou en *-iste*. En premier lieu, on trouve un NHJ isolé formé avec le suffixe *-ier*, qui concurrence d'ailleurs *-iste* également attesté, *cf.* 3.2. :

Tableau 3 : NHJ dénotant le pratiquant d'un jeu spécifique, formé avec le suffixe *-ier*

NHJ	base	définition	exemple
charadier, charadière	charade	Celui ou celle qui compose ou cherche à résoudre des charades. (*TLFi*)	*Charadier, charadière* en herbe ou expérimenté(e), ce site est fait pour toi ! Ici, tu pourras proposer des charades ou chercher à en résoudre. (charades.desforums.net/)

Deux NHJ sont des emprunts, l'un de l'anglais, l'autre du basque. Le premier a également une forme francisée dans laquelle on retrouve le suffixe *-eur*, *cf.* 3.1. :

Tableau 4 : NHJ dénotant le pratiquant d'un jeu spécifique, emprunts

NHJ	langue source	jeu	définition	exemple
gamer, gameur / gameuse	anglais	jeu vidéo	Joueur de jeu vidéo	Le roi de YouTube est PewDiePie, un *gamer* suédois de 23 ans. (01net.com/editorial/601474/)
pelotari	basque	pelote basque	Joueur de pelote basque (*TLFi*)	Chaque camp se compose de trois *pelotari*, dont l'un est chef de groupe. La couleur des ceintures et des bérets distingue les camps (*TLFi*, Pesquidoux, *Chez nous*, 1921)

Enfin, le composé[7] *colin-maillard* a désigné, d'après le *TLFi*, d'abord le joueur avant de s'utiliser par métonymie pour le jeu lui-même :

> 36) *Colin-maillard* A. – Vx. Joueur qui, gardant les yeux bandés, doit attraper un autre joueur et l'identifier, afin que celui-ci prenne sa place. *J'avance moi-même comme un colin-maillard, les bras tendus en avant* (J. de Maistre, *Correspondance*, 1806–07).
>
> B – P. méton., usuel. Le jeu lui-même. *Jouer à colin-maillard, au colin-maillard.*

4 NH dénotant un rôle particulier dans un jeu

Un second ensemble de NHJ spécifie le rôle que remplit un joueur dans un jeu. Dans ce cas, la base des NHJ construits n'est pas le NJeu, qui n'est donc pas identifiable en tant que tel, mais généralement un verbe qui précise l'action que doit effectuer le joueur dans ce rôle. Ce verbe n'entretient pas de relation

---

[7] Le nom serait composé de deux noms propres *Colin*, diminutif de *Nicolas*, et *Maillard* (*cf. TLFi*).

morphosémantique avec le NJeu. Outre les noms déverbaux (4.1.), on trouve quelques NHJ obtenus par d'autres procédés (4.2.).

4.1 NHJ déverbaux

Les NHJ dénotant un rôle particulier dans un jeu sont le plus couramment des déverbaux formés avec le suffixe *-eur* et peu d'entre eux ont une forme féminine correspondante attestée[8] :

Tableau 5 : NHJ dénotant un rôle particulier dans un jeu, formés avec le suffixe *-eur*

NHJ	base	jeu	définition	exemple
marqueur / marqueuse	marquer	(divers)	Celui qui marque les points gagnés ou perdus (*TLFi*)	Un *marqueur* au jeu de billard (*TLFi*, DG)
teneur	tenir	(divers)	Personne qui tient jeu à une personne, qui joue contre elle autant et aussi longtemps qu'elle le désire (*TLFi*)	Colonel, ne vous défendez pas, ce n'est pas moi qui accuse, ce sont vos gants froissés, chiffonnés tous les deux, quand l'adversaire de votre *teneur* tournait le roi ou faisait la vole (*TLFi*, Balzac, *Œuvres div.*, t. 1, 1830)
pointeur / pointeuse	pointer	boules	Joueur qui est chargé de jeter et faire rouler la boule au plus près du cochonnet (*TLFi*)	Les joueurs se divisent en deux catégories : les *pointeurs*, qui doivent placer leur boule le plus près du but, dit cochonnet et les *tireurs* qui doivent lancer directement leur boule contre la boule adversaire qu'il s'agit d'écarter du but (*TLFi*, J. Aicard, *Maurin des Maures*, 1908)
tireur	tirer	boules	Joueur qui est chargé de lancer la boule sur celle de l'adversaire afin de l'écarter	*Id.*

---

[8] Ne sont pas prises en compte les formes féminines dénotant soit des NH de fonction ou de profession comme *serveuse* ou *tailleuse*, soit des machines comme *tireuse* ou *batteuse*.

Tableau 5 (suite)

NHJ	base	jeu	définition	exemple
bailleur	bailler	jeu de paume	Celui qui au jeu de paume sert la balle (*TLFi*)	
batteur	battre	cartes	Celui qui bat les cartes (*TLFi*)	
donneur / donneuse	donner	cartes	Le joueur qui donne, qui distribue les cartes (*TLFi*)	Il faut d'abord déterminer (par tirage au sort par exemple) le joueur qui distribuera les cartes en première position, on l'appelle le *donneur* (*TLFi*, M. Bacon, *Découvrons le bridge*, 1969)
serveur	servir	cartes	Joueur qui donne les cartes (*Larousse*)	
tailleur	tailler	cartes	*vieilli*. Celui qui taille, distribue les cartes comme banquier (*TLFi*)	Les *tailleurs* du Trente-et-Quarante allaient presque aussi vite que la Roulette (*TLFi*, Balzac, *Rabouill.*, 1842)
contreur	contrer	cartes (bridge)	Joueur qui contre, qui annonce que l'équipe ou le joueur qui a pris le jeu ne réalisera pas son contrat (*TLFi*)	Nous appelons (...) *contre indicatif* celui fait après une enchère conventionnelle pour indiquer au partenaire que le *contreur* est fort et long dans la couleur contrée (*TLFi*, *Jeux et sports*, 1967)
demandeur	demander	cartes (bridge)	Joueur qui joue le contrat.	*Demandeur* : Synonyme de déclarant. (lebridge.info/vocabulaire-du-bridge)
ouvreur / ouvreuse	ouvrir	cartes (bridge)	Celui qui fait l'ouverture (*TLFi*), qui ouvre une partie (*Larousse*)	Les enchères continueront si l'*ouvreur* n'est pas encore fixé sur le meilleur contrat de manche ou s'il espère un chelem (*TLFi*, G. Versini, *Le Bridge*, 1968)
ponteur / ponteuse	ponter	jeux de hasard	Celui qui ponte, qui mise	La vie paraît alors comme un jeu de roulette, où le banquier destin gagne à coup sûr, les *ponteurs* ayant contre eux le zéro et le double zéro (Amiel, *Journal*, 1866)

Il s'agit pour la plupart de noms d'agent épisodiques, qui ne s'utilisent guère sans déterminant dans les constructions prédicatives :

36) ?? Max est donneur / ouvreur / demandeur.

Cela n'est pas surprenant étant donné que chacun des joueurs peut assumer différents rôles. Par exemple, un bridgeur peut être successivement *donneur*, *ouvreur*, *demandeur* ou *contreur* dans une série de parties. Les NHJ *tireur* et *pointeur* constituent une exception parce que ce sont des rôles attribués de façon permanente à un joueur, comme le confirme l'exemple suivant :

37) L'ATX est la rolls des boules (prix élevé), acier à l'inox demi-dur, équilibrage... Un bon pote qui *est tireur* les trouves *[sic]* formidables, moi qui *suis pointeur*, lamentable...des boules 60 % moins chères me vont mieux. (boulipedia.com/atx.html)

On relève trois autres déverbaux, formés par conversion à partir du radical verbal, et des participes présent et passé. La première forme est concurrencée par une forme dérivée du même verbe avec le suffixe *-eur*, *cf. ponteur* mentionné ci-dessus :

Tableau 6 : NHJ dénotant un rôle particulier dans un jeu, formés par conversion

NHJ	base	jeu	définition	exemple
ponte	ponter	jeux de hasard	Personne qui joue contre le banquier (*TLFi*)	On dressa une table de lansquenet (...). Le vicomte salua les *pontes*, et prit la taille en jetant deux louis sur le tapis (*TLFi*, Ponson du Terrail, *Rocambole*, 1859)
déclarant	déclarer	cartes (bridge)	Joueur qui a émis l'enchère la plus forte et qui joue le contrat (*TLFi*)	*Déclarant* : Joueur qui joue le contrat. (lebridge.info/vocabulaire-du-bridge)
mort	mourir	cartes (bridge, whist)	Celui des quatre joueurs qui abat son jeu sur la table et ne participe pas à la partie (*TLFi*)	Je l'ai vue, très nettement, là, dans le ventre de mon verre, Thérèse, penchée sur un velours de bridgeurs, lisant l'avenir à ce beau monde dans le jeu du *mort* étalé devant elle. (FTX, D. Pennac, *Aux fruits de la passion*, 1999)

4.2 Autres NHJ dénotant un rôle particulier

Reste un ensemble disparate de NHJ, non construits à partir de verbes, parmi lesquels les deux plus courants, *adversaire* et *partenaire*, ont une finale en *-aire*, sans toutefois pouvoir être considérés comme dérivés par suffixation. Dans leur étude des NH en -*aire*, Schnedecker & Aleksandrova (2016) les mentionnent en précisant qu'il s'agit de noms relationnels symétriques, c'est-à-dire que si A est l'adversaire ou le partenaire de B, B est nécessairement aussi l'adversaire ou le partenaire de A. Le pluriel *A et B sont adversaires / partenaires* suffit à exprimer cette relation symétrique.

Tableau 7 : NHJ non déverbaux, dénotant un rôle particulier dans un jeu

NHJ	Jeu	définition	exemple
partenaire / partner	(divers)	Dans un jeu où s'opposent des équipes de deux joueurs, personne avec qui on est associé contre deux adversaires (*TLFi*)	De tous, c'était le meilleur bridgeur et, quand son *partenaire* commettait une faute, il avait une façon de le regarder qui n'encourageait pas à jouer avec lui. (*TLFi*, Simenon, *Les Vacances de Maigret*, 1948)
adversaire	(divers)	Personne du parti opposé sur laquelle on veut remporter l'avantage (*TLFi*)	Jouer une main de poker correctement signifie la jouer exactement de la même manière que vous le feriez si vous connaissiez les cartes de votre *adversaire*. (fr.pokerlistings.com)
banquier	(divers)	Personne qui tient la banque (*TLFi*)	Il y a six louis, dit tout haut le *banquier* qui tenait les cartes. (*TLFi*, Murger, *Scènes de la vie de bohème*, 1851)
béat	(divers)	vx. Joueur qui dans une partie est exempt de jouer avec les autres et de payer sa part (*TLFi*)	Faire un *béat* (*TLFi*)
naquet	jeu de paume	Garçon qui marque les points au jeu de paume. (*Wiktionnaire*)	
croupier	cartes, dés	Vx. Celui qui est de part au jeu avec quelqu'un qui tient la carte ou le dé (*TLFi*)	Il a gagné beaucoup au jeu, mais il n'en profite pas seul, il a bien des *croupiers* (*TLFi*, Ac. 1798–1878)
pénitent	jeux de société	Personne qui, au cours d'un jeu, se voit attribuer une pénitence (*TLFi*)	Cette manière de comprendre le jeu ne paraît pas bien régulière, et il serait à souhaiter que le petit tricheur fût condamné à devenir à son tour *pénitent*. (FTX, d'Allemagne, *Récréations et passe-temps*, 1904)

Les NH suivants n'ont pas été inclus dans cet inventaire, car ils ne dénotent pas des rôles attribués en cours de jeu, mais précisent le résultat obtenu à l'issue du jeu : *gagnant, vainqueur, perdant, vaincu*.

5 NHJ dénotant un type de pratique du jeu

Un troisième sous-ensemble de NHJ apporte des précisions quant à la pratique du jeu par le joueur, soit concernant sa manière de jouer en général (5.1.), soit concernant la plateforme de jeu qu'il utilise (5.2.).

5.1 Manières de jouer

Les NHJ dénotant une manière de jouer sont en majorité des noms d'agent déverbaux formés avec le suffixe *-eur*, qui peut être concurrencé par *-ier* :

Tableau 8 : NHJ déverbaux, dénotant une manière de jouer

NHJ	base	jeu	définition	exemple
carotteur / carotteuse / carottier / carottière	carotter	(divers)	vieilli, fam. Personne qui joue d'une manière mesquine, en ne hasardant que très peu (*TLFi*)	Au Palais-Royal, il se joue assez gros jeu ; on y fait néanmoins la partie de 3 francs, on appelle ceux-là *carotteurs* (TLFi, *Voyage de Paris*, 1821)
flambeur	flamber	(divers)	Arg. Joueur qui joue gros jeu (*TLFi*)	C'étaient des *flambeurs*, des mordus. Ils ne lèveraient pas l'ancre avant d'avoir paumé ou affuré quelques centaines de sacs (*TLFi*, Le Breton, *Rififi*, 1953)
cartonneur / cartonneuse	cartonner	cartes	Arg. Joueur de cartes passionné (*TLFi*)	
cartonnier / cartonnière	cartonner	cartes	Arg. Joueur de cartes passionné ; tricheur aux jeux de cartes (*TLFi*)	[Le tarif] dépend des tricheries que l'élève *cartonnier* désire qu'on lui enseigne (*TLFi*, Hogier-Grison, *Pigeons et Vautours*, 1886)
maquilleur / maquilleuse	maquiller	cartes	Arg. Personne qui maquille les cartes pour tricher au jeu (*TLFi*)	*Maquilleur* de brêmes, de cartes (*TLFi*, A. Rigaud, *La Vraie cour des miracles*, 1972)
raccrocheur	raccrocher	billard	Personne qui fait un raccroc (coup inattendu et heureux, dû au hasard plutôt qu'à l'habileté) (*TLFi*)	Il joue [au billard], il perd ; son adversaire raccroche toujours ; (...) [il reste] persuadé qu'il est beaucoup plus fort que son adversaire, qui n'est, suivant lui, qu'un heureux *raccrocheur* (*TLFi*, Vidocq, *Voleurs*, 1836)

Tableau 8 (suite)

NHJ	base	jeu	définition	exemple
translateur	translater	jeux de hasard	Celui qui déplace la mise (*TLFi*)	Les étourdis dont la main maladroite change la place d'une mise sur un tableau de boule, ce qui s'appelle pratiquer la « poussette ». Naturellement la mise translatée n'appartient pas au *translateur* (*TLFi*, *Jeux et sports*, 1967)
bluffeur / bluffeuse	bluffer	poker	Personne qui bluffe, qui majore son jeu pour inciter l'adversaire à surenchérir (*TLFi*)	Non seulement le bluff est, à certain jeu, dans la règle, mais encore on admire le cran du *bluffeur*. (FTX, P. Reverdy, *Le Livre de mon bord*, 1936)
pousseur de bois	pousser	échecs, dames	Joueur d'échecs plutôt faible (*Wiktionnaire*)	C'est une excellente école de révolution que ce jeu des *pousseurs de bois*. De quoi s'agit-il ? De faire l'adversaire échec et mat. (*TLFi*, Bourget, *Actes suivent*, 1926)

Les autres NHJ de cette section ne sont pas des déverbaux, mais on y trouve entre autres un dénominal formé également avec le suffixe *-ier* (*brelandier*) et deux cas de composition néoclassique (*boulomane*, *échephile*), *cf.* Dal & Amiot (2008), Namer & Villoing (2007) :

Tableau 9 : NHJ non déverbaux, dénotant une manière de jouer

NHJ	Jeu	définition	exemple
capon	(divers)	Vx, pop. Joueur rusé et filou (*TLFi*)	
carabin		Vx. Celui qui hasarde volontiers un coup sans prendre une part suivie au jeu (*TLFi*)	

(suite)

Tableau 9 (suite)

NHJ	Jeu	définition	exemple
brelandier / brelandière	cartes	Vx, péj. Personne qui joue continuellement aux cartes (*TLFi*)	Arrosant de champagne mes victoires au passe-dix ; noyant dans le Nuits mes défaites au quincove, je courais du tripot au cabaret et du cabaret au bordel public, partout salué roi des *brelandiers* et empereur des biberons. (*TLFi*, Milosz, *L'Amoureuse initiation*, 1910)
mazette	échecs	Terme péjoratif pour désigner un faible joueur (iechecs.com/vocabulaire)	
échephile	échecs	Amateur du jeu d'échecs (Universalis.fr)	Il aura suffi de quelques exercices face à M. Di Marco, professeur de mathématiques au collège Henri-Wallon et *échephile* averti, pour que le jeune néophyte se prenne au jeu. (lavoixdunord.fr, 24/02/2016)
boulomane	boules	Celui ou celle qui a la passion du jeu de boules (*TLFi*)	Une société de *boulomanes* et les banquets des « amicales », le cinéma à trois francs et les fêtes communales suffisent depuis des années à la récréation des plus de trente ans. (FTX, Camus, *Noces*, 1959)

Ces NHJ sont généralement porteurs de valeurs axiologiques, surtout dévalorisantes, ce qui explique pourquoi certains d'entre eux s'utilisent de façon plus générale comme des NH de défauts moraux ou intellectuels, *cf.* Flaux & Mostrov (2016). Il s'agit en particulier de *maquilleur* « tricheur » et *bluffeur* « menteur, vantard », pour les défauts moraux, et de *carabin* « personne qui agit ou parle sans esprit de suite » et *mazette* « personne qui manque d'adresse, d'habileté », pour les défauts intellectuels.

5.2 Plateforme de jeu

Dans le domaine des jeux vidéo, une distinction est faite entre ceux qui les pratiquent sur une console et ceux qui le font sur PC. De ces deux types de plateformes sont dérivés les NHJ suivants :

Tableau 10 : NHJ précisant une plateforme de jeu

NHJ	base	définition	exemple
consoleux / consoleur (rare)	console	Joueur de jeux vidéo qui joue sur console	« *Consoleux* » est le terme générique utilisé dans la ludosphère pour qualifier un joueur qui joue sur Console. (fr.gdc.wikia.com/wiki/Consoleux)
PCiste / pécéiste	PC	Joueur de jeux vidéo qui joue sur PC	Le *PCiste* est une espèce en voie d'extinction menacé par les *consoleurs* (xboxonefrance.com/forums/index.php/topic/4402-quest-ce-quun-pciste)

6 Les NHJ généraux

On aura remarqué que les NHJ mentionnés dans les sections 3–5 ci-dessus sont souvent accompagnés dans les dictionnaires de mentions telles que «vieilli, vieux» (9 NHJ) ou «argotique» (4 NHJ) et que certains ne sont pas illustrés par des exemples attestés (8 NHJ) ou le sont uniquement par des exemples antérieurs au XXe siècle (10 NHJ). Pas moins de 22 NHJ sur les 64 répertoriés présentent au moins une de ces caractéristiques et d'autres encore se sont révélés extrêmement rares, p. ex. *souleur, naquet*. Il en résulte que bon nombre des NHJ cités ne sont pas d'un usage courant dans la langue actuelle. Une seconde constatation qui s'impose est que les NHJ présentent assez peu de formes spécifiques formées par dérivation à partir du nom du jeu, comme c'est le cas pour *bridgeur* que nous avons commenté dans la section 3 : nous en avons relevé seulement 22, nombre qui est sans rapport aucun avec le nombre de jeux connus. En fait, on recourt de façon majoritaire à un procédé syntaxique, à savoir au NH hyperonyme *joueur* avec le NJeu introduit par la préposition *de* en complément[9] :

> 38) joueur de belote, de bridge, de cartes, de dominos, de dés, d'échecs, de dames, de solitaire, de scrabble, de monopoly, de jungle speed, de poker, de roulette, de blackjack, de marelle, de chat perché, de colin-maillard...

Deux types de jeux ne peuvent toutefois pas figurer dans ces composés formés avec le NH *joueur*, même s'ils sont compatibles avec le verbe *jouer à*. Ils ont en commun d'être des jeux d'enfants non soumis à des règles conventionnelles, à savoir les jeux de rôles :

---

[9] Nous reprenons ici le terme de composé syntaxique utilisé par Cartoni & Namer (2012) à la suite de Corbin (2000).

39) jouer aux gendarmes et aux voleurs / à la princesse / à Zorro

40) *un joueur / une joueuse de gendarmes et de voleurs / de princesse / de Zorro

Et les jeux dont le nom est un jouet d'enfant (41–42), que l'on peut faire contraster avec les jouets en (43), qui impliquent quant à eux certaines règles et sont compatibles avec *joueur* :

41) jouer à la poupée / au train électrique / à la corde à sauter // aux osselets / au bilboquet / au diabolo

42) *un joueur / une joueuse de poupée / de train électrique / de corde à sauter

43) un joueur / une joueuse d'osselets / de bilboquet / de diabolo

Pour les jeux mentionnés en (40) et en (42), le français ne dispose pas de NHJ et il ne reste pas d'autre solution que d'utiliser une périphrase telle que :

44) l'enfant / celui qui joue à Zorro / au train électrique

Les jeux comportant le nom *jeu* sont compatibles avec *joueur* 45), sauf lorsque *jeu* est accompagné lui-même d'un complément en *de* 46) :

45) Un *joueur de jeu vidéo* obtient le premier visa d'athlète pro aux États-Unis. (sudouest.fr)

46) jouer au jeu de l'oie – *un joueur de jeu de l'oie

Deux solutions sont adoptées pour résoudre ce problème : supprimer le nom *jeu* 47) ou remplacer la première préposition *de* par *à* 48) :

47) Hollande joue à l'Oie ! (...) Notre *joueur de l'Oie* sort des nouvelles cartes : supprimer le mot race et abandonner la langue française. (vilistia.info)

48) Autant dire qu'il y a moyen, pour le *joueur au jeu de l'oie* – pour le lecteur des romans picaresques -, de se limiter à jouer sa partie avec l'attitude d'un « Vladimir Propp », en se concentrant exclusivement sur l'évolution « arithmétique » du parcours, sans tenir compte des valeurs figuratives et symboliques particulières des cases sur lesquelles « séjourne » son pion. (J. Berchtold, *Les prisons du roman : XVIIe–XVIIIe siècle*)

Une enquête sur les occurrences de la séquence *joueur(s) de* dans *Frantext* (à partir de 1900), montre que le complément peut être de trois types sémantiques : jeux, sports et instruments de musique. Plusieurs tendances s'observent dans ce corpus. En premier lieu, sur les 744 occurrences relevées, on compte une grande diversité de noms de jeux et d'instruments différents, alors que le nombre de sports représentés est très faible :

Tableau 11 : Occurrences de la séquence *joueur(s) de N* dans *Frantext* (à partir de 1900)

type sémantique	nombre de formes différentes	formes attestées : *joueur(s) de...*
jeux	61	Aluette,[1] argent, awalé, baby-foot, baccara, ballon, balle, belote, bésigue, bilboquet, billard, billes, bonneteau, bouchon, boules, bridge, canasta, capucine, cartes, cosmoball, croquet, dames, dés, diabolo, dominos, échecs, flipper, furet, go, hasard, hère,[2] jaquet, langue, mah-jong, manille, marelle, morpion, mots, osselets, palets, paume, pelote, pétanque, pharaon, pile ou face, piquet, PMU, poker, puzzle, quatre coins, quilles, raquettes, roulette, scrabble, snooker, tarots, tiercé, tourniquet, tric-trac, whist, yo-yo
sports	13	base-ball, basket(-ball), bouzkachi,[3] cricket, foot(ball), golf, hockey, kendo, ping-pong, polo, rugby, tennis, volley(-ball)
instruments de musique	55	accordéon, balalaïka, bandurria, banjo, batterie, biniou, bongo, bouzouki, cithare, clarinette, cor, cornemuse, cymbales, cymbalum, damboura, dan, darbouka, fifre, flûte, flûteau, gong, go'nga, grosse caisse, guitare, harmonica, harpe, hautbois, laouto, luth, lyre, mandoline, maraca, marimbas, musette, ophicléide, orgue (de barbarie), piano, rebec, samisen, saxophone, syrinx, tambour, tambourin, tam-tam, triangle, trombone, trompe, trompette, tuba, tumba, vielle, viole (de gambe), violon

Note :
[1] Jeu de cartes.
[2] Ancêtre du baccara.
[3] Sport équestre afghan.

Ce nombre limité de sports est lié à la contrainte, évoquée dans la section 2, sur les compléments du verbe correspondant *jouer à* :

13) jouer au (football / hockey / tennis / badminton / golf / curling)
14) *jouer (au saut en hauteur / à la natation synchronisée / au triathlon / au judo / au ski)
49) un joueur de (football / hockey / tennis / badminton / golf / curling)
50) *un joueur de (saut en hauteur / natation synchronisée / triathlon / judo / ski)

En second lieu, si l'utilisation du nom plus général *joueur* semble évidente pour désigner des pratiquants de jeux (*baccara, diabolo, dominos, morpion, tric-trac*), d'instruments de musique (*banjo, cornemuse, maracas, triangle*) et de sports (*base-ball, cricket, polo*) n'ayant pas de NH dérivé, il est frappant que l'existence de NH spécifiques de pratiquants de jeux (*bridgeur, bouliste*), de sportifs (*basketteur, pongiste*) et d'instrumentistes (*batteur, clarinettiste*) ne bloque pas la structure avec *joueur*. En voici quelques exemples :

51) Bien des *joueurs de bridge* qui entrent à une table où l'on vient de jouer et que le sort désigne pour choisir leur place, demandent préalablement quel est actuellement le côté qui gagne. (FTX, Collectif, *Jeux et sports*, sous la dir. de R. Caillois, 1967)

52) Les *joueurs de boules* poursuivent dans le square. (FTX, A.M. Garat, *L'homme de Blaye*, 1984)

53) Sur le tout dernier rayon, hors de portée de tous (sinon de quelque *joueur de basket-ball*, mais je n'en compte pas dans mes relations), il y a 2 mètres 25 de livres. (FTX, J.L. Benoziglio, *Cabinet portrait*, 1980)

54) Je ne parle pas de la bibliothèque [...], des pièces dignes de la vie civile, propres, claires, nettes, et derrière, à côté du bar qui m'est interdit, l'office où je prends d'excellents cafés, des croissants, me lave les mains, m'exile lorsque les *joueurs de ping-pong* sont trop bruyants. (FTX, C. Mauriac, *Mauriac et fils*, 1986)

55) Mrs. Smithson alla un soir au concert. On jouait la Sonate au clair de lune en jazz-hot. Le charme de Beethoven et de sa musique endiablée agit sur son imagination de telle sorte qu'elle devint amoureuse du *joueur de batterie*, lequel embarquait le surlendemain pour les Philippines. (FTX, M. Aymé, *Nouvelles complètes*, 2002)

56) Sur une estrade, aux côtés du *joueur de clarinette*, un vieux nègre faisait claquer des castagnettes de métal. (FTX, A. Gide, *Si le grain ne meurt*, 1924)

A titre d'illustration, nous avons compté toutes les formes de *bridgeur* ainsi que celles de la séquence *joueur de bridge* dans *Frantext* (à partir de 1900). Les fréquences obtenues sont très semblables : 13 occurrences de *bridgeur(s) / bridgeuse(s)* et 12 de *joueur(s) / joueuse(s) de bridge*. Le cadre restreint de la présente étude n'a pas permis d'approfondir la question de la répartition entre les deux séries de formes, mais c'est un point sur lequel il vaudrait la peine de revenir.

Un second hyperonyme pouvant figurer dans la structure *NH de NJeu* est le déverbal de *pratiquer* : *pratiquant*. En dehors du domaine religieux, ce nom s'utilise surtout pour les sports et il présente cet avantage par rapport à *joueur* de ne pas être limité à certains sports :

57) un / des pratiquant(s) de yoga / squash / équitation / judo / kayak / kitesurf / voile / course à pied / volley-ball / water-polo

58) Sport de base, l'haltérophilie est obligatoire pour tous les *pratiquants de « l'athlétisme léger »* dans certains pays, notamment en URSS. (FTX, Collectif, *Jeux et sports*, sous la dir. de R. Caillois, 1967)

59) En France, les *pratiquants de la voile* recherchent un bateau économique et bon marché. (FTX, Collectif, *Jeux et sports*, sous la dir. de R. Caillois, 1967)

Frantext (à partir de 1900) ne fournit pas d'occurrences de la séquence *pratiquant(s) de N* comportant un NJeu ou un nom d'instrument de musique. Des requêtes ponctuelles sur internet montrent néanmoins que *pratiquant de NJeu* s'utilise volontiers pour éviter la séquence *joueur de jeu* :

60) un / des pratiquant(s) de jeu de rôle / de jeu vidéo / de jeu de plateau / du jeu de dames

On trouve également des formes telles que (61), avec ou sans l'article défini :

61) un / des pratiquant(s) d'échecs / des échecs // de bridge / du bridge

mais beaucoup d'autres NJeu ne sont pas attestés :

62) ??un / des pratiquant(s) de dames / des dames // de billes / des billes // de dominos / des dominos

Pratiquant de NJeu est donc une alternative possible pour *joueur de NJeu*, mais d'un emploi beaucoup plus restreint. A cela s'ajoute une différence plus fondamentale. En effet, la compatibilité du NJeu avec l'article défini et la possibilité d'insérer un adjectif entre *pratiquant* et son complément (63) indiquent qu'il ne s'agit pas d'un composé syntaxique mais d'un syntagme nominal complexe. Comparez :

63) un pratiquant enthousiaste des échecs / du bridge
64) *un joueur des échecs / du bridge
65) *un joueur enthousiaste d'échecs / de bridge

Enfin, on peut considérer *champion de NJeu* comme une variante de *joueur de NJeu* indiquant une grande maîtrise du jeu :

66) Le 8 juin, le *champion d'échecs* russe Garry Kasparov était de passage à Paris pour le Paris Grand Chess Tour. (chess-and-strategy.com/2016/07/)

67) Ils m'ont dit de voir un *champion de dés* au poker afin de récupérer une lame gagnée par celui-ci. (jeuxvideo.com/forums/15 août 2012)

Cette variante est disponible également pour les noms de sportifs (*champion de tennis / judo / ski / natation*), sans que les noms de sports connaissent de restriction. Par contre, son usage n'est pas courant dans le domaine musical. En voici quelques attestations :

68) Il pourra également jouer avec Timéo, son petit frère de 7 ans, *champion d'île-de-france de piano* dans la catégorie poussins. (https://www.pressreader.com/france/le-courrier-des-yvelines)

69) Au banc des absents, Dimitri, ménestrel *champion de flûte traversière* et Ghislain, le voleur, percussionniste et meubleur de silence. (richterpixels.free.fr/v1/chroniques/ oct. 2004)

7 Conclusions

Cette étude avait un triple objectif. Le premier était de fournir un inventaire aussi complet que possible de la sous-classe des NH dénotant des pratiquants de jeux. Cet inventaire comporte 64 noms, ce qui peut sembler plutôt réduit, mais il nous permet néanmoins de formuler un certain nombre d'observations. Tout d'abord, la distinction de trois sous-types sémantiques s'est avérée pertinente, car elle est confirmée par des propriétés divergentes. Précisons qu'il s'agit uniquement de tendances qui se manifestent dans les cas majoritaires, chaque sous-type présentant aussi des formes isolées qui constituent des exceptions. Ces propriétés sont les suivantes :

1. *Les NHJ de base*, à savoir ceux qui explicitent le jeu pratiqué par le référent, sont des dénominaux dérivés du NJeu au moyen des suffixes *-eur* et *-iste*. Ils peuvent s'utiliser sans déterminant dans des constructions prédicatives et par conséquent dénoter une propriété considérée comme permanente, définitoire du référent. Ce sont les jeux de cartes qui fournissent le plus grand nombre de noms (7 NHJ). Les 22 NHJ de base recensés dans la section 3 doivent être complétés par les 61 composés syntaxiques formés sur le modèle *joueur de NJeu* relevés dans *Frantext* (*cf.* section 6), ce relevé étant bien évidemment seulement un échantillon des formes possibles et non pas une liste exhaustive. Il en résulte que c'est ce dernier procédé qui doit être considéré comme le mode de formation fondamental pour les NHJ de base. En d'autres termes, le français privilégie la composition syntaxique plutôt que la suffixation comme moyen de désigner les pratiquants d'un jeu spécifique. Cela soulève une question plus fondamentale qu'ont déjà évoquée Cartoni & Namer (2012 : 1258) en constatant qu'environ 20 % des noms d'agent italiens en *-ista* sont traduits en français non pas par des dérivés en *-iste* mais par des composés syntaxiques (*trattorista* – *conducteur de tracteur*). Cette question est celle des frontières entre morphologie et syntaxe, puisqu'on peut se demander si ce type de composé relève de la morphologie ou de la syntaxe.
2. *Les NHJ dénotant un rôle particulier dans un jeu* (section 4) sont des déverbaux dérivés au moyen du suffixe *-eur* de verbes qui n'ont pas de lien morphosémantique avec le NJeu mais précisent l'action effectuée par le joueur assumant ce rôle. Ce sont des noms d'agent épisodiques.

3. *Les NHJ dénotant un type de pratique du jeu* (section 5) sont des noms déverbaux formés avec les suffixes *-eur* ou *-ier* à partir de verbes qui n'ont pas de lien morphosémantique avec le NJeu mais précisent la manière de jouer. Ils sont souvent porteurs de valeurs axiologiques dévalorisantes, ce qui leur permet d'être utilisés également comme des NH de défauts moraux ou intellectuels.

Le second objectif était d'établir des critères de délimitation de la classe des NHJ. Le recours aux verbes *jouer* et, en moindre mesure, *pratiquer* fournit un test de délimitation opérationnel dans beaucoup de cas. Toutefois, la réflexion menée dans la section 2 a montré que les limites avec la classe des NH dénotant des pratiquants d'un sport, et de façon plus générale, les limites entre les noms de jeux et de sports, ne sont pas toujours nettes et mériteraient d'être examinées de façon plus approfondie.

Le troisième objectif visait à évaluer la pertinence d'une démarche onomasiologique de ce type. Il est clair que les NH étudiés ici ne constituent qu'une infime partie de l'ensemble des NH et que l'on pourrait mettre en doute l'utilité d'une telle micro-étude. Toutefois, les interrogations soulevées et les problèmes rencontrés ont une portée plus large. En effet, la question des limites avec d'autres sous-catégories sémantiques de NH (les sportifs, les adeptes, les spécialistes, les NH de défauts) et des tests permettant de les préciser est une question récurrente, à laquelle nous avons par exemple été confrontés également dans l'étude des NH créateurs d'idéalités (Flaux *et al.*, 2014, 2015). Elle n'a pas été résolue ici, bien évidemment, mais nous pensons y avoir apporté quelques éléments de réflexion, ainsi qu'à la question de la place des composés syntaxiques comme *joueur de bridge* dans l'étude du lexique. De plus, l'étude de quelques sous-ensembles limités de NH formés avec les suffixes *-eur* et *-iste* peut certainement enrichir les études centrées sur un de ces suffixes. Les deux approches des NH représentées dans le présent volume, qui se fondent soit sur une propriété morphologique, soit sur un regroupement sémantique, sont tout à fait complémentaires.

Bibliographie

Aleksandrova A., 2016, *Des noms d'âge aux noms de phase. Essai de sémantique nominale et aspectuelle*, Villeneuve-d'Ascq, Presses Universitaires du Septentrion.

Anscombre J.-C., 2001, « À propos de mécanismes sémantiques de formation de certains noms d'agent en français et en espagnol », *Langages*, 143 : 28–48.

Anscombre J.-C., 2003, « L'agent ne fait pas le bonheur : agentivité et aspectualité dans certains noms d'agent en espagnol et en français », *Thélème, Revista Complutense de Estudios Franceses*, 11 : 11–27.

Cartoni B., Namer F., 2012, « Linguistique contrastive et morphologie : les noms en -iste dans une approche onomasiologique », Actes du *3ᵉ Congrès Mondial de Linguistique Française*, Université Lumière Lyon 2, France, 4–7 juillet 2012, *SHS Web of Conferences* 1, 2012, en ligne. DOI : https://doi.org/10.1051/shsconf/20120100283.

Corbin D., 2000, « French (Indo-European : Romance) », *in* Booij G., Lehmann Ch., Mugdan, J. (dir.), *An International Handbook on Inflection and Word-Formation/Ein internationales Handbuch zur Flexion und Wortbildung*, New York, Mouton de Gruyter : 1285–1299.

Cruse A., 1973, « Some Thoughts on Agentivity », *Journal of Linguistics*, 9 : 11–23.

Dal G., Amiot, D., 2008, « La composition néoclassique en français et ordre des constituants », *in* Amiot, D. (dir.), *La composition dans une perspective typologique*, Arras, Artois Presses Université : 89–113.

Dowty D., 1991, « Thematic proto-roles and argument selection », *Language*, 67 : 547–619.

Flaux N., Lagae V., Stosic D., 2014, « *Romancier, symphoniste, sculpteur* : les noms d'humains créateurs d'objets idéaux », Actes du *4ᵉ Congrès Mondial de Linguistique Française*, Freie Universität Berlin, Allemagne, 19–23 juillet 2014, *SHS Web of Conferences* 8, 2014, en ligne. DOI : https://doi.org/10.1051/shsconf/20140801263.

Flaux N., Lagae V., Stosic D., 2015, « Des noms d'idéalités aux noms d'humains », *in* Mihatsch W., Schnedecker C. (dir.), *Les noms d'humains : une catégorie à part ?* Stuttgart, Steiner (Zeitschrift für französische Sprache und Literatur, Neue Folge (ZFSL-B), Beiheft 40) : 179–202.

Flaux N., Mostrov V., 2016, « À propos de noms d'humains (dis)qualifiants : *un imbécile* vs *un salaud* et leurs paradigmes », Actes du *5ᵉ Congrès Mondial de Linguistique Française*, Université François-Rabelais, Tours, France, 4–8 juillet 2016, *SHS Web of Conferences* 27, 2016, en ligne. DOI : https://doi.org/10.1051/shsconf/20162712016.

Flaux N., Van de Velde D., 2000, *Les noms en français : esquisse de classement*, Paris, Ophrys.

Foley W., Van Valin R., 1984, *Functional Syntax and Universal Grammar*, Cambridge, Cambridge University Press.

Fradin B., Kerleroux F., 2003, « Quelles bases pour les procédés de la morphologie constructionnelle ? », *in* Fradin B., Dal G., Hathout N., Kerleroux F., Plénat M., Roché M. (dir.), *Silexicales 3 : les unités morphologiques*, Villeneuve d'Ascq, Presses Universitaires du Septentrion : 76–84.

Gross G., 2009, « Sur le statut des substantifs humains », *in* Leeman D. (dir.), *Des topoï à la théorie des stéréotypes en passant par la polyphonie et l'argumentation. Hommages à Jean-Claude Anscombre*, Chambéry, Presses de l'Université de Savoie : 27–41.

Huyghe R., Tribout D., 2015, « Noms d'agents et noms d'instruments : le cas des déverbaux en *-eur* », *Langue française*, 185 : 99–112.

Kerleroux F., 2004, « Sur quels objets portent les opérations morphologiques de construction ? », *Lexique*, 16 : 85–124.

Kupferman L., 1991, « Structure événementielle de l'alternance *un/0* devant les noms humains attributs », *Langages*, 102 : 52–75.

Lignon, S., Namer, F., 2010, « Comment conversionner les *Vion* ? ou : la construction de *Vionner*$_{VERBE}$ par conversion », Actes du *2ᵉ Congrès Mondial de Linguistique Française*, La Nouvelle-Orléans, États-Unis, 12–15 juillet 2010, en ligne. DOI : https://doi.org/10.1051/cmlf/2010095.

Melis L., 1983, *Les circonstants et la phrase : étude sur la classification et la systématique des compléments circonstanciels en français moderne*, Louvain, Presses Universitaires de Louvain.

Mihatsch W., 2015, « La position taxinomique et les réseaux méronymiques des noms généraux 'être humain' français et allemands », *in* Mihatsch W., Schnedecker C. (dir.), *Les noms d'humains : une catégorie à part ?*, Stuttgart, Steiner (Zeitschrift für französische Sprache und Literatur, Neue Folge (ZFSL-B), Beiheft 40) : 85–113.

Namer F., Villoing F., 2007, « Have cutthroats anything to do with tracheotomes? Distinctive properties of VN vs NV compounds in French », *Proceedings of the 5th Mediterranean Morphology Meeting (MMM5)*, Fréjus : 105–124.

Namer F., Villoing F., 2008, « Interpréter les noms déverbaux : quelle relation avec la structure argumentale du verbe de base ? Le cas des noms en *-oir(e)* », Actes du *1er Congrès Mondial de Linguistique Française*, Paris, France, 9–12 juillet 2008, en ligne. DOI : http://dx.doi.org/10.1051/cmlf08226.

Rappaport Hovav M., Levin B., 1992, « *-er* Nominals : Implications for a Theory of Argument Structure », *in* Stowell T., Wehrli E. (dir.), *Syntax and Semantics 26 : Syntax and the Lexicon*, New York, Academic Press : 127–153.

Roché M., 2011, « Quel traitement unifié pour les dérivations en *-isme* et en *-iste* ? », *in* Roché M., Boyé G., Hathout N., Lignon S., Plénat M. (dir.), *Des unités morphologiques au lexique*, Paris, Hermès-Lavoisier : 69–143.

Roy I., Soare E., 2012, « *L'enquêteur, le surveillant* et *le détenu* : les noms déverbaux de participants aux événements, lectures événementielles et structure argumentale », *Lexique*, 20 : 207–231.

Schnedecker C., 2015, « Les (noms d') humains sont-ils à part ? Des intérêts et perspectives linguistiques d'une sous-catégorie nominale encore marginale », *in* Mihatsch W., Schnedecker C. (dir.), *Les noms d'humains : une catégorie à part ?*, Stuttgart, Steiner (Zeitschrift für französische Sprache und Literatur, Neue Folge (ZFSL-B), Beiheft 40) : 4-43.

Schnedecker C., Aleksandrova A., 2016, « Les noms d'humains en *-aire* : essai de classification », Actes du *5e Congrès Mondial de Linguistique Française*, Université François-Rabelais, Tours, France, 4–8 juillet 2016, *SHS Web of Conferences* 27, 2016, en ligne. DOI : https://doi.org/10.1051/shsconf/20162712001.

Tribout D., 2010, *Les conversions de nom à verbe et de verbe à nom en français*, Thèse de doctorat, Université Paris Diderot – Paris 7.

Tribout D., Ligozat A.-L., Bernhard D., 2012, « Constitution automatique d'une ressource morphologique : VerbAgent », Actes du *3e Congrès Mondial de Linguistique Française*, Université Lumière Lyon 2, France, 4–7 juillet 2012, *SHS Web of Conferences* 1 : 2517–2529, en ligne. DOI : http://dx.doi.org/10.1051/shsconf/20120100324.

Stéphanie Lignon, Fiammetta Namer
9 Catégories d'humains entre dictionnaire et usage : le *wagnérien* est-il un partisan ou un spécialiste ?

1 Introduction

La définition et la caractérisation des noms d'humains (désormais NH) ne vont pas de soi. Plusieurs travaux, dont certains très récents, font le point sur la question, ou tentent de dessiner une méthodologie pour approcher – sinon atteindre – l'objectif (*cf.* entre autres Langer, 1997 ; Gross, 1995, 2009, 2011 ; Alexandrova, 2016 ; Flaux, Lagae & Stosic, 2014, 2015 ; Mihatsch & Schnedecker, 2015). Nous nous intéressons à deux types de noms d'humains, qui partagent plusieurs propriétés. Ces noms sont :
- les noms de partisans et/ou les noms d'adeptes, désormais Npa : *pacifiste, marxiste* ;
- les noms de spécialistes, désormais Nspé : *orthodontiste, dixhuitiémiste*.

Tout d'abord, ces noms peuvent être construits par dérivation en *-iste*. Leur deuxième propriété est qu'ils définissent nécessairement une relation de dépendance mutuelle avec une entité. Pour le partisan et l'adepte, l'entité corrélée est l'objet, l'idée, l'action, l'individu, la doctrine, etc. valorisés : la *paix* ou le *pacifisme* pour le *pacifiste*, *Marx* pour le *marxiste*. Pour le spécialiste, il s'agit du domaine de connaissance dont il possède l'expertise : l'*orthodontie*, pour l'*orthodontiste*, le 18e siècle, pour le *dixhuitiémiste*.

Un autre point commun à ces deux types de noms est la difficulté de circonscrire ces catégories référentielles, bien qu'il semble non pertinent de les comparer : difficile, en effet, de confondre *a priori* un *chimiste* et un *sarkozyste*. Mais un *pointilliste* est-il **partisan** d'une l'école esthétique (le pointillisme) ou un artiste peintre **spécialiste** de la technique qu'elle prône ? Si un *constitutionnaliste* est sans discussion qualifiable de **spécialiste** du droit constitutionnel, peut-on dire qu'un *avocat* est un **spécialiste** du droit, ou plutôt un **praticien** dans ce domaine ? Pourquoi un *mécanicien* ne serait-il pas catégorisable comme **spécialiste** des moteurs ?

Dans la suite, nous cherchons à identifier les propriétés distinctives de ces deux ensembles de noms. Au-delà du suffixe commun *-iste*, comment les uns et les autres sont-ils construits ? Doit-on et peut-on distinguer *adepte* et *partisan* ? Qu'est-ce qui qualifie un *spécialiste* qui le démarque des autres humains dans leurs activités professionnelles, sociales ou sportives ?

Nous nous appuierons sur deux sources, de nature extrêmement différentes : (i) une base de données dictionnairique, le *Trésor de la Langue Française Informatisé* (désormais *TLFi*), qui comporte des entrées catégorisées et définies et (ii) le corpus *FrWaC*, qui contient le contenu textuel de documents en ligne caractérisés par leur appartenance au domaine français.

Nous croiserons deux types d'approches : une approche morphologique, tout d'abord, qui s'appuiera sur les modes de constructions rencontrés, et une approche distributionnelle ensuite, en lien avec les contextes distributionnels favorables aux Npa et Nspé.

2 État de l'art

L'identification et la classification des NH peuvent être abordées selon différents critères, qui ont donné lieu à une littérature abondante.

Les travaux de morphologie ont montré que très peu de règles de construction de noms d'humains forment des classes sémantico-référentielles homogènes. Le plus souvent, les unités du lexique issues d'un même procédé (de suffixation, préfixation, ou composition) peuvent appartenir à des catégories sémantiques variées : ainsi, *-ier* (Roché, 2004) forme des noms d'humains (*policier*), des noms de plante (*bananier*), des noms d'artéfacts (*cendrier*) ; la suffixation en *-eur* forme également des noms d'humains, *e.g. danseur*, mais également des noms d'instruments, *e.g. interrupteur*, *cf.* Fradin (2005). Inversement, différents procédés sont réservés en français à la construction des noms d'humains : en *-iste* (Roché, 2011), les formations savantes, notamment en *-logue/-logiste* (Namer & Villoing, 2015), mais aussi en *-crate, -nome, -phile, -phobe*, etc. (Lasserre & Montermini, 2014). Souvent, les études en morphologie adoptent un point de vue sémasiologique, car leur objectif est d'examiner un procédé particulier, en analysant l'ensemble des propriétés sémantiques des types de formes qu'il permet de construire. Cependant, des travaux récents prennent le point de vue inverse, soit qu'ils s'intéressent à une catégorie référentielle donnée, comme celle des ethniques (Roché, 2008), soit qu'ils tentent de dresser une cartographie des modes de formation des noms dits d'agents en français et italien (Cartoni & Namer, 2012 ; Cartoni, Namer & Lignon, 2015), soit, encore, que leur objectif soit d'identifier les contraintes morphophonologiques à l'œuvre dans la construction de noms de spécialistes (Lignon & Plénat, 2009).

À l'impossibilité d'associer de façon univoque un procédé morphologique à une classe sémantique de lexème (et, *a fortiori*, à une classe de nom d'humains) s'ajoute une autre difficulté : en effet, une des propriétés fondamentales des humains est d'être multidimensionnels, ce qui rend en général inopérantes, car inadaptées, les classifications et les hiérarchisations habituelles. En effet, nous nommons les humains par leurs occupations, mais aussi par leur origine, leur âge, leur caractère, etc. S'agissant en particulier des catégories *spécialiste* et *partisan*, il y a donc un inévitable recouvrement partiel des zones : les peintres qui adhèrent à un mouvement esthétique en sont à la fois adeptes et spécialistes, un professionnel dans le domaine médical est à la fois praticien et spécialiste.

Afin de classifier les NH, on se sert de tests linguistiques pour repérer la position hiérarchique d'une classe de noms donnée (tests d'hypo/hyperonymie), pour la caractériser suivant l'opposition abstrait/concret, ou animé/non animé. Chez les humains, certaines catégories sont sensibles à l'opposition temporaire/permanent mise en évidence par l'application de tests présentés chez De Swart *et al.*, 2007 ; Kupferman, 1991 ; Mari & Martin, 2008 ; Matushansky & Spector, 2004 ; Roy, 2004. Le nom nu dans une construction à copule, plus que le syntagme nominal indéfini, favorise l'interprétation professionnelle (*Jean deviendra médecin/ ?Jean deviendra un médecin*). D'autres tests servent à mesurer le degré d'agentivité d'un nom d'humain (Roy & Soare, 2011), sa propension à servir d'insulte (Milner, 1978 ; Gosselin, 2014 ; Mostrov, 2015), etc.

S'agissant des moyens distributionnels exploitables pour identifier des noms de spécialistes et de partisans, et, plus précisément, pour opérer, au sein de cet ensemble, une distinction entre ces deux catégories, on dispose de tests linguistiques qui organisent le lexique des noms d'humains dits spécifiques (par opposition à généraux, *e.g. homme individu, personne*) en classes ontologiques. Ainsi, on peut exploiter la possibilité de falsification de la catégorie qui les nomme, comme le montrent les exemples (1-3) : les tests servent à mettre en évidence la nécessité de diplômes, ou l'apparence (dans le physique ou dans les actes) d'une occupation, qui peuvent être falsifiées. Ils sont donc compatibles avec les catégories qui nous intéressent, mais avec bien d'autres (les sportifs ou les professions à uniforme, notamment).

1) Se faire passer pour un X : *Il s'est fait passer pour un policier / ?buraliste / pointilliste / révolutionnaire* (le NH renvoie à une occupation dont on voit les effets ou qui nécessite une tenue/attitude qui peut être feinte)

2) Un faux X : *c'est un faux communiste/révolutionnaire* (n'en manifeste pas les convictions / *dentiste* (n'a pas les diplômes) / *pointilliste* (n'en applique pas vraiment les règles / fait des choses qui s'en éloigne)

3) Un X présumé : *c'est un communiste présumé, ?un buraliste présumé*

Pour sa part, G. Gross propose des classifications des NH fondées sur l'emploi de prédicats (ou plus généralement d'opérateurs) « appropriés », qui sous-tendent la notion de classes d'objet (voir Gross, 2008 pour une présentation synthétique de la notion de classes d'objet ; Fasciolo & Gross, 2014 pour une discussion sur la nature linguistique *versus* extralinguistique des classifications lexicales). Dans différents travaux (1995, 2009, 2011, notamment), G. Gross montre comment structurer le lexique des noms d'humains en rassemblant ceux-ci en fonction de leur attraction mutuelle avec un ou plusieurs de ces prédicats. Par exemple, le sujet de *pratiquer* est un humain prédicatif agent d'une activité musicale (*pianiste*), sportive (*footballeur*), ludique (*bridgeur*), d'une connaissance linguistique (*hébraïsant*) ou d'une croyance (*catholique*). G. Gross, dans Gross (2009), établit ainsi une typologie des NH prédicatifs. Comme le souligne Schnedecker (2015), cette typologie est très imparfaite : le regroupement des noms sous une même étiquette (*métier, partisan, religieux,* ...) repose en effet sur un ensemble hétérogène de principes classificatoires. En conséquence, un même NH peut appartenir à plusieurs classes (un *pianiste* est un *instrumentiste*, un *spécialiste* et un *professionnel*), et, plus généralement, les classes ne constituent pas des partitions (par exemple, la classe des sportifs et celle des professionnels comportent une intersection non vide). Suivant Schnedecker (2015), pour qui « cette hétérogénéité s'explique du fait que les noms d'humains s'inscrivent à la croisée des domaines sémantique, syntaxique, morphologique et pragmatique », un classement opératoire requiert nécessairement l'application de principes homogènes d'analyse linguistique.

À cet effet, nous adoptons une méthode d'analyse sémantique des noms d'humains combinant l'observation d'énoncés authentiques (de manière à établir des cooccurrences récurrences pouvant servir à élaborer des critères d'identification discriminants pour ces NH) et la caractérisation morphologique.

Notre démarche consiste tout d'abord à nous munir d'un corpus de référence de Npa et de NSpé, à examiner les propriétés morphologiques de ces noms (section 3), puis leurs caractéristiques distributionnelles sur corpus à grande échelle, et, le cas échéant, à extraire de nouveaux Npa et Nspé venant enrichir la collection initiale (section 4).

3 Le *TLFi*

La première étape de notre approche consiste à constituer un corpus de travail, à partir des entrées du *TLFi*, en réunissant un ensemble de noms de spécialistes et de partisans, dont la fiabilité sera garantie par la teneur de leur définition dans ce dictionnaire. Malgré ses imperfections (en particulier, ses mises à jour sont peu fréquentes et irrégulières et aucune nouvelle entrée n'a vu le jour depuis 1996), le choix du *TLFi* répond aux motivations suivantes : cette version électronique du *Trésor de la Langue Française*, contient 100 000 mots avec leur histoire, 270 000 définitions et 430 000 exemples, et dispose d'une interface permettant d'effectuer des requêtes complexes.

3.1 Les définitions

D'après le *TLFi*, *spécialiste* recouvre les définitions suivantes, la seconde pouvant s'interpréter comme un cas particulier de la première :

4) « Personne qui peut se prévaloir d'une compétence particulière dans un domaine déterminé, qui a des connaissances approfondies dans une branche particulière d'un métier, d'une science, d'un sujet. »

« Médecin qui se consacre d'une manière exclusive à une branche particulière de la médecine (par opposition à généraliste) »

La première de ces définitions renvoie à l'image que se fait le grand public du spécialiste : sa compétence est reconnue par une certification ou un diplôme et il jouit d'une reconnaissance certaine au sein d'une communauté donnée, qui fait qu'on lui prête une réputation. On identifie tout de suite les limites de cette définition : chacun est potentiellement identifiable comme un spécialiste, relativement à la communauté avec laquelle il partage un intérêt dans un domaine donné. Être un spécialiste, dans le langage courant, veut simplement dire disposer de capacités particulières, acquises à l'issue d'une formation qui a permis la délivrance d'un diplôme, quel qu'en soit le degré. Si le *TLFi* attribuait le qualificatif de *spécialiste* à tous les noms d'humains vérifiant cette propriété, alors la liste des noms de *spécialiste* devrait inclure tous les substantifs désignant des acteurs d'une activité : professionnelle (*tourneur, barman*), sportive (*tennisman*), ludique (*damiste*), etc. Chacun, en effet, est un spécialiste : par exemple, selon le *TLFi*, le *tourneur* est un ouvrier spécialiste du tour, (alors que son collègue *fraiseur* se sert de la fraiseuse, ce qui permet d'anticiper l'inhomogénéité des traitements lexicographiques du *TLFi* mais aussi les difficultés de circonscription de la catégorie). On va voir (§ 3.2.1) que les noms du *TLFi* définis comme spécialistes ne sont pas si nombreux. Ce résultat, outre les problèmes d'incohérence interne dont il témoigne, montre que la notion de spécialiste, apparemment intuitive, est difficile à appréhender.

En ce qui concerne *partisan*, le *TLFi* propose comme définition (pour son acception substantivale) :

> 5) a « Personne attachée, dévouée à quelqu'un dont elle prend le parti, dont elle défend les intérêts. » et « Personne qui prend parti pour quelqu'un (dont il partage, défend les idées), pour un système, une doctrine, une théorie. ».

En revanche, *adepte*, dans son acception actuelle et substantivale, est défini comme un :

> 5) b « Membre d'un groupe plus ou moins fermé (secte religieuse, loge maçonnique). Partisan d'une doctrine religieuse, politique ou scientifique, du maître qui la professe ».

Adepte semble être considéré comme une sous-catégorie de *partisan*.

Mais cette classification semble contredite par l'origine historique des deux noms. Du point de vue étymologique, en effet, *partisan* tire son sens du latin *pars, partis*. Le *partisan* est donc celui qui choisit un parti plutôt qu'un autre. Cela implique donc l'idée de partition et de choix. En revanche, la même rubrique pour *adepte* indique qu'au départ, l'*adepte* était un membre d'une société secrète, essentiellement celle des alchimistes (1630 « alchimiste initié à la formule du grand œuvre » ; p. ext. 1775 « personne initiée à un art »). L'idée d'une appartenance à une mouvance religieuse ou supposée telle, que l'on retrouve en (5b), est étymologiquement présente.

Si les noms d'*adepte* et de *partisan*, présentés comme quasi synonymes dans le *TLFi*, semblent *a priori* difficiles à différencier, nous pouvons constater en revanche que la séparation des catégories « nom de partisan » et « nom de spécialiste » s'opère apparemment sans ambiguïté, le *TLFi* proposant dans chacun des cas, des définitions bien distinctes. Il devrait alors en être de même pour les noms du *TLFi* dont la définition fait intervenir, respectivement, la mention de « spécialiste de » et « partisan/adepte de ». C'est ce que la requête présentée *infra* va montrer.

3.2 Les requêtes

Une requête formulée dans le champ définition des entrées du *TLFi* au moyen des mots-clés *partisan*, *adepte* et *spécialiste*, permet de réunir en 3 listes les noms considérés dans ce dictionnaire comme, respectivement, des spécialistes, des adeptes ou des partisans. Ce corpus de base nous permettra d'identifier les propriétés de chacune de ces catégories.

3.2.1 Les spécialistes

Bien que non ambiguë, la définition des noms de spécialistes donnée en (1) est vague, ce dont témoignent les 194 résultats de la requête transmise au

TLFi. Le contexte définitoire, propre aux entrées de dictionnaire (« un X est un spécialiste de Y ») renvoie en effet des résultats bruités, du fait de la polysémie du nom *spécialiste*.

En effet, aux côtés du *traumatologiste*, du *sinologue*, ou du *psychiatre*, est dénommé spécialiste celui dont la pratique d'une activité donnée est légitimée par une compétence particulière dans son champ professionnel ou de loisir. Un *tourier*, un *serriste*, un *gréeur*, un *montagnard* sont, par exemple, définis comme, respectivement : « spécialiste de la préparation des pâtes, en particulier de la pâte feuilletée », « spécialiste de la culture en serres », « spécialiste de chantier naval qui fabrique, répare et règle les gréements », et « cycliste bon grimpeur et spécialiste de la montagne ». On voit que la qualification de *spécialiste* est ici secondaire relativement à une première catégorisation référentielle : artisan pour *tourier*, cultivateur pour *serriste*, ouvrier pour *tourier*, et sportif pour *montagnard*.

Nous sommes donc amenées à réviser cet ensemble de résultats pour ne conserver que les noms qui désignent ceux qui étudient, expliquent, théorisent un ensemble de notions qui constituent un domaine donné, et, qui, éventuellement, pratiquent eux mêmes cette forme de savoir : ces savants sont souvent aussi des praticiens, mais l'aspect scientifique de leur activité doit primer.

C'est ainsi que 31 noms sont écartés de cette liste : ceux dont le référent est relié aux secteurs d'activité de l'artisanat, du sport, de la production industrielle, etc., et où l'individu se caractérise par l'accomplissement de tâches spécialisées, c'est-à-dire les noms où la notion de *spécialiste* renvoie à un savoir-faire et non exclusivement un savoir.

En synthèse, sera considéré comme spécialiste d'une discipline un individu qui étudie, enseigne, écrit sur et éventuellement pratique cette discipline. Celle-ci relève en d'autres termes d'un domaine de connaissance (littéraire, scientifique, artistique ...). Cependant, la catégorisation de *spécialiste* n'est pas exclusive d'autres étiquettes référentielles : certains sont en situation professionnelle (*nutritionniste*) d'autres peuvent être des amateurs (*hébraïsant*). Certains mettent en pratique les résultats de la branche du domaine qu'ils étudient (*orthodontiste*, *psychiatre*), d'autres sont des chercheurs ou enseignants de cette discipline, et ont pour rôle de transmettre ce savoir (*phytogéographe*, *linguiste*).

3.2.2 Les partisans et les adeptes

Notre corpus de travail comporte deux autres listes constituées des noms identifiés comme *partisan* et *adepte* dans la définition du *TLFi*. Une fois ôtés les noms pour lesquels les items *partisan* et *adepte* étaient bien présents dans la définition mais ne se rapportaient pas au nom en entrée, les requêtes *adepte* et *partisan* dans le champ *définition* du *TLFi* ramènent 473 résultats :

- 99 résultats comportant *adepte* : *bouddhiste, caravanier*, etc.
- 364 résultats comportant *partisan* : *abolitionniste, darwinien*, etc.
- 10 résultats comportant *adepte* et *partisan* : *mesmérien, nudiste*, etc.

Il y a donc 3,5 fois plus de partisans que d'adeptes, ce qui semble cohérent si les adeptes sont une sous-catégorie de partisans. En revanche, si *adepte* est bien une sous-catégorie de *partisan*, il est peut-être étonnant de ne pas rencontrer plus de noms comportant les deux items dans leur définition.

Par ailleurs, nous remarquons que, bien que le *TLFi* distingue clairement les spécialistes et les partisans dans leurs définitions, deux noms sont catégorisés à la fois comme *spécialiste* et *partisan* dans leur définition (jamais *adepte*) :

6) *planificateur* : (Celui, celle) qui organise selon un plan déterminé, qui est **partisan** ou qui est **spécialiste** de la planification

7) *wagnérien* : (Celui, celle) qui est **spécialiste** de Richard Wagner, qui aime son œuvre, est **partisan** de ses théories.

Bien que réduit, ce recouvrement est un indice de la perméabilité de ces deux catégories, contrairement à ce que les définitions laisseraient supposer. Nous allons donc examiner la structure morphologique des 163 Nspé, *i.e.* les noms définis *spécialistes*, et des 473 noms définis *partisans* ou *adeptes*, les Npa. Notre attente est que certains modes de construction de mots ne produisent que des Npa ou des Nspé, à l'exclusion des autres.

3.3 La piste morphologique

Les Npa et les Nspé sont deux types de noms mettant en jeu une relation avec une entité. De ce fait, en majorité, ces noms sont construits à partir de l'entité dont ils sont les partisans ou les spécialistes. L'étude des moyens morphologiques utilisés semble donc un moyen efficace d'identifier ces catégories.

3.3.1 La morphologie des Nspé

L'analyse morphologique de ces noms révèle que les Nspé sont systématiquement construits et que 93 % des 163 noms que nous avons conservés présentent les caractéristiques constructionnelles présentées dans le tableau 1. Les 7 % restant sont construits à l'aide de modes de formation anecdotiques. Le point commun de tous les modes de construction est que la base de dérivation (ou le premier composant, pour les cas de composition savante en -*graphe* et -*logue*) est un nom :

Tableau 1 : La morphologie des Nspé

Mode de construction	%	Mode de construction	%
-isant	2,38	-logiste	16,66
-ien	4,16	-iste	21,42
-graphe	8,33	-logue	26,19
-icien	14,28	Non-construits	6,58

Le constructeur le plus utilisé est -*logue* (26 %) (*morphologue*), suivi de -*iste* (21 %) (*comparatiste*) et -*logiste* (16 %) (*embryologiste*). Les noms en -*icien* (dont la base est en -*ique*, ex. *domoticien/domotique*, *cf.* Lignon & Plénat, 2009) forment 14 % de l'ensemble des noms, complétés par les autres noms en -*ien* (7 %), *e.g. rabelaisien*. Les composés en -*graphe* forment 8 % des noms de spécialistes, et 4 noms en -*isant*, soit 2 % de l'ensemble (*e.g. italianisant*) dénotent des spécialistes de langues et cultures.[1]

3.3.2 La morphologie des Npa

D'un point de vue morphologique, les Npa sont majoritairement des noms construits par un procédé morphologique dénominal dont la dimension sémantique est paraphrasable par « est (le) partisan ou (l')adepte du Nbase », où Nbase est le nom morphologiquement apparenté à Npa, *e.g.* le *nudiste* est partisan ou adepte du *nudisme* et le *naturiste*, un adepte du *naturisme*. Le tableau 2 fait une synthèse de la description des Npa d'un point de vue morphologique.

Comme attendu, suivant Lignon & Plénat (2009), la suffixation en -*iste* est très nettement hégémonique, suivie d'assez loin par la suffixation en -*ien*, elle-même majoritaire devant les autres formes affixales rencontrées, essentiellement dénominales (-*aire*, -*eux*, -*ique*, etc.), qui restent très marginalement représentées. Une remarque, toutefois : dans les noms identifiés comme noms de partisans dans le *TLFi*, on observe une part non totalement négligeable de noms déverbaux issus de la suffixation en -*eur* (3,29 %), suffixation que l'on ne trouve pas dans la catégorie *adepte* : *réformateur, décentralisateur, guillotineur*, etc.

---

[1] Ces noms ont apparemment une structure de participe présent, or ils ne sont pas construits à partir d'une base verbale. Sur l'apparente structure de participes présents de ces noms, voir l'hypothèse formulée dans Lignon, Namer, & Villoing (2014) à propos de données analogues.

Tableau 2 : La morphologie des Npa

			Adeptes %	Partisans %
	Noms non-construits		20,21	7,15
Noms construits		*-ien*	11,11	9,34
	Dérivés	*-iste*	45,45	65,63
		Autres	5,05	12,91
		Préfixation	11,11	2,47
	Autres		7,07	5,86

Comme en attestent les répartitions présentées dans les tableaux 1 et 2, la suffixation en *-iste* est le mode de construction le plus partagé entre, non seulement, les noms de partisans et les noms d'adeptes, mais, en plus, entre cette double catégorie (Npa) et celle des noms de spécialistes. Face à un nom en *-iste*, on peut légitimement se demander à quelle catégorie référentielle il appartient.

3.3.3 Bilan morphologique

Les Nspé et Npa identifiés comme tels dans le *TLFi* sont majoritairement des construits morphologiques, ce qui est un résultat attendu du fait de la relation nécessaire qu'ils entretiennent avec une entité. La distribution des moyens morphologiques est partiellement équivalente. Les constructions spécialisées pour les Nspé sont les constructions en *-logue* et *-logiste*. En effet, les composés savants en *-logiste* désignent exclusivement des spécialistes de disciplines scientifiques (Namer & Villoing, 2015), de même que les noms en *-icien* (Lignon & Plénat, 2009), et les noms en *-isant*, qui constituent une catégorie homogène se rapportant à une langue et/ou une culture (*e.g. hébraïsant, italianisant*).

Les autres procédés ne forment pas seulement des spécialistes : les noms en *-graphe* peuvent renvoyer à des instruments (*phonographe*), et le procédé en *-logue* est employé pour former des dénominations plus ou moins fantaisistes (*poulologue, tintinologue...*) (Namer & Villoing, 2015).

On trouve, comme attendu, deux modes de construction communs aux Npa et Nspé : la suffixation en *-iste*, ainsi que la suffixation en *-ien*. Remarquons cependant que la majorité des noms de spécialistes en *-ien* comportent en fait un exposant en *-icien*, qui est spécifique à la formation de ce type de noms (Lignon & Plénat, 2009), et que l'on ne retrouve pas chez les noms de partisans. Par conséquent, seule la suffixation en *-iste* est largement partagée dans la formation de ces deux catégories.

L'observation des propriétés sémantiques des bases des noms en *-iste* ne permet pas d'apporter d'éclairage supplémentaire sur la répartition des noms en Npa et Nspé. En effet, ceux-ci ne sont construits que sur des bases abstraites : elles se retrouvent dans les Nspé (*e.g. occitaniste, vingtiémiste*) et dans les Npa (*e.g. nataliste, inflationniste*). Les Npa (*e.g. légumiste*) et les Nspé sur base concrète sont quasi inexistants.

3.4 Le *TLFi* et les Npa/Nspé : Bilan

Les données issues du *TLFi* ont permis de constituer un corpus de travail, qui servira de première étape dans notre analyse. Les définitions semblent indiquer une homogénéité des catégories Npa et Nspé, mais les données obtenues à partir des requêtes sur les définitions du *TLFi* montrent que ces catégories sont plus hétérogènes qu'attendu, notamment la catégorie des spécialistes.

La piste morphologique reste partiellement satisfaisante, car bien que les Npa et les Nspé soient essentiellement des construits, seuls quelques éléments de construction sont spécialisés (les *-logue, -logiste, -icien* pour les Nspé). Les Npa et Nspé partagent un même mode de construction, la suffixation en *-iste*.

4 *FrWaC*

Afin d'augmenter le nombre de Npa et Nspé du corpus issu du *TLFi*, mais aussi pour affiner notre description des catégories, nous complétons notre analyse par une étude sur corpus. Nous nous servons pour cela du *FrWaC* (Baroni *et alii*, 2009). Conçu dans le cadre du programme *WaCky* (Baroni & Bernardini (dir.), 2006) visant à reproduire, dans un format exploitable par des outils d'analyse automatique de corpus, la diversité des contenus récents de la Toile dans des proportions comparables à l'original tout en s'affranchissant des moteurs de recherche commerciaux, *FrWaC* comporte 1,6 milliard d'occurrences et réunit le contenu textuel de documents en ligne caractérisés par leur appartenance au domaine français.

Nous pourrons ainsi récolter des données non-dictionnairiques, éventuellement néologiques, afin de comparer les procédés rencontrés en corpus pour construire des Npa et des Nspé à ceux collectés dans le *TLFi*. L'étude en corpus nous permettra également, grâce au contexte, d'identifier, chez les Npa et les Nspé, des propriétés discriminantes. Notre travail se fera en deux temps : (i) d'une part, par l'utilisation de paraphrases définitoires et (ii) d'autre part, au moyen d'une analyse distributionnelle.

(i) **Utilisation de paraphrases définitoires :** l'utilisation des séquences « est (un) spécialiste / partisan / adepte de » devrait nous permettre d'identifier, en position gauche, des Npa et Nspé.
(ii) **Analyse distributionnelle des contextes d'apparition des noms de classe *adepte*, *partisan* et *spécialiste* :** la première étape consiste en l'identification des contextes favorables aux hyperonymes de chacune des classes et la récupération des adjectifs apparaissant dans les contextes droit et gauche de *spécialiste*, *partisan* et *adepte*. Ensuite, nous récupérons de nouveaux NH pouvant être catégorisés comme Npa ou Nspé. Pour cela,
– à l'aide des adjectifs identifiés, nous collectons les NH qualifiés par ces adjectifs (phase 1).
– Nous testons les NH construits, récupérés à la phase 1 de la procédure, à l'aide de tests définitoires (phase 2).

4.1 Paraphrases définitoires

Nous utilisons les séquences « est (un) spécialiste / partisan / adepte de » afin de récupérer les noms en contexte gauche. Mais de telles requêtes ne ramènent pas de résultats satisfaisants. En effet, des énoncés du type « un mathématicien est spécialiste des mathématiques » ou « un marxiste est partisan de K. Marx » ne sont envisageables que dans des structures définitoires et peu réalistes en contexte.

Le contexte droit de la séquence ci-dessus, concernant les spécialistes, ne donne pas non plus de résultat concluant, puisqu'on peut être spécialiste de l'informatique, de la flore, de l'éducation, mais aussi de l'hôtellerie du sud de la France, de la location de véhicules, de l'épicerie fine, ou de l'horreur. Le contexte reflète l'utilisation générique qui est faite de « spécialiste » que l'on a déjà observée *supra* avec les données du *TLFi*.

En revanche, l'observation des contextes droits des structures contenant *partisan* ou *adepte* font émerger des différences entre ces deux noms : si on est préférentiellement partisan d'un courant politique (8a), d'une idéologie (8b) ou d'une action (8c), etc., on est plutôt adepte d'une religion (8d) (ou d'un mouvement considéré comme religieux (8e)) ou de choses concrètes que l'on utilise (8e) :

8) a Pour tous ceux et j'en fais partie qui sont **partisans** d'un socialisme moderne et réformiste, c'est une perte dans le débat interne.
   b Les néo-classiques sont **partisans** de l'individualisme méthodologique.

c Député modéré, Yves Colin est **partisan** de la ratification du traité de Paris instituant la CECA (pool charbon-acier).
d Y a-t-il parmi vous des personnes qui sont **adeptes** du bouddhisme ?
e Ils sont **adeptes** de la méthode Coué.
f Et pas seulement parce qu'elle est **adepte** bacs à sable du Luxembourg, Ségolène.

Or, nous avions remarqué que, dans le *TLFi*, les Npa construits sur base concrète étaient extrêmement rares. Il semble donc que, si l'on peut être adepte des bacs à sable, cela ne suppose pour autant pas la création d'une forme dédiée et reste un occasionalisme.

Ces contextes confirment que la notion de *partisan* va de pair avec l'idée d'opposition (on prend le parti de X en opposition à Y) alors que la notion d'*adepte* n'implique qu'une idée de ralliement ou de pratique, sans entraîner nécessairement un rejet d'autre chose. On retrouve donc les valeurs étymologiques déjà relevées dans le *TLFi* (§ 3.1). Mais si l'étymologie d'*adepte* associait ce dernier à l'idée d'une pratique mystérieuse et occulte, il semble que désormais, l'adepte puisse adhérer à des choses concrètes telles que des sports, des usages, des lieux, etc., bien qu'il soit toujours associé à des rites religieux et/ou ésotériques : la notion d'*adepte* n'implique pas nécessairement d'engagement mais une simple pratique. Il se rapproche alors de l'amateur ou de l'adhérent.

4.2 Analyse distributionnelle

L'emploi de paraphrases définitoires n'a pas permis de récupérer de nouveaux Npa et Nspé. Nous cherchons donc à identifier des qualificatifs spécifiques pour les catégories *spécialiste*, *partisan*, *adepte*.

Pour ce faire, nous identifions les contextes favorables aux hyperonymes de chacune des classes, c'est-à-dire les adjectifs apparaissant dans les contextes droit et gauche de *spécialiste*, *partisan* et *adepte*. Notre hypothèse est que, si ces adjectifs sont associés à l'hyperonyme de façon privilégiée, ils le seront également aux éléments de la classe.

Une fois récupérés les noms associés aux adjectifs identifiés comme de bons descripteurs de chacune des classes étudiées, nous opérons un tri sur critères morphologiques. En effet, les noms étudiés étant en relation avec une entité (comme nous l'avons vu à la section 2.), ils sont majoritairement construits. Nous appliquons alors des tests définitoires sur ces noms construits (et leurs variantes sur les noms *simplex*) afin de vérifier leur appartenance aux classes Npa et Nspé.

Les noms répondant positivement à ces tests pourront être identifiés comme appartenant respectivement aux classes Npa et Nspé.

4.2.1 Adjectifs spécifiques

Pour la catégorie Npa, l'adjectif spécifique apparaissant comme épithète gauche le plus fréquent est *fervent* et celui apparaissant comme épithète droit le plus fréquent est *inconditionnel*. La même technique, appliquée à *spécialiste*, conduit à sélectionner *éminent* en position antéposée : il s'agit du 4ᵉ adjectif le plus fréquemment employé avec *spécialiste*, après *autre*, *grand* et *immense* (qui n'ont pas le même pouvoir discriminant). Inversement, *spécialiste* est le nom le plus utilisé derrière *éminent* (contrairement à ce qui s'observe avec *autre, grand* et *immense*) : l'attraction mutuelle de l'adjectif *éminent* et du nom *spécialiste* est donc maximale. Aucun adjectif spécifique ne se dégage en revanche en position postposée.

Nous effectuons ensuite une requête qui ramène les noms X apparaissant dans les positions suivantes «*fervent X*», «*X inconditionnel*» et «*éminent X*».[2] Dans un premier temps, pour chacun des adjectifs, nous regardons quelle proportion de noms ramenés appartient à la catégorie NH. Ensuite, nous croisons les NH obtenus avec la liste des Nspé et Npa recueillie à partir du *TLFi*.

- Sur 598 noms, «*éminent X*» ramène 441 NH (73,4 %). Pour seulement 44 d'entre eux, le qualificatif de *spécialiste* est enregistré dans le *TLFi*. Plutôt que de disqualifier le descripteur, il est probable que ce nombre atteste de l'incomplétude de la couverture du *TLFi* (*criminaliste* est enregistré, mais pas *fiscaliste*), ou du manque de cohérence interne dans ses définitions (ainsi, le *germaniste* est identifié comme spécialiste, mais pas l'*helléniste*, qui, lui, « connaît la langue ou la littérature grecque »).
- «*Fervent X*» ramène 75,3 % de noms parmi lesquels 71,7 % de NH contre 75,8 % noms dont 23,4 % de NH pour «*X inconditionnel*». *Fervent* semble donc être un meilleur descripteur de la catégorie NH qu'*inconditionnel*. Peu des NH ramenés par les adjectifs *fervent* et *inconditionnel* sont des noms définis comme *partisan* ou *adepte* dans le *TLFi* : seuls 10,93 % des X apparaissant dans la structure *fervent X* et 11,36 % pour *X inconditionnel* sont également étiquetés *partisan* ou *adepte* dans le *TLFi* (section 3). Ne sont pas dans la liste des Npa issus du *TLFi* la plupart des noms déverbaux, ainsi que certains dénominaux : *féministe, humaniste, bruckneriste*, alors même qu'ils y sont enregistrés. Les raisons de la non-identification de ces NH comme Npa sont multiples :

---

[2] Chaque requête est formulée de manière à ramener les noms féminins et masculins, singuliers et pluriels.

- En ce qui concerne les déverbaux, les définitions proposées par le *TLFi* utilisent le verbe de base du déverbal et non l'un des co-hyponymes de la classe qui nous ont servi d'identificateur (*partisan* ou *adepte*), *i.e. adorateur* : celui, celle qui **adore**, rend un culte à Dieu, à une divinité.
- Pour certains, il y a, dans la définition du *TLFi*, utilisation de structures définitoires autres que *partisan, adepte*. Il peut s'agir de co-hyponymes, *i.e. rousseauiste* : **disciple** de Jean-Jacques Rousseau, *hugolâtre* : **admirateur fanatique**, inconsidéré de Victor Hugo, de son œuvre, ou de structures prédicatives, *démocrate* : (celui, celle) qui **prend parti** pour la démocratie, pour ses institutions, ses principes ; qui est membre d'un parti se réclamant de la démocratie.

Nous faisons l'hypothèse que, lorsque les Nspé ou Npa sont morphologiquement construits, la base de Nspé est un nom N_B, celle de Npa est un N_B ou un verbe V_B, et que l'une des implications (9) ou (10) est valide. C'est pourquoi la suite de la démarche va nous amener à étudier, le cas échéant, le mode de construction de ces N et leur base dérivationnelle (§ 3.2.2) : nous nous servirons ensuite de ces bases pour évaluer la validité des implications sous (9) et (10) (§ 4.2.3) :

9) « un N est spécialiste de N_B » $\Rightarrow$ N=Nspé
10) « un N est adepte/partisan de N_B » $\Rightarrow$ N= Npar
    « un N est adepte/partisan de V_B » $\Rightarrow$ N= Npar

4.2.2 Critères morphologiques

Une fois récupérés les noms qualifiés par l'un des adjectifs ci-dessus, nous opérons une analyse morphologique, afin de vérifier si les procédés morphologiques rencontrés correspondent à ceux identifiés dans le corpus de référence, construit à l'aide du *TLFi*. Après avoir éliminé les doublons (en graphie et/ou en genre, *i.e. supporter / supporteur / supportrice*) et les noms déjà présents dans le *TLFi*, les noms construits représentent 67,17 % des *fervent X*, 55,71 % des *X inconditionnel*, et 75 % des *éminent X*.

La première constatation que nous pouvons faire est que, suivant la valeur de l'adjectif modifieur de X, et donc, logiquement, suivant la catégorie d'appartenance de X – Nspé ou Npa -, reflétée par cet adjectif, le type catégoriel de la base des X morphologiquement construits se répartit différemment entre nom et verbe.

Si l'on regarde les noms modifiés par les adjectifs *fervent* et *inconditionnel*, plus de la moitié des formes construites sont des déverbaux, issus de verbes transitifs : *adorateur, adulateur, amateur, lecteur*, etc. Nous avions déjà observé l'existence de formes déverbales dans le *TLFi* (§ 3.3.2), mais leur présence était loin d'être aussi massive. En revanche, parmi les noms qualifiés d'*éminent*, 32 % sont déverbaux (78 sont suffixés en -*eur*, 12 en -*ant* ou -*ent*, 2 en -*if* ou -*oire*) alors qu'aucun des noms étiquetés *spécialistes* dans le *TLFi* n'est déverbal.

Les 298 noms construits sensibles à la qualification d'éminent, sont répartis suivant leur mode de construction de la manière suivante. Outre la prédominance de la suffixation en -*eur* (27 %) et -*iste* (24 %), ces noms comportent en majorité le composant néoclassique -*logue* (9 %), l'un des suffixes -*ien* (ou sa variante -*icien*, 8 %), -*ier* (4 %), -*aire* (3 %) ou sont construits par composition (6 %). Les 19 % restants résultent de modes de formation variés, incluant les procédés peu productifs mais connus pour engendrer des noms de spécialistes (*e.g. -nome, -(i)âtre, -logiste*).

Pour l'ensemble des 205 NH ramenés par les adjectifs *fervent* et *inconditionnel*, si le pourcentage des éléments de construction est légèrement différent selon l'adjectif utilisé, il n'en demeure pas moins que l'on peut observer une répartition similaire : dans les deux cas, le suffixe -*eur* domine l'ensemble des procédés de formation (38 %), suivi de près par le suffixe -*iste* (26 %), qui occupait la première position des affixes permettant de construire des Npa dans le *TLFi*. Viennent ensuite les suffixes -*ien* et -*ant*, dans des proportions sensiblement identiques (respectivement 9 % et 8 %). Les autres demeurent marginaux (moins de 3 %). La présence de déverbaux, absents du *TLFi*, s'explique par les raisons données *supra* : ceux-ci sont généralement définis à l'aide du verbe ayant servi de base au Npa et ne peuvent donc être récupérés dans le cadre d'une requête à l'aide des noms *adepte* ou *partisan*.

4.2.3 Tests définitoires pour les N qualifiés construits

Une fois passés par les filtres de la qualification adjectivale (§ 4.2.1) et de la structure morphologique dénominale (§ 4.2.2), les noms N restants sont soumis à nouveau à une série de tests définitoires, visant à établir la nature exacte de la relation existante entre N et leur base.

4.2.3.1 Noms dénominaux qualifiables *d'éminent*

Un spécialiste est lié au domaine de connaissances dont il a fait son sujet d'étude. En conséquence, nous écartons dans ce qui suit les 78 noms déverbaux, dont la construction morphologique même en fait des participants à l'activité décrite par le verbe, avant toute autre chose (*e. g.* Roy & Soare, 2011).

Nous appliquons successivement deux tests : Tspé1 et Tspé2, aux 206 noms dénominaux obtenus à l'issue des deux séries de filtres rappelés ci-dessus.

(Tspé1) Nconstruit est (un) spécialiste du/de la N_B
?*Un conférencier est un spécialiste de conférences.*
?*Un citoyen est un spécialiste de la cité.*

(Tspé2) Il (n')est (pas) rare qu'un Nconstruit soit également spécialiste de N_B' [où N' et N_B sont en relation de contiguïté]

– a. ?*Il (n')est (pas) rare qu'un industriel soit également spécialiste d'agriculture.*
– b. ?*Il (n')est (pas) rare qu'un parlementaire soit également spécialiste du Sénat.*

Nous remarquons que le test Tspé1 permet d'écarter les noms de statut (?*un milliardaire est spécialiste du milliard*), de membres (?*un confrère est spécialiste de frère(s)*), de peuples (?*un européen est spécialiste de l'Europe*), et les synonymes construits de *spécialiste* (?*un intellectuel est spécialiste de l'intellect*) ; enfin certains noms de fonction sont éliminés également par ce test (?*un secrétaire est spécialiste du secret*), mais pas tous (e.g. *directeur*). Une partie des noms de créateurs d'idéalités (Flaux, Stosic & Lagae, 2015) réussissent le test (ainsi, *metteur en scène*, qui se doit d'être *spécialiste de mise en scène*) mais d'autres y résistent (*romancier* semble échouer : ?*un romancier est spécialiste de romans*) ; tous les noms d'interprètes artistiques le valident (*un violoncelliste est spécialiste de violoncelle*), certains noms de métiers (*un luthier est spécialiste de luths*), ainsi que, naturellement, les noms d'humains dont la base désigne un domaine littéraire, médical ou scientifique (*neurobiologiste*), mais également les noms de ceux qui soutiennent une idéologie (*propagandiste*).

Le test (Tspé2) permet d'identifier, quand l'énoncé est pertinent, un spécialiste par l'existence de domaines de connaissances contigus à son champ de spécialité (*neurobiologiste*). Les créateurs d'idéalités (*cinéaste*), les professionnels de l'artisanat (*potier, luthier*) et les interprètes artistiques (*pianiste*) passent également ce test, ainsi que certains noms dont on va voir *infra* qu'ils sont qualifiables d'adeptes ou partisans (*syndicaliste*) : *neurobiologie* est, par exemple, connexe à *physio-biologie*, et *cinéma*, à *théâtre* ; de même, *luth* et *violon* sont comparables, ainsi que *piano* et *flûte*, ou encore *syndicat* et *patronat*.

En revanche, Tspé2 sert à exclure les noms de fonction (*cf.* Todirascu & Baider, ce volume) qui résistaient à Tspé1 (*cf.* Tspé2.b), et les autres noms de professionnels (*cf.* Tspé2.a ; *cf.* également ?*Il (n')est (pas) rare qu'un métallurgiste soit également spécialiste de cristallographie*).

Nous nous retrouvons avec une série de noms qui entretiennent avec leur base une relation de connaissance, qu'elle soit théorique ou pratique (activités intellectuelles ou soutien à une cause), ou une relation de compétence (activités de création ou d'interprétation notamment artistique). Les dénominaux dénotant des membres ou des collectivités, des fonctions, des statuts (ponctuels ou permanents) et les noms de métiers ne relèvent donc pas de la classe des spécialistes, suivant ce protocole. Restent les noms qui, comme *révolutionnaire, altermilitant, religieux*, ou *propagandiste*, sont provisoirement définissables comme des spécialistes (de la *révolution*, du *militantisme alternatif*, de la *religion* ou de la *propagande*), mais qui vérifient aussi les tests Tpa, comme nous allons le voir (§ 4.2.3.2).

4.2.3.2 Noms construits qualifiables de *fervent* ou *inconditionnel*

Les noms de *partisans* et d'*adeptes* ont un rapport privilégié avec l'entité qu'ils soutiennent. Nous appliquons deux tests pour les noms dénominaux et un test pour les noms déverbaux afin de vérifier l'appartenance des noms qualifiés par *fervent* et *inconditionnel* à la catégorie de Npa.

– (Tpa1) Nconstruit est partisan / adepte du Nbase ;

Les noms de classe *partisan* et *adepte* n'entraînent pas la même ambiguïté que le nom de classe *spécialiste*. Nous pouvons donc utiliser Tpa1 comme test discriminant (contrairement à Tspé1).

– (Tpa2) Nconstruit aime / soutient Nbase
1. *Un bushiste est partisan de Bush.*
2. *Un bushiste aime / soutient Bush.*
3. *?Un américain est partisan de l'Amérique.*
4. *?Un américain aime / soutient l'Amérique.*

Les énoncés sous (Tpa2.3) et (Tpa2.4) ne sont pas agrammaticaux, mais leur sens ne correspond pas à une paraphrase définitoire pour le NH : un américain peut être partisan de l'Amérique et soutenir l'Amérique, ce n'est pas par ce biais qu'il sera défini.

– (Tpa3) Nconstruit Vbase quelque chose, cela veut dire qu'il l'aime / le soutien
1. *Un adorateur adore quelque chose, cela veut dire qu'il le soutient.*
2. *?Un lecteur lit quelque chose, cela veut dire qu'il le soutient.*

Le test (Tpa3) permet d'éliminer les noms d'agent. Là, également, comme sous (Tpa2.3) et (Tpa2.4), l'énoncé présenté sous (Tpa3.2) n'est pas définitoire : le lecteur a beau aimer ce qu'il lit, ce n'est pas ainsi qu'il sera présenté. Nous voyons bien que les noms déverbaux ne fonctionnent pas comme les dénominaux, puisqu'ils ne sont pas liés à un individu, un courant, une doctrine ou une idéologie. Ils sont des co-hyponymes de *adepte* ou *partisan*.

Certains NH non enregistrés dans le *TLFi* récupérés dans le *FrWaC* répondent positivement aux tests, ce qui permet de les identifier comme faisant partie de la catégorie des Npa. Cela s'explique pour plusieurs raisons (indépendamment des raisons évoquées au § 4.2.1). Pour certains dénominaux, l'entité dont ils sont adeptes était inexistante à l'époque de la construction du *TLFi* : *bushiste*, *chiraquien*, etc. D'autres NH n'ont pas vocation à se lexicaliser, ou surtout à intégrer la nomenclature d'un dictionnaire : *oui-ouiste*, *méchouiste*, etc.

4.2.4 Le cas des noms simples

Certains NH qualifiés d'*éminent* (99), de *fervent* (222) et d'*inconditionnel* (67) sont morphologiquement non construits (désormais Nsimple). Nous examinons, dans ce qui suit, s'il est possible d'appliquer à ces noms simples des tests équivalents à Tspé1–Tpa3 (§ 4.2.3).

Cette stratégie peut s'appliquer pour les noms qualifiés d'*éminent* : dans cet ensemble, les noms non construits couvrent un vaste ensemble de champs disciplinaires : *moine, monsieur, stratège, ténor, yogi*, et parmi eux, certains passent les tests Tspé1' et Tspé2', où N_F est un nom de la famille morphologique de Nsimple et $N_{F'}$, un nom désignant un champ de connaissance/compétence contigu à N_F :

(Tspé1') Nsimple est (un) spécialiste du/de la N_F
Un architecte est un spécialiste d'architecture.
*Un économe est un spécialiste d'économie.

(Tspé2') Il (n')est (pas) rare qu'un Nsimple soit également spécialiste de $N_{F'}$
Il n'est pas rare qu'un avocat soit également spécialiste d'économie.
*Il n'est pas rare qu'un commissaire soit également spécialiste de préfecture.

Appliqué au Nsimple *architecte*, Tspé1' est validé, *architecture* étant le nom de la famille dérivationnelle de Nsimple désignant son domaine de connaissance. Ce test échoue avec le nom *économe*, associé à la discipline *économie*. Quant au test Tspé2', il est utilisé pour qualifier *avocat* de spécialiste (la discipline qu'il étudie étant comparée ici à une branche scientifique proche : l'économie) ; enfin, si on admet que *commissariat* et *préfecture* sont deux termes proches, on voit comment ce même test permet d'exclure *commissaire* de l'ensemble des noms de spécialistes.

Parmi les 99 noms simples, ceux qui valident les tests Tspé1' et Tspé2' sont les suivants : *acteur, architecte, avocat, critique, docteur, dramaturge, exégète, médecin, ténor, virtuose*.

Certains NH non-construits qualifiés de *fervent* ou d'*inconditionnel* candidats à la catégorie des Npa semblent intuitivement appartenir à la catégorie de Npa :

aficionado, disciple, fan, fidèle, fanatique, etc. Ces NH se comportent comme des co-hyponymes de *partisan* ou *adepte*, à quelques nuances près et ne peuvent pas intégrer des paraphrases définitoires, puisqu'ils sont, comme *adepte* et *partisan*, non-relationnels (il est donc impossible d'adapter le test Tpa1). Pour d'autres, l'utilisation des adjectifs *fervent* ou *inconditionnel* force l'interprétation partisane (*gosse, avocat, cadre, client*), mais il est difficile, et même impossible pour certains, de leur associer un nom morphologiquement relié ou d'un domaine contigu dont ces NH seraient les adeptes ou les partisans.

Reste un cas particulier : les noms de statuts religieux (*i.e. prêtre, apôtre, archevêque*, etc.), dont on peut supposer qu'il s'agit d'adeptes d'une religion, mais également qu'ils remplissent une fonction. Doivent-ils être considérés comme des Npa ou des noms de statut ? Croient-ils plus en leur métier qu'un *poissonnier* ou un *pharmacien* ? On peut l'espérer, dans la mesure où ces fonctions semblent dépendantes d'une croyance profonde (ce qui n'est *a priori* pas le cas des noms de métiers), mais reste à trouver sur quels critères linguistiques se fonder pour les identifier.

5 Conclusion

Nous venons de présenter une méthode pour contribuer à la catégorisation des noms d'humains. Les types référentiels comparés, les partisans ou adeptes d'une part, et les spécialistes de l'autre, n'ont à première vue rien en commun, ce qui fait que l'identification de leurs propriétés distinctives devrait aller de soi. Nous avons montré qu'il n'en est rien : un seul type de test (distributionnel, ou morphologique, par exemple) ne permet pas de valider linguistiquement la connaissance intuitive que nous avons, en tant que locuteur, de la définition de ces deux sortes de noms d'humains.

Notre approche a donc consisté à croiser les méthodologies et à combiner les types de ressources, pour atteindre un double objectif : réunir des tests d'identification des catégories sémantiques étudiées, et collecter, parmi les données authentiques, les noms d'humains vérifiant ces tests. Nous nous sommes servi pour cela des définitions du *TLFi* et des corpus de *FrWaC*, auxquels la démarche suivante, faisant appel à la morphologie dérivationnelle et aux techniques distributionnelles, a été appliquée : (1) une liste de référence de Nspé et de Npa a été établie à partir des définitions du *TLFi*, (2) dans le *FrWaC* trois qualificatifs privilégiés, *i.e.* modifiant de façon spécifique la catégorie spécialiste (*éminent*) et partisan ou adepte (*fervent, inconditionnel*), ont été identifiés, (3) l'ensemble des noms d'humains modifiés par ces adjectifs a été collecté dans ce même corpus, (4) de nouveaux Nspé ou Npa viennent compléter la liste de référence, après application au nom de l'ensemble obtenu en (3) de tests Tspé1, 2, 1', 2' et Tpa1–3.

Cette étude est certainement le point de départ de recherches futures, qui permettront de répondre à des questions qui ont émergé au cours de l'analyse.

D'une part, certaines caractéristiques dans les contextes observés des Npa tendent à montrer que adeptes et partisans ne forment pas une catégorie homogène : si tous deux peuvent être utilisés comme noms de soutien à des mouvements idéologiques, *partisan* semble spécifique aux idéologies impliquant un choix exclusif et *adepte* aux mouvements religieux ainsi qu'aux utilisateurs intensifs : un *adepte des bacs à sable* serait quelqu'un qui utilise fréquemment et avec constance les bacs à sable alors qu'un *partisan des bacs à sable* les défendra contre toute autre proposition (les toboggans, les cages à poule, etc.).

D'autre part, des indices nous conduisent à rapprocher, dans certaines circonstances, spécialistes et partisans. Comme en témoignent en effet les données du *TLFi*, un même humain peut-être catégorisé à la fois de spécialiste et de partisan. C'est le cas de *planificateur* et *wagnérien*, dont la définition lexicographique est rapportée dans les exemples (6) et (7) (§ 3.2.2). Nous avons vu également que les tests Tspé1 et Tspé2, qui s'appliquent aux noms qualifiés d'*éminent*, étaient validés par quelques-uns des noms du *FrWaC* qui passaient également avec succès les tests TPa1–3. C'est le cas de *religieux, politicien, socialiste*, etc., qui, chacun, à l'instar du *wagnérien*, peuvent être caractérisés d'*éminent*, ou de *fervent*, et valident les tests ci-dessous :

(Tpa1) Un wagnérien est un adepte de Wagner.

(Tspé2) Il n'est pas rare qu'un wagnérien soit aussi spécialiste de Bruckner.

L'existence d'une intersection non vide entre les ensembles de noms de spécialistes et de partisans montre que ces deux catégories ne sont pas disjointes mais forment un continuum. Il est par conséquent nécessaire de définir une catégorie intermédiaire, celle de l'**amateur.** En effet, la notion d'*amateur* rejoint celle d'*adepte/partisan*, dans la mesure où l'amateur exprime sa préférence marquée ou exclusive pour quelque chose ; en conséquence, l'amateur se rapproche du spécialiste du fait de la connaissance que l'amateur va vouloir acquérir à propos de l'objet qui le préoccupe.

En dehors de sa capacité à passer avec succès l'ensemble des tests identifiant les spécialistes (Tspé) et les partisans (Tpa), l'amateur présente des propriétés spécifiques, que des recherches futures permettront de mettre au jour.

Bibliographie

Alexandrova A., 2016, *Des noms d'âge aux noms de phase*, Lille, Presses Universitaires du Septentrion.
Baroni M., Bernardini S. (dir.), 2006, *Wacky! Working papers on the Web as Corpus*, Bologna, GEDIT.
Baroni M., Bernardini S., Ferraresi A., Zanchetta E., 2009, « The WaCky Wide Web : A collection of very large linguistically processed Web-crawled corpora », *Language Resources and Evaluation*, 43/3 : 209-226.
Cartoni B., Namer F., 2012, « Linguistique contrastive et morphologie : les noms en -*iste* dans une approche onomasiologique », Actes du 3e Congrès Mondial de Linguistique Française, Université Lumière Lyon 2, France, 4-7 juillet 2012, *SHS Web of Conferences* 1 : 1245-1260, en ligne. DOI : https://doi.org/10.1051/shsconf/20120100283.
Cartoni B., Namer F., Lignon S., 2015, « A Cross-Linguistic Insight on Agentive Noun Formation in Italian and French », Selected papers from "Morphology in Bordeaux" – 8th Décembrettes, Augendre S., Couasnon G., Lebon, D. Michard, C., Boyé, G., Montermini, F. Bordeaux, *Carnets de Grammaire*, 22 : 81-98.
De Swart, H., Winter Y., Zwarts J., 2007, « Bare nominals and reference to capacities », *Natural Language and Linguistic Theories*, 25 : 195-222.
Fasciolo M., Gross G., 2014, « Classifications linguistiques *vs* classifications ontologiques ? », *Travaux de linguistique* 2014/2 (n° 69) : 129-144.
Flaux N., Lagae V., Stosic D., 2015, « Des noms d'idéalités aux noms d'humains », *in* Mihatsch W., Schnedecker C. (dir.), *Les noms d'humains : une catégorie à part ?*, Stuttgart, Steiner (Zeitschrift für französische Sprache und Literatur, Neue Folge (ZFSL-B), Beiheft 40) : 179-202.
Flaux N., Stosic D., Lagae V., 2014, « *Romancier, symphoniste, sculpteur* : les noms d'humains créateurs d'objets idéaux », Actes du 4e Congrès Mondial de Linguistique Française, Freie Universität Berlin, Allemagne, 19-23 juillet 2014, *SHS Web of Conferences* 8 : 3075-3089, en ligne. DOI : https://doi.org/10.1051/shsconf/20140801263.
Fradin B., 2005, « On a semantically grounded difference between derivation and compounding », *in* Dressler W.U., Kastovsky D., Pfeiffer O.E., Rainer F. (dir.), *Morphology and its Demarcations*, Amsterdam/Philadelphia, Benjamins : 161-182.
Gosselin L., 2014, « De l'opposition *modus/dictum* à la distinction entre modalités extrinsèques et modalités intrinsèques », *Bulletin de la Société de Linguistique de Paris*, CX/1 : 1-50.
Gross G., 1995, « A propos de la notion d'humain », *Lingvisticae Investigationes* Supplementa 17, Amsterdam, Benjamins : 71-80.
Gross G., 2008, « Les classes d'objets », *Lalies*, 28 : 111-165.
Gross G., 2009, « Sur le statut syntaxique des substantifs humains », *Mélanges J. Cl. Anscombre*, Presses de l'Université de Savoie : 27-41.
Gross G., 2011, « Classification sémantique des noms humains collectifs », *Cahiers de Lexicologie*, 98 :65-82.
Kupferman L., 1991, « Structure événementielle de l'alternance *0/un* devant les noms humains attributs », *Langages*, 102 : 52-75.
Langer S., 1997, *Selektionsklassen und Hyponymie im Lexikon, Semantische Klassifierung von Nomina für das Elektronische Wörterbuch CISLEX* phd [http://www.cis.uni-muenchen.de/download/cis-berichte/96094.pdf].

Lasserre M., Montermini F., 2014, « How is the meaning of complex lexemes constructed? A study of neoclassical compounds in -cratie / -crate and -logie / -logue », *Italian Journal of Linguistics*, 26/2 : 157–181.

Lignon S., Namer F., Villoing F., 2014, « De l'agglutination à la triangulation ou comment expliquer certaines séries morphologiques », Actes du 4e Congrès Mondial de Linguistique Française, Freie Universität Berlin, Allemagne, 19–23 juillet 2014, *SHS Web of Conferences* 8 : 1813–1836, en ligne. DOI : https ://doi.org/10.1051/shsconf/20140801324.

Lignon S., Plénat M., 2009, « Échangisme suffixal et contraintes phonologiques », *in* Fradin B., Kerleroux F., Plénat M. (dir.), *Aperçus de Morphologie du français*, Paris, Presses Universitaires de Vincennes : 65–82.

Mari A., Martin F., 2008, « Bare and indefinite NPs in predicative position in French », *in* Schafer, *Incremental specification in context*, University of Stuttgart : 119–144.

Matushansky O., Spector B., 2005, « Tinker, tailor, soldier, spy », *Proceedings of* Sinn und Bedeutung, 9 : 241–255.

Mihatsch W., Schnedecker C., (dir.), 2015, *Les noms d'humains : une catégorie à part ?*, Stuttgart, Steiner (Zeitschrift für französische Sprache und Literatur, Neue Folge (ZFSL-B), Beiheft 40) .

Milner J. Cl., 1978, *De la syntaxe à l'interprétation : quantités, insultes, exclamations*, Paris, Seuil.

Mostrov V., 2015, « L'être humain et la relation partie-tout », in *Les noms d'humains : une catégorie à part ?*, *in* Mihatsch W., Schnedecker C. (dir.), Stuttgart, Steiner (Zeitschrift für französische Sprache und Literatur, Neue Folge (ZFSL-B), Beiheft 40) : 115–145.

Namer F., Villoing F., 2015, « Sens morphologiquement construit et procédés concurrents : les noms de spécialistes en -*logue* et -*logiste* », *Revue de Sémantique et Pragmatique*, 35/36 : 7–26.

Roché M., 2004, « Mot construit ? mot non construit ? quelques réflexions à partir des dérivés en -*ier(e)* » *Verbum*, 26/4 : 459–480.

Roché M., 2008, « Structuration du lexique et principe d'économie : le cas des ethniques », Actes du 1er Congrès Mondial de Linguistique Française, Paris, France, 9–12 juillet 2008, en ligne. DOI : https ://doi.org/10.1051/cmlf08064.

Roché M., 2011, « Quel traitement unifié pour les dérivations en -*isme* et en -*iste* », *in* Roché M., Boyé G., Hathout N., Lignon S., Plénat M. (dir.), *Des Unités Morphologiques au Lexique.*, Paris, Hermès-Lavoisier : 69–143.

Roy I., 2004, « Predicate Nominals in Eventive Predication », *USC Working papers in Linguistics*, 2 : 30–56.

Roy I., Soare E., 2011, « L'enquêteur, le surveillant et le détenu : les noms déverbaux de participants aux événements, lectures événementielles et structure argumentale », L*exique*, 20 : 207–23.

Schnedecker C., 2015, « Un problème à la croisée des disciplines linguistiques : les noms d'humains comme interface entre morphologie, syntaxe et sémantique », *in* Rabatel A., Ferrara A., Léturgie A. (dir.), *La sémantique et ses interfaces. Actes du colloque 2013 de l'ASL (Association des sciences du langage)* : 111–141.

Vassil Mostrov, Nelly Flaux
10 Pour une distinction entre deux classes de noms d'humains (dis)qualifiants

1 Introduction

Cette contribution fait partie d'une étude plus vaste sur les noms d'humains dépréciatifs, menée dans le cadre du projet franco-allemand NHUMA (Noms d'humains). Nous nous limiterons ici à la distinction entre deux classes de noms d'humains (qui, pour certains, ont aussi un emploi adjectival), à savoir celle des « défauts intellectuels » (comme *idiot*, *imbécile*) et celle des « défauts moraux »[1] (comme *salaud*, *canaille*). Notons d'emblée que, dans la littérature que nous connaissons sur la question, soit la distinction n'est pas établie (Milner, 1978), ou, quand elle l'est (Ruwet, 1982 ; Gross, 2012), elle mérite, selon nous, d'être approfondie[2]. Notre travail fait écho à celui de Gosselin (ici même) lequel donne une vision globale des NH sur la base de leur contenu modal.

Avant de présenter les tests auxquels nous pensons qu'il est pertinent de recourir afin de distinguer nos deux classes, rappelons les principaux arguments de Milner (1978) (repris par Schnedecker, 2015, et par Gosselin (ici même)) qui permettent de rattacher aussi bien *salaud* qu'*imbécile* à la même classe, à savoir celle des « noms qualifiants » (qu'il oppose aux « noms classifiants » comme *mari*,

---

[1] Ces termes sont empruntés à Gross (2012) ; nous les utilisons pour leur clarté, mais devons préciser que la classe des « défauts moraux », telle qu'elle est définie par Gross, inclut également des NH à contenu « spécifique », comme *voleur*, *menteur*, *traître*. Nous nous limitons dans cette étude aux NH « généraux », qui ne spécifient pas la mauvaise action qui est à l'origine de la qualification négative.

[2] Nous remercions un relecteur anonyme de nous avoir signalé la théorie d'*Appraisal* (Martin & White, 2005), « qui synthétise de nombreux phénomènes linguistiques autour de la notion de *jugement d'évaluation* » (Ferrari & Zhang, 2014). Dans ce modèle (pragmatique), nos deux sous-classes de NH appartiennent à la catégorie « Jugement », qui est elle-même une branche de « Attitude ». Une distinction pertinente a été faite entre « social esteem » et « social sanction », en fonction du type d'attitude qu'on adopte à l'égard des individus et de leurs comportements. Ainsi, *imbécile* et *idiot* seraient dans la catégorie « social esteem », en tant qu'évaluatifs de la « capacité » (dans notre cas « intellectuelle »), tandis que *salaud* et *canaille*, se rattachant à « social sanction », traduiraient plutôt un jugement de valeur sur le comportement « éthique » eu égard aux normes admises dans la société surtout par l'État et par l'Église. En outre, les membres de chaque catégorie sont distingués en fonction de la polarité de l'évaluation, positive ou négative. Les NH de nos deux sous-classes sont bien sûr attachés à des évaluations négatives, traduites respectivement par « criticise » (*imbécile*) et « condemn » (*salaud*).

professeur). Il s'agit *grosso modo* de leur compatibilité avec un certain nombre de structures syntaxiques (nous en retiendrons trois) dans lesquelles ils reçoivent l'interprétation de « termes d'insulte » :

> Structure A : elle regroupe le vocatif (*NH !*) et l'emploi prénominal de *espèce* (*Espèce de NH !*) : *Salaud ! Imbécile ! Espèce de salaud / d'imbécile !* ;
>
> Structure B : il s'agit de l'emploi du verbe *traiter* (*qqn de NH*) comme dans *Marie a traité Luc de (salaud / d'imbécile)* ;
>
> Structure C : c'est la construction bi-nominale *Det + NH1 de NH2*, où le *NH1*, prédicatif, qualifie de façon subjective le *NH2* : *Son imbécile de mari, ce salaud de Luc...* (*cf.* Larrivée, 1994)

En outre, Milner propose le test de l'exclamative en *quel* (*Quel NH !*) qui, avec des NH comme *imbécile* et *salaud*, donne toujours lieu à une interprétation dépréciative.

Le statut unificateur de « terme d'insulte » ne permet pas d'exhiber le contenu sémantique, certes souvent relativement imprécis, des NH en question (Milner parle à leur propos de NH « sans référence virtuelle »), ce qui nous a conduits à étudier d'autres emplois de ces NH, afin de les différencier.

Après quelques remarques relatives à notre démarche, nous nous concentrerons sur la distinction entre les deux classes de NH « qualifiants » à polarité négative (sur la notion de *polarité cf.* entre autres Jackiewicz, 2014, et Martin & White, 2005), en nous intéressant surtout à leur rapport à l'agentivité et aux nominalisations qui leur correspondent.

2 Remarques préalables

Quelques remarques s'imposent pour préciser les limites du champ de recherche et pour indiquer le cadre descriptif dans lequel nous nous situons, ainsi que ce que notre réflexion doit à des travaux antérieurs.

2.1 Nom et adjectif

Parmi les noms d'humains dépréciatifs, un grand nombre fonctionnent aussi comme adjectifs, mais pas tous. Nous signalerons la double ou la « mono » appartenance des NH, mais sans nous interroger sur les conditions de la double appartenance quand elle existe. Cette question en effet a déjà été largement étudiée, notamment par Kerleroux (1996, chapitre III). Cependant, bien que notre étude porte exclusivement sur les noms, nous serons amenés à mentionner leur emploi comme adjectif dans certaines structures, notamment dans les constructions à infinitif.

Précisons que nous ne prendrons en considération que les noms « qualifiants » perçus comme dénotant essentiellement ou prioritairement des êtres humains. Il ne sera donc pas tenu compte des noms d'insulte de nature métaphorique comme *une gourde, une cruche, une girouette...* (sur ce point voir entre autres Ruwet, 1982 : 245–247 ; la liste, déjà longue est, par nature, infinie. Voir aussi *Langue Française* 2004, 144).

2.2 Cadre descriptif

Outre les travaux déjà cités en introduction, nous avons exploité la réflexion menée par les linguistes s'inscrivant dans l'axe de recherche du projet NHUMA dirigé par W. Mihatsch et C. Schnedecker. Nous faisons référence d'une part, à plusieurs des textes rassemblés dans l'ouvrage *Les noms d'humains : une catégorie à part ?* (2015), de l'autre, plus particulièrement aux deux articles de Gosselin (2014) et ici même dont nous empruntons certains tests. Par ailleurs, nous avons également mis à profit la réflexion consacrée aux « adjectifs d'évaluation de comportement » (AEC) et aux « nominalisations d'évaluation de comportement » (NEC) de Paykin, Talayati & Van de Velde (2013 et 2015)[3].

S'agissant de ces deux derniers ensembles de travaux, précisons que l'étude présentée ici ne porte pas sur les questions d'ordre théorique : dans le cas des travaux de Gosselin, nous ne discuterons pas le modèle, la Théorie modulaire des modalités, TMM (2010, 2014) auquel se rattache la description qu'il propose. En ce qui concerne les deux textes de Paykin *et al*, nous n'aborderons pas « sur le fond » la question de la structure sémantico-syntaxique « profonde » des constructions dans lesquelles apparaissent les « noms d'évaluation du comportement » (NEC) se rattachant aux NH dépréciatifs.

2.3 Dérivation

Un grand nombre des NH dépréciatifs entretiennent des relations morphologiques et sémantico-syntaxiques avec d'autres parties du discours : des noms, dénotant des qualités ou propriétés (on parle de « nominalisation ») : par exemple *imbécillité* (*imbécile*) et / ou des comportements : *crapulerie* (*crapule*), ou encore des

---

[3] Nous exploitons également ponctuellement le travail sur les adverbes en -ment de Molinier & Levrier (2000), à la suite de Jackiewicz (2014). Néanmoins, la question des conditions d'emploi des adverbes étant trop complexe (*cf*. 4.1), nous ne pouvons pas l'approfondir ici faute de place. Nous la reprendrons dans une étude ultérieure.

actes ou des paroles : *sottises* (*sot*), selon les contextes, *cf. infra* ; des adverbes : *imbécilement* (*imbécile*), *crapuleusement* (*crapule*) ; plus rarement des verbes : *ignorer, saloper*.

Nous n'étudierons pas, bien évidemment, de manière méthodique les différents paradigmes que l'on peut établir en relation avec les deux sous-classes de NH. Il s'agira simplement de pointer, pour étayer certaines de nos hypothèses, les rapports entre ces deux types de NH et les paradigmes qui leur sont associés. Parmi ceux-ci, le plus intéressant, s'agissant des NH qualifiants, est celui des « nominalisations », auxquelles Paykin *et al* (2015) ont consacré une des deux études déjà signalées.

2.4 Les NH « qualifiants » (*imbécile* vs *salaud*)

Les deux sous-classes de NH qualifiants à polarité négative peuvent être illustrées par les exemples suivants[4] :

- *un imbécile* (qualité « intellectuelle ») : *un idiot, un crétin, un débile, un abruti, un demeuré, un incapable, un sot, un nigaud, un ignorant, un con*, etc.

- *un salaud* (qualité « morale ») : *une crapule, un salopard, une salope, un vaurien, un voyou, un hypocrite, un scélérat, un escroc, une brute, un malappris* (?), *un barbare, un chenapan, un goujat, une chipie, un garnement, un connard, une canaille, un gredin, un brigand, un cuistre, un galopin, un morveux, une conasse*, etc.

Deux différences sont à relever :

- l'alternance de genre est régulière pour les NH de type *imbécile* et moins régulière pour les NH de type *salaud* : les NH du premier type fonctionnent toujours comme des adjectifs ; c'est moins souvent le cas des NH du second.

- les NH de type *imbécile* sont moins nombreux que ceux de type *salaud*.

Ruwet (1982 : 303), critiquant Milner (1978), est peut-être le premier à avancer l'idée que les NH des deux sous-classes ne sont pas interchangeables, ce qu'il montre en citant la construction en *de Vinf* (qu'on discutera en détail *infra*) « qui donne les raisons de la prédication » :

---

[4] Précisons que les deux listes suivantes sont données à titre indicatif : nous sommes conscients que les lexèmes qui y figurent ne sont pas tous compatibles avec les différents tests exploités dans notre travail. Nous nous limiterons ici à l'examen des propriétés de quelques cas « prototypiques » comme *imbécile, idiot / salaud, crapule*, examen qui nous servira de base pour affiner, dans une étude ultérieure, notre classement.

1) Pierre est un imbécile d'avoir raté son train.
2) Pierre est un salaud d'avoir plagié mon livre.

Mentionnons que Gross (2012) distingue également les deux classes « défaut intellectuel » (*imbécile*) et « défaut moral » (*salaud*), mais en les rattachant à la classe générale des « défauts humains » dont l'existence est justifiée par le comportement d'insulte des NH en question (ce qui rejoint en fin de compte l'analyse de Milner, 1978).

Chez Gosselin (2014 et ici même), le point commun entre *un imbécile* et *un salaud* est qu'ils appartiennent tous les deux à la classe des NH « non classifiants » (*cf.* sa fig. 5 dans le présent volume), laquelle se subdivise en « NH appréciatifs » (*imbécile*) et « NH axiologiques » (*salaud*). *Rater son train* est indésirable, alors que *plagier un livre* est blâmable, d'où la différence dans le choix du « nom de qualité ». Notre travail, qui est tout à fait compatible avec le classement proposé par cet auteur, accorde également une importance au lien qu'entretiennent les NH des deux classes avec la notion d'*agentivité* et, comme il a déjà été dit, à l'interprétation des nominalisations respectives.

Examinons maintenant les tests et les données qui nous permettront de distinguer, de façon plus poussée, nos deux sous-classes.

3 L'agentivité

Dans le cadre de notre étude, nous prenons comme base la définition de l'agentivité donnée par Gruber (1967) (et reprise par Huyghe & Tribout, 2015 : 102), selon laquelle « un agent est une entité animée, effectuant une action donnée de manière intentionnelle »[5]. Dans cette perspective, l'agentivité est indissociable des notions d'*intentionnalité* et de *dynamicité*, ce qui permet à Huyghe & Tribout de différencier les NH agentifs comme *voleur* et *expéditeur (d'un colis)* des NH non agentifs comme *ronfleur* (absence d'intentionnalité) et *amateur* (absence de dynamicité).

Pour ce qui est de nos NH, on peut avoir aussi bien *se comporter comme un salaud* que *se comporter comme un imbécile*. Mais le comportement semble être

---

5 Il existe d'autres conceptions de l'agentivité, comme celle défendue entre autres par D. Van de Velde (2011), selon laquelle il suffit qu'une entité, animée ou pas, provoque un changement d'état, pour lui attribuer le rôle d'agent (comme la lumière, quand elle provoque le jaunissement des murs par exemple) ; dans cette conception très large, que l'auteure rapproche de celle de « cause », il est évident que l'agentivité n'implique pas toujours l'intentionnalité.

intentionnel (et donc lié clairement à l'agentivité dans la conception que nous adoptons) seulement dans le cas de *salaud* (et similaires), alors qu'il peut être « non conscient » dans le cas d'*imbécile*, comme le montrent respectivement les énoncés (2) et (1). Ajoutons, par ailleurs, que la qualification par *imbécile* peut n'être liée à aucun comportement (si celui-ci est défini comme « façon d'agir d'une certaine manière »), comme dans *Tu es un imbécile de croire au père Noël* (*cf. infra*).

3.1 Enchaînements

L'agentivité du sujet se manifeste, en premier lieu, grâce à un test de type sémantique (argumentatif ?) et / ou « discursif » proposé par Gosselin (ici même) : la possibilité ou l'impossibilité d'enchaîner les exemples (1) et (2) ci-dessus par *mais ce n'est pas de sa faute / mais il ne l'a pas fait exprès* comme en (3) et (4) :

3) Pierre est un imbécile d'avoir raté son train, mais il ne l'a pas fait exprès / mais ce n'est pas de sa faute.

4) *Tu es un salaud d'avoir plagié mon livre, mais tu ne l'as pas fait exprès / mais ce n'est pas de ta faute.

À quoi on peut ajouter (toujours en suivant Gosselin) un test de même type : la possibilité – ou sinon l'impossibilité, du moins la difficulté – pour l'infinitif, d'entrer dans un énoncé comportant le prédicat *avoir le malheur de* ou *avoir la malchance de* :

5) Pierre (a le malheur / la malchance) d'être un imbécile.

6) ??Tu as (le malheur / la malchance) d'être un salaud.

3.2 Tests syntactico-sémantiques

L'agentivité, comme l'ont montré Paykin *et al* (2013), se manifeste aussi grâce aux tests suivants, plus strictement syntactico-sémantiques :

– l'emploi d'un *Sprep* introduit par la préposition *avec*, qui souligne la dimension morale des NH du type *un salaud*, laquelle suppose la relation à autrui (« victime » dans le cas des NH dépréciatifs) :

7) Pierre est un salaud avec ses confrères.

8) ??Pierre est un imbécile avec ses confrères.

L'action véritable, le comportement, impliquent un sujet agent. Celui-ci est responsable de ses actes, de son comportement avec les êtres auxquels il a à faire (*être un salaud avec quelqu'un*) ; mais il n'est pas responsable de ses « qualités » intellectuelles défaillantes ou insuffisantes (*être un imbécile avec quelqu'un). On note toutefois qu'avec le verbe se comporter lui-même, l'emploi de un imbécile est beaucoup plus acceptable :

9) Pierre se comporte comme un imbécile avec ses confrères.

Comme on l'a vu, en effet, la qualification d'un être humain par un imbécile peut se baser sur le comportement. Et puisqu'un comportement implique normalement la relation à autrui, l'énoncé (9) n'a rien d'étrange. Mais il est à remarquer que (9) contraste avec (7) par la nécessité, dans le premier cas, d'utiliser se comporter afin d'interpréter la qualification par un imbécile comme se fondant sur un comportement (à l'égard d'autrui), interprétation qui ne semble pas être attachée à ce NH directement :

- l'emploi d'adverbes impliquant l'agentivité du sujet (appelés « adverbes de volonté » par Mordrup, 1976, cité par Molinier & Levrier, 2000 : 181), tels que volontairement, ostensiblement :

    10) Pierre se comporte (volontairement / ostensiblement) comme un salaud avec ses confrères.
    11) *Pierre se comporte (volontairement / ostensiblement) comme un imbécile avec ses confrères.

- l'infinitif. S'agissant des AEC, Paykin et al (2013 : 375-376) font remarquer que, lorsque l'adjectif est construit avec un infinitif, celui-ci rend l'énoncé inacceptable, et que seul l'énoncé dépourvu du SPrep en avec est possible :

    12) *Pierre est gentil avec moi de m'avoir accompagné.
    13) Pierre est gentil de m'avoir accompagné.
    14) Pierre est gentil avec moi.

Même si nous ne partageons pas le jugement d'acceptabilité très tranché de nos collègues, force est de constater que (12) est moins bon que (13) et (14).

Plus curieux de notre point de vue, est le fait qu'avec les NH « qualifiants » de type moral (un salaud), le même contraste, selon nous plus accusé, s'observe :

15) *Pierre est un salaud avec moi d'avoir plagié mon livre.
16) Pierre est un salaud d'avoir plagié mon livre.
17) Pierre est un salaud avec moi.

La valeur agentive des NH de type un salaud par opposition à la valeur non agentive des NH de type un imbécile est exhibée encore par les propriétés suivantes mises au jour par Paykin et al (idem) :

- l'emploi de *le faire* cataphorique :

    18) Je ne le ferai plus, d'être un salaud.

    19) *Je ne le ferai plus, d'être un imbécile.[6]

- l'impératif (à la forme négative pour nos NH puisqu'ils se rapportent à des comportements moralement déviants ou à des qualités intellectuelles à polarité négative) :

    20) Ne sois pas un salaud ! / ??Ne sois pas un imbécile !

- l'emploi du verbe *se comporter* avec un adverbe de manière (l'adverbe *salaudement* étant très peu attesté – 1 occurrence dans *Frantext* intégral, nous utilisons *crapuleusement* < adjectif *crapuleux*) :

    21) Pierre se comporte crapuleusement.

    22) ??Pierre se comporte imbécilement[7].

En revanche, aussi bien *crapuleusement* qu'*imbécilement* peuvent apparaître en tête de phrase, comme adverbes se rapportant au sujet et à son « action ». Précisons que, pour Molinier & Levrier (2000), *crapuleusement* est un adverbe de manière, alors qu'*imbécilement*, du moins en (24), est un adverbe d'attitude, mais ils sont tous les deux orientés vers le sujet-agent, quoique le rapport avec celui-ci ne soit pas exactement le même (*cf.* aussi Jackiewicz, 2014) :

    23) Crapuleusement, Pierre fait croire qu'il a lui-même écrit ce livre.

    24) Imbécilement, Pierre a refusé cette offre.

Par contre, puisque cette construction exige que le sujet soit agentif (ce qui est montré par Molinier & Levrier, 2000 : 112–113), (25) n'est pas possible, quoiqu'on

---

6 Si on ne peut pas être (un) imbécile de façon volontaire, on peut bien évidemment se faire passer pour un imbécile, ce dont témoigne, entre autres, l'expression *faire l'imbécile / l'idiot* : « L'avantage d'être intelligent c'est qu'on peut faire l'imbécile alors que l'inverse est totalement impossible » (Woody Allen).

7 Notons que nos jugements d'acceptabilité ne rejoignent pas ceux de Molinier & Levrier (2000), pour qui *imbécilement* mais non *crapuleusement* peut se combiner avec *se comporter* (*cf.* « tables syntaxiques », p. 309 et suivantes) ; ils disent néanmoins que « la relation (A) avec V= : *se comporter* » est vérifiée par des adverbes « construits sur des adjectifs exprimant des traits psychologiques ou *moraux* (nous soulignons) se traduisant ou s'extériorisant en actes » (p. 127–128), caractéristique tout à fait compatible avec ce que dénote *crapuleusement* à la différence d'*imbécilement* qui peut ne pas avoir de lien avec un acte (*Paul est imbécilement / *crapuleusement crédule*).

puisse dire (26) : (25) et (26) ne peuvent donc pas être considérés comme étant en relation de paraphrase (*cf.* 3.3. *infra*) :

25) ?? Imbécilement, Pierre a raté notre rendez-vous.
26) Pierre est un imbécile d'avoir raté notre rendez-vous.

En outre, une recherche sur *Frantext* (1800 – 2010) montre des tendances assez nettes concernant les emplois de ces deux adverbes, *imbécilement* apparaissant souvent dans des contextes qui ne mettent pas forcément en cause, du moins directement, l'agentivité (*paresser imbécilement, se laisser imbécilement tromper, aimer imbécilement, imbécilement fier / fidèle / crédule*...), à la différence de *crapuleusement* (*voler crapuleusement l'autre, être lâché crapuleusement, crapuleusement hostile / bas*...).

3.3 La construction personnelle à *Vinf* « cognate object » et sa variante « passive »

Paykin *et al* (2013) analysent l'infinitive complément de *être AEC* comme un « cognate object » argumental[8], qui a donc une valeur spécifiante « eu égard au sens, générique, de la locution *être AEC* » (*ibid.* : 392). Or, ils assimilent *être AEC* à un verbe agentif, comme le générique *faire* (point dont nous ne discuterons pas ici car la présentation de l'argumentation en faveur de cette analyse serait trop longue) ; il s'ensuit que « le verbe à l'infinitif est forcément lui aussi un verbe agentif » (*ibid.* : 392). Cela leur permet de proposer une relation de dérivation entre (27) et (28), la deuxième phrase étant la variante « passive » de la première (qui est une construction personnelle) :

27) Pierre est imprudent de conduire aussi vite.
28) C'est imprudent de la part de Pierre de conduire aussi vite. (*ibid.* : 372, ex. 8 et 9)

Sans entrer dans les détails de leur analyse, disons que, pour eux, dans (28), qui est une construction impersonnelle en surface, le complément à l'infinitif est le sujet de *être imprudent* et *de la part de Pierre* reçoit l'interprétation d'un complément d'agent. On a donc en structure profonde *(De) conduire aussi vite est imprudent de la part de Pierre.*

---

[8] Un « cognate object » argumental, ou argument interne, est un objet qui « établit un rapport spécifiant entre un genre et une espèce de ce genre » (Paykin *et al*, 2013, à la suite de Levin, 1993). Le « genre », qui est l'objet proprement « interne », appartient à la structure lexicale du verbe (*chant* dans le cas de *chanter*), ce qui permet aux espèces de ce genre (*air, mélodie, ballade*...) d'être prévisibles à partir du sens lexical du verbe.

Ils signalent également (*ibid.* : 386–387) que la locution prépositionnelle *de la part de* a des interprétations clairement agentives, comme dans le cas des nominalisations déverbales (*le refus de tout compromis de la part de l'adversaire*) et des « chaînes agentives » (*Je te donne ce livre de la part de Paul*). Il est donc clair que *Pierre*, dans *de la part de Pierre* (en 28), doit être interprété comme un agent[9].

Notons au passage que la relation de paraphrase entre les structures qu'illustrent (27) et (28) a déjà été établie par Molinier & Levrier (2000), qui montrent également qu'une autre structure doit leur être associée, à savoir 'ADV, P', où l'adverbe, dans une position disloquée, porte aussi bien sur le sujet-agent que sur la phrase entière (il s'agit d'un adverbe d'attitude orienté vers le sujet). Mais il y a une contrainte aspectuelle qui pèse sur 'ADV, P' « qui ne peut avoir qu'une lecture ponctuelle et non générique » (*ibid.* : 132) :

29) Imprudemment, Pierre a conduit très vite hier soir.

Nous pensons que l'analyse du « cognate object » et de la diathèse passive qui existe entre (27) et (28) permet de distinguer, une fois de plus, nos N / Adj « défaut intellectuel » / « défaut moral » (notons que la construction impersonnelle exige l'emploi adjectival du NH, ce qui exclut des NH comme *vaurien* et *voyou* qui ne se construisent jamais comme des adjectifs : **Il est vaurien / voyou de la part de Pierre de faire une chose pareille*). Premièrement, l'hypothèse du « cognate object » permet d'expliquer la différence de contenu concernant l'infinitive respectivement dans le cas d'*imbécile* et dans celui de *salaud* dans les exemples (1) et (2) répétés en (30) et (31), ce qui rejoint l'affirmation de Ruwet (1982 : 303) déjà citée selon laquelle « le complément en de *Vinf* donne les raisons de la prédication ». Elle permet aussi d'expliquer la distinction qu'établit Gosselin (ici même) entre modalités appréciatives et axiologiques (à polarité négative dans le cas de « nos » NH), mais aussi celle entre « estime sociale » et « sanction sociale » empruntée au modèle d'*Appraisal* (Martin & White, 2005) :

30) Pierre est un imbécile d'avoir raté son train.

31) Pierre est un salaud d'avoir plagié mon livre.

---

9 Un fait, cependant, reste pour nous inexpliqué à propos des AEC non négatifs, ou du moins à propos de certains d'entre eux comme *gentil*, que ne mentionnent pas K. Paykin *et al* (2013). Il s'agit de la construction en à SN / à Pro correspondant à l'agent (tout comme *de la part de*), mais exprimé au « datif » :
(i)   C'est gentil / aimable (à Pierre / à toi) de nous avoir invités.
(ii) ? C'est méchant (à toi / à Pierre) de nous avoir laissés tomber.
(iii) *C'est salaud (à toi / à Pierre) de nous avoir dénoncés.
(iv) *C'est imbécile (à toi / à Pierre) d'avoir raté ton train.

Deuxièmement, il est à remarquer que la « variante passive » de la structure personnelle n'est disponible que quand le sujet de celle-ci est agentif, ce qui est dû au sémantisme de la locution *de la part de*. En effet, dans tous les exemples de paraphrases diathétiques que donnent Paykin *et al* (2013) (qu'il s'agisse d'AEC moraux (32) ou intellectuels (33)), le sujet est toujours agent, responsable de ces actes :

32) Pierre est gentil de venir me voir tous les jours / C'est gentil de la part de Pierre de venir me voir tous les jours. (*ibid.* : 375, ex. 19-20)

33) a) Pierre est stupide de ne pas être venu avec nous / C'est stupide de la part de Pierre de ne pas être venu avec nous. (*ibid.* : 382, ex. 64-65)

b) C'était idiot, de la part de Jean, de rejeter cette offre. (*ibid.* : 398, ex. 123)

À première vue, la paraphrase possible en *de la part de* ne nous permet pas de distinguer *gentil* (ou *salaud*, (31) donnant *Il est salaud de la part de Pierre d'avoir plagié mon livre* qui exige l'emploi adjectival de *salaud* comme signalé ci-dessus) de *stupide* et de *idiot*, car dans les deux cas le sujet (sous la forme d'un complément d'agent) est agentif. De même, la construction 'ADV, P', développée dans Molinier & Levrier, exige, elle aussi, un sujet agentif (*Saludement / crapuleusement, Paul a plagié mon livre / Stupidement, Paul n'est pas venu avec nous*). C'est qu'on peut qualifier de « stupides » ou de « mauvais » des actes, certes différents, mais qui ont pour propriété commune d'être accomplis consciemment.

Ce qui permet néanmoins de distinguer les deux sous-classes de N / Adj « qualifiants », c'est que l'acte qui appelle une qualification de type « intellectuel », à la différence de celui qui appelle une qualification « morale », peut ne pas être agentif à proprement parler, comme cela semble être le cas de *rater son train* dans (30). Du coup, et sans surprise, la « variante passive » d'une telle phrase est peu naturelle, car, comme nous l'avons dit à la suite de Paykin *et al* (2013), le régime de *de la part de* doit clairement être agentif :

34) ??Il est imbécile de la part de Pierre d'avoir raté son train[10].

---

10 Il est à noter qu'avec *imbécile* (à la différence de *stupide*) la variante en *de la part de* ne semble pas très bonne, même quand on est en présence d'un « cognate object » agentif (*??Il est imbécile de la part de Pierre de vouloir répondre à de telles questions*), même si on en trouve quelques exemples sur la toile comme celui-ci, tiré d'un forum : *C'est imbécile de ta part de reprendre des extraits de mes messages qui sont justement destinés à répondre aux mensonges et à stigmatiser les manœuvres d'évangélistes dont le principal but est d'aller convertir des musulmans* (Google). Il s'agit probablement d'une question d'usage, mais il n'est pas exclu que ces différences de distribution soient dues à des nuances sémantiques et / ou morpho-syntaxiques entre des N / Adj appartenant pourtant à la même sous-classe.

Il en est de même de la structure 'ADV, P' :

35) ??Imbécilement, Pierre a raté son train.

Si (34) et (35) échouent, c'est parce que l'acte de Pierre de rater son train ne relève pas d'une décision de sa part, contrairement à l'acte de ne pas venir avec le référent de *nous* (33a) ou à celui de rejeter l'offre (33b), tous les trois recevant, pourtant, une qualification « intellectuelle » à polarité négative (qui est aussi celle du sujet de l'acte). Le fait qu'en (30) l'agentivité du sujet n'est pas engagée, contrairement à (33), peut être étayé sur la base de l'emploi (im)possible de prédicats comme *décider, choisir* et d'adverbes « de volonté » comme *délibérément, volontairement* (*cf.* Huyghe & Tribout, 2015 : 103) :

30)' ??Pierre est un imbécile d'avoir décidé de rater son train / ??Pierre est un imbécile d'avoir raté, délibérément, son train.

33) a'. Pierre est stupide d'avoir décidé de ne pas venir avec nous / Pierre est stupide de n'être pas venu avec nous, délibérément / volontairement.

De plus, un NH comme *imbécile* (ou un adjectif comme *stupide*, pour prendre un exemple contrastant avec (33a)), peuvent avoir (associés à *être*) des « cognate objects » qui contiennent des prédicats épistémiques ou psychologiques, non agentifs par nature :

36) Paul a été un imbécile de croire que Marie l'aimait.

37) Pierre est stupide d'avoir peur des chats / de croire que Marie l'aime.

Mais il est à remarquer que, même quand le sujet est agentif avec les Adj / N de « défaut intellectuel » (33), ce qui est en lien avec l'agentivité du verbe figurant dans le « cognate object », l'expression « être AEC / NH-intellectuel » ne semble pas elle-même être agentive, à la différence de « être AEC / NH-moral ». En (33), l'usage d'adverbes « de volonté » (*volontairement, délibérément*) n'est possible qu'en association avec le prédicat dans l'infinitive (33 a') mais pas avec la « locution verbale » être stupide :

33) a''. *Pierre est volontairement stupide de ne pas être venu avec nous.

En revanche, du moins dans son emploi adjectival, *salaud* accepte ce type d'adverbe plus aisément[11], qu'un « cognate object » soit présent (38) ou pas (39) :

---

[11] Ce qui induit une légère redondance, mais on veut alors insister précisément sur l'intention malveillante de l'agent.

38) Pierre a été volontairement salaud de raconter sur moi des choses pareilles.

39) Je pense qu'il est plus maladroit, entre autres, que volontairement salaud et manipulateur. (Google)

Ce contraste peut être mis en parallèle avec celui établi *supra* entre (10) et (11), repris en (40) et (41), en lien avec le verbe *se comporter*, qui reçoit une interprétation agentive seulement quand lui est associé un NH de « défaut moral » :

40) Pierre se comporte (volontairement / ostensiblement) comme un salaud avec ses confrères.

41) *Pierre se comporte (volontairement / ostensiblement) comme un imbécile avec ses confrères.

L'analyse de la construction personnelle avec *de VInf* et de sa variante « passive » ne remet donc pas en cause l'agentivité liée aux N / Adj de « défaut moral » et son absence dans le cas des N / Adj « défaut intellectuel », mais elle permet néanmoins de préciser que rien ne s'oppose à ce qu'une action intentionnelle, accomplie par un être humain-agent, donne lieu à une évaluation négative de type « défaut intellectuel » (ce qui est également prouvé par la possibilité pour *stupidement / imbécilement* d'apparaître dans la structure 'ADV, P'). De façon plus générale, si l'hypothèse du « cognate object » est tout à fait pertinente pour les N / Adj « moraux », qui sont étroitement liés au comportement intentionnel de l'humain, elle mériterait, selon nous, d'être revue / affinée pour ce qui concerne les N / Adj « intellectuels ». En effet, dans leur cas, même si on peut reconnaître à *P (de Vinf)* une valeur spécifiante eu égard à « être N / Adj » (*être stupide* pouvant être le « genre » de *X ne pas venir avec nous*), l'agentivité du sujet, quand elle existe, ne semble pas dépendre de la « locution verbale » « être N / Adj », mais plutôt de *Vinf*[12].

Pour résumer, si « être Adj / N-défaut intellectuel » peut bien se rapporter à l'agent d'une action (à travers un comportement intentionnel), ce n'est nullement obligatoire, et il peut même arriver que le comportement, au sens strict du terme, de l'être humain en question, ne soit pas en cause (le fait que Pierre ait peur des chats en (37), n'implique pas, du moins directement, un comportement). En revanche, « être Adj / N-défaut moral » est toujours lié à un comportement, ce qui se comprend bien si on ne perd pas de vue que « les qualités morales (…) s'attribuent, comme on le sait depuis Aristote, sur la base de *la manière d'agir* envers autrui » (Paykin *et al*, 2013 : 402).

---

[12] Pour être plus précis, dans ce cas, c'est le sujet PRO de l'infinitif, contrôlé par sujet de « être N / Adj », qui a le rôle d'agent.

La conclusion à laquelle nous sommes arrivés (à savoir que les NH de type *un imbécile* se discriminent de ceux de type *un salaud* du point de vue de l'agentivité), qui s'appuie sur des tests en majeure partie syntactico-sémantiques et aussi sur quelques tests «sémantico-argumentativo-discursifs», se renforce encore quand on considère les paradigmes de termes qui leur sont liés morphologiquement et sémantiquement.

4 Paradigmes en relation morphologique et sémantico-syntaxique

4.1 Les adverbes et les verbes

Les adverbes correspondant aux NH de type *un salaud* semblent un peu moins nombreux que ceux qui sont liés aux NH de type *un imbécile*. Une des raisons en est que les premiers sont plus rares à fonctionner comme adjectif, nous l'avons dit.

Citons, pour la sous-classe des NH qualifiants dénotant des humains dont le comportement déviant relève d'un déficit intellectuel : *imbécilement, bêtement, crétinement* (absent du PR et du *TLFi*), *sottement, idiotement, connement, niaisement, débilement*. Et pour la sous-classe des N qualifiants dénotant des humains dont le comportement déviant relève d'un défaut d'ordre moral : *crapuleusement, hypocritement, scélératement* (cité par le *TLFi* comme «rare»), *goujatement, connardement, gredinement* (ces deux derniers sont absents du *TLFi*).

Dans le cadre de ce travail, nous n'aborderons pas le fonctionnement des adverbes, qui est très complexe. Nous exploiterons ultérieurement la très stimulante typologie proposée dans Molinier & Levrier (2000) afin d'établir des distinctions pertinentes. Selon cette typologie, les adverbes se rattachant à notre première classe (*imbécilement*) fonctionneraient aussi bien comme adverbes d'attitude orientés vers le sujet (avec une portée sur la phrase (42)) que comme adverbes de manière orientés vers le sujet (modifiant prioritairement le verbe (43)), à la différence de ceux de la seconde classe (*crapuleusement*) qui n'auraient que la seconde caractéristique (44) :

42) Imbécilement, il a refusé son offre.

43) Il a répondu imbécilement à la question.

44) Il a détourné crapuleusement de l'argent. (Ces trois exemples sont empruntés à Molinier & Levrier, 2000 : 445, 467)

L'interprétation de ces données mérite une étude approfondie. Elle pourrait suggérer que les comportements relatifs à la morale sont codifiés de façon plus précise dans la langue que ceux relatifs à l'intellect (*détourner de l'argent, plagier, mentir, voler*... comportent déjà dans leur définition la modalité axiologique négative, alors que ni *refuser*, ni *répondre* n'ont *a priori* de lien avec une évaluation quelconque).

Les verbes qui entretiennent des rapports morphologiques et syntactico-sémantiques avec les NH « qualifiants » sont très peu nombreux. Cela n'a rien de surprenant s'agissant des NH « intellectuels » ou de déficit intellectuel, puisque ces NH sont « en principe » en relation avec des qualités et non avec des actions -du moins directement. On peut citer : *ignorer, demeurer, abrutir*. Plus étonnant *a priori* : aux NH « moraux » n'est associé également qu'un petit nombre de verbes : *saloper* (< *salope* et non *salaud*), *escroquer, ? déconner, s'encanailler*.

4.2 Les nominalisations

4.2.1 Généralités

Le cas du paradigme des nominalisations (noms de « propriétés » morales ou intellectuelles) est compliqué lui aussi, mais plus directement pertinent pour notre propos. La littérature est sans doute aussi étendue que celle qui est consacrée aux adverbes. Aussi nous en tiendrons-nous aux deux travaux cités en première partie (Paykin *et al*, 2013 et 2015), auquel nous ajoutons celui de Mostrov (2015).

S'agissant des deux paradigmes respectifs, nous relevons ceci :

- les NH « moraux » ont peu de nominalisations correspondantes. Une raison au moins : les NH de type *un salaud* sont nombreux à ne pas avoir d'emploi adjectival. Et quand elles existent, les nominalisations n'ont pas toutes un sens en rapport avec l'idée de qualité morale : *barbarie, canaillerie, crapulerie, goujaterie, truanderie, scélératesse, gredinerie, saloperie, escroquerie, cuistrerie* (*gredinerie* est considéré comme « vieilli » par le PR).

- les NH « intellectuels » ont une nominalisation plus régulière (tous ont un emploi adjectival) et leur sens semble correspondre, au moins de prime abord, davantage à l'idée de qualité / propriété : *sottise, idiotie, débilité, imbécillité, crétinerie, connerie, ignorance*. Par contre, aucun nom de qualité / propriété ne correspond à *abruti* ni à *demeuré* (*abrutissement*, selon le PR, signifiait autrefois : « état d'une personne qui vit comme une brute, une bête ». Sens moderne : « Action d'abrutir, de rendre stupide »).

4.2.2 Propriétés sémantico-syntaxiques

4.2.2.1 Interprétation des NH en tant que « qualités »

Paykin *et al* (2013 : 379–380) font remarquer, à la suite de Van de Velde (1995), que les noms d'évaluation du comportement (NEC) acceptent le génitif de qualité[13] :

- 45) Pierre est d'une intelligence profonde / d'une gentillesse confondante.
- 46) C'est un conducteur d'une grande imprudence.

Il en va de même des nominalisations en lien avec les NH qualifiants, du moins lorsqu'il s'agit de NH qualifiants « intellectuels » :

- 47) Un garçon d'une rare imbécillité pérorait dans la cour.
- 48) J'ai rencontré une fille d'une stupéfiante connerie.
- 49) Ce type est d'une goujaterie !
- 50) ??Pierre est d'une saloperie incroyable.
- 51) ??Marie fréquente un individu d'une crapulerie dangereuse.

Il est à remarquer que les nominalisations des NH de « défaut moral » ne semblent être pleinement compatibles avec cette structure (et donc avec l'idée de propriété) que quand elles servent à qualifier des actes, ou des faits, mais pas des humains :

- 52) L'assassinat d'Oscar Dufrène par un marin inconnu était d'une crapulerie classique. (Beauvoir, *Frantext*)
- 53) Tout cela est d'une canaillerie abominable et les libéraux sont désormais déshonorés. (Chateaubriand, *Frantext*)

Une autre structure, étudiée par Mostrov (2015) à la suite de Van de Velde (1995), réservée surtout aux N de parties du corps humain (54) mais compatible également avec la plupart des NEC (55), fait apparaître des contrastes intéressants. Il s'agit du GP à + *dét. défini* + *N,* où l'article défini est celui de la possession inaliénable (*cf.* entre autres Guéron, 2005) :

- 54) J'ai rencontré une fille aux yeux bleus.
- 55) Paul est un homme à la méchanceté diabolique.

---

13 « Le génitif de qualité est, en français, un syntagme prépositionnel (SP) introduit par *de* comportant un nom modifié par un adjectif (...). Il a un rôle qualifiant, puisqu'il peut servir de réponse à une question en *comment* (...) » (Paykin *et al*, (2013 : 379). Il permet de séparer les « nominalisations » qui dénotent des propriétés des autres (comme celles, entre autres, qui dénotent des états (*inquiétude, tristesse,* etc).

À la différence de ce qui se passe dans le génitif de qualité, le N « de qualité », devenu « partie inaliénable » de son sujet, perd sa valeur de « grandeur intensive »[14] au profit de la typification, ce qui exclut (56) par exemple :

    56)   ??C'est un homme à l'imbécillité surprenante.

Mais même si *crapulerie dangereuse* peut être interprété comme dénotant un type de crapulerie, l'énoncé (57) n'est pas bien formé, à la différence de (55) :

    57)   ??C'est un individu à la crapulerie dangereuse.

Si (56) et (57) échouent, ce n'est donc pas pour la même raison : *imbécillité*, en tant que N de « qualité », n'est pas incompatible avec l'idée de « partie » (au sens large du terme, *cf.* Husserl, *Recherches logiques III* ; Hanon, 1989 ; Mostrov, 2010), mais il est difficile d'imaginer une typification dans son cas, alors que *crapulerie*, vraisemblablement à cause de son absence de lien direct avec l'idée de qualité, ne peut pas devenir une partie inaliénable de son sujet, contrainte exigée par la structure.

C'est ce lien « faible » avec l'interprétation de « propriété » des nominalisations associées à des comportements moralement déviants qui semble également expliquer leur incompatibilité avec la structure existentielle locative *il y a en / chez lui un N* (Van de Velde, 1995 ; Mostrov, 2015), laquelle est pourtant réservée aux NEC d'évaluation morale :

    58)   Il y a en lui une grande générosité / méchanceté.
    59)   *Il y a en lui une grande crapulerie / une crapulerie dangereuse.

Quant aux nominalisations de type *imbécillité*, leur incompatibilité avec la structure pourrait s'expliquer par le fait qu'on ne conçoit pas les qualités qu'elles dénotent comme « enveloppées à l'intérieur de leur sujet » (Van de Velde, 1995 : 171) :

    60)   ??Il y a en lui une grande imbécillité.

4.2.2.2 « Avoir » vs « faire » sans complément à l'infinitif
Des différences apparaissent aussi quand on examine d'autres constructions. Commençons par l'emploi du verbe *avoir*.

---

14 Ce terme, introduit par Kant (*Critique de la Raison Pure*) est emprunté à Van de Velde (1995 : 129) : « Les grandeurs intensives sont des grandeurs dont l'intensité correspond au 'degré d'influence' que les objets de la perception ont sur les sens ».

Contrairement aux NEC, ou du moins à une grande partie d'entre eux (les auteurs distinguent trois sous-classes : *intelligence / générosité / folie*), seules les nominalisations correspondant aux NH de type *un imbécile* acceptent de se construire avec *avoir*, à condition qu'un modifieur suive le nom :

61) Paul a de l'intelligence.
62) *Paul a (de l'imbécillité / de la crapulerie).
63) Paul a de l'imbécillité à revendre.
64) *Ce type a de la crapulerie sans limites.
65) *Marie a de la saloperie (répugnante / incroyable).

La proximité avec les NEC se révèle plus limitée encore quand le SN objet a pour déterminant l'article indéfini (un modifieur est alors également nécessaire) : les nominalisations « dérivées » des NH de type *un imbécile* n'acceptent pas la construction, ni celles qui sont en lien avec les NH de type *un salaud* ou *une crapule* :

66) Paul a une intelligence rare / une générosité incroyable.
67) *Paul a une imbécillité rare.
68) *Paul a une crapulerie sans pareille.

Autre différence signalée par Paykin *et al* (2015) : seuls les NEC dérivés d'AEC dénotant une qualité morale acceptent la construction en *avoir* avec un SN indéfini au pluriel (suivi d'un modifieur). Nos nominalisations « dérivées » de NH « intellectuels » les refusent ; les nominalisations en lien avec les NH « moraux » aussi :

69) Paul a des générosités imprévisibles.
70) *Paul a des imbécillités surprenantes.
71) *Paul a des crapuleries dangereuses.

Cependant, avec *faire*, les nominalisations liées aux NH qualifiants se rapprochent des NEC. Comme la plupart de celles-ci (72, 73), les nominalisations de nos deux sous-classes de NH acceptent normalement la construction *faire un / des N* (74, 75). Le SN complément d'objet dénote alors des « actes qualifiés » :

72) Marie fait souvent des imprudences.
73) Paul n'hésite jamais à faire une générosité (Paykin *et al*, 2015).
74) Marie fait des crapuleries à longueur de temps.
75) Marie fait toujours (des sottises / des imbécillités *vs* *des débilités).

Mais on observe une distinction entre les nominalisations des NH de comportement moralement déviant et celles associées à des NH de « défaut intellectuel », parallèle à celle qui s'établit entre les NEC dénotant des « qualités morales » et les NEC liées à des « qualités pratiques » (pour cette distinction, cf. Paykin et al, 2015). L'emploi des premières (76) est compatible avec la présence d'un « bénéficiaire » qui apparaît sous la forme d'un argument au datif du verbe support *faire* (car un acte « moral » est toujours « accompli » à l'égard de quelqu'un), ce qui n'est pas le cas des secondes (77), qui relèvent de la « sagesse pratique », sans rapport avec autrui (les deux exemples suivants sont empruntés aux auteurs des NEC) :

76) La vie lui avait fait bien des bontés.
77) *Je lui fais des bêtises / étourderies / imprudences sans nombre.

Les nominalisations des NH « défaut intellectuel » refusent le datif (du moins le datif argumental) (78), alors que celles liées à un comportement moralement déviant l'acceptent (79–81), même si l'usage semble privilégier certaines (comme *saloperie*) plus que d'autres, moins fréquentes (comme *canaillerie*) :

78) *Il m'a fait une imbécillité.
79) Il voulait s'excuser parce qu'il m'a fait une saloperie. (Google)
80) Ces ordures regretteraient d'avoir fait une crapulerie comme ça à ce pauvre homme. (*Le héros discret*, Mario Vargas Llosa).
81) Il a fait une canaillerie à sa collègue. (dictionnaire français-italien en ligne)

Ce contraste est parallèle à celui qui oppose les NH *salaud* et *imbécile*, en lien avec les conditions d'apparition du complément *avec qqn* (cf. supra 3.2., ex. (7) et (8) qu'on répète ici) :

82) Pierre est un salaud avec ses confrères.
83) ??Pierre est un imbécile avec ses confrères.

4.2.2.3 « Avoir » vs « faire » avec complément à l'infinitif

Paykin *et al* (*ibid.*) signalent enfin que les nominalisations liées à des AEC peuvent entrer dans la construction à infinitif *SN + avoir + article défini + NEC + de Vinf*, où elles dénotent des qualités « prédiquées d'un sujet humain sur la base d'une de ses actions » :

84) Marie a la générosité de mettre ses talents au profit des malheureux.
85) Marie a l'intelligence de prendre parti contre la guerre.

86) Marie a la folie de croire qu'elle va être recrutée sur ce poste.

Les nominalisations en lien avec les NH dénotant une déficience intellectuelle acceptent également cette construction :

87) Paul a l'imbécillité de croire ces ragots.

Et il en va de même des nominalisations en relation avec les NH de comportement moral, à l'exception d'*escroquerie* et de *saloperie* :

88) Paul a (la crapulerie / la scélératesse) de dénoncer ses voisins.
89) Paul a eu (la goujaterie / la cuistrerie) de passer devant tout le monde.
90) Paul a eu *(l'escroquerie / la saloperie) de détourner des fonds.

La même construction mais cette fois avec *faire* (où la « nominalisation » reçoit clairement l'interprétation d'un « acte qualifié », dénoté directement, sans qu'aucune qualité ne soit prédiquée, *cf.* Paykin *et al*, 2015) est, elle aussi, normalement disponible pour les nominalisations de nos deux sous-classes[15] :

91) Paul a fait l'imbécillité de rejeter cette offre.
92) (Il) déclare que Patrick Cohen a fait « la saloperie » de demander le renvoi de Yann Moix à la direction du Figaro. (Google)
93) Oui, mon fils, je suis là à te regarder pleurant, comme saint Pierre quand il eut fait la canaillerie de renier le Christ. (Google)

À première vue, les données de (87) à (93) ne permettent pas de différencier les nominalisations de type « défaut moral » de celles de type « défaut intellectuel », puisqu'elles peuvent, toutes les deux, recevoir aussi bien l'interprétation de « qualité » (avec *avoir*) que celle d'« acte » (avec *faire*). Cependant, nous avons vu dans la section réservée à l'analyse de la structure à « cognate object » (3.3) que « être Adj / NH-défaut intellectuel », à la différence de « être Adj / NH-défaut moral », était compatible avec des *Vinf* « non actionnels », ce qui est également le cas du *VInf* en (87), d'où la bizarrerie de (87'), qui, contrairement à (87), exigerait que « croire ses ragots » soit un procès dynamique et intentionnel (donc agentif) :

87') *Paul fait l'imbécillité de croire ces ragots.

En revanche, comme les nominalisations des Adj / NH de « défaut moral » sont associées à l'idée d'acte, et que, par conséquent, *VInf* dénote lui aussi un acte

---

[15] Notons qu'elle n'est pas disponible avec tous les NEC (*intelligence, hardiesse, courage* sont exclus par exemple).

(de plus accompli consciemment), il n'y a pas d'obstacle, du moins logique, à leur combinaison systématique avec *faire* (on peut utiliser *faire* à la place d'*avoir* en (88) et (89)), même si l'usage ne semble pas toujours tolérer cet emploi (90') :

> 90') ??Paul a fait / commis l'escroquerie de détourner des fonds.

Mais les différences ne s'arrêtent pas là. Si nous revenons à l'emploi avec le verbe *avoir* et comparons les deux énoncés suivants – respectivement avec *goujaterie* et *imbécillité* – où apparaît le même VInf « actionnel »[16], le second, mais non le premier, présente la possibilité d'enchaînement avec *mais il ne l'a pas fait exprès*, expression qui annule l'intentionnalité du sujet :

> 94) *Pierre a eu la goujaterie de passer devant tout le monde, mais il ne l'a pas fait exprès.
>
> 95) Pierre a eu l'imbécillité de passer devant tout le monde, mais il ne l'a pas fait exprès.

Certes, dans les deux cas Pierre a accompli l'action de passer devant tout le monde en tant qu'agent, mais (95) peut suggérer que « le procès ne découle pas de son initiative », autrement dit qu'il n'y a pas d'« anticipation consciente » (P. Jalenques, c.p.). Le sujet *PRO* de l'infinitive est donc dans les deux énoncés agentif, mais l'interprétation de celui de *avoir* + *nominalisation* dépend précisément du sémantisme de la nominalisation. On pourrait aussi formuler les choses différemment, en disant que le choix de la nominalisation influe sur le degré d'agentivité de VInf[17], ce qui aura l'avantage d'être compatible, du moins dans une certaine mesure, avec l'hypothèse du « cognate object » défendue par Paykin *et al* (2013).

Au contraire, avec *faire*, que la nominalisation soit d'ordre intellectuel ou moral, l'enchaînement avec *mais il ne l'a pas fait exprès* est contradictoire : *faire*, à la différence d'*avoir*, exige que le sujet de l'acte qualifié soit hautement agentif, bien qu'en tant que support d'une qualité d'ordre intellectuel, il soit *a priori* non agentif, ou minimalement :

> 96) *Pierre a fait la goujaterie de passer devant tout le monde, mais il ne l'a pas fait exprès / mais ce n'était pas exprès.

---

[16] Nous remercions Pierre Jalenques (communication personnelle) de nous avoir suggéré cette piste.
[17] Il est, à ce propos, intéressant de mentionner un fait qui concerne non pas les nominalisations mais les NH. En présence de verbes qui, hors contexte, peuvent virtuellement avoir un sujet aussi bien agentif que non agentif (au sens d'intentionnel) comme *casser* (*Pierre a cassé le vase*), le choix du NH dans la structure *NH de N2* permet de « lever l'ambiguïté » : *Ce salaud de Pierre a cassé le vase* implique l'agentivité de Paul, ce qui n'est pas le cas si le sujet est *cet imbécile de Paul* (*casser le vase* pouvant être dû à la maladresse de Paul). Ce contraste a été relevé par Ruwet (1982 : 249) et expliqué en termes de différence dans le jugement que porte le sujet d'énonciation sur le référent qui accomplit l'action.

97) *Pierre a fait l'imbécillité de passer devant tout le monde mais il ne l'a pas fait exprès / mais ce n'était pas exprès.

D'autres faits encore devraient être examinés pour dégager avec précision les conditions d'emploi des nominalisations correspondant aux N / Adj de qualités morales ou intellectuelles. Une description plus systématique et approfondie devrait, d'une part, utiliser la notion d'agentivité en lui conférant un statut « scalaire » (il y a des degrés d'agentivité) ; d'autre part, identifier les termes de la phrase « concernés » par l'agentivité et préciser le type de lien (directement ou par implication) qui les unissent à cette notion ; enfin, tenter de dégager les relations que contractent ces différentes termes porteurs directement ou non d'agentivité (avec leur degré éventuellement variable) selon les types de construction.

4.2.3 Noms d'idéalités

Paykin *et al* ne signalent pas que certains NEC peuvent également s'employer avec le verbe *dire*. Lorsque c'est le cas, les NEC désignent des entités qui ne sont pas des actes mais des paroles, autrement dit des « objets idéaux » (des objets non physiques), ou des « idéalités », pour reprendre les termes de Husserl (*cf.* Flaux & Van de Velde, 2000 ; Flaux & Stosic, 2015 ; Flaux, Stosic & Lagae, 2015 ; Flaux, 2017) :

98) Paul dit des stupidités pour se faire remarquer.

Les stupidités en question sont des paroles ou des propos stupides : ce ne sont pas des actes stupides. Notons que le langage pouvant « passer » par l'écriture, on peut dire également :

99) Paul a écrit des stupidités sur la question.

Dans ce cas, les stupidités sont des propos écrits, des « textes » stupides.

Bon nombre de nominalisations associées aux NH qualifiants, qu'ils soient de type *un imbécile* ou de type *un salaud*, peuvent viser, elles aussi, des paroles (ou des textes), *i.e.* des « objets idéaux » :

100) Paul dit (des imbécillités / des conneries / des sottises / des canailleries / des saloperies / ??des crapuleries) à longueur de temps.

La différence entre les noms d'actes qualifiés et les paroles qualifiées se manifeste de multiples façons, notamment au niveau des enchaînements :

101) Paul fait (des imbécillités / des sottises / des conneries) depuis ce matin / Son comportement me met hors de moi / *Je les répèterai toutes à son père / ??Ses propos m'énervent / *Inutile de lui répliquer.

102) Paul fait des idioties à longueur de temps –Que fait-il ? / *Que dit-il ?

103) Paul (me) dit (des imbécillités / des sottises / des conneries). ??Son comportement me met hors de moi / Je les répèterai toutes à son père / Ses propos m'énervent / Inutile de lui répliquer.

104) Paul dit des sottises à tout le monde –Que dit-il ? vs *Que fait-il ?

5 En guise de conclusion

Les analyses présentées dans ce travail ont montré qu'il est linguistiquement fondé de distinguer au moins deux sous-classes de « noms de qualité » : celle des « défauts intellectuels » et celle des « défauts moraux » (une troisième devrait probablement regrouper les NH de comportement « pathologique »[18] tels qu'*un cinglé, un détraqué, un névrosé, un pervers, un obsédé sexuel* ; peut-être d'autres encore sont-elles nécessaires : *un ivrogne*). Ainsi que l'avait déjà suggéré Ruwet (1982), des NH comme *un salaud* et *un imbécile*, quoique « non classifiants » selon Milner (1978), ne sont pas dépourvus de contenu conceptuel : l'application de plusieurs tests syntactico-sémantiques, mais aussi discursifs, a prouvé qu'ils ne sont pas interchangeables en termes vériconditionnels, puisqu'ils n'ont pas le même rapport à l'agentivité, et de façon plus générale, à la notion de *comportement*.

Le « détour » par les nominalisations a confirmé une fois de plus le bien-fondé de la distinction entre les NH de déviance morale et ceux de déficit intellectuel. Les nominalisations de ces derniers ont davantage de points communs que celles des premiers avec les NEC (Paykin *et al*, 2015), lesquels, rappelons-le, dérivent d'adjectifs que l'on peut considérer comme classifiants (même si les auteurs ne se prononcent pas explicitement sur la distinction), alors que « nos » NH (à emploi adjectival ou non) sont qualifiants. Ce rapprochement entre les NEC et les nominalisations de NH comme *imbécile* pourrait s'expliquer en partie au moins par la diachronie : plusieurs membres de cette sous-classe (*débile, imbécile, crétin, idiot*) signifiaient, dans des états plus anciens de la langue, des propriétés objectives et donc clairement définissables, souvent fondées sur des caractéristiques accessibles à la perception.

Quant aux nominalisations des NH de « défaut moral », nous avons vu qu'elles se distinguent à plusieurs égards des NEC, ce qui s'expliquerait par le fait que, dans leur cas, l'idée d'acte (qualifié) l'emporte sur celle de propriété (en effet, peu d'adjectifs leur sont associés). Sans surprise, elles se rapprochent le plus des

---

[18] Qui, selon le classement de Gosselin (ici même), font partie des NH à modalité « mixte » : ils sont, d'un côté, classifiants aléthiques, et de l'autre appréciatifs/axiologiques.

NEC de type « qualité morale » lesquels, comme l'ont montré fort bien Paykin *et al* (2013 et 2015), sont indissociables des actes accomplis par un agent humain.

Il n'en reste pas moins vrai que les NH des deux sous-classes fonctionnent naturellement comme « termes d'insulte » et que, dans ces emplois où la subjectivité du locuteur est fortement présente, les NH de déficit intellectuel peuvent parfois empiéter sur le terrain des NH de déviance morale (l'inverse n'étant pas vrai), comme cela semble être le cas d'*imbécile* dans l'énoncé suivant inspiré de Ruwet (1982 : 251) : *Cet imbécile de gendarme m'a dressé une contravention.* Cette question sera étudiée ultérieurement.

Enfin, nous sommes conscients qu'une étude systématique (sur corpus) portant sur un plus grand nombre de lexèmes (ici nous avons testé quelques cas « prototypiques » comme *imbécile / imbécillité* et *salaud / saloperie...*) permettrait d'affiner le classement proposé (*cf.* note 4).

Bibliographie

Flaux N., 2017, « À propos des noms d'actes qualifiés et des noms de paroles qualifiées », *in* Hrubaru F., Moline E., A.-M. Velicu (dir.), *Nouveaux regards sur le sens et la référence. Hommages à Georges Kleiber*, Cluj, Echinox : 123–147.

Flaux N., Stosic D., 2015, « Pour une classe des noms d'idéalités », *Langue française*, 185 : 43–57.

Flaux N., Stosic D., Lagae V., 2015, « Des noms d'idéalités aux noms d'humains », *in* Mihatsch W., Schnedecker C. (dir.), *Les noms d'humains : une catégorie à part ?* Stuttgart, Steiner (Zeitschrift für französische Sprache und Literatur, Neue Folge (ZFSL-B), Beiheft 40) : 179–202.

Flaux N., Van de Velde D., 2000, *Les noms en français : esquisse de classement*, Paris, Orphys.

Guéron J., 2005, « Inalienable possession », *in* Everaert, M. et H. van Riemsdijk (dir.), *The Blackwell Companion to Syntax*, t. 2, Oxford, Blackwell Publishing : 590–638.

Gosselin L., 2010, *Les modalités en français*, Amsterdam/New York, Rodopi.

Gosselin L., 2014, « De l'opposition *modus / dictum* à la distinction entre modalités extrinsèques et modalités intrinsèques », *Bulletin de la Société de Linguistique de Paris*, 35.

Gross G., 2012, *Manuel d'analyse linguistique*, Villeneuve d'Ascq, Presses Universitaires du Septentrion.

Gruber J. S., 1967, « Look and see », *Linguistics*, 43 : 937–947.

Hanon S., 1989, *Les constructions absolues en français moderne*, Louvain-Paris, Peeters.

Husserl E., 1913, *Recherches logiques*, t. 2, Recherche III., Trad. fr., Paris, Presses Universitaires de France, 1972.

Huyghe R., Tribout D., 2015, « Noms d'agents et noms d'instruments : le cas des déverbaux en *-eur* », *Langue française*, 185 : 99–112.

Jackiewicz A., 2014, « Apprécier des attitudes et des manières d'agir », *Langue Française*, 184 : 53–71.

Larrivée P., 1994, « Quelques hypothèses sur les structures syntaxique et sémantique de *Ce fripon de valet* », *Revue québécoise de linguistique*, 23/2 : 101–113.

Kant E., 1781, *Kritik der reinen Vernunft. Critique de la Raison Pure*, Paris, La Pléiade, 1980.

Kerleroux F., 1996, *La coupure invisible*, Villeneuve d'Ascq, Presses Universitaires du Septentrion.

Levin B., 1993, *English Verb Classes and Alternations : A Preliminary Investigation*, Chicago, Chicago University Press.

Martin J.R., White P.R.R, 2005, *The Language of Evaluation. Appraisal in English*, London/New York, Palgrave Macmillan.

Milner J.-Cl., 1978, *De la syntaxe à l'interprétation : quantités, insultes, exclamations*, Paris, Seuil.

Molinier C., Levrier F., 2000, *Grammaire des adverbes : description des formes en '-ment'*, Genève/Paris, Droz.

Mordrup O., 1976, « Sur la classification des adverbes en *-ment* », *Revue Romane*, XL, Copenhague, Akademisk Forlag.

Mostrov V., 2010, *Étude sémantique et syntaxique des compléments adnominaux en* à *et en* de *dénotant des parties*, Thèse présentée à l'Université de Lille 3.

Mostrov V., 2015, « L'être humain et la relation partie-tout », *in* Mihatsch W., Schnedecker C. (dir.), *Les noms d'humains : une catégorie à part ?*, Stuttgart, Steiner (Zeitschrift für französische Sprache und Literatur, Neue Folge (ZFSL-B), Beiheft 40) : 115–145.

Paykin K., Tayalati F., Van de Velde D., 2013, « Adjectifs d'évaluation de comportement », *Lingvisticae Investigationes*, 36/1 : 371–405.

Paykin K., Tayalati F., Van de Velde D., 2015, « Les noms d'évaluation de comportement », *Travaux de linguistique*, 71/2 : 43–74.

Robert P., Rey A., Rey-Debove J. (dir.), 2009, *Le nouveau Petit Robert 2009*, édition électronique, Paris, Dictionnaires Le Robert.

Ruwet N., 1982, *Grammaire des insultes et autres études*, Paris, Seuil.

Schnedecker C., 2015, « Les (noms d') humains sont-ils à part ? Des intérêts et perspectives linguistiques d'une sous-catégorie nominale encore marginale », *in* Mihatsch W., Schnedecker C. (dir.), *Les noms d'humains : une catégorie à part ?*, Stuttgart, Steiner (Zeitschrift für französische Sprache und Literatur, Neue Folge (ZFSL-B), Beiheft 40) : 4-43.

TLFi = *Trésor de la Langue Française Informatisé* (*TLFi*), Nancy, CNRS, ATILF (Analyse et traitement informatique de la langue française), UMR CNRS-Université Nancy 2, [http://atilf.atilf.fr/].

Van de Velde D., 1995, *Le spectre nominal. Des noms de matières aux noms d'abstractions*, Louvain-Paris, Peeters.

Van de Velde D., 2011, « L'agentivité généralisée : le cas des prédicats psychologiques », *in* Amiot D., De Mulder W., Moline E., Stosic D. (dir.), *Ars Grammatica : Hommages à Nelly Flaux*, Berne, Lang : 237–256.

Zhang L., Ferrari S., 2014, « Intensité et polarité : un modèle opératoire articulant plusieurs travaux linguistiques », *Langue Française*, 184 : 33–52.

Index rerum

–(i)âtr 293
adepte 280
adepte 84
agentivité 125, 131, 135, 138, 160, 256, 280, 305, 307, 309, 311, 323
agentivité 13
agents « occasionnels » 261
–aire 125, 137, 185, 264, 293
amateur 166, 300
annulabilité 86
–ant 125, 185, 293
anthroponyme 163, 166, 167, 172, 178
argument externe 160
argument interne 160
Aristote 49, 90

bénéficiaire 125, 139, 147, 234

catégories semi-lexicales 102
classes d'objets 26
classifiants 62
classifieur 26
cognate object 309, 310, 312, 320
composition néoclassique 165, 174, 185, 194, 267, 285
composition ordinaire 194
comptabilité 12
construction morphologique 165, 171, 293
conversion 165, 166, 264
–crate 279
créateurs d'idéalité 296
crowdsourcing 32

décision lexicale 57
défaut moral 322
désignateur rigide 168
dispositionnalité 138
distribution 11, 214, 222, 279, 289
données d'introspection 104
doxa 88, 91
dynamicité, dynamique, dynamisme 131, 231, 232, 305
échelle Likert 105
–ee 125

enthymème 90, 92
épisodicité 108, 131, 137, 138, 160, 259, 264, 274
espace thématique 179, 181
–eur 125, 130, 137, 258, 279, 293
examen des gloses dictionnairiques 57

facette 106, 232, 247
fonction 229, 231, 244, 294
fréquences 210
fréquentativité 137

genre grammatical 106
grades 245
–graphe 286

hapax 171, 204, 206, 210, 221
hyperonyme 106, 159, 233, 247, 289

–icien 286, 287, 293
idéologie 294
–ien 185, 286, 287, 293
–ier 279, 293
intentionnalité 136, 305, 313, 321
interprète artistique 294
–isant 286
–iste 175, 177, 185, 259, 279, 286, 287, 293

jugement de valeur 94
jugements d'acceptabilité 59

linguistique de corpus 57
linguistique de/sur corpus 28
–logiste 279, 286, 293
–logue 279, 285, 293

membre 294
méronymie 106
métier 244, 294
mis- 204
modalité 234
modalité aléthique 49, 53, 69
modalité appréciative 45, 47, 50, 310

modalité axiologique   47, 50, 54, 72, 137,
    268, 310, 315
modalité boulique   50
modalité déontique   50, 53, 56
modalité épistémique   69, 76
modalité injonctive   56

néologisme   171, 177, 187, 197,
    288
niveau de base   102
nom collectif   12
nom concret   10
nom d'insulte   303
–nome   279, 293
noms d'humains généraux   15
noms de « délinquants »   138
noms de professions   185
noms ethniques   185, 279
noms propres   166

opérateur   26

paraphrases des dictionnaires   26
partisan   84, 177, 278
patronyme   172
patronymisation   19
–phile   189, 279
–phobe   185, 187, 189, 194, 279
–phobique   197
pluralia tantum   12
polarité   302
polarité négative   116, 308
pratiquants de jeux   251
prénom   172
productivité   205, 222
profession   83
pronom impersonnel   103, 117
pronom négatif   103
pronominalisation   18
pronoms indéfinis   106

pro-noms propres   19
prototype   86

qualia   233
qualifiant   301, 304
questionnaire linguistique   32

radical libre   173
radical lié   173
relations de paraphrasticité   56

sens dénominatif   171, 180
spécialiste   278, 282, 284, 294
standards, *cf. aussi* language standards
statique   232
stativité   160
statut   83, 229, 231, 241, 294
stéréotype   46, 52, 54, 86, 92, 170
stéréotypes sociaux   88
superordonné   102

tâches de complétion   57
test de compatibilité   61
test de paraphrasticité   64
tests d'enchaînement   90
tests d'enchaînement et d'inférences   57
tests de compatibilité   27, 53
tests de compatibilité avec les genres
    textuels   56
tests de compatibilité syntaxique
    et sémantique   56
tests de la négation   137
tests de paraphrasticité   54
tests définitoires   293
tests d'implication   118
tests d'insertion   28
tests linguistiques   25, 58, 67, 236
tests syntactico-sémantiques   306
Théorie des Blocs Sémantiques   57
transcatégorisation   187

Index nominum

Amiot, Dany 185
Anscombre, Jean-Claude 4, 57, 88, 90, 125, 131, 150, 185, 252, 256
Aristote 313

Bally, Charles 45, 46, 49
Baroni, Marco 288
Benveniste, Émile 4, 125, 131, 150
Blumenthal, Peter 230
Bréal, Michel 169, 170
Brunot, Ferdinand 45

Carel, Marion 57
Carlson, Gregory 4
CERF 28
CorpusEye 236
Cruse, D. Alan 107, 229, 232, 256

Dal, Georgette 185
Dowty, David 5, 256
Ducrot, Oswald 57, 62

Europarl 28, 236, 237, 241

Firth, John Rupert 230
Fradin, Bernard 88, 165, 166, 279
Frantext 28, 208, 236, 237
Frege, Gottlob 169, 170
FrWaC 174, 236, 237, 241, 279, 288, 297

Galatanu, Olga 45, 50, 57
Gary-Prieur, Marie-Noëlle 163, 167, 170
Geeraerts, Dirk 89, 195
Gross, Gaston 4, 46, 125, 185, 222, 229, 235, 236, 251, 252, 278, 280, 301, 305

Harweg, Roland 112
Haspelmath, Martin 113
Huyghe, Richard 252, 258, 259, 312

Jackendoff, Ray 50
Jonasson, Kerstin 163, 167
JRC-Acquis 28, 236, 237, 241

Kerleroux, François 302
Kittilä, Seppo 144
Kleiber, Georges 45, 88, 163, 169, 170
Koch, Peter 110
Krifka, Manfred 109
Kripke, Saul 163, 168, 170
Kupferman, Lucien 259, 280

Lakoff, George 7, 57, 88, 90
Lang, Ewald 105, 109
Lasserre, Marine 185, 193, 194, 200, 219
Leroy, Sarah 167, 169
Levrier, Françoise 307, 308, 310, 314
Lexique3 127
Lyons, John 168, 170

Mill, John Stuart 163, 168, 170
Milner, Jean-Claude 45, 53, 56, 59, 61, 68, 83, 216, 219, 280, 301, 304, 323
Molinier, Christian 307, 308, 310, 314

Paykin, Katia 306, 307, 309, 311, 315, 318
Perelman, Chaïm 51
Pustejovsky, James 233
Putnam, Hilary 51, 61, 88

Rastier, François 168
Roché, Michel 166, 173, 176, 185, 252, 259, 279
Rosch, Eleanor 102
Roy, Isabelle 125, 131, 136, 185, 252, 259, 280, 293
Russell, Bertrand 169, 170
Ruwet, Nicolas 4, 56, 59, 61, 83, 216, 301, 303, 304, 323, 324

Searle, John 49, 53, 83
SketchEngine 28, 187
Soare, Elena 125, 131, 136, 185, 252, 259, 280, 293

TLFi 126, 127
Tribout, Delphine 252, 258, 259, 312

Van de Velde, Danièle 316, 317
Vaxelaire, Jean-Louis 166, 167
Villoing, Florence 166

Wierzbicka, Anna 4

Wilmet, Marc 170
Wortschatz 11, 28, 187

Zúñiga, Fernando 144

www.ingramcontent.com/pod-product-compliance
Lightning Source LLC
Chambersburg PA
CBHW031756220426
43662CB00007B/420